电力建设工程估算指标（2016年版）
第一卷　火力发电工程

第一册　发电建筑工程

国家能源局　发布

电力工程造价与定额管理总站　编

中国电力出版社

CHINA ELECTRIC POWER PRESS

图书在版编目（CIP）数据

电力建设工程估算指标：2016 年版 . 第一卷，火力发电工程 . 第一册，发电建筑工程/电力工程造价与定额管理总站编 . —北京：中国电力出版社，2018.1

ISBN 978 - 7 - 5198 - 1525 - 7

Ⅰ. ①电…　Ⅱ. ①电…　Ⅲ. ①电力工程 – 工程造价 – 估算 – 中国②火力发电 – 建筑工程 – 工程造价 – 估算 – 中国　Ⅳ. ①F426. 61

中国版本图书馆 CIP 数据核字（2017）第 310195 号

出版发行：中国电力出版社	印　　刷：北京雁林吉兆印刷有限公司
地　　址：北京市东城区北京站西街 19 号	版　　次：2018 年 1 月第一版
邮政编码：100005	印　　次：2018 年 1 月北京第一次印刷
网　　址：http：// www. cepp. sgcc. com. cn	开　　本：787 毫米×1092 毫米　横 16 开本
责任编辑：畅　舒（010 - 63412312）	印　　张：58. 75
责任校对：王开云　马　宁	字　　数：1104 千字
装帧设计：赵姗姗	印　　数：0001—3000 册
责任印制：邹树群	定　　价：398. 00 元

国家能源局关于颁布《电力建设工程估算指标（2016年版）》的通知

国能发电力〔2017〕58号

各有关单位：

估算指标是工程建设项目在开展前期工作中有关投资管理的基础，是规划阶段投资决策的重要参考，是编制初步可行性研究投资匡算和可行性研究阶段投资估算的依据。为促进电力建设工程前期工作有序开展，我局委托中国电力企业联合会组织编制完成《电力建设工程估算指标（2016年版）》。现印发你们，请遵照执行。

国家能源局（印）

2017年10月12日

电力工程造价与定额管理总站
关于施行《电力建设工程估算指标
（2016 年版）》有关问题的通知

定额〔2017〕42 号

各有关单位：

为促进电力建设工程前期工作有序开展，完善可行性研究投资估算计价依据，合理确定和有效控制造价水平，电力工程造价与定额管理总站组织编制的《电力建设工程估算指标》（2016 年版）已经由国家能源局以《关于颁布〈电力建设工程估算指标〉（2016 年版）的通知》（国能电力〔2017〕58 号）颁布实施。为做好本标准的推广应用工作，经请示国家能源局同意，现将实施有关问题明确如下：

一、《电力建设工程估算指标（2016 年版）》共分两卷、六册。第一卷为火力发电工程，包括：发电建筑工程（第一册）、发电热力设备安装工程（第二册）、发电电气设备安装工程（第三册）；第二卷为输变电工程，包括：变电建筑工程（第一册）、变电电气设备安装工程（第二册）、输电线路工程（第三册）。

二、本标准是工程规划阶段、初步可行性研究阶段、可行性研究阶段确定与管理投资估算的依据，是分析工程设计方案经济合理性的依据。

三、本标准自 2018 年 1 月 1 日起施行。本标准施行之日前已经核准或审定投资的工程仍按原核准或审定投资执行。

四、原中华人民共和国国家经济贸易委员会发布的《电力工程建设投资估算指标——火力工程》和《电力工程建设投资估算指标——送电线路工程》两项定额标准（国经贸电力〔2001〕867 号）同时废止。

五、本标准与 2013 年版电力行业计价规定配套使用。

六、本标准由电力出版社出版发行。

七、各单位在执行过程中遇有问题，请及时与电力工程造价与定额管理总站联系（www.cecm.net.cn）。

电力工程造价与定额管理总站（印）

2017 年 11 月 27 日

总 说 明

一、《电力建设工程估算指标》（2016 年版）（以下简称"本指标"）共分两卷、六册。

第一卷 火力发电工程，包括：第一册 发电建筑工程、第二册 发电热力设备安装工程、第三册 发电电气设备安装工程。

第二卷 输变电工程，包括：第一册 变电建筑工程、第二册 变电电气设备安装工程、第三册 输电线路工程。

二、本指标是电力行业建设工程计价规定，是工程规划阶段、初步可行性研究阶段、可行性研究阶段确定与管理投资估算的依据，是分析工程设计方案经济合理性的依据。

三、本指标适用于火力发电、变电、输电线路新建或扩建工程。

四、本指标以国家和电力行业及有关部门发布的现行设计规范、施工及验收规范、技术操作规程、质量评定标准、产品标准和安全操作规程等进行编制，执行了电力行业 2013 年版火力发电与电网工程建设预算编制及计算规定、概算定额、预算定额，参考了典型工程设计文件及施工资料。

五、本指标人工、材料、机械（含仪器仪表）消耗标准及预算价格水平与电力建设工程 2013 年版概算定额、预算定额一致。

六、指标中主要工程量是根据各地区有代表性、不同类型工程的施工图阶段设计文件，按照概算定额或预算定额工程量计算规则计算形成。

七、指标中主要人工、材料、机械数量是在分析组成估算指标工程量的基础上，通过概算定额或预算定额工料分析计算、汇总形成。材料用量包括施工损耗量（钢筋包括施工措施用量）。

八、指标综合性内容说明

（一）本指标综合考虑了施工脚手架（包括综合脚手架和单项脚手架）、水平运输、垂直运输、建筑物超高施工等因素，执行指标时不做调整。

（二）本指标未考虑在高海拔、高寒、风沙、酷热等特殊条件下施工因素，项目需要估算投资时，按照有关规定另行计算。

（三）指标中凡注明"××以下""××以内"者，均包括其本身；注明"××以上""××以外"者，不包括其本身。

九、凡本说明未尽事宜，详见各册、各章说明和附录。

册 说 明

一、《电力建设工程估算指标》（2016 年版）第一卷《火力发电工程》第一册《发电建筑工程》（以下简称"本册指标"），包括燃煤发电厂（热电厂）、燃气-蒸汽联合循环（以下简称"燃机"）电厂的系统（单项）建筑工程指标、单位建筑工程指标、独立子项建筑工程指标。

二、本册指标适用范围

（一）燃煤发电厂（热电厂）单机容量 1000MW 级、600MW 级、300MW 级机组新建或扩建工程。

（二）燃气-蒸汽联合循环电厂燃气轮机为 F 级、E 级机组新建或扩建工程。

三、本册指标编制主要依据

（一）《国家能源局关于颁发 2013 版电力建设工程定额和费用计算规定的通知》（国能电力〔2013〕289 号），2013 年版《火力发电工程建设预算编制与计算规定》、2013 年版电力建设工程概算定额第一册《建筑工程》、2013 年版电力建设工程预算定额第一册《建筑工程》。

（二）《电力工程造价与定额管理总站关于发布电力工程计价依据营业税改增值税估价表的通知》（定额〔2016〕45 号）。

（三）2010 年以来火力发电工程建筑、结构、装饰、给排水、采暖、通风、空调、除尘、照明、建（构）筑物防雷接地、消防专业典型施工图设计文件。

（四）2010 年以来火力发电工程典型施工组织设计文件。

（五）火电工程限额设计参考造价指标（2016 年水平）。

（六）有关行业、地方建设工程概预算定额。

四、本册指标价格取定

（一）人工工日单价按照 2013 年版电力行业定额基准工日单价取定。

（二）材料价格按照 2013 年版电力行业定额"材机库"中材料价格取定。

（三）施工机械台班价格按照 2013 年版电力行业定额"材机库"中施工机械台班价格取定。

（四）建筑设备价格按照 2016 年价格水平综合取定。

五、指标中建筑体积、建筑面积、建筑长度工程量计算规则，执行电力建设工程预算定额（2013 年版）第一册《建筑工程》（上册）附录 A"电力建设工程建筑面积计算规则"和附录 B"电力建设工程建筑体积计算规则"。

六、系统（单项）建筑工程指标，是根据项目划分，以工艺流程为主线，考虑专业设计分工，按照发电容量、系统出力为计量单位形成指标。主要用于编制初步可行性研究投资估算。

（一）系统（单项）建筑工程指标基价中包括直接工程费、建筑设备购置费，不包括措施费、间接费、利润、编制基准期价差、税金、其他费用、基本预备费，编制投资估算时，应按照《火力发电工程建设预算编制与计算规定》计算。

（二）系统（单项）建筑工程指标中，建筑设备购置费按照含税价计算，直接工程费按照不含税价计算。

（三）系统（单项）建筑工程指标原则上按照"综合系数法"调整其价差，有关价差调整执行电力工程造价与定额管理总站相关文件规定。

（四）系统（单项）建筑工程指标综合性内容说明

1. 指标不包括基坑降水、支护等特殊施工措施项目；不包括地基处理、环保降噪项目。工程设计需要时，执行独立子项相应的指标估算投资。

2. 工程设计主要工程量与指标主要工程量不同时，结合主要技术条件，可以根据单位建筑工程指标或独立子项建筑工程指标进行调整。

3. 编制初步可行性研究投资估算时，钢结构工程执行普通建筑工程取费，厂外除灰渣系统工程执行灰坝工程取费。

4. 临时工程费以建筑工程费与安装工程费之和为计算基数，新建工程按照 0.98% 计算，扩建工程按照 0.54% 计算。

（1）第十章"厂外道路及配套单项工程"中的建筑工程费与安装工程费不作为计算临时工程费基数。

（2）扩建工程主厂房开工时间与上一期最后一台机组投产时间间隔大于 36 个月时，执行新建标准。

（3）扩建工程机组单机容量大于上一期机组单机容量时，执行新建标准。

七、单位建筑工程指标，是根据项目划分，以相对独立的设计文件为主体，考虑现行项目管理方式，按照建筑工程量（建筑体积、面积、长度、个数等）为计量单位形成指标。主要用于编制可行性研究投资估算。

（一）单位建筑工程指标基价中不包括措施费、间接费、利润、编制基准期价差、税金、其他费用、基本预备费，编制投资估算时，应按照《火力发电工程建设预算编制与计算规定》计算。

（二）单位建筑工程指标中，建筑安装基价包括直接工程费、建筑设备购置费。土建工程基价、建筑安装直接工程费按照不含税价计算，建筑设备购置费按照含税价计算。

（三）单位建筑工程指标列出的主要建筑材料、建筑设备，原则上可以按照"实物量单价法"调整其价差，指标中没有列出的建筑材料、建筑设备原则上按照"综合系数法"调整其价差。有关价差调整执行电力工程造价与定额管理总站相关文件规定。

（四）单位建筑工程指标综合性内容说明

1. 第一章至第九章指标为土建单位工程、车间工程指标，不包括建筑安装、建筑设备。项目设计需要时，执行本部分第十章"建筑安装工程"相应的指标估算投资。

2. 指标不包括基坑降水、支护等特殊施工措施项目；不包括地基处理、环保降噪项目。工程设计需要时，执行独立子项相应的指标估算投资。

3. 混凝土施工（除储灰场工程）按照施工现场集中制备、罐车运输为主翻斗车运输为辅、混凝土泵车浇制为主人工浇制为辅考虑；储灰场工程混凝土施工按照现场制备（搅拌）、翻斗车运输、人工浇制考虑。项目施工组织设计与指标不同时不做调整。

4. 指标综合考虑了砂浆强度等级、砂浆配合比例、混凝土强度等级、混凝土粗骨料材质、钢结构材质、钢筋强度级别等要素，执行指标时不做调整。

5. 混凝土预制构件、金属构件、土石方等厂内运输，除指标特殊说明外，运输距离均为1km。工程实际运距大于1km时，执行独立子项相应的指标估算投资。

6. 指标综合考虑了混凝土外加剂（如：减水剂、早强剂、缓凝剂、抗渗剂、防水剂等）费用，执行指标时不做调整。

7. 工程设计主要工程量与指标主要工程量不同时，结合主要技术条件，可以根据独立子项建筑工程指标进行调整。

8. 主要建筑钢结构指标按照下表规定比例进行取费，其他建筑钢结构指标按照普通建筑取费。

主要建筑钢结构指标取费比例表

项目名称	钢结构比例%	普通建筑比例%
300MW 级机组钢结构主厂房	37.5	62.5
600MW 级机组钢结构主厂房	41.5	58.5
1000MW 级机组钢结构主厂房	52	48
燃机机组钢结构主厂房	52	48
烟囱钢内筒	25	75
烟囱复合钛钢板内筒	47	53
烟囱玻璃钢内筒	55	45
条形封闭煤场、干煤棚	45	55
圆形封闭煤场、干煤棚	15	85
直接空冷平台　高40m 以下	60	40
直接空冷平台　高40m 以上	73	27

9. 单位建筑工程指标中主要材料数量仅列出黑色金属（型钢、钢筋）、水泥、石子、砂子数量。需要单独计算其他主要材料用量时，结合独立子项建筑工程指标，按照工程量加损耗量计算。

八、独立子项建筑工程指标，是根据可行性研究设计深度，以实体工程量为主体，考虑相关的施工要素，按照实体工程量（m^3、m^2、m、t 等）为计量单位形成指标。主要用于编制可行性研究投资估算时需要调整或独立计算的工程项目。

（一）独立子项建筑工程指标不作为独立编制可行性研究投资估算的依据，仅作为补充、调整系统（单项）建筑工程指标和单位建筑工程指标使用。

（二）独立子项建筑工程指标基价构成同单位建筑工程指标。

（三）独立子项建筑工程指标中主要材料数量仅列出黑色金属（型钢、钢筋）、水泥、石子、砂子数量。需要单独计算其他主要材料用量时，按照工程量加损耗量计算。

九、工程最低设计温度、抗震设防烈度与指标不同时，可以根据指标附表进行调整。其他自然条件对指标的影响已经综合考虑，执行指标时不做调整。

十、为了满足电力行业管理工作需要，编制了火力发电工程静态投资综合指标，列在附录中。

目　　录

总说明

册说明

第一部分　系统（单项）建筑工程

第一章　热力系统 ·· 1

　　说明 ·· 1

　　工程量计算规则 ·· 2

　　一、主厂房本体及设备基础工程 ·· 3

　　二、除尘排烟系统工程 ··· 24

第二章　燃料供应系统 ··· 27

　　说明 ··· 27

　　工程量计算规则 ··· 27

　　一、厂内燃料供应系统工程 ·· 29

　　二、厂内燃气供应系统工程 ·· 41

　　三、厂外输煤系统工程 ··· 43

第三章　除灰渣系统 ··· 47

　　说明 ··· 47

工程量计算规则 ……………………………………………………………………………… 47

一、厂内除灰渣系统工程 …………………………………………………………………… 48

二、厂外除灰渣系统工程 …………………………………………………………………… 52

第四章　水处理系统 …………………………………………………………………………… 58

说明 …………………………………………………………………………………………… 58

工程量计算规则 ……………………………………………………………………………… 58

一、厂内预处理系统工程 …………………………………………………………………… 59

二、补给水、凝结水、循环水处理系统工程 ……………………………………………… 61

第五章　供水系统 ……………………………………………………………………………… 65

说明 …………………………………………………………………………………………… 65

工程量计算规则 ……………………………………………………………………………… 66

一、厂内供水系统工程 ……………………………………………………………………… 67

二、厂外循环水系统工程 …………………………………………………………………… 79

三、厂外补给水系统工程 …………………………………………………………………… 81

四、厂外输水工程 …………………………………………………………………………… 85

五、厂外补给水净化系统工程 ……………………………………………………………… 95

第六章　电气系统 ……………………………………………………………………………… 97

说明 …………………………………………………………………………………………… 97

工程量计算规则 ……………………………………………………………………………… 97

一、汽机房 A 排外构筑物工程 …………………………………………………………… 99

二、配电装置系统工程 ……………………………………………………………………… 105

三、控制系统工程 …………………………………………………………………………… 117

第七章　脱硫系统 ·· 121

　　说明 ·· 121

　　工程量计算规则 ·· 121

第八章　脱硝系统 ·· 125

　　说明 ·· 125

　　工程量计算规则 ·· 125

第九章　附属工程 ·· 128

　　说明 ·· 128

　　工程量计算规则 ·· 129

　　一、辅助生产工程 ·· 130

　　二、附属生产工程 ·· 132

　　三、环境保护设施工程 ·· 134

　　四、消防系统工程 ·· 138

　　五、厂区性建筑工程 ·· 144

　　六、厂前公共福利工程 ·· 147

第十章　厂外道路及配套单项工程 ······································ 149

　　说明 ·· 149

　　工程量计算规则 ·· 150

　　一、厂外道路工程 ·· 151

　　二、有关配套项目工程 ·· 152

　　　　（一）铁路工程 ·· 152

　　　　（二）道路桥梁工程 ·· 153

（三）码头工程 ·· 154

（四）厂外热网管道工程 ······························ 155

第二部分 单 位 建 筑 工 程

第一章 热力系统 ······································· 156

  说明 ··· 156

  工程量计算规则 ····································· 157

  一、主厂房 ··· 159

　　（一）主厂房本体 ································· 159

　　（二）锅炉房车间 ································· 176

　　（三）燃机主厂房车间 ··························· 184

  二、锅炉基础 ··· 200

  三、锅炉辅机基础 ····································· 212

  四、燃机、汽轮发电机基础 ························· 220

  五、燃机、汽轮发电机辅机基础 ··················· 234

  六、集中控制楼 ······································· 244

  七、除尘器建筑 ······································· 247

　　（一）除尘器支架基础 ··························· 247

　　（二）除尘器室 ································· 253

  八、除尘配电控制室 ································· 256

  九、烟道支架 ··· 258

十、引风机建筑 ……………………………………………………… 264

　　（一）引风机室 ……………………………………………… 264

　　（二）引风机基础 …………………………………………… 274

　　（三）引风机起吊架 ………………………………………… 276

十一、烟囱 ………………………………………………………… 283

十二、热网首站 …………………………………………………… 299

十三、热网管道建筑 ……………………………………………… 301

　　（一）管道支架 ……………………………………………… 301

　　（二）管沟 …………………………………………………… 306

第二章　　燃料供应系统 …………………………………………… 310

说明 ………………………………………………………………… 310

工程量计算规则 …………………………………………………… 311

一、轨道衡建筑 …………………………………………………… 312

二、入场煤取样装置基础 ………………………………………… 315

三、汽车衡建筑 …………………………………………………… 317

四、火车卸煤沟 …………………………………………………… 320

五、汽车卸煤沟 …………………………………………………… 324

六、翻车机室 ……………………………………………………… 328

七、露天布置调车设施 …………………………………………… 331

八、牵车平台室 …………………………………………………… 333

九、输煤地道 ……………………………………………………… 336

十、采光室 ………………………………………………………… 341

十一、封闭煤场 ··· 344

  （一）圆形煤场 ·· 344

  （二）条形煤场 ·· 347

  （三）堆取料机基础 ·· 350

  （四）地下煤斗及地道 ······································ 353

  （五）煤场冲洗建筑 ·· 355

  （六）驱动装置室 ·· 357

十二、干煤棚 ··· 359

十三、储煤筒仓 ··· 363

十四、输煤栈桥 ··· 367

十五、转运站 ··· 378

十六、碎煤机室 ··· 389

十七、输煤辅助建筑 ··· 392

十八、燃油建筑 ··· 398

十九、燃气建筑 ··· 403

第三章　除灰系统 ··· 406

说明 ··· 406

工程量计算规则 ··· 406

一、排渣机基础 ··· 408

二、渣仓基础 ··· 410

三、脱水仓建筑 ··· 413

四、浓缩机基础 ··· 415

　　五、气力除灰建筑 ································ 417

　　六、储灰场 ····································· 425

　　　　（一）灰坝 ································· 425

　　　　（二）灰场防渗 ··························· 428

　　　　（三）灰场排水 ··························· 430

　　　　（四）灰场办公、配电室 ··················· 436

第四章　水处理系统 ······························ 438

　说明 ·· 438

　工程量计算规则 ································ 439

　一、机械加速澄清池 ····························· 440

　二、预处理室 ··································· 449

　三、化学水处理室 ······························· 452

　四、酸碱建筑 ··································· 458

　五、化学水室外构筑物 ··························· 463

　　　　（一）水箱基础 ························· 463

　　　　（二）室外沟道 ························· 467

　六、凝结水处理室 ······························· 469

　七、循环水处理室 ······························· 472

　八、加氯间 ····································· 475

　九、各类水池 ··································· 478

　十、再生水处理厂房 ····························· 484

　十一、再生水处理设备基础 ······················· 490

十二、海水淡化建筑 …………………………………………………………………………… 492

第五章　供水系统 ……………………………………………………………………………… 495

说明 …………………………………………………………………………………………… 495

工程量计算规则 ……………………………………………………………………………… 497

一、取排水口 ………………………………………………………………………………… 499

二、引水渠 …………………………………………………………………………………… 503

三、厂外取排水暗沟 ………………………………………………………………………… 505

四、厂外取排水管道建筑 …………………………………………………………………… 509

五、岸边泵房 ………………………………………………………………………………… 511

六、循环水泵房 ……………………………………………………………………………… 514

七、冷却塔 …………………………………………………………………………………… 518

八、挡风板仓库 ……………………………………………………………………………… 525

九、厂内取排水、循环水沟 ………………………………………………………………… 528

十、厂内取排水、循环水管道 ……………………………………………………………… 534

（一）混凝土管道 ………………………………………………………………………… 534

（二）钢套筒混凝土管道 ………………………………………………………………… 538

（三）管道建筑 …………………………………………………………………………… 542

十一、空冷排汽管道基础、支架 …………………………………………………………… 546

十二、空冷平台 ……………………………………………………………………………… 548

十三、空冷配电间 …………………………………………………………………………… 551

十四、辅机冷却循环水泵房 ………………………………………………………………… 554

十五、机力通风塔 …………………………………………………………………………… 557

十六、间冷塔 ……………………………………………………………… 560

十七、补给水建筑 ………………………………………………………… 569

十八、补给水管道 ………………………………………………………… 572

    （一）混凝土管道 …………………………………………………… 572

    （二）钢套筒混凝土管道 …………………………………………… 574

    （三）管道建筑 ……………………………………………………… 576

第六章　电气系统 ………………………………………………………… 580

说明 ………………………………………………………………………… 580

工程量计算规则 …………………………………………………………… 581

一、共箱母线支架 ………………………………………………………… 582

二、主变压器基础与构架 ………………………………………………… 586

三、厂用变压器基础与构架 ……………………………………………… 593

四、启动/备用变压器基础与构架 ……………………………………… 597

五、防火墙 ………………………………………………………………… 601

六、进出线构架 …………………………………………………………… 603

七、屋内配电装置室 ……………………………………………………… 608

八、屋外配电装置 ………………………………………………………… 612

    （一）敞开式配电装置 ……………………………………………… 612

    （二）封闭式配电装置 ……………………………………………… 617

九、独立避雷针塔 ………………………………………………………… 621

十、电气控制系统建筑 …………………………………………………… 623

第七章　脱硫系统 ·················· 626

　　说明 ·················· 626

　　工程量计算规则 ·················· 626

　　一、石灰石块储仓 ·················· 627

　　二、石灰石粉制备间 ·················· 630

　　三、石灰石粉储仓 ·················· 633

　　四、吸收塔基础 ·················· 635

　　五、循环浆液泵房 ·················· 637

　　六、氧化风机房 ·················· 640

　　七、脱硫主要设备基础 ·················· 643

　　八、石膏脱水及废水处理建筑 ·················· 645

第八章　脱硝系统 ·················· 651

　　说明 ·················· 651

　　工程量计算规则 ·················· 651

第九章　附属工程 ·················· 656

　　说明 ·················· 656

　　工程量计算规则 ·················· 657

　　一、辅助生产建筑 ·················· 658

　　二、附属生产建筑 ·················· 671

　　三、环境保护设施建筑 ·················· 674

　　四、绿化 ·················· 680

　　五、消防系统建筑 ·················· 682

　　六、特殊消防系统 ·················· 685

七、厂区道路与地坪 …………………………………………………………………… 690

八、厂区围墙与大门 …………………………………………………………………… 694

九、厂区管道支架 ……………………………………………………………………… 699

十、厂区沟道、隧道 …………………………………………………………………… 702

十一、厂区给水、排水、消防水管道 ………………………………………………… 704

十二、厂区各类井 ……………………………………………………………………… 708

十三、厂区各类水池 …………………………………………………………………… 714

十四、厂区挡土墙、护坡 ……………………………………………………………… 718

十五、厂区护岸 ………………………………………………………………………… 723

十六、厂区采暖、制冷管道 …………………………………………………………… 725

十七、厂前公共福利建筑 ……………………………………………………………… 726

第十章　建筑安装工程 ………………………………………………………………… 727

说明 ……………………………………………………………………………………… 727

工程量计算规则 ………………………………………………………………………… 728

一、主厂房建筑安装 …………………………………………………………………… 729

二、集中控制楼建筑安装 ……………………………………………………………… 739

三、烟囱照明、接地 …………………………………………………………………… 741

四、火车卸煤沟建筑安装 ……………………………………………………………… 743

五、汽车卸煤沟建筑安装 ……………………………………………………………… 747

六、翻车机室建筑安装 ………………………………………………………………… 749

七、输煤地道建筑安装 ………………………………………………………………… 751

八、干煤棚照明、接地 ………………………………………………………………… 753

九、封闭煤场照明、接地 ……………………………………………………………… 755

十、储煤筒仓照明、接地 ……………………………………………………………………… 757

十一、输煤栈桥建筑安装 …………………………………………………………………… 759

十二、转运站、碎煤机室建筑安装 ………………………………………………………… 761

十三、灰库照明、接地 ……………………………………………………………………… 767

十四、化学水处理室建筑安装 ……………………………………………………………… 769

十五、循环水泵房建筑安装 ………………………………………………………………… 771

十六、冷却塔照明、接地 …………………………………………………………………… 773

十七、保护室建筑安装 ……………………………………………………………………… 775

十八、网络继电器楼建筑安装 ……………………………………………………………… 777

十九、配电装置室建筑安装 ………………………………………………………………… 779

二十、电缆隧道照明、接地 ………………………………………………………………… 781

二十一、启动锅炉房建筑安装 ……………………………………………………………… 783

二十二、生产综合楼建筑安装 ……………………………………………………………… 787

二十三、其他生活建筑物建筑安装 ………………………………………………………… 789

二十四、其他生产建筑物建筑安装 ………………………………………………………… 791

二十五、集中采暖、制冷站建筑设备安装 ………………………………………………… 793

第十一章　临时工程 ……………………………………………………………………… 803

说明 …………………………………………………………………………………………… 803

工程量计算规则 ……………………………………………………………………………… 804

一、施工用电 ………………………………………………………………………………… 805

二、施工用水 ………………………………………………………………………………… 812

三、施工道路 ………………………………………………………………………………… 815

四、施工通信 ………………………………………………………………………………… 817

第三部分　独立子项建筑工程

说明 ··· 819

工程量计算规则 ··· 821

第一章　土石方工程 ··· 824

第二章　钢筋混凝土工程 ··································· 828

第三章　屏蔽工程 ··· 830

第四章　耐磨工程 ··· 831

第五章　防腐工程 ··· 832

第六章　防潮、防水工程 ··································· 836

第七章　降噪工程 ··· 837

第八章　淋水装置工程 ······································· 839

第九章　坝体工程 ··· 841

　　一、清理基层 ··· 841

　　二、筑坝 ·· 842

　　三、垫层 ·· 843

　　四、护面 ·· 844

第十章　地基处理工程 ······································· 845

第十一章　施工措施工程 ··································· 848

　　一、施工降水 ··· 848

　　二、施工支护 ··· 849

　　三、顶管工程 ··· 851

四、盾构法施工项目 ··· 853

五、水下施工项目 ··· 855

附表　指标调整系数表 ··· 856

说明 ··· 856

附录　火力发电工程静态投资综合指标 ····························· 861

说明 ··· 861

工程量计算规则 ··· 862

附录 A　燃煤发电机组 ··· 863

附录 B　燃气-蒸汽联合循环机组 ··································· 899

第一部分　系统（单项）建筑工程

第一章　热　力　系　统

说明

一、本章内容包括主厂房本体及设备基础工程、除尘排烟系统工程中系统（单项）工程指标。

二、使用说明

1. 燃煤机组主厂房本体及设备基础工程指标包括主厂房本体、集中控制楼、锅炉紧身封闭、锅炉电梯井、锅炉基础、汽机基础、锅炉与汽机附属设备基础、炉后风机房等建筑工程项目，按照机组容量、煤质、厂房结构执行指标；300MW 级机组指标包括厂内热网建筑工程。

2. 燃机机组主厂房本体及设备基础工程指标包括主厂房本体、集中控制楼、辅助控制楼、燃机基础、余热锅炉紧身封闭、余热锅炉电梯井、余热锅炉基础、汽机基础、燃机与余热锅炉及汽机附属设备基础、旁路烟囱基础、厂内热网建筑等项目。

3. 除尘排烟系统工程指标包括除尘器基础及建筑、电除尘配电室、烟道支架、引风机基础及建筑、引风机起吊架、烟囱等建筑工程项目，按照机组容量执行指标。

4. 厂内供热工程综合考虑了热介质及供热参数，工程设计除有特殊工艺建筑外，执行指标时不做调整。工程采用热泵工艺、厂内设有尖峰锅炉时，应参照相应的计价标准另行编制其投资估算。

工程量计算规则

主厂房本体及设备基础工程指标、除尘排烟系统工程指标按照设计装机容量以"kW"为计量单位计算工程量。燃煤机组设计装机容量按照汽轮机在纯凝运行工况下发电机的额定出力计算；燃机机组设计装机容量按照汽轮机在纯凝运行工况下联合循环发电机额定出力计算。

一、主厂房本体及设备基础工程

指标编号		ZFT1-1-1	ZFT1-1-2	ZFT1-1-3	ZFT1-1-4
项目名称		1000MW级烟煤机组钢结构主厂房	1000MW级烟煤机组塔式炉 钢结构主厂房	1000MW级烟煤机组混凝土结构主厂房	1000MW级烟煤机组塔式炉 混凝土结构主厂房
指标单位		kW	kW	kW	kW
基 价（元）		**122.45**	**130.28**	**104.17**	**111.07**
其中	建筑设备购置费（元）	7.43	8.67	7.53	8.78
	直接工程费（元）	115.02	121.61	96.64	102.29
直接工程费其中	人工费（元）	12.00	12.77	13.52	14.36
	材料费（元）	93.09	98.52	74.67	79.17
	机械费（元）	9.93	10.32	8.45	8.76
主要技术条件		主厂房前煤仓布置，钢框排架结构，独立基础；集控楼钢筋混凝土框架结构；电梯井箱型基础；送风机室钢框架结构；设备基础均为钢筋混凝土结构	主厂房侧煤仓布置，钢框排架结构，独立基础；集控楼钢筋混凝土框架结构；电梯井箱型基础；送风机室钢框架结构；设备基础均为钢筋混凝土结构	主厂房前煤仓布置，钢筋混凝土框排架结构，独立基础；集控楼钢筋混凝土框架结构；电梯井箱型基础；送风机室钢筋混凝土框架结构；设备基础均为钢筋混凝土结构	主厂房侧煤仓布置，钢筋混凝土框排架结构，独立基础；集控楼钢筋混凝土框架结构；电梯井箱型基础；送风机室钢筋混凝土框架结构；设备基础均为钢筋混凝土结构
抗震设防烈度（度）		VIII	VIII	VII	VII
最低设计温度（℃）		-8.1	-8.1	-8.2	-8.2

指标编号			ZFT1-1-1	ZFT1-1-2	ZFT1-1-3	ZFT1-1-4
项目名称			1000MW 级烟煤机组钢结构主厂房	1000MW 级烟煤机组塔式炉 钢结构主厂房	1000MW 级烟煤机组混凝土结构主厂房	1000MW 级烟煤机组塔式炉 混凝土结构主厂房
指标单位			kW	kW	kW	kW
	名称	单位	工程量			
主要工程量	主厂房	m³	633042.00	664694.00	642538.00	674665.00
	集控楼	m³	19340.00	40319.00	19340.00	40319.00
	锅炉基础	座	2.00	2.00	2.00	2.00
	锅炉辅机基础	台炉	2.00	2.00	2.00	2.00
	汽轮发电机基础	座	2.00	2.00	2.00	2.00
	汽轮发电机辅机基础	台机	2.00	2.00	2.00	2.00
	锅炉电梯建筑	座	2.00	2.00	2.00	2.00
	锅炉紧身封闭建筑	m²	37602.00	32377.00	37602.00	32377.00
	炉后封闭风机房	m³	67306.00	46682.00	67306.00	46682.00

续表

指标编号			ZFT1-1-1	ZFT1-1-2	ZFT1-1-3	ZFT1-1-4
项目名称			1000MW 级烟煤机组钢结构主厂房	1000MW 级烟煤机组塔式炉 钢结构主厂房	1000MW 级烟煤机组混凝土结构主厂房	1000MW 级烟煤机组塔式炉 混凝土结构主厂房
指标单位			kW	kW	kW	kW
名称	单位	单价(元)	数量			
主要人工材料机械（每MW）| 建筑普通工	工日	34	169.885	180.632	191.679	203.516
	建筑技术工	工日	48	129.752	138.057	145.898	155.011
	型钢	t	3675.21	9.939	10.318	5.395	5.547
	水泥	t	337.61	18.269	19.646	20.619	22.114
	石子	m³	58.83	43.402	46.501	47.409	50.708
	砂子	m³	54.85	29.055	31.092	31.903	34.082
	钢筋	t	3504.27	4.394	4.714	5.976	6.374
	机械当量	台班	1000	9.930	10.320	8.450	8.760

指标编号	ZFT1-1-5	ZFT1-1-6	ZFT1-1-7
项目名称	600MW级烟煤机组 钢结构主厂房	600MW级烟煤机组 混凝土结构主厂房	600MW级烟煤机组 塔式炉 混凝土结构主厂房
指标单位	kW	kW	kW
基　价（元）	**126.73**	**103.74**	**111.94**

其中	建筑设备购置费（元）	7.45	7.27	7.54
	直接工程费（元）	119.28	96.47	104.40

直接工程费其中	人工费（元）	12.98	14.20	15.27
	材料费（元）	94.85	73.87	80.20
	机械费（元）	11.45	8.40	8.93

主要技术条件	主厂房前煤仓布置，钢框排架结构，独立基础；集控楼钢框架结构；送风机室钢框架结构；电梯井箱型基础；设备基础均为钢筋混凝土结构	主厂房前煤仓布置，钢筋混凝土框排架结构，独立基础；集控楼钢筋混凝土框架结构；送风机室钢筋混凝土框架结构；电梯井箱型基础；设备基础均为钢筋混凝土结构	主厂房侧煤仓布置，钢筋混凝土框排架结构，独立基础；集控楼钢筋混凝土框架结构；送风机室钢筋混凝土框架结构；电梯井箱型基础；设备基础均为钢筋混凝土结构

抗震设防烈度（度）	Ⅶ	Ⅶ	Ⅶ
最低设计温度（℃）	-14.5	-14.5	-14.5

主要工程量	名称	单位	工程量		
	主厂房	m³	409642.00	430124.00	451630.00

指标编号			ZFT1-1-5	ZFT1-1-6	ZFT1-1-7
项目名称			600MW 级烟煤机组 钢结构主厂房	600MW 级烟煤机组 混凝土结构主厂房	600MW 级烟煤机组 塔式炉 混凝土结构主厂房
指标单位			kW	kW	kW
主要工程量	名称	单位	工程量		
	集控楼	m³	28118.00	26966.00	26966.00
	锅炉基础	座	2.00	2.00	2.00
	锅炉辅机基础	台炉	2.00	2.00	2.00
	汽轮发电机基础	座	2.00	2.00	2.00
	汽轮发电机辅机基础	台机	2.00	2.00	2.00
	锅炉电梯建筑	座	2.00	2.00	2.00
	锅炉紧身封闭建筑	m²	33830.00	33830.00	33830.00
	炉后封闭风机房	m³	54071.00	23956.00	23956.00
主要人工材料机械（每MW）	名称	单位	单价(元)	数量		
	建筑普通工	工日	34	181.970	199.167	214.305
	建筑技术工	工日	48	141.522	154.690	166.249
	型钢	t	3675.21	11.501	5.310	5.536

续表

指标编号				ZFT1-1-5	ZFT1-1-6	ZFT1-1-7
项目名称				600MW 级烟煤机组 钢结构主厂房	600MW 级烟煤机组 混凝土结构主厂房	600MW 级烟煤机组 塔式炉 混凝土结构主厂房
指标单位				kW	kW	kW
	名称	单位	单价(元)	数量		
主要人工材料机械（每MW）	水泥	t	337.61	14.637	18.909	21.007
	石子	m³	58.83	33.970	42.882	47.832
	砂子	m³	54.85	24.543	29.439	32.479
	钢筋	t	3504.27	3.365	4.899	5.759
	机械当量	台班	1000	11.450	8.400	8.930

指标编号	ZFT1-1-8	ZFT1-1-9	ZFT1-1-10	ZFT1-1-11	ZFT1-1-12
项目名称	600MW级褐煤机组 钢结构主厂房	600MW级褐煤机组 塔式炉 钢结构主厂房	600MW级褐煤机组 混凝土结构主厂房	600MW级无烟煤机组 钢结构主厂房	600MW级无烟煤机组 混凝土结构主厂房
指标单位	kW	kW	kW	kW	kW
基 价（元）	**131.87**	**138.36**	**111.03**	**133.94**	**109.52**
其中 建筑设备购置费（元）	7.59	7.86	7.43	7.82	7.66
其中 直接工程费（元）	124.28	130.50	103.60	126.12	101.86
直接工程费其中 人工费（元）	13.58	14.21	15.15	13.68	14.98
直接工程费其中 材料费（元）	98.88	103.99	79.57	100.38	78.02
直接工程费其中 机械费（元）	11.82	12.30	8.88	12.06	8.86
主要技术条件	主厂房前煤仓布置，钢框排架结构，独立基础；集控楼钢框架结构；送风机室钢框架结构；电梯井箱型基础；设备基础均为钢筋混凝土结构	主厂房侧煤仓布置，钢框排架结构，独立基础；集控楼钢框架结构；送风机室钢框架结构；电梯井箱型基础；设备基础均为钢筋混凝土结构	主厂房前煤仓布置，钢筋混凝土框排架结构，独立基础；集控楼钢筋混凝土框架结构；送风机室钢筋混凝土框架结构；电梯井箱型基础；设备基础均为钢筋混凝土结构	主厂房前煤仓布置，钢框架结构，独立基础；集控楼钢框架结构；送风机室钢框架结构；电梯井箱型基础；设备基础均为钢筋混凝土结构	主厂房前煤仓布置，钢筋混凝土框排架结构，独立基础；集控楼钢筋混凝土框架结构；送风机室钢筋混凝土框架结构；电梯井箱型基础；设备基础均为钢筋混凝土结构
抗震设防烈度（度）	Ⅶ	Ⅶ	Ⅶ	Ⅶ	Ⅶ
最低设计温度（℃）	−14.5	−14.5	−14.5	−14.5	−14.5

指标编号			ZFT1-1-8	ZFT1-1-9	ZFT1-1-10	ZFT1-1-11	ZFT1-1-12
项目名称			600MW级褐煤机组 钢结构主厂房	600MW级褐煤机组 塔式炉 钢结构主厂房	600MW级褐煤机组 混凝土结构主厂房	600MW级无烟煤机组 钢结构主厂房	600MW级无烟煤机组 混凝土结构主厂房
指标单位			kW	kW	kW	kW	kW
	名称	单位	工程量				
主要工程量	主厂房	m³	420890.00	441935.00	443042.00	438946.00	460893.00
	集控楼	m³	28118.00	28118.00	26966.00	28118.00	26966.00
	锅炉基础	座	2.00	2.00	2.00	2.00	2.00
	锅炉辅机基础	台炉	2.00	2.00	2.00	2.00	2.00
	汽轮发电机基础	座	2.00	2.00	2.00	2.00	2.00
	汽轮发电机辅机基础	台机	2.00	2.00	2.00	2.00	2.00
	锅炉电梯建筑	座	2.00	2.00	2.00	2.00	2.00
	锅炉紧身封闭建筑	m²	35521.50	35521.50	35521.50	35521.50	33830.00
	炉后封闭风机房	m³	54071.00	54071.00	23956.00	54071.00	23956.00

续表

指标编号			ZFT1-1-8	ZFT1-1-9	ZFT1-1-10	ZFT1-1-11	ZFT1-1-12
项目名称			600MW级褐煤机组 钢结构主厂房	600MW级褐煤机组 塔式炉 钢结构主厂房	600MW级褐煤机组 混凝土结构主厂房	600MW级无烟煤机组 钢结构主厂房	600MW级无烟煤机组 混凝土结构主厂房
指标单位			kW	kW	kW	kW	kW
	名称	单位	单价(元)		数量		
主要人工材料机械（每MW）	建筑普通工	工日	34	190.529	199.683	212.293	192.197	210.513
	建筑技术工	工日	48	147.887	154.611	165.223	148.715	162.847
	型钢	t	3675.21	11.798	12.243	5.502	12.152	5.589
	水泥	t	337.61	15.854	16.728	20.839	15.338	19.844
	石子	m³	58.83	36.864	38.920	47.461	35.594	45.008
	砂子	m³	54.85	26.335	27.700	32.216	25.716	30.864
	钢筋	t	3504.27	3.727	4.200	5.714	3.629	5.246
	机械当量	台班	1000	11.820	12.300	8.880	12.060	8.860

指标编号	ZFT1-1-13	ZFT1-1-14	ZFT1-1-15	ZFT1-1-16
项目名称	300MW 级烟煤供热机组 钢结构主厂房	300MW 级烟煤供热机组 混凝土结构主厂房	300MW 级褐煤供热机组 钢结构主厂房	300MW 级褐煤供热机组 混凝土结构主厂房
指标单位	kW	kW	kW	kW
基　　价（元）	**150.57**	**133.92**	**168.34**	**150.88**
其中　建筑设备购置费（元）	10.43	10.43	11.59	11.59
其中　直接工程费（元）	140.14	123.49	156.75	139.29
直接工程费其中　人工费（元）	18.29	18.42	20.72	20.85
直接工程费其中　材料费（元）	104.97	92.24	117.64	104.29
直接工程费其中　机械费（元）	16.88	12.83	18.39	14.15
主要技术条件	主厂房前煤仓布置，钢框排架结构，独立基础；集控楼钢筋混凝土框架结构；电梯井箱形基础；炉后风机房钢框架结构；设备基础均为钢筋混凝土结构	主厂房前煤仓布置，钢筋混凝土框架结构，独立基础；集控楼钢筋混凝土框架结构；电梯井箱形基础；炉后风机房钢筋混凝土框架结构；设备基础均为钢筋混凝土结构	主厂房前煤仓布置，钢框排架结构，独立基础；集控楼钢筋混凝土框架结构；电梯井箱形基础；炉后风机房钢框架结构；设备基础均为钢筋混凝土结构	主厂房前煤仓布置，钢筋混凝土框架结构，独立基础；集控楼钢筋混凝土框架结构；电梯井箱形基础；炉后风机房钢筋混凝土框架结构；设备基础均为钢筋混凝土结构
抗震设防烈度（度）	VII	VII	VII	VII
最低设计温度（℃）	-24.2	-28.0	-30.3	-39.5

续表

指标编号			ZFT1-1-13	ZFT1-1-14	ZFT1-1-15	ZFT1-1-16
项目名称			300MW级烟煤供热机组 钢结构主厂房	300MW级烟煤供热机组 混凝土结构主厂房	300MW级褐煤供热机组 钢结构主厂房	300MW级褐煤供热机组 混凝土结构主厂房
指标单位			kW	kW	kW	kW
	名称	单位	工程量			
主要工程量	主厂房	m³	267379.23	267379.23	280393.20	280393.20
	集控楼	m³	18618.00	18618.00	25698.00	25698.00
	锅炉基础	座	2.00	2.00	2.00	2.00
	锅炉辅机基础	台炉	2.00	2.00	2.00	2.00
	汽轮发电机基础	座	2.00	2.00	2.00	2.00
	汽轮发电机辅机基础	台机	2.00	2.00	2.00	2.00
	锅炉电梯建筑	座	2.00	2.00	2.00	2.00
	锅炉紧身封闭建筑	m²	18244.00	18244.00	24408.00	24408.00
	热网首站	m³	12380.00	12380.00	12380.00	12380.00
	炉后风机房保温金属墙板	m²	7370.00	7370.00	7810.00	7810.00

指标编号			ZFT1-1-13	ZFT1-1-14	ZFT1-1-15	ZFT1-1-16
项目名称			300MW级烟煤供热机组 钢结构主厂房	300MW级烟煤供热机组 混凝土结构主厂房	300MW级褐煤供热机组 钢结构主厂房	300MW级褐煤供热机组 混凝土结构主厂房
指标单位			kW	kW	kW	kW
	名称	单位	单价(元)	数量		
主要人工材料机械（每MW）	建筑普通工	工日	34	239.360	296.541	271.188	331.152
	建筑技术工	工日	48	211.387	173.457	239.576	199.800
	型钢	t	3675.21	12.819	7.308	13.755	7.976
	水泥	t	337.61	17.747	21.796	21.607	25.853
	石子	m³	58.83	43.025	50.818	51.952	60.124
	砂子	m³	54.85	29.937	34.884	35.791	40.979
	钢筋	t	3504.27	4.864	6.293	5.839	7.337
	机械当量	台班	1000	16.880	12.830	18.390	14.150

指标编号			ZFT1-1-17	ZFT1-1-18
项目名称			300MW 级循环流化床炉机组钢结构主厂房	300MW 级循环流化床炉机组混凝土结构主厂房
指标单位			kW	kW
基　价（元）			**188.72**	**167.52**
其中	建筑设备购置费（元）		13.78	13.78
	直接工程费（元）		174.94	153.74
直接工程费其中	人工费（元）		22.98	23.14
	材料费（元）		130.72	114.51
	机械费（元）		21.24	16.09
主要技术条件			主厂房前煤仓布置，钢框排架结构，独立基础；集控楼钢筋混凝土框架结构；电梯井箱形基础；炉后风机房钢框架结构；设备基础均为钢筋混凝土结构	主厂房前煤仓布置，钢筋混凝土框排架结构，独立基础；集控楼钢筋混凝土框架结构；电梯井箱形基础；炉后风机房钢筋混凝土框架结构；设备基础均为钢筋混凝土结构
抗震设防烈度（度）			Ⅶ	Ⅶ
最低设计温度（℃）			−34.4	−34.4
主要工程量	名称	单位	工程量	
	主厂房	m³	291754.00	291754.00
	集控楼	m³	24533.00	24533.00

指标编号			ZFT1-1-17	ZFT1-1-18
项目名称			300MW 级循环流化床炉机组钢结构主厂房	300MW 级循环流化床炉机组混凝土结构主厂房
指标单位			kW	kW
主要工程量	名称	单位	工程量	
	锅炉基础	座	2.00	2.00
	锅炉辅机基础	台炉	2.00	2.00
	汽轮发电机基础	座	2.00	2.00
	汽轮发电机辅机基础	台机	2.00	2.00
	锅炉紧身封闭建筑	m²	25140.00	25140.00
	锅炉电梯建筑	座	2.00	2.00
	热网首站	m³	12380.00	12380.00
主要人工材料机械（每MW）	名称	单位	单价(元)	数量
	建筑普通工	工日	34	300.537	373.329
	建筑技术工	工日	48	265.773	217.487
	型钢	t	3675.21	16.154	9.138
	水泥	t	337.61	20.681	25.835

指标编号			ZFT1-1-17	ZFT1-1-18
项目名称			300MW级循环流化床炉机组钢结构主厂房	300MW级循环流化床炉机组混凝土结构主厂房
指标单位			kW	kW
	名称	单位	单价(元)	数量	
主要人工材料机械（每MW）	石子	m³	58.83	49.137	59.057
	砂子	m³	54.85	34.973	41.271
	钢筋	t	3504.27	5.989	7.808
	机械当量	台班	1000	21.240	16.090

指标编号	ZFT1-1-19	ZFT1-1-20	ZFT1-1-21	ZFT1-1-22
项目名称	F级燃机 1+1系列发电机组 钢结构主厂房	F级燃机 1+1系列发电机组 混凝土结构主厂房	F级燃机 2+1系列发电机组 钢结构主厂房	F级燃机 2+1系列发电机组 混凝土结构主厂房
指标单位	kW	kW	kW	kW
基　价（元）	**105.44**	**84.51**	**87.12**	**68.87**
其中　建筑设备购置费（元）	9.34	11.14	9.56	9.56
其中　直接工程费（元）	96.10	73.37	77.56	59.31
直接工程费其中　人工费（元）	7.66	9.11	7.08	7.52
直接工程费其中　材料费（元）	81.56	58.70	64.40	47.32
直接工程费其中　机械费（元）	6.88	5.56	6.08	4.47
主要技术条件	燃机汽机联合厂房，燃机高位布置，钢框架结构；余热锅炉露天布置；集控楼、辅助厂房为钢框架结构；电梯井箱型基础；设备基础均为钢筋混凝土结构	燃机汽机联合厂房，燃机高位布置，钢筋混凝土框架结构；余热锅炉露天布置；集控楼、辅助厂房为钢筋混凝土框架结构；电梯井箱型基础；设备基础均为钢筋混凝土结构	燃机汽机联合厂房，燃机低位布置，钢框架结构；余热锅炉封闭布置；集控楼钢框架结构；电梯井箱型基础；设备基础均为钢筋混凝土结构	燃机汽机联合厂房，燃机低位布置，钢筋混凝土框架结构；余热锅炉封闭布置；集控楼钢筋混凝土框架结构；电梯井箱型基础；设备基础均为钢筋混凝土结构
抗震设防烈度（度）	Ⅶ	Ⅶ	Ⅶ	Ⅶ
最低设计温度（℃）	-3.4	-13	-24	-24

指标编号		ZFT1-1-19	ZFT1-1-20	ZFT1-1-21	ZFT1-1-22
项目名称		F级燃机 1+1系列发电机组 钢结构主厂房	F级燃机 1+1系列发电机组 混凝土结构主厂房	F级燃机 2+1系列发电机组 钢结构主厂房	F级燃机 2+1系列发电机组 混凝土结构主厂房
指标单位		kW	kW	kW	kW
	名称	单位	工程量			
主要工程量	主厂房	m³	260023.00	260023.00	144249.00	144249.00
	辅助厂房	m³	3135.00	3135.00		
	集控楼	m³	18669.00	18669.00	26879.00	26879.00
	锅炉基础	座	2.00	2.00	2.00	2.00
	汽轮发电机基础	座	2.00	2.00	1.00	1.00
	汽轮发电机辅机基础	台机	2.00	2.00	1.00	1.00
	燃气轮发电机基础	座	2.00	2.00	2.00	2.00
	燃气轮发电机辅机基础	台机	2.00	2.00	2.00	2.00
	余热锅炉电梯建筑	座	2.00	2.00	2.00	2.00
	余热锅炉封闭布置	m²			23383.00	23383.00

指标编号			ZFT1-1-19	ZFT1-1-20	ZFT1-1-21	ZFT1-1-22
项目名称			F级燃机 1+1系列发电机组 钢结构主厂房	F级燃机 1+1系列发电机组 混凝土结构主厂房	F级燃机 2+1系列发电机组 钢结构主厂房	F级燃机 2+1系列发电机组 混凝土结构主厂房
指标单位			kW	kW	kW	kW
	名称	单位	单价(元)	数量		
主要人工材料机械（每MW）	建筑普通工	工日	34	101.454	124.912	89.646	99.241
	建筑技术工	工日	48	87.715	101.249	83.900	86.344
	型钢	t	3675.21	8.560	3.772	7.080	3.393
	水泥	t	337.61	11.674	14.176	8.574	10.136
	石子	m³	58.83	29.533	33.865	21.128	23.459
	砂子	m³	54.85	19.706	23.893	14.442	16.938
	钢筋	t	3504.27	3.530	4.779	2.354	3.196
	机械当量	台班	1000	6.880	5.560	6.080	4.470

指标编号	ZFT1-1-23	ZFT1-1-24	ZFT1-1-25	ZFT1-1-26
项目名称	E级燃机 1＋1系列发电机组 钢结构主厂房	E级燃机 1＋1系列发电机组 混凝土结构主厂房	E级燃机 2＋1系列发电机组 钢结构主厂房	E级燃机 2＋1系列发电机组 混凝土结构主厂房
指标单位	kW	kW	kW	kW
基　价（元）	**125.04**	**96.42**	**101.26**	**79.24**
其中　建筑设备购置费（元）	12.10	9.94	11.56	11.56
其中　直接工程费（元）	112.94	86.48	89.70	67.68
直接工程费其中　人工费（元）	10.95	10.53	9.18	8.67
直接工程费其中　材料费（元）	92.57	70.25	72.72	54.63
直接工程费其中　机械费（元）	9.42	5.70	7.80	4.38
主要技术条件	燃机汽机联合厂房，燃机高位布置，钢框架结构，余热锅炉露天布置；集控楼、辅助厂房钢框架结构；电梯井箱型基础；设备基础均为钢筋混凝土结构	燃机汽机联合厂房，燃机高位布置，钢筋混凝土框架结构，余热锅炉露天布置；集控楼、辅助厂房钢筋混凝土框架结构；电梯井箱型基础，设备基础均为钢筋混凝土结构	燃机汽机联合厂房，燃机低位布置，钢框架结构；余热锅炉露天布置；集控楼钢框架结构；电梯井箱型基础；设备基础均为钢筋混凝土结构	燃机汽机联合厂房，燃机低位布置，钢筋混凝土框架结构；余热锅炉露天布置；集控楼钢筋混凝土框架结构；电梯井箱型基础，设备基础均为钢筋混凝土结构
抗震设防烈度（度）	Ⅶ	Ⅶ	Ⅶ	Ⅶ
最低设计温度（℃）	－15.5	－15.5	－24	－24

指标编号			ZFT1-1-23	ZFT1-1-24	ZFT1-1-25	ZFT1-1-26
项目名称			E级燃机 1+1系列发电机组 钢结构主厂房	E级燃机 1+1系列发电机组 混凝土结构主厂房	E级燃机 2+1系列发电机组 钢结构主厂房	E级燃机 2+1系列发电机组 混凝土结构主厂房
指标单位			kW	kW	kW	kW
	名称	单位	工程量			
主要工程量	主厂房	m³	115426.00	115426.00	82375.00	82375.00
	辅助厂房	m³	877.00	877.00		
	集控楼	m³	9460.00	9460.00	15832.00	15832.00
	锅炉基础	座	2.00	2.00	2.00	2.00
	汽轮发电机基础	座	2.00	2.00	1.00	1.00
	燃气轮发电机基础	座	2.00	2.00	2.00	2.00
	汽轮发电机辅机基础	台机	2.00	2.00	1.00	1.00
	燃气轮发电机辅机基础	台机	2.00	2.00	2.00	2.00
	余热锅炉电梯建筑	座	2.00	2.00	2.00	2.00

续表

指标编号			ZFT1-1-23	ZFT1-1-24	ZFT1-1-25	ZFT1-1-26
项目名称			E级燃机 1+1系列发电机组 钢结构主厂房	E级燃机 1+1系列发电机组 混凝土结构主厂房	E级燃机 2+1系列发电机组 钢结构主厂房	E级燃机 2+1系列发电机组 混凝土结构主厂房
指标单位			kW	kW	kW	kW
	名称	单位	单价(元)	数量		
主要人工材料机械(每MW)	建筑普通工	工日	34	153.356	140.334	125.377	114.474
	建筑技术工	工日	48	119.531	119.888	102.561	99.636
	型钢	t	3675.21	9.905	4.174	7.799	3.063
	水泥	t	337.61	14.304	19.589	11.411	15.145
	石子	m³	58.83	34.424	46.335	27.210	35.082
	砂子	m³	54.85	23.838	31.487	19.253	24.753
	钢筋	t	3504.27	4.647	5.834	3.681	4.607
	机械当量	台班	1000	9.420	5.700	7.800	4.380

二、除尘排烟系统工程

指标编号		ZFT1-1-27	ZFT1-1-28	ZFT1-1-29
项目名称		1000MW 级机组除尘排烟系统	600MW 级机组除尘排烟系统	300MW 级机组除尘排烟系统
指标单位		kW	kW	kW
基　　价（元）		**38.95**	**43.36**	**47.80**
其中	建筑设备购置费（元）	1.16	0.92	1.81
	直接工程费（元）	37.79	42.44	45.99
直接工程费其中	人工费（元）	4.20	4.77	4.98
	材料费（元）	30.26	33.90	38.23
	机械费（元）	3.33	3.77	2.78
主要技术条件		除尘器支架封闭布置；引风机室钢筋混凝土排架结构，钢筋混凝土设备基础；烟道支架钢筋混凝土结构；钢筋混凝土烟囱高240m，双内筒复合钛钢板结构，内径8.5m	除尘器支架封闭布置；引风机室钢筋混凝土排架结构，钢筋混凝土设备基础；烟道支架钢筋混凝土结构；钢筋混凝土烟囱高210m，双内筒复合钛钢板结构，内径7.5m	除尘器支架封闭布置；引风机室钢筋混凝土排架结构，钢筋混凝土设备基础；烟道支架钢筋混凝土结构；钢筋混凝土烟囱高210m，单内筒玻璃钢结构，内径9.5m
抗震设防烈度（度）		Ⅶ	Ⅶ	Ⅶ
最低设计温度（℃）		－8.2	－14.5	－24.2

指标编号			ZFT1-1-27	ZFT1-1-28	ZFT1-1-29
项目名称			1000MW 级机组除尘排烟系统	600MW 级机组除尘排烟系统	300MW 级机组除尘排烟系统
指标单位			kW	kW	kW
主要工程量	名称	单位	工程量		
	钢烟道支架	m	127.00	143.00	100.00
	引风机室	m³	40552.00	33600.00	23210.00
	引风机基础	台炉	2.00	2.00	2.00
	除尘器支架封闭	m³	81243.00	39832.00	31372.00
	除尘配电控制室	m³	7287.00	6372.00	5439.00
	烟囱	座	1.00	1.00	1.00
主要人工材料机械（每MW）	名称	单位	单价(元)	数量		
	建筑普通工	工日	34	63.654	70.197	72.650
	建筑技术工	工日	48	42.445	49.713	52.317
	型钢	t	3675.21	1.270	1.934	0.520
	水泥	t	337.61	6.350	6.594	9.868
	石子	m³	58.83	15.039	15.467	22.514

续表

指标编号			ZFT1-1-27	ZFT1-1-28	ZFT1-1-29
项目名称			1000MW 级机组除尘排烟系统	600MW 级机组除尘排烟系统	300MW 级机组除尘排烟系统
指标单位			kW	kW	kW
名称	单位	单价(元)	数量		
主要人工材料机械（每MW） 砂子	m³	54.85	9.919	10.034	15.272
钢筋	t	3504.27	1.689	1.877	3.027
机械当量	台班	1000	3.330	3.770	2.780

第二章 燃料供应系统

说明

本章内容包括燃煤机组厂内燃料供应系统工程、燃机机组燃气供应系统工程、燃煤机组厂外输煤系统工程中系统（单项）工程指标。

1. 燃煤机组厂内燃料供应系统工程指标包括卸煤、储煤、输煤、碎煤、燃油系统等建筑工程项目，CFB锅炉机组包括燃烧石灰石系统项目，按照运煤方式执行指标。

2. 燃机机组燃气供应系统工程指标包括厂内燃气管道、增压站、调压站等建筑工程项目，按照厂内对燃气采取的设施执行估算指标。

3. 燃煤机组厂外输煤系统工程指标包括厂外输煤栈桥、管状带式输送机基础、曲线带式输送机基础等建筑工程项目，按照输送机功能执行指标。指标中不包括厂外输煤转运站、拉紧装置室、输煤地道等项目，工程设计需要时，执行相应的单位工程指标估算投资。

4. 指标综合考虑了工艺系统布置与出力，工程设计除有特殊工艺建筑外，执行指标时不做调整。

工程量计算规则

一、燃煤机组厂内燃料供应系统工程指标按照设计单机容量以"套"为计量单位计算工程量，两台机组为一套，工程建设一台机组时，指标乘以0.85系数。

二、燃机机组燃气供应系统工程指标按照设计燃气轮发电机装机容量以"kW"为计量单位计算工程量。设计燃气轮发电机装机容量按照所建燃气设施能够供应的燃气轮发电机额定出力计算。

三、燃煤机组厂外输煤系统工程指标按照厂外输煤路径水平长度以"m"为计量单位计算工程量。计算输煤路径长度时，不扣除转运站、拉紧装置等所占长度。

一、厂内燃料供应系统工程

指标编号		ZFT1-2-1	ZFT1-2-2
项目名称		2×1000MW 级机组 翻车机卸煤	2×1000MW 级机组 厂外胶带机输煤
指标单位		套	套
基　价（元）		**129355731.36**	**89857694.03**
其中	建筑设备购置费（元）	2579599.52	1173394.88
	直接工程费（元）	126776131.84	88684299.15
直接工程费其中	人工费（元）	20100722.33	13963582.94
	材料费（元）	94606554.51	65968483.94
	机械费（元）	12068855.00	8752232.27
主要技术条件		双室双台单车翻车机室地下钢筋混凝土现浇结构，地上钢筋混凝土排架结构；转运站、碎煤机室、推煤机库、输煤综合楼、燃油泵房均为钢筋混凝土框架结构；圆形封闭煤场两座，下部钢筋混凝土独立基础，上部钢网架结构；输煤地道钢筋混凝土结构；输煤栈桥综合钢结构支架及钢筋混凝土支架；入场煤取样装置基础及油罐基础为钢筋混凝土结构	转运站、碎煤机室、推煤机库、输煤综合楼、燃油泵房均为钢筋混凝土框架结构；圆形封闭煤场两座，下部钢筋混凝土独立基础，上部钢网架结构；输煤地道钢筋混凝土结构；输煤栈桥综合钢结构支架及钢筋混凝土支架；油罐基础钢筋混凝土结构

指标编号			ZFT1-2-1	ZFT1-2-2
项目名称			2×1000MW级机组 翻车机卸煤	2×1000MW级机组 厂外胶带机输煤
指标单位			套	套
抗震设防烈度（度）			Ⅷ	Ⅷ度
最低设计温度（℃）			−8.1	−8.1
主要工程量	名称	单位	工程量	
	翻车机室	m³	42336.00	
	圆形封闭煤场	m²	22619.00	15708.00
	输煤栈桥	m	510.00	510.00
	输煤地道	m	321.00	321.00
	其他输煤建筑	m³	57426.00	53898.00
	入厂煤取样装置基础	m	95.00	
	油罐基础	座	2.00	2.00
主要人工材料机械	名称	单位	单价（元）	数量
	建筑普通工	工日	34	311378.224
	建筑技术工	工日	48	198036.162

续表

指标编号			ZFT1-2-1	ZFT1-2-2
项目名称			2×1000MW 级机组 翻车机卸煤	2×1000MW 级机组 厂外胶带机输煤
指标单位			套	套
名称	单位	单价(元)	数量	
型钢	t	3675.21	3055.084	2478.415
水泥	t	337.61	25594.800	16813.590
石子	m³	58.83	87819.513	58145.503
砂子	m³	54.85	41038.458	27074.623
钢筋	t	3504.27	9711.276	6388.898
机械当量	台班	1000	12068.855	8752.232

主要人工材料机械

指标编号	ZFT1-2-3	ZFT1-2-4	ZFT1-2-5	ZFT1-2-6
项目名称	2×600MW级机组翻车机卸煤	2×600MW级机组底开车卸煤	2×600MW级机组厂外胶带机输煤	2×600MW级机组汽车运煤
指标单位	套	套	套	套
基 价（元）	**76113327.04**	**89463343.93**	**55960761.49**	**76624070.60**
其中 建筑设备购置费（元）	1776853.72	1077883.34	1123926.78	2489644.67
其中 直接工程费（元）	74336473.32	88385460.59	54836834.71	74134425.93
直接工程费其中 人工费（元）	10207407.10	12681147.38	7327939.53	10256646.63
直接工程费其中 材料费（元）	57872668.17	67876576.22	42664879.09	56941914.50
直接工程费其中 机械费（元）	6256398.05	7827736.99	4844016.09	6935864.80
主要技术条件	单室单台双车翻车机室地下钢筋混凝土现浇结构，地上钢筋混凝土排架结构；转运站、碎煤机室、推煤机库、输煤综合楼、燃油泵房均为钢筋混凝土框架结构；条形封闭煤场下部钢筋混凝土独立基础，上部钢网架结构；输煤地道钢筋混凝土结构；输煤栈桥综合钢结构支架及钢筋混凝土支架；入场煤取样装置基础及油罐基础为钢筋混凝土结构	单线卸煤沟地下钢筋混凝土结构，地上钢筋混凝土排架结构；转运站、碎煤机室、推煤机库、输煤综合楼、燃油泵房均为钢筋混凝土框架结构；条形封闭煤场下部钢筋混凝土独立基础，上部钢网架结构；输煤地道钢筋混凝土结构；输煤栈桥综合钢结构支架及钢筋混凝土支架；入场煤取样装置基础及油罐基础为钢筋混凝土结构	转运站、碎煤机室、推煤机库、输煤综合楼、燃油泵房均为钢筋混凝土框架结构；条形封闭煤场下部钢筋混凝土独立基础，上部钢网架结构；输煤地道钢筋混凝土结构；输煤栈桥综合钢结构支架及钢筋混凝土支架；油罐基础钢筋混凝土结构	双侧翻卸煤沟地下钢筋混凝土结构，地上钢筋混凝土排架结构；转运站、碎煤机室、推煤机库、输煤综合楼、燃油泵房均为钢筋混凝土框架结构；条形封闭煤场下部钢筋混凝土独立基础，上部钢网架结构；输煤地道钢筋混凝土结构；输煤栈桥综合钢结构支架及钢筋混凝土支架；油罐基础钢筋混凝土结构

指标编号			ZFT1-2-3	ZFT1-2-4	ZFT1-2-5	ZFT1-2-6
项目名称			2×600MW级机组翻车机卸煤	2×600MW级机组底开车卸煤	2×600MW级机组厂外胶带机输煤	2×600MW级机组汽车运煤
指标单位			套	套	套	套
抗震设防烈度（度）			Ⅷ	Ⅶ	Ⅶ	Ⅶ
最低设计温度（℃）			-8	-15	-15	-15
主要工程量	名称	单位	工程量			
	翻车机室	m³	26089.00			
	卸煤沟	m		210.00		120.00
	入厂煤取样装置基础	m	95.00	95.00		
	悬臂式斗轮堆取料机基础	m	575.00	575.00	575.00	575.00
	条形封闭煤场	m²	36920.00	28750.00	28750.00	28750.00
	输煤地道	m	112.00	112.00	112.00	112.00
	输煤栈桥	m	324.00	367.40	367.40	367.40
	油罐基础	座	2.00	2.00	2.00	2.00
	其他输煤建筑	m³	42520.00	42345.00	39699.20	39367.00
	汽车衡室	m²				304.48

续表

指标编号				ZFT1-2-3	ZFT1-2-4	ZFT1-2-5	ZFT1-2-6
项目名称				2×600MW 级机组翻车机卸煤	2×600MW 级机组底开车卸煤	2×600MW 级机组厂外胶带机输煤	2×600MW 级机组汽车运煤
指标单位				套	套	套	套
	名称	单位	单价(元)	数量			
主要人工材料机械	建筑普通工	工日	34	140432.485	180593.422	97288.609	142245.831
	建筑技术工	工日	48	113081.038	136266.513	83747.078	112920.841
	型钢	t	3675.21	2077.647	2404.514	2103.016	2704.641
	水泥	t	337.61	15094.434	18257.241	9802.863	13669.864
	石子	m³	58.83	35215.630	41283.898	23100.601	32085.856
	砂子	m³	54.85	26368.667	31257.666	18744.464	26585.830
	钢筋	t	3504.27	4725.229	6311.306	2812.358	4236.100
	机械当量	台班	1000	6256.398	7827.737	4844.016	6935.865

指标编号	ZFT1-2-7	ZFT1-2-8	ZFT1-2-9
项目名称	2×300MW 级机组 翻车机卸煤	2×300MW 级机组 底开车卸煤	2×300MW 级机组 厂外胶带机输煤
指标单位	套	套	套
基　价（元）	**72034408.67**	**105737487.62**	**54813077.80**
其中　建筑设备购置费（元）	2089816.42	1225421.37	1217191.49
其中　直接工程费（元）	69944592.25	104512066.25	53595886.31
直接工程费其中　人工费（元）	11156814.51	17138020.02	8028235.27
直接工程费其中　材料费（元）	52182404.67	77853982.59	40325924.79
直接工程费其中　机械费（元）	6605373.07	9520063.64	5241726.25
主要技术条件	单室双台单车翻车机室地下钢筋混凝土现浇结构，地上钢筋混凝土排架结构；转运站、碎煤机室、推煤机库、输煤综合楼、燃油泵房均为钢筋混凝土框架结构；条形封闭煤场下部钢筋混凝土独立基础，上部钢网架结构；输煤地道钢筋混凝土结构；输煤栈桥综合钢结构支架及钢筋混凝土支架；入场煤取样装置基础及油罐基础为钢筋混凝土结构	单线卸煤沟地下钢筋混凝土结构，地上钢筋混凝土排架结构；转运站、碎煤机室、推煤机库、输煤综合楼、燃油泵房均为钢筋混凝土框架结构；圆形封闭煤场两座，下部钢筋混凝土独立基础，上部钢网架结构；输煤地道钢筋混凝土结构；输煤栈桥综合钢结构支架及钢筋混凝土支架；入场煤取样装置基础及油罐基础为钢筋混凝土结构	转运站、碎煤机室、推煤机库、输煤综合楼、燃油泵房均为钢筋混凝土框架结构；条形封闭煤场下部钢筋混凝土独立基础，上部钢网架结构；输煤地道钢筋混凝土结构；输煤栈桥综合钢结构支架及钢筋混凝土支架；油罐基础钢筋混凝土结构

指标编号			ZFT1-2-7	ZFT1-2-8	ZFT1-2-9
项目名称			2×300MW级机组翻车机卸煤	2×300MW级机组底开车卸煤	2×300MW级机组厂外胶带机输煤
指标单位			套	套	套
抗震设防烈度（度）			Ⅶ	Ⅶ	Ⅶ
最低设计温度（℃）			−38	−21.1	−8.9
	名称	单位	工程量		
主要工程量	翻车机室	m³	29238.00		
	条形封闭煤场	m²	15470.00		14300.00
	圆形封闭煤场	m²		15708.00	
	输煤地道	m	294.00	217.00	141.20
	输煤栈桥	m	374.95	435.00	555.20
	其他输煤建筑	m³	66492.00	42417.17	57239.05
	悬臂式斗轮堆取料机基础	m	340.00		282.00
	入厂煤取样装置基础	m	88.00	88.00	
	油罐基础	座	2.00	2.00	2.00
	卸煤沟	m		240.00	

续表

指标编号				ZFT1-2-7	ZFT1-2-8	ZFT1-2-9
项目名称				2×300MW 级机组翻车机卸煤	2×300MW 级机组底开车卸煤	2×300MW 级机组厂外胶带机输煤
指标单位				套	套	套
	名称	单位	单价(元)	数量		
主要人工材料机械	建筑普通工	工日	34	159647.809	267790.431	107806.907
	建筑技术工	工日	48	119342.780	167344.533	90882.515
	型钢	t	3675.21	2010.975	1562.692	2353.325
	水泥	t	337.61	14506.714	22094.367	9052.867
	石子	m³	58.83	54141.577	69151.723	41426.867
	砂子	m³	54.85	25330.220	34849.204	16519.104
	钢筋	t	3504.27	4325.474	8768.146	2434.421
	机械当量	台班	1000	6605.373	9520.064	5241.726

指标编号	ZFT1-2-10	ZFT1-2-11	ZFT1-2-12
项目名称	2×300MW级机组 汽车运煤	2×300MW级循环流化床 炉机组 厂外胶带机 输煤	2×300MW级循环流化床 炉机组 汽车运煤
指标单位	套	套	套
基　价（元）	**59683196.44**	**42378789.18**	**86479843.23**

		ZFT1-2-10	ZFT1-2-11	ZFT1-2-12
其中	建筑设备购置费（元）	2880503.80	991161.41	1869535.39
	直接工程费（元）	56802692.64	41387627.77	84610307.84
直接工程费其中	人工费（元）	8578053.51	6268867.27	14426651.47
	材料费（元）	42565875.49	31351353.97	62218458.02
	机械费（元）	5658763.64	3767406.53	7965198.35
主要技术条件		单侧翻卸煤沟地下钢筋混凝土结构，地上钢筋混凝土排架结构；转运站、碎煤机室、推煤机库、输煤综合楼、燃油泵房均为钢筋混凝土框架结构；条形封闭煤场下部钢筋混凝土独立基础，上部钢网架结构；输煤地道钢筋混凝土结构；输煤栈桥综合钢结构支架及钢筋混凝土支架；油罐基础钢筋混凝土结构	转运站、碎煤机室、细碎机室、推煤机库、输煤综合楼、燃油泵房、石灰石储仓均为钢筋混凝土框架结构；条形封闭煤场下部钢筋混凝土独立基础，上部钢网架结构；输煤地道钢筋混凝土结构；输煤栈桥综合钢结构支架及钢筋混凝土支架	单侧翻卸煤沟地下钢筋混凝土结构，地上钢筋混凝土排架结构；转运站、碎煤机室、细碎机室、推煤机库、输煤综合楼、燃油泵房、石灰石储仓均为钢筋混凝土框架结构；储煤筒仓下部钢筋混凝土箱形基础，上部钢筋混凝土筒体结构；输煤地道钢筋混凝土结构；输煤栈桥综合钢结构支架及钢筋混凝土支架；油罐基础钢筋混凝土结构
抗震设防烈度（度）		Ⅶ	Ⅶ	Ⅵ

指标编号		ZFT1-2-10	ZFT1-2-11	ZFT1-2-12
项目名称		2×300MW 级机组 汽车运煤	2×300MW 级循环流化床 炉机组 厂外胶带机 输煤	2×300MW 级循环流化床 炉机组 汽车运煤
指标单位		套	套	套
最低设计温度（℃）		−28	−1.7	−34.4
	名称	单位	工程量		
主要工程量	条形封闭煤场	m²	14300.00	11000.00	
	输煤地道	m	70.50	50.00	77.30
	输煤栈桥	m	202.00	376.00	515.80
	其他输煤建筑	m³	29623.13	43175.00	74741.00
	储煤筒仓	座			2.00
	悬臂式斗轮堆取料机 基础	m	280.00	360.00	240.00
	油罐基础	座	2.00	2.00	2.00
	卸煤沟	m	152.60		162.00
	石灰石储仓	座		1.00	1.00

续表

指标编号				ZFT1-2-10	ZFT1-2-11	ZFT1-2-12
项目名称				2×300MW 级机组 汽车运煤	2×300MW 级循环流化床炉机组 厂外胶带机输煤	2×300MW 级循环流化床炉机组 汽车运煤
指标单位				套	套	套
	名称	单位	单价(元)	数量		
主要人工材料机械	建筑普通工	工日	34	120259.902	84837.720	208109.541
	建筑技术工	工日	48	93516.781	70502.572	153119.589
	型钢	t	3675.21	2205.965	1444.748	2041.386
	水泥	t	337.61	9056.767	7644.382	19832.523
	石子	m³	58.83	40471.713	32137.387	41801.823
	砂子	m³	54.85	18921.902	13791.094	29875.049
	钢筋	t	3504.27	2925.277	2235.500	7207.468
	机械当量	台班	1000	5658.764	3767.407	7965.198

二、厂内燃气供应系统工程

指标编号			ZFT1-2-13	ZFT1-2-14
项目名称			燃气增压配置建筑	燃气调压配置建筑
指标单位			kW	kW
基　价（元）			**6.14**	**3.45**
其中	建筑设备购置费（元）		0.40	0.01
	直接工程费（元）		5.74	3.44
直接工程费其中	人工费（元）		0.47	0.52
	材料费（元）		5.05	2.49
	机械费（元）		0.22	0.43
主要技术条件			增压站钢筋混凝土框架结构，区域围墙封闭	调压站钢筋混凝土框架结构，区域围墙封闭
抗震设防烈度（度）			Ⅶ	Ⅶ
最低设计温度（℃）			−24	0
主要工程量	名称	单位	工程量	
	燃气建筑	m³	11124.00	9525.00

续表

指标编号			ZFT1-2-13	ZFT1-2-14
项目名称			燃气增压配置建筑	燃气调压配置建筑
指标单位			kW	kW
主要人工材料机械（每MW）	名称	单位	单价(元)	数量	
	建筑普通工	工日	34	6.880	7.608
	建筑技术工	工日	48	5.006	5.399
	型钢	t	3675.21	0.086	0.130
	水泥	t	337.61	0.830	0.499
	石子	m³	58.83	2.096	1.041
	砂子	m³	54.85	1.593	0.884
	钢筋	t	3504.27	0.054	0.154
	机械当量	台班	1000	0.220	0.430

三、厂外输煤系统工程

指标编号				ZFT1-2-15
项目名称				单路管状带式输送机基础
指标单位				m
基　　价（元）				**988.10**
其中	建筑设备购置费（元）			
	直接工程费（元）			988.10
直接工程费其中	人工费（元）			188.41
	材料费（元）			546.26
	机械费（元）			253.43
主要技术条件				管状带式输送机　φ500mm，钢筋混凝土条形基础
抗震设防烈度（度）				Ⅶ
最低设计温度（℃）				−15
主要人工材料机械	名称	单位	单价（元）	数量
	建筑普通工	工日	34	4.164
	建筑技术工	工日	48	0.976

续表

指标编号				ZFT1-2-15
项目名称				单路管状带式输送机基础
指标单位				m
	名称	单位	单价(元)	数量
主要 人工 材料 机械	型钢	t	3675.21	0.003
	水泥	t	337.61	0.317
	石子	m³	58.83	0.811
	砂子	m³	54.85	0.474
	钢筋	t	3504.27	0.088
	机械当量	台班	1000	0.253

44

指标编号			ZFT1-2-16	ZFT1-2-17	ZFT1-2-18	ZFT1-2-19
项目名称			长距离曲线带式输送机基础 带宽1500mm以内	长距离曲线带式输送机基础 带宽2000mm以内	长距离双路胶带机栈桥 带宽1400mm以内	长距离双路胶带机栈桥 带宽1800mm以内
指标单位			m	m	m	m
基 价 （元）			**1185.71**	**1383.34**	**11052.67**	**13508.82**
其中	建筑设备购置费（元）					
	直接工程费（元）		1185.71	1383.34	11052.67	13508.82
直接工程费其中	人工费（元）		226.09	263.78	2297.36	2807.88
	材料费（元）		655.51	764.76	7743.86	9464.72
	机械费（元）		304.11	354.80	1011.45	1236.22
主要技术条件			钢筋混凝土条形基础	钢筋混凝土条形基础	钢筋混凝土支架，封闭栈桥	钢筋混凝土支架，封闭栈桥
抗震设防烈度（度）			Ⅶ	Ⅶ	Ⅶ	Ⅶ
最低设计温度（℃）			−15	−15	−15	−15
主要人工材料机械	名称	单位	单价（元）	数量		
	建筑普通工	工日	34	4.997	5.830	35.979	43.974
	建筑技术工	工日	48	1.171	1.366	22.378	27.351
	型钢	t	3675.21	0.003	0.004	0.021	0.025

续表

指标编号			ZFT1-2-16	ZFT1-2-17	ZFT1-2-18	ZFT1-2-19
项目名称			长距离曲线带式输送机基础 带宽1500mm 以内	长距离曲线带式输送机基础 带宽2000mm 以内	长距离双路胶带机栈桥 带宽1400mm 以内	长距离双路胶带机栈桥 带宽1800mm 以内
指标单位			m	m	m	m
	名称	单位	单价(元)	数量		
主要人工材料机械	水泥	t	337.61	0.381	0.444	3.833	4.685
	石子	m³	58.83	0.974	1.136	7.004	8.560
	砂子	m³	54.85	0.569	0.664	4.794	5.859
	钢筋	t	3504.27	0.105	0.123	0.955	1.167
	机械当量	台班	1000	0.304	0.355	1.011	1.236

第三章　除　灰　渣　系　统

说明

一、本章内容包括厂内除灰渣系统工程、厂外除灰渣系统工程中系统（单项）工程指标。

二、使用说明

1. 厂内除灰渣系统工程指标包括湿式除渣、干式除渣、气力除灰系统等建筑工程项目，按照除渣方式执行估算指标。指标综合考虑了煤质、炉型布置以及除灰渣用水、用风、用电等布置与出力，工程设计除有特殊工艺建筑外，执行指标时不做调整。

2. 厂外除灰渣系统工程指标包括厂外灰场（含灰场区域建筑和绿化）、灰场内道路等建筑工程项目，按照灰坝材质执行指标。指标综合考虑了灰场规模、排水设施、灰坝施工等要素，工程设计除有特殊建筑外，执行指标时不做调整。厂外运灰道路单独估算。

3. 灰场容量按照本期锅炉设计排灰渣量考虑，分别按照 1 年、3 年储灰渣容量编制。工程设计储灰渣容量大于 3 年或小于 1 年时，按照独立子项相应指标编制灰场投资估算。

工程量计算规则

一、厂内除灰渣系统工程指标按照设计单机容量以"套"为计量单位计算工程量，两台机组为一套，工程建设一台机组时，指标乘以 0.6 系数。

二、厂外除灰渣系统工程指标按照设计装机容量以"kW"为计量单位计算工程量。设计装机容量按照汽轮机在纯凝运行工况下发电机的额定出力计算。

一、厂内除灰渣系统工程

指标编号	ZFT1-3-1	ZFT1-3-2	ZFT1-3-3	ZFT1-3-4
项目名称	2×1000MW 级机组干式排渣、气力除灰	2×1000MW 级机组湿式排渣、气力除灰	2×600MW 级机组干式排渣、气力除灰	2×600MW 级机组湿式排渣、气力除灰
指标单位	套	套	套	套
基　价（元）	**10513777.81**	**14229549.66**	**9399301.20**	**13894884.59**
其中　建筑设备购置费（元）	166540.37	469818.95	104147.40	682118.33
其中　直接工程费（元）	10347237.44	13759730.71	9295153.80	13212766.26
直接工程费其中　人工费（元）	1797663.69	2398336.34	1616366.69	2468568.74
直接工程费其中　材料费（元）	7627646.63	10158031.96	6833512.05	9649776.54
直接工程费其中　机械费（元）	921927.12	1203362.41	845275.06	1094420.98
主要技术条件	气化风机房、除灰综合楼为钢筋混凝土框架结构，灰库钢筋混凝土筒体结构，排渣机基础、渣仓基础为钢筋混凝土结构	除灰水泵房、气化风机房、除灰综合楼均为钢筋混凝土框架结构，灰库钢筋混凝土筒体结构，排渣机基础、渣仓基础为钢筋混凝土结构	气化风机房、除灰综合楼为钢筋混凝土框架结构，灰库钢筋混凝土筒体结构，排渣机基础、渣仓基础为钢筋混凝土结构	除灰水泵房、气化风机房、除灰综合楼均为钢筋混凝土框架结构，灰库钢筋混凝土筒体结构，排渣机基础、渣仓基础为钢筋混凝土结构
抗震设防烈度（度）	Ⅶ	Ⅶ	Ⅶ	Ⅶ
最低设计温度（℃）	－8.2	－8.2	－15	－2

续表

指标编号		ZFT1-3-1	ZFT1-3-2	ZFT1-3-3	ZFT1-3-4
项目名称		2×1000MW级机组干式排渣、气力除灰	2×1000MW级机组湿式排渣、气力除灰	2×600MW级机组干式排渣、气力除灰	2×600MW级机组湿式排渣、气力除灰
指标单位		套	套	套	套

主要工程量	名称	单位	工程量			
	厂内除灰渣建筑物	m³	8807.00	24845.00	6335.00	15958.00
	渣仓基础	座	2.00	2.00	2.00	2.00
	灰库	座	3.00	3.00	3.00	3.00
	排渣机基础	座	2.00	2.00	2.00	2.00

主要人工材料机械	名称	单位	单价(元)	数量			
	建筑普通工	工日	34	26408.926	34579.953	23869.999	33388.617
	建筑技术工	工日	48	18742.189	25466.049	16763.716	27758.807
	型钢	t	3675.21	98.852	180.357	87.907	318.067
	水泥	t	337.61	3236.201	4077.857	2869.482	3384.094
	石子	m³	58.83	6935.940	8810.077	6098.702	7215.870
	砂子	m³	54.85	4699.706	6151.087	4068.713	4959.876
	钢筋	t	3504.27	930.357	1213.995	853.914	1025.386
	机械当量	台班	1000	921.927	1203.362	845.275	1094.421

指标编号			ZFT1-3-5	ZFT1-3-6
项目名称			2×300MW 级机组　干式排渣、气力除灰	2×300MW 级机组　湿式排渣、气力除灰
指标单位			套	套
基　　价（元）			**6618616.24**	**8738963.28**
其中	建筑设备购置费（元）		77020.43	196063.56
	直接工程费（元）		6541595.81	8542899.72
直接工程费其中	人工费（元）		1117387.69	1468791.73
	材料费（元）		4850279.50	6345109.80
	机械费（元）		573928.62	728998.19
主要技术条件			气化风机房、除灰综合楼为钢筋混凝土框架结构，灰库钢筋混凝土筒体结构，排渣机基础、渣仓基础为钢筋混凝土结构	脱水仓间、气化风机房、除灰综合楼均为钢筋混凝土框架结构，灰库钢筋混凝土筒体结构，排渣机基础、渣仓基础为钢筋混凝土结构
抗震设防烈度（度）			Ⅶ	Ⅵ
最低设计温度（℃）			−28	−39.5
主要工程量	名称	单位	工程量	
	厂内除灰渣建筑物	m³	4073.00	11551.00
	渣仓基础	座	2.00	2.00

续表

指标编号			ZFT1-3-5	ZFT1-3-6
项目名称			2×300MW 级机组 干式排渣、气力除灰	2×300MW 级机组 湿式排渣、气力除灰
指标单位			套	套
主要工程量	名称	单位	工程量	
	灰库	座	3.00	3.00
	水池	座		3.00
	排渣机基础	座	2.00	2.00
主要人工材料机械	名称	单位	单价(元)	数量
	建筑普通工	工日	34	16287.396	21412.695
	建筑技术工	工日	48	11740.196	15428.947
	型钢	t	3675.21	66.688	107.246
	水泥	t	337.61	1897.592	2352.261
	石子	m³	58.83	4007.000	5035.892
	砂子	m³	54.85	2674.017	3570.198
	钢筋	t	3504.27	617.282	778.629
	机械当量	台班	1000	573.929	728.998

二、厂外除灰渣系统工程

指标编号			ZFT1-3-7	ZFT1-3-8	ZFT1-3-9	ZFT1-3-10
项目名称			储灰场建筑 土质碾压坝 储灰年限1年	储灰场建筑 土质碾压坝 储灰年限3年	储灰场建筑 石碴碾压坝 储灰年限1年	储灰场建筑 石碴碾压坝 储灰年限3年
指标单位			kW	kW	kW	kW
基　价（元）			**14.48**	**25.66**	**15.16**	**27.09**
其中	建筑设备购置费（元）		0.06	0.06	0.06	0.06
	直接工程费（元）		14.42	25.6	15.10	27.03
直接工程费其中	人工费（元）		3.13	5.31	3.40	5.89
	材料费（元）		9.32	16.65	9.46	16.93
	机械费（元）		1.97	3.64	2.24	4.21
主要技术条件			库区2km内取土	库区2km内取土	库区 2km 内石碴开采	库区2km内石碴开采
抗震设防烈度（度）			Ⅶ	Ⅶ	Ⅶ	Ⅶ
最低设计温度（℃）			−8.2	−8.2	−8.2	−8.2
主要工程量	名称	单位	工程量			
	灰坝	m³	29500.00	61950.00	29500.00	61950.00
	护坡	m²	2973.33	6244.00	2973.33	6244.00

指标编号			ZFT1-3-7	ZFT1-3-8	ZFT1-3-9	ZFT1-3-10
项目名称			储灰场建筑 土质碾压坝 储灰年限1 年	储灰场建筑 土质碾压坝 储灰年限3 年	储灰场建筑 石碴碾压坝 储灰年限1 年	储灰场建筑 石碴碾压坝 储灰年限3 年
指标单位			kW	kW	kW	kW
主要工程量	名称	单位	工程量			
	无纺布土工膜	m²	32800.00	68880.00	32800.00	68880.00
	排水竖井	座	1.00	1.00	1.00	1.00
	排水管	m	865.60	1817.76	865.60	1817.76
	泥结石路面	m²	15000.00	15000.00	15000.00	15000.00
	办公、配电建筑	m²	390.57	390.57	390.57	390.57
	砖围墙	m	110.00	110.00	110.00	110.00
	混凝土路面	m²	350.00	350.00	350.00	350.00
	灰场绿化	项	1.00	1.00	1.00	1.00
主要人工材料机械（每MW）	名称	单位	单价(元)	数量		
	建筑普通工	工日	34	65.155	111.851	71.605	127.396
	建筑技术工	工日	48	18.936	29.997	20.071	32.379
	型钢	t	3675.21	0.013	0.013	0.013	0.013

续表

指标编号			ZFT1-3-7	ZFT1-3-8	ZFT1-3-9	ZFT1-3-10
项目名称			储灰场建筑 土质碾压坝 储灰年限1年	储灰场建筑 土质碾压坝 储灰年限3年	储灰场建筑 石碴碾压坝 储灰年限1年	储灰场建筑 石碴碾压坝 储灰年限3年
指标单位			kW	kW	kW	kW
名称	单位	单价(元)	数量			
主要人工材料机械（每MW）水泥	t	337.61	3.014	5.830	3.014	5.830
石子	m³	58.83	23.996	36.670	23.996	36.670
砂子	m³	54.85	12.441	18.401	12.441	18.401
钢筋	t	3504.27	0.856	1.746	0.856	1.746
机械当量	台班	1000	1.970	3.640	2.240	4.210

54

指标编号			ZFT1-3-11	ZFT1-3-12
项目名称			储灰场建筑 堆砌石坝 储灰年限1年	储灰场建筑 堆砌石坝 储灰年限3年
指标单位			kW	kW
基 价（元）			**19.83**	**31.87**
其中	建筑设备购置费（元）		0.06	0.06
	直接工程费（元）		19.77	31.81
直接工程费其中	人工费（元）		2.62	3.83
	材料费（元）		14.14	22.97
	机械费（元）		3.01	5.01
主要技术条件			外购块石	外购块石
抗震设防烈度（度）			Ⅶ	Ⅶ
最低设计温度（℃）			-12.6	-12.6
主要工程量	名称	单位	工程量	
	灰坝	m³	70550.00	124500.00
	护坡	m²	2975.00	5250.00
	无纺布土工膜	m²	18275.00	32250.00
	排水竖井	座	1.00	1.00

续表

指标编号			ZFT1-3-11	ZFT1-3-12
项目名称			储灰场建筑 堆砌石坝 储灰年限 1 年	储灰场建筑 堆砌石坝 储灰年限 3 年
指标单位			kW	kW

	名称	单位	工程量	
主要工程量	排水管	m	318.07	561.30
	泥结石路面	m²	15000.00	15000.00
	办公、配电建筑	m²	390.57	390.57
	砖围墙	m	110.00	110.00
	混凝土路面	m²	350.00	350.00
	灰场绿化	项	1.00	1.00

	名称	单位	单价(元)	数量	
主要人工材料机械（每MW）	建筑普通工	工日	34	54.881	82.058
	建筑技术工	工日	48	15.726	21.504
	型钢	t	3675.21	0.008	0.008
	水泥	t	337.61	1.520	2.333
	石子	m³	58.83	20.228	27.387

续表

指标编号				ZFT1-3-11	ZFT1-3-12
项目名称				储灰场建筑 堆砌石坝 储灰 年限 1 年	储灰场建筑 堆砌石坝 储灰 年限 3 年
指标单位				kW	kW
	名称	单位	单价(元)	数量	
主要 人工 材料 机械 (每 MW)	砂子	m³	54.85	9.446	11.984
	钢筋	t	3504.27	0.362	0.563
	机械当量	台班	1000	3.01	5.01

第四章 水 处 理 系 统

说明

一、本章内容包括厂内预处理系统工程、补给水与凝结水及循环水处理系统工程中系统（单项）工程指标。

二、使用说明

1. 厂内预处理系统工程是指原水、再生水、海水输送到厂区后，在厂内进行的水处理工程。指标包括澄清、过滤、反渗透、蒸馏、石灰氧化、生物加强超滤系统等建筑工程项目，按照预处理水来源执行估算指标。指标综合考虑了储水、处理水、废水排放、区域输水等布置与规模，工程设计除有特殊工艺建筑外，执行指标时不做调整。

2. 在厂外建立预处理系统工程时，可参照相应的厂内预处理系统工程指标执行。煤矿疏干水处理系统可参照再生水处理系统工程指标执行。

3. 补给水、凝结水、循环水处理系统工程指标包括各类处理室、酸碱库、室外水箱基础、室外沟道、水处理区域建筑等建筑工程项目，按照机组容量及机组冷却方式执行指标。指标综合考虑了各类水处理工艺、管道距离等布置与出力，工程设计除有特殊工艺建筑外，执行指标时不做调整。

工程量计算规则

一、厂内预处理系统工程指标按照预处理后水量出力以"t/h"为计量单位计算工程量。计算列入本工程投资的公用部分海水淡化水量。

二、补给水、凝结水、循环水处理系统工程指标按照设计装机容量以"kW"为计量单位计算工程量。设计装机容量按照汽轮机在纯凝运行工况下发电机的额定出力计算。

一、厂内预处理系统工程

指标编号		ZFT1-4-1	ZFT1-4-2	ZFT1-4-3
项目名称		原水处理系统	海水淡化处理系统	再生水处理系统
指标单位		t/h	t/h	t/h
基　　价（元）		**3106.02**	**20843.49**	**12424.06**
其中	建筑设备购置费（元）	73.77	559.69	295.07
	直接工程费（元）	3032.25	20283.80	12128.99
直接工程费其中	人工费（元）	506.85	3351.51	2027.41
	材料费（元）	2301.86	15788.96	9207.44
	机械费（元）	223.54	1143.33	894.14
主要技术条件		预处理间钢筋混凝土框架结构，钢筋混凝土水池，处理水量 800t/h	预处理间、高压泵间及膜间为钢筋混凝土框架结构，钢筋混凝土反应沉淀池、滤池、海水废水池，处理水量 1000t/h	再生水深度处理室、石灰贮存计量间、泥渣脱水间、办公楼为钢筋混凝土框架结构，钢筋混凝土澄清池，钢筋混凝土泥渣浓缩池，处理水量 1400t/h
抗震设防烈度（度）		Ⅶ	Ⅶ	Ⅶ
最低设计温度（℃）		-8.2	-21.1	36.5

续表

指标编号			ZFT1-4-1	ZFT1-4-2	ZFT1-4-3
项目名称			原水处理系统	海水淡化处理系统	再生水处理系统
指标单位			t/h	t/h	t/h
主要工程量	名称	单位	工程量		
	厂内预处理建筑物	m³	4880.00	48125.00	35519.84
	水池	座	2.00	8.00	6.00
	澄清池	座	2.00		2.00
主要人工材料机械	名称	单位	单价(元)	数量		
	建筑普通工	工日	34	7.198	46.494	28.794
	建筑技术工	工日	48	5.460	36.883	21.841
	型钢	t	3675.21	0.020	0.158	0.081
	水泥	t	337.61	0.869	5.920	3.475
	石子	m³	58.83	1.866	12.710	7.464
	砂子	m³	54.85	1.411	10.599	5.645
	钢筋	t	3504.27	0.301	1.715	1.204
	机械当量	台班	1000	0.224	1.143	0.894

二、补给水、凝结水、循环水处理系统工程

指标编号		ZFT1-4-4	ZFT1-4-5	ZFT1-4-6	ZFT1-4-7
项目名称		2×1000MW 级湿冷机组	2×1000MW 级直接空冷机组	2×600MW 级超超临界湿冷机组	2×600MW 级超超临界直接空冷机组
指标单位		kW	kW	kW	kW
基　价（元）		**6.78**	**4.33**	**10.49**	**6.04**
其中	建筑设备购置费（元）	0.31	0.17	0.38	0.21
	直接工程费（元）	6.47	4.16	10.11	5.83
直接工程费其中	人工费（元）	1.08	0.67	1.71	0.98
	材料费（元）	4.97	3.24	7.73	4.46
	机械费（元）	0.42	0.25	0.67	0.39
主要技术条件		化学水处理室、化验控制楼、酸碱联合建筑为钢筋混凝土框架结构，水箱基础为钢筋混凝土设备基础	化学水处理室、化验控制楼、酸碱联合建筑为钢筋混凝土框架结构，水箱基础为钢筋混凝土设备基础	锅炉补给水处理室、化验楼、酸碱库、循环水处理室均为钢筋混凝土框架结构，室外水箱基础为钢筋混凝土结构	锅炉补给水处理室、化验楼、酸碱库均为钢筋混凝土框架结构，室外水箱基础为钢筋混凝土结构
抗震设防烈度（度）		Ⅷ	Ⅶ	Ⅶ	Ⅶ
最低设计温度（℃）		−8.1	−8.2	−13	−15

指标编号			ZFT1-4-4	ZFT1-4-5	ZFT1-4-6	ZFT1-4-7
项目名称			2×1000MW 级湿冷机组	2×1000MW 级直接空冷机组	2×600MW 级超超临界湿冷机组	2×600MW 级超超临界直接空冷机组
指标单位			kW	kW	kW	kW
主要工程量	名称	单位	工程量			
	补给水、凝结水、循环水处理建筑物	m³	41643.00	21589.00	43390.50	23321.00
	水箱基础	座	6.00	6.00	8.00	6.00
主要人工材料机械（每MW）	名称	单位	单价(元)	数量			
	建筑普通工	工日	34	14.225	9.116	22.689	13.033
	建筑技术工	工日	48	12.400	7.582	19.585	11.183
	型钢	t	3675.21	0.100	0.035	0.152	0.078
	水泥	t	337.61	1.914	1.319	3.136	1.847
	石子	m³	58.83	3.946	2.794	6.465	3.791
	砂子	m³	54.85	3.288	2.332	5.354	3.149
	钢筋	t	3504.27	0.533	0.354	0.835	0.493
	机械当量	台班	1000	0.420	0.250	0.670	0.390

指标编号	ZFT1-4-8	ZFT1-4-9	ZFT1-4-10	ZFT1-4-11
项目名称	2×300MW级超临界湿冷供热机组	2×300MW级超临界直接空冷供热机组	F级燃机机组	E级燃机机组
指标单位	kW	kW	kW	kW
基　价（元）	**14.17**	**8.03**	**33.54**	**46.70**
其中　建筑设备购置费（元）	0.55	0.24	1.54	1.64
直接工程费（元）	13.62	7.79	32.00	45.06
直接工程费其中　人工费（元）	2.33	1.30	5.63	8.03
材料费（元）	10.39	5.94	24.41	34.67
机械费（元）	0.90	0.55	1.96	2.36
主要技术条件	化学水处理室、化学综合楼、酸碱库、凝结水精处理车间等为钢筋混凝土框架结构，钢筋混凝土中和池及澄清池，钢筋混凝土室外水箱基础	化学水处理室、化学综合楼、凝结水精处理车间、酸碱联合建筑等为钢筋混凝土框架结构，钢筋混凝土澄清池，钢筋混凝土室外水箱基础	化学水处理室、化学综合楼、酸碱联合建筑等为钢筋混凝土框架结构，循环水加药间为钢筋混凝土结构	化学水处理室、化学综合楼、酸碱联合建筑等为钢筋混凝土框架结构，循环水加药间为钢筋混凝土结构
抗震设防烈度（度）	Ⅵ	Ⅵ	Ⅵ	Ⅵ
最低设计温度（℃）	−36.5	−39.5	−24	−24

主要工程量	名称	单位	工程量			
	补给水、凝结水、循环水处理建筑物	m³	33078.50	12310.00	35537.00	13841.80

指标编号			ZFT1-4-8	ZFT1-4-9	ZFT1-4-10	ZFT1-4-11
项目名称			2×300MW级超临界湿冷供热机组	2×300MW级超临界直接空冷供热机组	F级燃机机组	E级燃机机组
指标单位			kW	kW	kW	kW
主要工程量	名称	单位	工程量			
	水箱基础	座	4.00	4.00	1.00	1.00
主要人工材料机械（每MW）	名称	单位	单价(元)	数量		
	建筑普通工	工日	34	30.441	18.168	74.566	109.574
	建筑技术工	工日	48	26.877	14.267	64.481	89.725
	型钢	t	3675.21	0.219	0.072	0.552	0.478
	水泥	t	337.61	3.872	2.609	9.059	12.895
	石子	m³	58.83	7.831	5.574	18.021	25.840
	砂子	m³	54.85	6.786	4.549	16.455	24.963
	钢筋	t	3504.27	1.063	0.671	2.264	3.040
	机械当量	台班	1000	0.900	0.550	1.960	2.360

第五章 供 水 系 统

说明

一、本章内容包括厂内供水系统工程、厂外循环水系统工程、厂外补给水系统工程、厂外补给水净化系统工程中系统（单项）工程指标。

二、使用说明

1. 厂内供水系统工程指标包括主机冷却水、辅机冷却水、厂内循环水、厂内补给水、厂内工业水输送等建筑工程项目，按照机组容量及机组冷却方式执行指标。

2. 厂外循环水系统工程是指燃煤机组和 F 级燃机机组淡水直流、海水直流工程，指标包括取水、岸边取水区域建筑、循环水排水口等建筑工程项目，按照机组容量执行指标。指标中不包括直流供水输送沟渠或管道项目，根据设计执行相应的指标。

3. 厂外补给水系统工程是指由厂外淡水水源向厂内生产与生活用水进行补充以及由厂外海水水源向厂内海水循环水进行补充的供水工程，指标包括补充水水源地、取水区域建筑等建筑工程项目，不包括输水管线建筑和中继泵站。

4. 厂外输水工程指标包括输水路径 ±1.5m 土石方竖向平衡、钢筋混凝土输水管道、输水管道建筑、管路上各类井、沟渠土石方开挖与运输平整、沟渠砌筑或浇筑、护坡、安全警戒设置等建筑工程项目。海水沟渠按照结构形式及输水断面执行指标；输水管道按照管道材质和直径执行指标。输水路径大于 ±1.5m 土石方量执行独立子项工程指标编制投资估算。中继泵站执行相应的单位工程指标单独计算。

5. 厂外补给水净化系统工程是指为了满足厂内生产、生活用水的需要，在厂外对水质进行净化的处理工程。指标包括沉淀、过滤、絮凝、加速澄清、曝气、浓缩、除铁、石灰氧化、生物加强超滤系统等建筑工程项目，不包括原水取水、向厂内输水管线等建筑工程项目，按照净化水主要工艺流程执行指标。

6. 指标综合考虑了各类供水工艺、管道距离、工艺布置与出力等，工程设计除有特殊工艺建筑外，执行指标时不做调整。

工程量计算规则

一、厂内供水系统工程指标按照设计装机容量以"kW"为计量单位计算工程量。设计装机容量按照汽轮机在纯凝运行工况下发电机的额定出力计算。

二、厂外循环水系统工程指标按照设计单机容量以"套"为计量单位计算工程量，两台机组为一套，工程建设一台机组时，指标乘以 0.7 系数。

三、厂外补给水系统工程指标按照设计单机容量以"套"为计量单位计算工程量，两台机组为一套，工程建设一台机组时，指标乘以 0.7 系数。

四、循环水厂外输水工程指标按照设计单条沟渠或单根管道长度以"m"为计量单位计算工程量；补给水厂外输水工程指标按照设计单根管道长度以"km"为计量单位计算工程量；计算厂外输水管道长度时，不扣除各类井所占长度。

五、厂外补给水净化系统工程指标按照净化后水量出力以"t/h"为计量单位计算工程量。

一、厂内供水系统工程

指标编号	ZFT1-5-1	ZFT1-5-2	ZFT1-5-3	ZFT1-5-4	ZFT1-5-5
项目名称	2×1000MW级机组 海水直流冷却	2×1000MW级机组 海水二次循环冷却	2×1000MW级机组 淡水二次循环冷却	2×1000MW级机组 直接空气冷却	2×1000MW级机组 间接空气冷却
指标单位	kW	kW	kW	kW	kW
基　　价（元）	**33.60**	**110.02**	**79.60**	**87.45**	**86.46**
其中　建筑设备购置费（元）	0.69	0.19	0.12	0.75	0.16
其中　直接工程费（元）	32.91	109.83	79.48	86.70	86.30
直接工程费其中　人工费（元）	5.53	18.16	13.56	13.51	15.07
直接工程费其中　材料费（元）	22.46	78.46	56.55	60.77	61.42
直接工程费其中　机械费（元）	4.92	13.21	9.37	12.42	9.81
主要技术条件	循环水泵房地下钢筋混凝土箱型结构，地上钢筋混凝土框架结构；配电室为钢筋混凝土框架结构；虹吸井及前排池为钢筋混凝土结构；循环水、补给水管道碎石粗砂垫层	循环水泵房地下钢筋混凝土箱型结构，地上钢筋混凝土框架结构；循环水部分采用钢筋混凝土结构高位海水冷却塔；循环水、补给水管道碎石粗砂垫层	循环水泵房地下钢筋混凝土箱型结构，地上钢筋混凝土框架结构；循环水部分采用钢筋混凝土三孔沟道；钢筋混凝土结构自然通风冷却塔；循环水、补给水管道碎石粗砂垫层	直接空冷平台为钢筋混凝土空心柱、钢桁架结构；空冷配电室钢筋混凝土框架结构、辅机循环水泵房、小机循环水泵房地下钢筋混凝土箱型结构，地上钢筋混凝土框架结构；机力通风冷却塔现浇钢筋混凝土结构；小机间冷自然通风冷却塔为钢筋混凝土结构；循环水、补给水管道碎石粗砂垫层	循环水泵房地下钢筋混凝土箱型结构，地上钢筋混凝土框架结构；钢筋混凝土结构间接空冷塔、干式机力通风冷却塔为现浇钢筋混凝土结构；循环水、补给水管道碎石粗砂垫层

指标编号		ZFT1-5-1	ZFT1-5-2	ZFT1-5-3	ZFT1-5-4	ZFT1-5-5
项目名称		2×1000MW级机组 海水直流冷却	2×1000MW级机组 海水二次循环冷却	2×1000MW级机组 淡水二次循环冷却	2×1000MW级机组 直接空气冷却	2×1000MW级机组 间接空气冷却
指标单位		kW	kW	kW	kW	kW
抗震设防烈度（度）		Ⅶ	Ⅷ	Ⅶ	Ⅷ	Ⅶ
最低设计温度（℃）		-1.6	-2.8	-3.4	-8.2	-8.1
	名称	单位	工程量				
主要工程量	间冷塔	座				2.00	2.00
	冷却塔	m²		25600.00	25000.00		
	干式机力通风塔	段					10.00
	湿式机力通风塔	段				3.00	
	空冷平台	m²				21018.00	
	厂内供水建筑物	m³	82456.31	26520.90	14193.00	22716.00	22283.10
	单孔沟	m			115.26		
	预应力钢筒混凝土管	m		1680.00			
	其他材质管道建筑	m	2750.00	240.00	2560.00	3610.00	3400.00

指标编号			ZFT1-5-1	ZFT1-5-2	ZFT1-5-3	ZFT1-5-4	ZFT1-5-5
项目名称			2×1000MW级机组 海水直流冷却	2×1000MW级机组 海水二次循环冷却	2×1000MW级机组 淡水二次循环冷却	2×1000MW级机组 直接空气冷却	2×1000MW级机组 间接空气冷却
指标单位			kW	kW	kW	kW	kW
名称	单位	单价(元)	数量				
主要人工材料机械（每MW）	建筑普通工	工日	34	102.083	305.074	223.367	180.710	235.402
	建筑技术工	工日	48	42.970	162.206	124.278	153.404	147.325
	型钢	t	3675.21	0.088	0.486	0.228	6.232	0.941
	水泥	t	337.61	8.020	24.181	23.432	16.104	22.519
	石子	m³	58.83	23.596	51.353	74.047	34.331	44.219
	砂子	m³	54.85	41.904	38.503	45.326	28.412	42.554
	钢筋	t	3504.27	2.907	9.585	6.862	5.486	9.117
	机械当量	台班	1000	4.920	13.210	9.370	12.420	9.810

指标编号	ZFT1-5-6	ZFT1-5-7	ZFT1-5-8	ZFT1-5-9	ZFT1-5-10
项目名称	2×600MW级机组海水直流冷却	2×600MW级机组淡水二次循环冷却	2×600MW级机组海水二次循环冷却	2×600MW级机组直接空气冷却	2×600MW级机组 间接空气冷却
指标单位	kW	kW	kW	kW	kW
基 价（元）	**34.47**	**75.18**	**105.97**	**75.14**	**93.52**
其中 建筑设备购置费（元）	0.62	0.22	0.22	0.23	0.28
直接工程费（元）	33.85	74.96	105.75	74.91	93.24
直接工程费其中 人工费（元）	3.59	12.35	18.16	11.57	16.04
材料费（元）	26.97	53.77	77.68	52.42	66.66
机械费（元）	3.29	8.84	9.91	10.92	10.54
主要技术条件	循环水泵房地下钢筋混凝土箱型结构，地上钢筋混凝土框架结构；虹吸井及前排池为钢筋混凝土结构；循环水、补给水管道粗砂碎石垫层	循环水泵房地下钢筋混凝土箱型结构，地上钢筋混凝土框架结构；循环水部分采用钢筋混凝土双孔沟道；钢筋混凝土结构自然通风冷却塔；循环水、补给水管道碎石粗砂垫层	循环水泵房地下钢筋混凝土箱型结构，地上钢筋混凝土框架结构；循环水部分采用钢筋混凝土双孔沟道；钢筋混凝土结构海水自然通风冷却塔；循环水、补给水管道碎石粗砂垫层	直接空冷平台为钢筋混凝土空心柱、钢桁架结构；空冷配电室钢筋混凝土框架结构；辅机循环水泵房地下钢筋混凝土箱型结构，地上钢筋混凝土框架结构；辅机机械通风冷却塔、小机间冷自然通风冷却塔为现浇钢筋混凝土结构；循环水、补给水管道、碎石粗砂垫层	循环水泵房地下钢筋混凝土箱型结构，地上钢筋混凝土框架结构；钢筋混凝土结构间接空冷塔、湿式机力通风冷却塔钢筋混凝土结构；循环水、补给水管道碎石粗砂垫层

续表

指标编号			ZFT1-5-6	ZFT1-5-7	ZFT1-5-8	ZFT1-5-9	ZFT1-5-10
项目名称			2×600MW 级机组 海水直流冷却	2×600MW 级机组 淡水二次循环 冷却	2×600MW 级机组 海水二次循环 冷却	2×600MW 级机组 直接空气冷却	2×600MW 级机组 间接空气冷却
指标单位			kW	kW	kW	kW	kW
抗震设防烈度（度）			Ⅶ	Ⅶ	Ⅶ	Ⅶ	Ⅶ
最低设计温度（℃）			-3.4	-13	-13	-15	-15
	名称	单位	工程量				
主要工程量	间冷塔	座				1.00	2.00
	冷却塔	m²		17000.00	17000.00		
	湿式机力通风塔	段				3.00	3.00
	空冷平台	m²				15042.72	
	厂内供水建筑物	m³	57528.00	20015.80	20015.80	12994.00	26129.00
	单孔沟	m		510.00	510.00		
	混凝土管道	m	2650.00				
	其他材质管道建筑	m		2060.00	2060.00	3533.00	1130.00

续表

指标编号			ZFT1-5-6	ZFT1-5-7	ZFT1-5-8	ZFT1-5-9	ZFT1-5-10
项目名称			2×600MW 级机组 海水直流冷却	2×600MW 级机组 淡水二次循环 冷却	2×600MW 级机组 海水二次循环 冷却	2×600MW 级机组 直接空气冷却	2×600MW 级机 组 间接空气冷却
指标单位			kW	kW	kW	kW	kW
名称	单位	单价（元）	数量				
主要人工材料机械（每MW）	建筑普通工	工日	34	60.824	206.733	303.253	147.153	244.795
	建筑技术工	工日	48	31.732	110.805	163.668	136.748	160.761
	型钢	t	3675.21	0.150	0.255	0.249	6.321	0.582
	水泥	t	337.61	7.431	20.121	24.339	11.794	27.030
	石子	m³	58.83	18.431	40.635	49.632	24.611	52.512
	砂子	m³	54.85	11.372	29.401	36.274	21.313	42.252
	钢筋	t	3504.27	2.515	7.269	8.678	4.169	10.960
	机械当量	台班	1000	3.290	8.840	9.910	10.920	10.540

指标编号	ZFT1-5-11	ZFT1-5-12	ZFT1-5-13	ZFT1-5-14	ZFT1-5-15
项目名称	2×300MW级机组海水直流冷却	2×300MW级机组海水二次循环冷却	2×300MW级机组淡水二次循环冷却	2×300MW级机组直接空气冷却	2×300MW级机组 间接空气冷却
指标单位	kW	kW	kW	kW	kW
基 价 （元）	**29.76**	**105.37**	**63.56**	**61.94**	**98.22**
其中　建筑设备购置费（元）	0.42	0.37	0.29	0.25	0.28
其中　直接工程费（元）	29.34	105.00	63.27	61.69	97.94
直接工程费其中　人工费（元）	3.52	17.98	10.22	9.22	17.54
直接工程费其中　材料费（元）	22.55	76.32	45.35	43.23	68.88
直接工程费其中　机械费（元）	3.27	10.70	7.70	9.24	11.52
主要技术条件	循环水泵房地下钢筋混凝土箱型结构，地上钢筋混凝土框架结构；钢筋混凝土单、双孔沟；循环水、补给水管道粗砂碎石垫层	循环水泵房地下钢筋混凝土箱型结构，地上钢筋混凝土框架结构；钢筋混凝土循环水沟道，4250m² 自然通风海水冷却塔2座；循环水、补给水管道粗砂碎石垫层	循环水泵房地下钢筋混凝土箱型结构，地上钢筋混凝土框架结构；钢筋混凝土循环水沟道；4000m² 自然通风冷却塔2座；循环水、补给水管道粗砂碎石垫层	直接空冷平台为钢筋混凝土空心柱、钢桁架结构；空冷配电室钢筋混凝土框架结构、辅机循环水泵房地下钢筋混凝土箱型结构，地上钢筋混凝土框架结构；辅机机械通风冷却塔钢筋混凝土结构；循环水、补给水管道粗砂碎石垫层	循环水泵房地下钢筋混凝土箱型结构，地上钢筋混凝土框架结构；钢筋混凝土结构间接空冷塔；钢筋混凝土结构机力通风间冷塔；循环水、补给水管道粗砂碎石垫层

指标编号		ZFT1-5-11	ZFT1-5-12	ZFT1-5-13	ZFT1-5-14	ZFT1-5-15
项目名称		2×300MW级机组海水直流冷却	2×300MW级机组海水二次循环冷却	2×300MW级机组淡水二次循环冷却	2×300MW级机组直接空气冷却	2×300MW级机组 间接空气冷却
指标单位		kW	kW	kW	kW	kW
抗震设防烈度（度）		Ⅶ	Ⅶ	Ⅶ	Ⅶ	Ⅶ
最低设计温度（℃）		−21.1	−28	−36.5	−26.6	−28
主要工程量	名称	单位	工程量				
	间冷塔	座					1.00
	冷却塔	m²		8500.00	8500.00		
	湿式机力通风塔	段				3.00	
	干式机力通风塔	段					12.00
	空冷平台	m²				8588.80	
	厂内供水建筑物	m³	20779.00	13465.00	13403.00	10625.00	13797.00
	单孔沟	m	1300.00	220.00	240.00	30.00	
	混凝土管道	m	1520.00				
	其他材质管道建筑	m	1270.00	6300.00	5960.00	1450.00	1580.00

续表

指标编号			ZFT1-5-11	ZFT1-5-12	ZFT1-5-13	ZFT1-5-14	ZFT1-5-15
项目名称			2×300MW级机组海水直流冷却	2×300MW级机组海水二次循环冷却	2×300MW级机组淡水二次循环冷却	2×300MW级机组直接空气冷却	2×300MW级机组间接空气冷却
指标单位			kW	kW	kW	kW	kW
名称	单位	单价(元)			数量		
主要人工材料机械（每MW）	建筑普通工	工日	34	60.764	301.605	173.398	111.266	278.340
	建筑技术工	工日	48	30.396	161.022	90.172	113.235	168.185
	型钢	t	3675.21	0.108	0.392	0.447	6.106	0.662
	水泥	t	337.61	6.594	24.415	14.679	7.134	27.830
	石子	m³	58.83	16.000	50.693	29.994	15.710	54.578
	砂子	m³	54.85	12.294	49.610	32.400	15.214	60.205
	钢筋	t	3504.27	2.789	8.749	5.904	2.823	10.800
	机械当量	台班	1000	3.270	10.700	7.700	9.240	11.520

指标编号	ZFT1-5-16	ZFT1-5-17	ZFT1-5-18	ZFT1-5-19	ZFT1-5-20
项目名称	F级燃气蒸汽联合循环机组 淡水直流冷却	F级燃气蒸汽联合循环机组 淡水二次循环冷却	F级燃气蒸汽联合循环机组 机力通风循环冷却	E级燃气蒸汽联合循环机组 淡水二次循环冷却	E级燃气蒸汽联合循环机组 机力通风循环冷却
指标单位	kW	kW	kW	kW	kW
基 价（元）	**111.92**	**179.92**	**82.80**	**159.57**	**138.99**
其中 建筑设备购置费（元）	1.49	0.74	0.66	1.56	0.45
其中 直接工程费（元）	110.43	179.18	82.14	158.01	138.54
直接工程费其中 人工费（元）	15.73	29.54	11.73	24.86	22.34
直接工程费其中 材料费（元）	83.10	127.92	64.13	114.44	102.07
直接工程费其中 机械费（元）	11.60	21.72	6.28	18.71	14.13
主要技术条件	循环水泵房沉井法施工，进水管直径2400mm，钢筋混凝土虹吸井，钢筋混凝土单孔排水沟，循环水、补给水管道砂碎石垫层	循环水泵房地下钢筋混凝土箱型结构，地上钢筋混凝土框架结构；钢筋混凝土循环水沟道；6000m² 自然通风冷却塔2座；循环水、补给水管道粗砂碎石垫层	循环水泵房地下钢筋混凝土箱型结构，地上钢筋混凝土框架结构；钢筋混凝土循环水沟道；12段钢筋混凝土结构机力通风冷却塔；循环水、补给水管道粗砂碎石垫层	循环水泵房地下钢筋混凝土箱型结构，地上钢筋混凝土框架结构；钢筋混凝土循环水沟道；3500m² 自然通风冷却塔1座；循环水、补给水管道粗砂碎石垫层	循环水泵房地下钢筋混凝土箱型结构，地上钢筋混凝土框架结构；钢筋混凝土循环水沟道；6段钢筋混凝土结构机力通风冷却塔；循环水、补给水管道粗砂碎石垫层
抗震设防烈度（度）	VII	VII	VII	VII	VII

续表

指标编号			ZFT1-5-16	ZFT1-5-17	ZFT1-5-18	ZFT1-5-19	ZFT1-5-20
项目名称			F级燃气蒸汽联合循环机组 淡水直流冷却	F级燃气蒸汽联合循环机组 淡水二次循环冷却	F级燃气蒸汽联合循环机组 机力通风循环冷却	E级燃气蒸汽联合循环机组 淡水二次循环冷却	E级燃气蒸汽联合循环机组 机力通风循环冷却
指标单位			kW	kW	kW	kW	kW
最低设计温度（℃）			-3.4	-8.2	-3.4	-8.2	-3.4
	名称	单位	工程量				
主要工程量	冷却塔	m²		12000.00		3500.00	
	湿式机力通风塔	段			12.00		6.00
	厂内供水建筑物	m³	40980.00	20381.00	11997.00	11900.00	2738.00
	单孔沟	m	1070.00	746.00	95.00	30.00	110.00
	预应力钢筒混凝土管	m	910.00		770.00		
	其他材质管道建筑	m	233.00	1250.00	150.00	400.00	2010.00

指标编号			ZFT1-5-16	ZFT1-5-17	ZFT1-5-18	ZFT1-5-19	ZFT1-5-20
项目名称			F级燃气蒸汽联合循环机组 淡水直流冷却	F级燃气蒸汽联合循环机组 淡水二次循环冷却	F级燃气蒸汽联合循环机组 机力通风循环冷却	E级燃气蒸汽联合循环机组 淡水二次循环冷却	E级燃气蒸汽联合循环机组 机力通风循环冷却
指标单位			kW	kW	kW	kW	kW
	名称	单位	单价(元)	数量			
主要人工材料机械（每MW）	建筑普通工	工日	34	272.630	502.373	172.053	409.228	362.964
	建筑技术工	工日	48	134.677	259.491	122.572	228.020	208.280
	型钢	t	3675.21	0.284	0.554	0.683	1.442	0.607
	水泥	t	337.61	33.009	49.609	19.321	36.947	38.025
	石子	m³	58.83	73.850	100.395	42.516	76.282	87.643
	砂子	m³	54.85	59.324	82.429	35.638	62.160	77.356
	钢筋	t	3504.27	11.647	17.279	9.583	15.064	16.376
	机械当量	台班	1000	11.600	21.720	6.280	18.710	14.130

二、厂外循环水系统工程

指标编号	ZFT1-5-21	ZFT1-5-22	ZFT1-5-23	ZFT1-5-24
项目名称	2×1000MW级机组海水直流系统	2×600MW级机组海水直流系统	2×300MW级机组海水直流系统	两套F级燃气蒸汽联合循环1+1机组海水直流系统
指标单位	套	套	套	套
基　价（元）	**21478854.46**	**12630794.78**	**15772470.82**	**11427932.63**
其中　建筑设备购置费（元）			415371.16	
其中　直接工程费（元）	21478854.46	12630794.78	15357099.66	11427932.63
直接工程费其中　人工费（元）	2365460.37	1322639.42	2391375.83	1184580.07
直接工程费其中　材料费（元）	15170797.04	9033616.20	11464523.23	8085745.65
直接工程费其中　机械费（元）	3942597.05	2274539.16	1501200.60	2157606.91
主要技术条件	钢筋混凝土沉箱结构取水口，浇制钢筋混凝土结构排水口	钢筋混凝土沉箱结构取水口，浇制钢筋混凝土结构排水口	岸边循环水泵房地下钢筋混凝土箱型结构，地上钢筋混凝土框架结构；岸边泵房设置区域建筑；浇制钢筋混凝土结构排水口	钢结构取水口；浇制钢筋混凝土结构排水口
抗震设防烈度（度）	Ⅶ	Ⅶ	Ⅶ	Ⅶ
最低设计温度（℃）	−1.6	−3.4	−27.1	−3.4

续表

指标编号			ZFT1-5-21	ZFT1-5-22	ZFT1-5-23	ZFT1-5-24
项目名称			2×1000MW级机组海水直流系统	2×600MW级机组海水直流系统	2×300MW级机组海水直流系统	两套F级燃气蒸汽联合循环1+1机组海水直流系统
指标单位			套	套	套	套
主要工程量	名称	单位	工程量			
	排水口	座	1.00	1.00	1.00	1.00
	钢筋混凝土取水口	t/s	71.46	20.00		
	钢结构取水口	t/s				15.00
	厂外循环水建筑物	m³			44758.00	
主要人工材料机械	名称	单位	单价(元)	数量		
	建筑普通工	工日	34	27354.792	17848.895	38134.882	16023.184
	建筑技术工	工日	48	29901.053	14910.672	22807.062	13327.504
	型钢	t	3675.21	118.310	40.540	141.812	164.137
	水泥	t	337.61	5296.567	3442.005	4147.216	2903.143
	石子	m³	58.83	49413.471	22327.701	13923.360	19798.257
	砂子	m³	54.85	7944.660	5518.079	20743.541	4868.998
	钢筋	t	3504.27	1637.904	1205.060	1437.803	1054.327
	机械当量	台班	1000	3942.597	2274.539	1501.201	2157.607

三、厂外补给水系统工程

指标编号	ZFT1-5-25	ZFT1-5-26	ZFT1-5-27	ZFT1-5-28
项目名称	2×1000MW级机组海水循环冷却机组、锅炉补给水取水工程	2×1000MW级机组空气冷却机组、锅炉补给水取水工程	2×600MW级机组海水循环冷却机组、锅炉补给水取水工程	2×600MW级机组淡水循环冷却机组、补给水取水工程
指标单位	套	套	套	套
基　　价（元）	**2307550.93**	**1863065.82**	**6782153.80**	**7250834.53**
其中　建筑设备购置费（元）	84007.49	69783.53	39285.31	293940.83
其中　直接工程费（元）	2223543.44	1793282.29	6742868.49	6956893.70
直接工程费其中　人工费（元）	366083.52	267170.18	1358258.05	1074054.23
直接工程费其中　材料费（元）	1718374.62	1411506.43	3803432.74	5332354.28
直接工程费其中　机械费（元）	139085.30	114605.68	1581177.70	550485.19
主要技术条件	取水泵房地下钢筋混凝土箱型结构，地上钢筋混凝土框架结构；钢筋混凝土结构地下蓄水池；办公、配电等区域建筑为混合结构	取水泵房地下钢筋混凝土箱型结构，地上钢筋混凝土框架结构；钢筋混凝土结构地下蓄水池；办公、配电等区域建筑为混合结构	取水泵房地下钢筋混凝土箱型结构，地上钢筋混凝土框架结构；钢筋混凝土结构地下蓄水池；办公、配电等区域建筑为混合结构	取水泵房地下钢筋混凝土箱型结构，地上钢筋混凝土框架结构；钢筋混凝土结构地下蓄水池；办公、配电等区域建筑为混合结构
抗震设防烈度（度）	Ⅷ	Ⅶ	Ⅶ	Ⅶ
最低设计温度（℃）	-2.8	-8.2	-13	-13

指标编号			ZFT1-5-25	ZFT1-5-26	ZFT1-5-27	ZFT1-5-28
项目名称			2×1000MW级机组海水循环冷却机组、锅炉补给水取水工程	2×1000MW级机组空气冷却机组、锅炉补给水取水工程	2×600MW级机组海水循环冷却机组、锅炉补给水取水工程	2×600MW级机组淡水循环冷却机组、补给水取水工程
指标单位			套	套	套	套
主要工程量	名称	单位	工程量			
	厂外补给水建筑物	m³	5887.00	4252.50	5506.00	35093.00
	区域建筑	项	1.00	1.00	1.00	1.00
主要人工材料机械	名称	单位	单价(元)	数量			
	建筑普通工	工日	34	5487.941	3756.589	23488.837	15592.778
	建筑技术工	工日	48	3740.156	2904.835	11659.088	11331.146
	型钢	t	3675.21	16.898	11.998	18.372	118.535
	水泥	t	337.61	649.722	484.556	276.401	1796.619
	石子	m³	58.83	1358.165	996.984	642.826	4126.933
	砂子	m³	54.85	1098.875	877.953	1400.317	8814.733
	钢筋	t	3504.27	211.142	165.544	97.923	618.432
	机械当量	台班	1000	139.085	114.606	1581.178	550.485

指标编号	ZFT1-5-29	ZFT1-5-30	ZFT1-5-31	ZFT1-5-32
项目名称	2×300MW 级机组海水循环冷却机组、锅炉补给水取水工程	2×300MW 级机组淡水循环冷却机组、补给水取水工程	两套 F 级燃气蒸汽循环 1+1 机组 淡水循环冷却补给水取水工程	两套 E 级燃气蒸汽循环 1+1 机组 淡水循环冷却补给水取水工程
指标单位	套	套	套	套
基　价（元）	**1787461.98**	**5479489.46**	**6738047.73**	**6643754.36**
其中　建筑设备购置费（元）	51086.60	166485.27	51029.52	40812.20
其中　直接工程费（元）	1736375.38	5313004.19	6687018.21	6602942.16
直接工程费其中　人工费（元）	331848.04	780798.75	1549772.85	1570200.11
直接工程费其中　材料费（元）	1273650.38	4063367.29	4143569.13	3844696.06
直接工程费其中　机械费（元）	130876.96	468838.15	993676.23	1188045.99
主要技术条件	取水泵房地下钢筋混凝土箱型结构，地上钢筋混凝土框架结构；钢筋混凝土结构地下蓄水池；办公、配电等区域建筑为混合结构	取水泵房地下钢筋混凝土箱型结构，地上钢筋混凝土框架结构；钢筋混凝土结构地下蓄水池；办公、配电等区域建筑为混合结构	取水泵房地下钢筋混凝土箱型结构，地上钢筋混凝土框架结构；钢筋混凝土结构地下蓄水池；办公、配电等区域建筑为混合结构	取水泵房地下钢筋混凝土箱型结构，地上钢筋混凝土框架结构；钢筋混凝土结构地下蓄水池；办公、配电等区域建筑为混合结构
抗震设防烈度（度）	Ⅶ	Ⅶ	Ⅶ	Ⅶ
最低设计温度（℃）	-28	-36.5	-8.2	-8.2

指标编号			ZFT1-5-29	ZFT1-5-30	ZFT1-5-31	ZFT1-5-32
项目名称			2×300MW级机组海水循环冷却机组、锅炉补给水取水工程	2×300MW级机组淡水循环冷却机组、补给水取水工程	两套F级燃气蒸汽循环1+1机组 淡水循环冷却补给水取水工程	两套E级燃气蒸汽循环1+1机组 淡水循环冷却补给水取水工程
指标单位			套	套	套	套
主要工程量	名称	单位	工程量			
	厂外补给水建筑物	m³	3780.00	11301.00	3576.00	2860.00
	区域建筑	项	1.00	1.00	1.00	1.00
主要人工材料机械	名称	单位	单价(元)	数量		
	建筑普通工	工日	34	5239.788	10963.904	25806.790	27377.315
	建筑技术工	工日	48	3202.187	8500.968	14007.572	13320.744
	型钢	t	3675.21	11.243	100.626	34.418	27.954
	水泥	t	337.61	562.380	1203.903	841.432	713.703
	石子	m³	58.83	1138.577	2657.008	2043.678	1694.862
	砂子	m³	54.85	1147.427	2046.365	1355.683	1150.140
	钢筋	t	3504.27	144.734	495.760	212.458	178.427
	机械当量	台班	1000	130.877	468.838	993.676	1188.046

四、厂外输水工程

指标编号			ZFT1-5-33	ZFT1-5-34	ZFT1-5-35
项目名称			海水明渠 外断面15m² 以内	海水明渠 外断面10m² 以内	海水明渠 外断面5m² 以内
指标单位			m	m	m
基　价（元）			**2588.88**	**2195.84**	**1529.80**
其中	建筑设备购置费（元）				
	直接工程费（元）		2588.88	2195.84	1529.80
直接工程费其中	人工费（元）		721.88	612.29	426.57
	材料费（元）		1040.23	882.30	614.68
	机械费（元）		826.77	701.25	488.55
主要技术条件			敞口梯形断面；砌块石护面，混合反滤料，回填砂石	敞口梯形断面；砌块石护面，混合反滤料，回填砂石	敞口梯形断面；砌块石护面，混合反滤料，回填砂石
抗震设防烈度（度）			Ⅶ	Ⅶ	Ⅶ
最低设计温度（℃）			−2.8	−13	−28
主要工程量	名称	单位	工程量		
	浆砌石渠	m³	6.60	5.60	3.90

指标编号			ZFT1-5-33	ZFT1-5-34	ZFT1-5-35
项目名称			海水明渠 外断面15m² 以内	海水明渠 外断面10m² 以内	海水明渠 外断面5m² 以内
指标单位			m	m	m
	名称	单位	单价(元)	数量		
主要人工材料机械	建筑普通工	工日	34	12.231	10.374	7.227
	建筑技术工	工日	48	6.377	5.409	3.768
	水泥	t	337.61	0.884	0.750	0.523
	石子	m³	58.83	7.627	6.469	4.507
	砂子	m³	54.85	3.072	2.606	1.816
	机械当量	台班	1000	0.827	0.701	0.489

指标编号	ZFT1-5-36	ZFT1-5-37	ZFT1-5-38
项目名称	海水暗沟　外断面 15m² 以内	海水暗沟　外断面 10m² 以内	海水暗沟　外断面 5m² 以内
指标单位	m	m	·m

		ZFT1-5-36	ZFT1-5-37	ZFT1-5-38
基　价（元）		**15800.12**	**9630.56**	**5970.94**
其中	建筑设备购置费（元）			
	直接工程费（元）	15800.12	9630.56	5970.94
直接工程费其中	人工费（元）	2602.30	1637.54	1018.46
	材料费（元）	11510.45	6801.42	4111.50
	机械费（元）	1687.37	1191.60	840.98
主要技术条件		预制沉箱结构，水上重力下沉铺设	预制沉箱结构，水上重力下沉铺设	预制沉箱结构，水上重力下沉铺设
抗震设防烈度（度）		Ⅶ	Ⅶ	Ⅶ
最低设计温度（℃）		-2.8	-13	-28

主要工程量	名称		单位		工程量		
	单孔沟		m		1.00	1.00	1.00

主要人工材料机械	名称		单位	单价(元)	数量		
	建筑普通工		工日	34	41.678	27.312	17.561

续表

指标编号			ZFT1-5-36	ZFT1-5-37	ZFT1-5-38
项目名称			海水暗沟　外断面15m² 以内	海水暗沟　外断面10m² 以内	海水暗沟　外断面5m² 以内
指标单位			m	m	m
	名称	单位	单价(元)	数量		
主要人工材料机械	建筑技术工	工日	48	24.694	14.771	8.779
	型钢	t	3675.21	0.038	0.023	0.012
	水泥	t	337.61	5.009	2.929	1.602
	石子	m³	58.83	11.621	6.793	3.717
	砂子	m³	54.85	7.617	4.455	2.436
	钢筋	t	3504.27	1.705	0.995	0.640
	机械当量	台班	1000	1.687	1.192	0.841

指标编号			ZFT1-5-39	ZFT1-5-40	ZFT1-5-41
项目名称			海水混凝土管道 ϕ1600mm 以内	海水混凝土管道 ϕ1000mm 以内	海水混凝土管道 ϕ600mm 以内
指标单位			m	m	m
基 价（元）			**1801.13**	**1494.53**	**333.05**
其中	建筑设备购置费（元）				
	直接工程费（元）		1801.13	1494.53	333.05
直接工程费其中	人工费（元）		222.48	179.85	69.61
	材料费（元）		1372.15	1228.02	227.11
	机械费（元）		206.50	86.66	36.33
主要技术条件			预制管道，水上重力下沉铺设	预制管道，水上重力下沉铺设	预制管道，水上重力下沉铺设
抗震设防烈度（度）			Ⅶ	Ⅶ	Ⅶ
最低设计温度（℃）			−2.8	−13	−28
主要工程量	名称	单位		工程量	
	混凝土管道	m	1.00	1.00	1.00
主要人工材料机械	名称	单位	单价（元）	数量	
	建筑普通工	工日	34	4.192	3.479	1.522

续表

指标编号			ZFT1-5-39	ZFT1-5-40	ZFT1-5-41
项目名称			海水混凝土管道 ϕ1600mm 以内	海水混凝土管道 ϕ1000mm 以内	海水混凝土管道 ϕ600mm 以内
指标单位			m	m	m
	名称	单位	单价(元)	数量	
主要人工材料机械	建筑技术工	工日	48	1.666	1.283	0.372
	水泥	t	337.61	0.204	0.104	0.060
	石子	m³	58.83	0.569	0.289	0.163
	砂子	m³	54.85	0.329	0.167	0.097
	机械当量	台班	1000	0.207	0.087	0.036

指标编号			ZFT1-5-42	ZFT1-5-43	ZFT1-5-44
项目名称			混凝土补给水管道 ϕ1600mm 以内	混凝土补给水管道 ϕ1000mm 以内	混凝土补给水管道 ϕ600mm 以内
指标单位			km	km	km
基　价（元）			**1627430.00**	**1093600.00**	**267910.00**
其中	建筑设备购置费（元）				
	直接工程费（元）		1627430.00	1093600.00	267910.00
直接工程费其中	人工费（元）		168790.00	129970.00	49480.00
	材料费（元）		1254210.00	888690.00	182880.00
	机械费（元）		204430.00	74940.00	35550.00
主要技术条件			明挖敷设，覆土综合1.5m厚	明挖敷设，覆土综合1.5m厚	明挖敷设，覆土综合1.2m厚
抗震设防烈度（度）			Ⅶ	Ⅶ	Ⅶ
最低设计温度（℃）			-2.8	-13	-28
主要工程量	名称	单位	工程量		
	混凝土管道	m	1000.00	1000.00	1000.00
主要人工材料机械	名称	单位	单价(元)	数量	
	建筑普通工	工日	34	3334.200	2736.100	1200.700

续表

指标编号			ZFT1-5-42	ZFT1-5-43	ZFT1-5-44
项目名称			混凝土补给水管道 ϕ1600mm 以内	混凝土补给水管道 ϕ1000mm 以内	混凝土补给水管道 ϕ600mm 以内
指标单位			km	km	km
	名称	单位	单价(元)	数量	
主要人工材料机械	建筑技术工	工日	48	1154.800	769.600	180.400
	水泥	t	337.61	204.000	103.700	59.700
	石子	m³	58.83	568.500	288.800	163.200
	砂子	m³	54.85	329.200	167.300	97.200
	机械当量	台班	1000	204.430	74.940	35.550

指标编号	ZFT1-5-45	ZFT1-5-46	ZFT1-5-47
项目名称	钢管（玻璃钢）补给水管道建筑　φ1600mm以内	钢管（玻璃钢）补给水管道建筑　φ1000mm以内	钢管（玻璃钢）补给水管道建筑　φ600mm以内
指标单位	km	km	km
基　　价（元）	**416100.00**	**218490.00**	**113860.00**

其中	建筑设备购置费（元）			
	直接工程费（元）	416100.00	218490.00	113860.00

直接工程费其中	人工费（元）	118360.00	93490.00	38940.00
	材料费（元）	57480.00	85100.00	54520.00
	机械费（元）	240260.00	39900.00	20400.00

主要技术条件	明挖敷设，覆土综合1m厚	明挖敷设，覆土综合1m厚	明挖敷设，覆土综合0.7m厚
抗震设防烈度（度）	Ⅶ	Ⅶ	Ⅶ
最低设计温度（℃）	-2.8	-13	-28

主要工程量	名称	单位	工程量		
	其他材质管道建筑	m	1000.00	1000.00	1000.00

主要人工材料机械	名称	单位	单价(元)	数量		
	建筑普通工	工日	34	3291.800	2486.400	979.100

93

指标编号				ZFT1-5-45	ZFT1-5-46	ZFT1-5-47
项目名称				钢管（玻璃钢）补给水管道建筑 $\phi1600mm$ 以内	钢管（玻璃钢）补给水管道建筑 $\phi1000mm$ 以内	钢管（玻璃钢）补给水管道建筑 $\phi600mm$ 以内
指标单位				km	km	km
主要人工材料机械	名称	单位	单价(元)	数量		
	建筑技术工	工日	48	134.100	186.600	117.800
	砂子	m³	54.85	924.000	1494.300	975.500
	机械当量	台班	1000	240.260	39.900	20.400

五、厂外补给水净化系统工程

指标编号			ZFT1-5-48	ZFT1-5-49
项目名称			加药、混凝、沉淀	加药混合、网格絮凝、沉淀、排泥浓缩
指标单位			t/h	t/h
基　价（元）			**5825.97**	**4706.23**
其中	建筑设备购置费（元）		9.18	116.91
	直接工程费（元）		5816.79	4589.32
直接工程费其中	人工费（元）		822.41	773.50
	材料费（元）		4540.63	3501.62
	机械费（元）		453.75	314.20
主要技术条件			原水处理加药间、综合泵房为钢筋混凝土框架结构；钢筋混凝土反应沉淀池、综合水池；系统出力2800t/h	净水站地下钢筋混凝土箱型结构，地上钢筋混凝土框架结构；钢筋混凝土清水、污泥池；系统出力3600t/h
抗震设防烈度（度）			Ⅶ	Ⅶ
最低设计温度（℃）			−3.4	−19.1
主要工程量	名称	单位	工程量	
	厂外补给水净化建筑物	m³	1787.00	36647.00

指标编号			ZFT1-5-48	ZFT1-5-49
项目名称			加药、混凝、沉淀	加药混合、网格絮凝、沉淀、排泥浓缩
指标单位			t/h	t/h
主要工程量	名称	单位	工程量	
	水池	座	5.00	5.00
	区域建筑	项		1.00
	混凝土沟道	m	220.00	330.00
	混凝土管道	m	180.00	160.00
主要人工材料机械	名称	单位	单价(元)	数量	
	建筑普通工	工日	34	12.987	11.266
	建筑技术工	工日	48	7.934	8.134
	型钢	t	3675.21	0.006	0.077
	水泥	t	337.61	1.462	1.158
	石子	m³	58.83	3.355	2.765
	砂子	m³	54.85	2.133	2.029
	钢筋	t	3504.27	0.495	0.312
	机械当量	台班	1000	0.454	0.314

第六章 电 气 系 统

说明

一、本章内容包括汽机房 A 排外构筑物工程、配电装置系统工程、控制系统工程中系统（单项）工程指标。

二、使用说明

1. 汽机房 A 排外构筑物工程指标包括封闭与共箱母线支架、主变压器基础、厂用变压器基础、启动备用变压器基础、防火墙、设备支架与基础、主变构架与基础、独立避雷针塔、变压器事故油池等建筑工程项目。

2. 屋外配电装置工程指标包括配电装置内构架及基础、设备支架与基础、落地式设备基础、独立避雷针塔等建筑工程项目。包括配电装置至输电铁塔间的出线构架及转角塔。

3. 屋内配电装置工程指标包括配电装置室、配电装置室进线与出线构架及基础、室内设备支架与基础、室内设备基础、室内沟道、室内地坪等建筑工程项目。

4. 控制系统工程指标包括电气网控楼、保护小室、开关室等建筑工程项目。

5. 指标综合考虑了电气布置与接线形式，工程设计除有特殊工艺建筑外，执行指标时不做调整。

6. 电气系统区域建筑综合在厂区性建筑工程中，执行指标时不单独计算。

工程量计算规则

一、汽机房 A 排外构筑物工程指标按照设计主变压器容量以"套"为计量单位计算工程量，两台机组为一套，工程建设一台机组时，指标乘以 0.6 系数。

二、配电装置工程指标按照电压等级以"套"为计量单位计算工程量，两台机组为一套，工程建设一台机组时，指标乘以 0.6 系数。

　　三、控制系统建筑指标按照设计装机容量以"kW"为计量单位计算工程量。燃煤机组设计装机容量按照汽轮机在纯凝运行工况下联合循环发电机的额定出力计算，燃机机组按照汽轮机在纯凝运行工况下联合循环发电机额定出力计算装机容量。燃煤机组工程建设一台机组时，指标乘以 1.35 系数；燃机机组工程建设一套"1＋1"机组时，指标乘以 1.2 系数。

一、汽机房 A 排外构筑物工程

指标编号	ZFT1-6-1	ZFT1-6-2	ZFT1-6-3	ZFT1-6-4
项目名称	1台180MVA+1台80MVA 主变压器配置系统	2台180MVA+1台160MVA 主变压器配置系统	1台320MVA+1台160MVA 主变压器配置系统	2台380MVA+1台320MVA 主变压器配置系统
指标单位	套	套	套	套
基　　价（元）	992195.23	820071.75	1268217.02	1157785.35
其中　建筑设备购置费（元）				
其中　直接工程费（元）	992195.23	820071.75	1268217.02	1157785.35
直接工程费其中　人工费（元）	116198.55	95176.59	137927.48	115115.83
直接工程费其中　材料费（元）	807677.45	670559.90	1050040.83	972150.24
直接工程费其中　机械费（元）	68319.23	54335.26	80248.71	70519.28
主要技术条件	主变压器基础及油池、高压厂用变压器基础及油池、启动/备用变压器基础及油池等为钢筋混凝土结构，钢结构母线支架，钢筋混凝土防火墙	主变压器基础及油池、高压厂用变压器基础及油池、启动/备用变压器基础及油池等为钢筋混凝土结构，钢结构母线支架，钢筋混凝土防火墙	主变压器基础及油池、高压厂用变压器基础及油池、启动/备用变压器基础及油池等为钢筋混凝土结构，钢结构母线支架，钢筋混凝土防火墙	主变压器基础及油池、高压厂用变压器基础及油池、启动/备用变压器基础及油池等为钢筋混凝土结构，钢结构母线支架，钢筋混凝土防火墙
抗震设防烈度（度）	Ⅶ	Ⅶ	Ⅶ	Ⅶ
最低设计温度（℃）	-8.2	-8.2	-3.4	-3.4

续表

指标编号			ZFT1-6-1	ZFT1-6-2	ZFT1-6-3	ZFT1-6-4
项目名称			1台180MVA+1台80MVA主变压器配置系统	2台180MVA+1台160MVA主变压器配置系统	1台320MVA+1台160MVA主变压器配置系统	2台380MVA+1台320MVA主变压器配置系统
指标单位			套	套	套	套
	名称	单位	工程量			
主要工程量	共箱母线支架	m	20.00	20.00	20.00	20.00
	主变压器基础与构架三相单台	座	4.00	3.00	4.00	3.00
	厂用变压器基础与构架	座	1.00	1.00	1.00	1.00
	启动/备用变压器基础与构架	座	1.00	1.00	1.00	1.00
	独立避雷针塔	座	3.00	3.00	3.00	3.00
	防火墙	m²	85.00	80.00	340.00	300.00
	名称	单位	单价(元)	数量		
主要人工材料机械	建筑普通工	工日	34	2061.340	1702.861	2432.527	2051.864
	建筑技术工	工日	48	960.706	776.664	1150.464	944.854
	型钢	t	3675.21	40.905	33.657	58.249	64.397

指标编号			ZFT1-6-1	ZFT1-6-2	ZFT1-6-3	ZFT1-6-4
项目名称			1台180MVA+1台 80MVA主变压器 配置系统	2台180MVA+1台 160MVA主变压器 配置系统	1台320MVA+1台 160MVA主变压器 配置系统	2台380MVA+1台 320MVA主变压器 配置系统
指标单位			套	套	套	套
	名称	单位	单价(元)	数量		
主要人工材料机械	水泥	t	337.61	300.576	256.030	376.108	319.020
	石子	m³	58.83	1022.657	825.083	1215.446	1009.677
	砂子	m³	54.85	486.991	394.849	577.259	484.376
	钢筋	t	3504.27	66.316	56.099	82.378	66.232
	机械当量	台班	1000	68.319	54.335	80.249	70.519

指标编号	ZFT1-6-5	ZFT1-6-6	ZFT1-6-7	ZFT1-6-8	ZFT1-6-9
项目名称	420MVA 主变压器配置系统	780MVA 主变压器配置系统	1140MVA 主变压器配置系统	3×260MVA 主变压器配置系统	3×380MVA 主变压器配置系统
指标单位	套	套	套	套	套
基　价（元）	**1234426.39**	**2624182.41**	**2721825.43**	**5028623.23**	**4577678.12**
其中 建筑设备购置费（元）					
其中 直接工程费（元）	1234426.39	2624182.41	2721825.43	5028623.23	4577678.12
直接工程费其中 人工费（元）	116272.16	246563.51	256496.40	469258.51	403880.12
直接工程费其中 材料费（元）	1041785.72	2209887.69	2286396.04	4300634.34	3909302.59
直接工程费其中 机械费（元）	76368.51	167731.21	178932.99	258730.38	264495.41
主要技术条件	主变压器基础及油池、高压厂用变压器基础及油池、启动/备用变压器基础及油池等为钢筋混凝土结构，钢筋混凝土结构防火墙，封闭母线支架、共箱母线支架钢结构	主变压器基础及油池、高压厂用变压器基础及油池、启动/备用变压器基础及油池等为钢筋混凝土结构，防火墙钢筋混凝土结构，封闭母线支架、共箱母线钢结构	主变压器基础及油池、高压厂用变压器基础及油池、启动/备用变压器基础及油池等为钢筋混凝土结构，防火墙钢筋混凝土结构，封闭母线支架、共箱母线钢结构	主变压器基础及油池、高压厂用变压器基础及油池、启动/备用变压器基础及油池等为钢筋混凝土结构，防火墙钢筋混凝土结构，封闭母线支架、共箱母线钢结构	主变压器基础及油池、高压厂用变压器基础及油池、启动/备用变压器基础及油池等为钢筋混凝土结构，防火墙钢筋混凝土结构，封闭母线支架、共箱母线钢结构
抗震设防烈度（度）	Ⅶ	Ⅶ	Ⅷ	Ⅶ	Ⅷ
最低设计温度（℃）	-28	-8.2	-1.6	-37.2	-31.6

指标编号			ZFT1-6-5	ZFT1-6-6	ZFT1-6-7	ZFT1-6-8	ZFT1-6-9
项目名称			420MVA 主变压器配置系统	780MVA 主变压器配置系统	1140MVA 主变压器配置系统	3×260MVA 主变压器配置系统	3×380MVA 主变压器配置系统
指标单位			套	套	套	套	套
主要工程量	名称	单位	工程量				
	主变压器基础与构架 三相单台	座	2.00	2.00	2.00		
	共箱母线支架	m	18.00	57.00	15.00	150.00	200.00
	厂用变压器基础与构架	座	2.00	2.00	2.00	2.00	2.00
	启动/备用变压器基础与构架	座	1.00				
	独立避雷针塔	座	3.00	4.00	4.00	3.00	4.00
	防火墙	m²	220.50	445.50	300.00	1095.00	840.00
	启动备用变压器基础与构架	座		1.00	1.00	1.00	1.00
	主变压器基础与构架 单相三台	套				2.00	2.00
主要人工材料机械	名称	单位	单价(元)	数量			
	建筑普通工	工日	34	2128.981	4446.463	4576.355	8953.876	7431.857
	建筑技术工	工日	48	914.300	1987.138	2102.052	3433.894	3149.905

续表

指标编号			ZFT1-6-5	ZFT1-6-6	ZFT1-6-7	ZFT1-6-8	ZFT1-6-9
项目名称			420MVA 主变压器配置系统	780MVA 主变压器配置系统	1140MVA 主变压器配置系统	3×260MVA 主变压器配置系统	3×380MVA 主变压器配置系统
指标单位			套	套	套	套	套
	名称	单位	单价(元)	数量			
主要人工材料机械	型钢	t	3675.21	74.288	152.741	154.053	339.290	303.229
	水泥	t	337.61	350.991	748.895	790.488	1307.643	1182.826
	石子	m³	58.83	1035.496	2259.985	2525.393	3577.559	3437.238
	砂子	m³	54.85	535.642	1153.158	1232.709	1960.720	1788.532
	钢筋	t	3504.27	67.585	146.864	150.057	256.980	231.474
	机械当量	台班	1000	76.369	167.731	178.933	258.730	264.495

二、配电装置系统工程

指标编号			ZFT1-6-10	ZFT1-6-11
项目名称			110kV 2回出线屋内组合电器配电装置工程	110kV 2回出线屋外组合电器配电装置工程
指标单位			套	套
基　价（元）			**551623.94**	**367703.33**
其中	建筑设备购置费（元）		52152.00	
	直接工程费（元）		499471.94	367703.33
直接工程费其中	人工费（元）		72003.30	25960.61
	材料费（元）		397137.10	317212.74
	机械费（元）		30331.54	24529.98
主要技术条件			GIS楼，钢筋混凝土框架结构；钢管进出线构架	钢筋混凝土配电装置基础，钢管进出线构架
抗震设防烈度（度）			Ⅶ	Ⅶ
最低设计温度（℃）			－8.2	－8.2
主要工程量	名称	单位	工程量	
	配电装置建筑物	m³	1230.00	
	屋外封闭式组合电器配电装置基础	间隔		7.00

指标编号			ZFT1-6-10	ZFT1-6-11
项目名称			110kV 2回出线屋内组合电器配电装置工程	110kV 2回出线屋外组合电器配电装置工程
指标单位			套	套
主要工程量	名称	单位	工程量	
	110kV 构架	组	2.00	3.00
	名称	单位	单价(元)	数量	
主要人工材料机械	建筑普通工	工日	34	1003.892	465.867
	建筑技术工	工日	48	789.131	210.836
	型钢	t	3675.21	21.322	25.703
	水泥	t	337.61	117.289	111.979
	石子	m³	58.83	248.067	264.009
	砂子	m³	54.85	198.989	157.715
	钢筋	t	3504.27	28.420	20.315
	机械当量	台班	1000	30.332	24.530

指标编号			ZFT1-6-12	ZFT1-6-13	ZFT1-6-14
项目名称			220kV 2回出线屋外配电装置工程 钢结构	220kV 2回出线屋内组合电器配电装置工程	220kV 2回出线屋外组合电器配电装置工程
指标单位			套	套	套
基 价（元）			**2050324.51**	**2403292.42**	**636194.24**
其中	建筑设备购置费（元）			649434.50	
	直接工程费（元）		2050324.51	1753857.92	636194.24
直接工程费其中	人工费（元）		138596.12	230874.66	40279.92
	材料费（元）		1807312.16	1421960.62	560419.78
	机械费（元）		104416.23	101022.64	35494.54
主要技术条件			钢筋混凝土设备基础、钢结构构、支架	屋内配电装置室钢筋混凝土框架结构，钢结构进、出线构架	钢筋混凝土基础，钢结构进、出线构架
抗震设防烈度（度）			Ⅶ	Ⅶ	Ⅶ
最低设计温度（℃）			−36.5	−28.4	−28
主要工程量	名称	单位	工程量		
	配电装置建筑物	m³		4433.00	
	屋外配电装置 钢结构	m²	6701.94		
	屋外封闭式组合电器配电装置基础	间隔			7.00

107

指标编号			ZFT1-6-12	ZFT1-6-13	ZFT1-6-14
项目名称			220kV　2回出线屋外配电装置工程　钢结构	220kV　2回出线屋内组合电器配电装置工程	220kV　2回出线屋外组合电器配电装置工程
指标单位			套	套	套
主要工程量	名称	单位	工程量		
	220kV 构架　钢结构	组		5.00	4.00
主要人工材料机械	名称	单位	单价(元)	数量	
	建筑普通工	工日	34	2728.360	3339.753	746.203
	建筑技术工	工日	48	955.026	2445.630	310.578
	型钢	t	3675.21	184.413	71.342	51.324
	水泥	t	337.61	407.478	424.111	165.097
	石子	m³	58.83	1069.630	905.793	392.833
	砂子	m³	54.85	626.631	722.712	233.744
	钢筋	t	3504.27	82.372	102.486	29.850
	机械当量	台班	1000	104.416	101.023	35.495

指标编号	ZFT1-6-15	ZFT1-6-16	ZFT1-6-17
项目名称	330kV 2回出线屋外配电装置工程（2×350MW级机组）	330kV 2回出线屋内组合电器配电装置工程（2×350MW级机组）	330kV 2回出线屋外组合电器配电装置工程（2×350MW级机组）
指标单位	套	套	套
基 价（元）	**2688471.27**	**3618131.19**	**2146821.71**

其中	建筑设备购置费（元）		1068424.50	
	直接工程费（元）	2688471.27	2549706.69	2146821.71

直接工程费其中	人工费（元）	181502.85	363268.17	218494.97
	材料费（元）	2371045.17	2036305.02	1734347.30
	机械费（元）	135923.25	150133.50	193979.44

主要技术条件	钢筋混凝土独立杯型基础钢管桁架结构构架及支架、钢筋混凝土设备基础	钢筋混凝土框架结构，钢结构进、出线构架	钢筋混凝土筏板基础，钢结构进、出线构架
抗震设防烈度（度）	Ⅶ	Ⅶ	Ⅶ
最低设计温度（℃）	−18	−24	−24

主要工程量	名称	单位	工程量		
	配电装置建筑物	m³		7293.00	
	屋外配电装置 钢结构	m²	9061.55		

指标编号			ZFT1-6-15	ZFT1-6-16	ZFT1-6-17
项目名称			330kV 2回出线屋外配电装置工程（2×350MW级机组）	330kV 2回出线屋内组合电器配电装置工程（2×350MW级机组）	330kV 2回出线屋外组合电器配电装置工程（2×350MW级机组）
指标单位			套	套	套
主要工程量	名称	单位	工程量		
	屋外封闭式组合电器配电装置基础	间隔			8.00
	330kV 构架　钢结构	组		3.00	3.00
主要人工材料机械	名称	单位	单价(元)	数量	
	建筑普通工	工日	34	3804.945	5157.339	3808.751
	建筑技术工	工日	48	1086.480	3917.275	1854.308
	型钢	t	3675.21	264.370	77.370	67.508
	水泥	t	337.61	465.764	654.245	673.173
	石子	m³	58.83	1160.785	1381.931	1710.165
	砂子	m³	54.85	675.992	1125.944	998.106
	钢筋	t	3504.27	82.386	160.216	228.348
	机械当量	台班	1000	135.923	150.134	193.979

指标编号	ZFT1-6-18	ZFT1-6-19	ZFT1-6-20	ZFT1-6-21	ZFT1-6-22
项目名称	500kV 2回出线屋外配电装置工程（2×1000MW级机组）	500kV 2回出线屋内组合电器配电装置工程（2×1000MW级机组）	500kV 2回出线屋外配电装置工程（2×660MW级机组）	500kV 2回出线屋外组合电器配电装置工程（2×660MW级机组）	500kV 2回出线屋内组合电器配电装置工程（2×660MW级机组）
指标单位	套	套	套	套	套
基　价（元）	**9991007.96**	**6691921.51**	**8571180.24**	**1579730.81**	**6521116.73**

其中	建筑设备购置费（元）		2141244.00			2249947.00
	直接工程费（元）	9991007.96	4550677.51	8571180.24	1579730.81	4271169.73
直接工程费其中	人工费（元）	619832.46	575855.73	531747.72	114836.59	578281.61
	材料费（元）	8891873.18	3523727.83	7628244.12	1365473.53	3244674.37
	机械费（元）	479302.32	451093.95	411188.40	99420.69	448213.75

主要技术条件	钢筋混凝土独立杯型基础钢管桁架结构构架及支架、钢筋混凝土设备基础	钢筋混凝土框架结构，钢结构进、出线构架	钢筋混凝土独立杯型基础钢管桁架结构构架及支架、钢筋混凝土设备基础	钢筋混凝土筏板基础，钢结构进、出线构架	钢筋混凝土框架结构，钢结构进、出线构架
抗震设防烈度（度）	Ⅶ	Ⅶ	Ⅶ	Ⅶ	Ⅶ
最低设计温度（℃）	-14.5	-12.6	-24	-12.6	-12.6

主要工程量	名称	单位	工程量			
	配电装置建筑物	m³		14616.00		15358.00

续表

指标编号			ZFT1-6-18	ZFT1-6-19	ZFT1-6-20	ZFT1-6-21	ZFT1-6-22
项目名称			500kV 2回出线屋外配电装置工程（2×1000MW级机组）	500kV 2回出线屋内组合电器配电装置工程（2×1000MW级机组）	500kV 2回出线屋外配电装置工程（2×660MW级机组）	500kV 2回出线屋外组合电器配电装置工程（2×660MW级机组）	500kV 2回出线屋内组合电器配电装置工程（2×660MW级机组）
指标单位			套	套	套	套	套
主要工程量	名称	单位	工程量				
	屋外配电装置钢结构	m²	32605.60		27972.00		
	屋外封闭式组合电器配电装置基础	间隔				4.00	
	500kV构架钢结构	组		5.00		3.00	3.00
主要人工材料机械	名称	单位	单价(元)	数量			
	建筑普通工	工日	34	12791.177	7337.249	10973.416	1964.240	7164.207
	建筑技术工	工日	48	3850.721	6802.570	3303.493	1000.974	6975.826
	型钢	t	3675.21	1002.961	376.320	860.430	85.040	339.770
	水泥	t	337.61	1669.407	783.733	1432.166	599.191	753.541
	石子	m³	58.83	4241.989	2027.811	3639.157	1399.730	1956.564
	砂子	m³	54.85	2478.026	1320.490	2125.872	840.346	1286.088
	钢筋	t	3504.27	310.441	175.544	266.324	105.458	170.952
	机械当量	台班	1000	479.302	451.094	411.188	99.421	448.214

112

指标编号	ZFT1-6-23	ZFT1-6-24	ZFT1-6-25	ZFT1-6-26
项目名称	750kV 2回屋外配电装置工程（2×1000MW级机组）	750kV 2回屋外组合电器配电装置工程（2×1000MW级机组）	750kV 2回屋外配电装置工程（2×660MW级机组）	750kV 2回屋外组合电器配电装置工程（2×660MW级机组）
指标单位	套	套	套	套
基　　价（元）	**8562540.80**	**4273461.21**	**11319603.75**	**3470096.01**

其中	建筑设备购置费（元）				
	直接工程费（元）	8562540.80	4273461.21	11319603.75	3470096.01

直接工程费其中	人工费（元）	755040.00	454408.59	998156.25	342948.13
	材料费（元）	7540332.80	3362127.96	9968253.75	2783660.43
	机械费（元）	267168.00	456924.66	353193.75	343487.45

主要技术条件	钢筋混凝土独立杯型基础钢管格构式构架及支架，钢筋混凝土设备基础	钢筋混凝土筏板基础，钢结构进、出线构架	钢筋混凝土独立杯型基础钢管格构式构架及支架，钢筋混凝土设备基础	钢筋混凝土筏板基础，钢结构进、出线构架
抗震设防烈度（度）	Ⅶ	Ⅶ	Ⅶ	Ⅵ
最低设计温度（℃）	−8.1	−9.2	−24	−9.2

主要工程量	名称	单位	工程量			
	屋外配电装置 格构式钢结构	m²	38720.00		51187.50	
	屋外封闭式组合电器配电装置基础	间隔		3.00		2.00

指标编号			ZFT1-6-23	ZFT1-6-24	ZFT1-6-25	ZFT1-6-26
项目名称			750kV 2回屋外配电装置工程（2×1000MW级机组）	750kV 2回屋外组合电器配电装置工程（2×1000MW级机组）	750kV 2回屋外配电装置工程（2×660MW级机组）	750kV 2回屋外组合电器配电装置工程（2×660MW级机组）
指标单位			套	套	套	套
主要工程量	名称	单位	工程量			
	750kV 构架 格构式钢结构	组		3.00		3.00
主要人工材料机械	名称	单位	单价(元)	数量		
	建筑普通工	工日	34	15724.192	8999.337	20787.244	6806.229
	建筑技术工	工日	48	4596.064	3092.762	6075.956	2323.966
	型钢	t	3675.21	712.448	207.214	941.850	202.135
	水泥	t	337.61	2207.040	1677.972	2917.688	1216.512
	石子	m³	58.83	5517.600	4256.677	7294.219	3080.686
	砂子	m³	54.85	3217.632	2483.952	4253.681	1797.376
	钢筋	t	3504.27	373.261	252.751	493.448	188.343
	机械当量	台班	1000	267.168	456.925	353.194	343.487

指标编号		ZFT1-6-27	ZFT1-6-28
项目名称		1000kV 2回屋外组合电器 配电装置工程 （2×1000MW级机组）	1000kV 2回屋外组合电器 配电装置工程 （2×660MW级机组）
指标单位		套	套
基　价（元）		**6172896.34**	**4880791.28**
其中	建筑设备购置费（元）		
	直接工程费（元）	6172896.34	4880791.28
直接工程 费其中	人工费（元）	467904.58	345092.63
	材料费（元）	5241966.17	4193312.05
	机械费（元）	463025.59	342386.60
主要技术条件		钢筋混凝土筏板基础，格构 式钢结构进、出线构架	钢筋混凝土筏板基础，格构式 钢结构进、出线构架
抗震设防烈度（度）		Ⅵ	Ⅵ
最低设计温度（℃）		−18	−24
主要 工程 量	名称	单位	工程量	
	屋外封闭式组合电器配电装置 基础	间隔	2.00	1.00
	1000kV构架　格构式钢结构	组	3.00	3.00

续表

指标编号				ZFT1-6-27	ZFT1-6-28
项目名称				1000kV 2回屋外组合电器 配电装置工程 (2×1000MW级机组)	1000kV 2回屋外组合电器 配电装置工程 (2×660MW级机组)
指标单位				套	套
	名称	单位	单价(元)	数量	
主要人工材料机械	建筑普通工	工日	34	8660.416	6568.817
	建筑技术工	工日	48	3613.251	2536.353
	型钢	t	3675.21	410.400	395.405
	水泥	t	337.61	1923.668	1231.345
	石子	m³	58.83	4533.406	2935.634
	砂子	m³	54.85	2708.778	1743.817
	钢筋	t	3504.27	356.784	233.035
	机械当量	台班	1000	463.026	342.387

三、控制系统工程

指标编号		ZFT1-6-29	ZFT1-6-30	ZFT1-6-31
项目名称		110kV 出线控制工程	220kV 出线控制工程	330kV 出线控制工程
指标单位		kW	kW	kW
基　　价（元）		**1.02**	**1.35**	**0.80**
其中	建筑设备购置费（元）	0.12	0.59	0.10
	直接工程费（元）	0.90	0.76	0.70
直接工程费其中	人工费（元）	0.17	0.13	0.13
	材料费（元）	0.68	0.60	0.53
	机械费（元）	0.05	0.03	0.04
主要技术条件		网络继电器室为钢筋混凝土结构	保护室为钢筋混凝土框架结构	继电器室为钢筋混凝土框架结构
抗震设防烈度（度）		Ⅶ	Ⅶ	Ⅶ
最低设计温度（℃）		−3.4	−3.4	−7.3
主要工程量	名称	单位	工程量	
	网络继电器室	m³	972.00		1307.00
	保护室	m³		1701.00	

指标编号			ZFT1-6-29	ZFT1-6-30	ZFT1-6-31
项目名称			110kV 出线控制工程	220kV 出线控制工程	330kV 出线控制工程
指标单位			kW	kW	kW
名称	单位	单价(元)	数量		
主要人工材料机械（每MW）	建筑普通工	工日	34	2.167	1.611	1.671
	建筑技术工	工日	48	2.026	1.632	1.545
	型钢	t	3675.21	0.020	0.008	0.015
	水泥	t	337.61	0.274	0.190	0.213
	石子	m³	58.83	0.544	0.342	0.423
	砂子	m³	54.85	0.523	0.400	0.407
	钢筋	t	3504.27	0.052	0.032	0.041
	机械当量	台班	1000	0.050	0.030	0.040

指标编号			ZFT1-6-32	ZFT1-6-33	ZFT1-6-34
项目名称			500kV 出线控制工程	750kV 出线控制工程	1000kV 出线控制工程
指标单位			kW	kW	kW
基　价（元）			**0.42**	**0.49**	**0.59**
其中	建筑设备购置费（元）		0.05	0.06	0.06
	直接工程费（元）		0.37	0.43	0.53
直接工程费其中	人工费（元）		0.07	0.08	0.10
	材料费（元）		0.28	0.33	0.40
	机械费（元）		0.02	0.02	0.03
主要技术条件			网络继电器室为钢筋混凝土框架结构	网络继电器室为钢筋混凝土框架结构	网络继电器室为钢筋混凝土框架结构
抗震设防烈度（度）			Ⅶ	Ⅶ	Ⅶ
最低设计温度（℃）			－14.5	－9.2	－24
主要工程量	名称	单位	工程量		
	网络继电器室	m³	2055.00	2467.50	2960.00

指标编号			ZFT1-6-32	ZFT1-6-33	ZFT1-6-34
项目名称			500kV 出线控制工程	750kV 出线控制工程	1000kV 出线控制工程
指标单位			kW	kW	kW
名称	单位	单价(元)	数量		
建筑普通工	工日	34	0.867	1.041	1.252
建筑技术工	工日	48	0.802	0.962	1.161
型钢	t	3675.21	0.008	0.010	0.012
水泥	t	337.61	0.111	0.133	0.159
石子	m³	58.83	0.220	0.264	0.316
砂子	m³	54.85	0.211	0.254	0.304
钢筋	t	3504.27	0.021	0.025	0.030
机械当量	台班	1000	0.020	0.020	0.030

主要人工材料机械（每 MW）

第七章 脱 硫 系 统

说明

一、本章内容包括脱硫系统（单项）工程指标。

二、使用说明

1. 脱硫系统指标按照石灰石－石膏湿法烟气脱硫工艺编制。工程设计采用干法、半干法、海水等脱硫时，参照本指标执行。

2. 脱硫系统指标包括脱硫吸收剂制备与储存、吸收塔、烟气进出、石膏处理、浆液回收、废水处理、辅助工艺、电控等建筑工程项目，根据机组容量执行指标。指标综合考虑了湿磨与干磨、石灰石系统出力等，执行指标时不做调整。

工程量计算规则

脱硫系统指标按照设计装机容量以"kW"为计量单位计算工程量。设计装机容量按照汽轮机在纯凝运行工况下发电机的额定出力计算。

指标编号	ZFT1-7-1	ZFT1-7-2	ZFT1-7-3
项目名称	1000MW 机组石灰石脱硫	600MW 机组石灰石脱硫	300MW 机组石灰石脱硫
指标单位	kW	kW	kW
基　价（元）	**13.78**	**14.98**	**22.55**
其中　建筑设备购置费（元）	0.49	0.52	0.98
其中　直接工程费（元）	13.29	14.46	21.57
直接工程费其中　人工费（元）	2.24	2.44	3.85
直接工程费其中　材料费（元）	10.11	10.75	16.09
直接工程费其中　机械费（元）	0.94	1.27	1.63
主要技术条件	石灰石粉制备间、循环浆液泵房、氧化风机房、石膏库、石膏脱水楼及废水处理车间为钢筋混凝土框架结构，烟道支架为钢筋混凝土结构，吸收塔钢筋混凝土筏板基础，其他设备基础为钢筋混凝土结构	石灰石粉制备间、循环浆液泵房、氧化风机房、石膏库、石膏脱水楼及废水处理车间为钢筋混凝土框架结构，烟道支架为钢筋混凝土结构，吸收塔钢筋混凝土筏板基础，其他设备基础为钢筋混凝土结构	石灰石粉制备间、循环浆液泵房、氧化风机房、石膏库、石膏脱水楼及废水处理车间为钢筋混凝土框架结构，烟道支架为钢筋混凝土结构，吸收塔钢筋混凝土筏板基础，其他设备基础为钢筋混凝土结构
抗震设防烈度（度）	Ⅶ	Ⅶ	Ⅶ
最低设计温度（℃）	−24	−18	−34

续表

指标编号			ZFT1-7-1	ZFT1-7-2	ZFT1-7-3
项目名称			1000MW 机组石灰石脱硫	600MW 机组石灰石脱硫	300MW 机组石灰石脱硫
指标单位			kW	kW	kW
主要工程量	名称	单位		工程量	
	脱硫建筑物	m³	69532.00	37735.00	46641.00
	吸收塔基础	座	2.00	2.00	1.00
	钢烟道混凝土支架	m	310.00	230.00	120.00
	石膏库	座	2.00	2.00	1.00
	石灰石块储仓	座	2.00	2.00	1.00
	废水缓冲池	座	6.00	2.00	4.00
主要人工材料机械（每MW）	名称	单位	单价(元)	数量	
	建筑普通工	工日	34	30.612	35.447	52.572
	建筑技术工	工日	48	25.073	25.619	42.986
	型钢	t	3675.21	0.172	0.148	0.306

123

指标编号			ZFT1-7-1	ZFT1-7-2	ZFT1-7-3
项目名称			1000MW 机组石灰石脱硫	600MW 机组石灰石脱硫	300MW 机组石灰石脱硫
指标单位			kW	kW	kW
	名称	单位	单价(元)	数量	
主要人工材料机械（每MW）	水泥	t	337.61	4.282	4.543	6.327
	石子	m³	58.83	9.255	9.962	12.777
	砂子	m³	54.85	7.239	7.257	10.935
	钢筋	t	3504.27	1.118	1.173	1.605
	机械当量	台班	1000	0.940	1.270	1.630

第八章　脱　硝　系　统

说明

一、本章内容包括脱硝系统（单项）工程指标。

二、使用说明

1. 脱硝系统指标按照尿素脱硝剂编制，工程设计采用液氨或其他脱硝剂时，参照本指标执行。

2. 脱硝系统指标包括脱硝剂制备与储存、脱硝区域建筑等建筑工程项目，不包括炉后脱硝钢架。工程设计除有特殊工艺建筑外，执行指标时不做调整。

工程量计算规则

一、燃煤机组脱硝系统指标按照设计装机容量以"kW"为计量单位计算工程量。设计装机容量按照汽轮机在纯凝运行工况下发电机的额定出力计算。指标按照同期建设两台机组编制，工程建设一台机组时，指标乘以 1.3 系数。

二、燃机机组脱硝系统指标按照设计燃机容量以"kW"为计量单位计算工程量。指标按照同期建设两台燃机编制，工程建设一台燃机时，指标乘以 1.3 系数。

指标编号		ZFT1-8-1	ZFT1-8-2	ZFT1-8-3	ZFT1-8-4
项目名称		1000MW 机组尿素脱硝系统	600MW 机组尿素脱硝系统	300MW 机组尿素脱硝系统	F 级燃机脱硝系统工程
指标单位		kW	kW	kW	kW
基　　价（元）		**0.70**	**1.04**	**1.29**	**0.76**
其中	建筑设备购置费（元）	0.04	0.06	0.07	0.05
	直接工程费（元）	0.66	0.98	1.22	0.71
直接工程费其中	人工费（元）	0.11	0.16	0.21	0.12
	材料费（元）	0.50	0.74	0.92	0.55
	机械费（元）	0.05	0.08	0.09	0.04
主要技术条件		脱硝剂制备与储备库钢筋混凝土框架结构，围栏式区域建筑	脱硝剂制备与储备库钢筋混凝土框架结构，围栏式区域建筑	脱硝剂制备与储备库钢筋混凝土框架结构，围栏式区域建筑	脱硝剂制备与储备库钢筋混凝土框架结构，围栏式区域建筑
抗震设防烈度（度）		Ⅶ	Ⅶ	Ⅶ	Ⅶ
最低设计温度（℃）		-24	-18	-34	-3.4
主要工程量	名称	单位	工程量		
	脱硝建筑物	m³	3311.00	2665.00	2350.00	2000.00
	氨区建筑	m²	1500.00	1500.00	800.00	500.00

续表

指标编号			ZFT1-8-1	ZFT1-8-2	ZFT1-8-3	ZFT1-8-4
项目名称			1000MW 机组尿素脱硝系统	600MW 机组尿素脱硝系统	300MW 机组尿素脱硝系统	F 级燃机脱硝系统工程
指标单位			kW	kW	kW	kW
	名称	单位	单价(元)	数量		
主要人工材料机械（每MW）	建筑普通工	工日	34	1.494	2.206	2.717	1.560
	建筑技术工	工日	48	1.282	1.870	2.365	1.458
	型钢	t	3675.21	0.017	0.027	0.029	0.009
	水泥	t	337.61	0.189	0.276	0.349	0.215
	石子	m³	58.83	0.423	0.620	0.775	0.467
	砂子	m³	54.85	0.365	0.532	0.674	0.420
	钢筋	t	3504.27	0.034	0.048	0.065	0.047
	机械当量	台班	1000	0.050	0.080	0.090	0.040

第九章 附属工程

说明

一、本章内容包括辅助生产工程、附属生产工程、环境保护设施工程、消防系统工程、厂区性建筑工程、集中采暖加热与制冷工程、厂前公共福利工程中系统（单项）工程指标。

二、使用说明

1. 辅助生产工程指标包括公用空压机室、制氢站、启动锅炉房、综合水泵房、柴油发电机房、雨水泵房、检修间等建筑工程项目，根据有无启动锅炉房执行指标。

2. 附属生产工程指标包括生产行政综合楼、材料库、汽车库、警卫传达室等建筑工程项目，根据有无生产行政办公楼执行指标。

3. 环境保护设施工程指标包括机组排水槽、工业废水处理站、生活污水处理站、含油废水处理站、含煤废水处理站、脱硫废水零排放、厂区绿化等建筑工程项目，根据机组容量执行指标。指标综合考虑了各种工艺及处理能力，工程设计除有特殊工艺建筑外，执行指标时不做调整。

4. 消防系统工程指标包括消防水泵房、消防水池、厂区消防管道、室外消火栓及井、泡沫消防间、消防车库、特殊消防设备、全厂移动消防设备等建筑工程项目，根据机组容量执行指标。厂内设置消防站时，应参照相应的计价标准另行编制其投资估算。

5. 厂区性建筑工程指标包括厂区道路、地坪、围墙、大门、综合管架、沟道、隧道、生活给水管道、生活排水管道、雨水排水管道、厂区采暖管道、挡土墙、护坡等建筑工程项目，不含防洪建筑，根据项目所在地的地区类别执行指标。

6. 厂前区公共福利工程指标包括招待所、职工食堂、浴室、检修与夜班宿舍等建筑工程项目，根据项目所在地的地区类别执行指标。指标综合考虑了结构材质与装修标准，指标为综合指标，包括取费。厂前区公共福利区域建筑按照全厂统一考虑，根据占地面积计算其费用。当工程独立设计厂前区福利建筑时，厂前区公共福利区域建筑投资按照下表规定计算。

厂前区公共福利区域建筑费率表

地区类别	计算基数	费率（%）
Ⅰ、Ⅱ、Ⅲ类	厂前区公共福利建筑投资	14
Ⅳ、Ⅴ类	厂前区公共福利建筑投资	18

工程量计算规则

一、辅助生产工程、附属生产工程指标按照设计装机容量以"kW"为计量单位计算工程量。燃煤机组设计装机容量按照汽轮机在纯凝运行工况下发电机的额定出力计算；燃机机组按照汽轮机在纯凝运行工况下联合循环发电机额定出力计算设计装机容量。

二、环境保护设施工程指标、消防系统工程指标按照设计单机容量以"套"为计量单位计算工程量，两台机组为一套，工程建设一台机组时，指标乘以 0.7 系数。

三、厂区性建筑工程指标按照厂区围墙内占地面积以"m²"为计量单位计算工程量。

四、厂前公共福利工程指标按照厂前公共生活福利建筑面积以"m²"为计量单位计算工程量。

一、辅助生产工程

指标编号		ZFT1-9-1	ZFT1-9-2	ZFT1-9-3	ZFT1-9-4	ZFT1-9-5
项目名称		燃煤启动锅炉、制氢辅助生产工程	燃油启动锅炉、制氢辅助生产工程	无启动锅炉、无制氢辅助生产工程	燃机无启动锅炉辅助生产工程	燃机有启动锅炉辅助生产工程
指标单位		kW	kW	kW	kW	kW
基　价（元）		**7.62**	**6.15**	**4.66**	**6.92**	**8.49**
其中	建筑设备购置费（元）	0.67	0.67	0.62	1.44	1.49
	直接工程费（元）	6.95	5.48	4.04	5.48	7.00
直接工程费其中	人工费（元）	1.23	0.97	0.74	1.10	1.34
	材料费（元）	5.13	4.04	2.97	3.92	5.03
	机械费（元）	0.59	0.47	0.33	0.46	0.63
主要技术条件		空压机房、储氢罐间、燃煤启动锅炉房、综合水泵房、柴油发电机室、雨水泵房、检修间均为钢筋混凝土框架结构，室外储气罐钢筋混凝土基础，启动锅炉钢烟囱	空压机房、储氢罐间、燃油启动锅炉房、综合水泵房、柴油发电机室、雨水泵房、检修间均为钢筋混凝土框架结构，室外储气罐钢筋混凝土基础	空压机房、综合水泵房、柴油发电机室、雨水泵房、检修间均为钢筋混凝土框架结构	制氢站、综合水泵房、雨水泵房、检修间为钢筋混凝土框架结构	启动锅炉房钢结构，制氢站、综合水泵房、雨水泵房、检修间为钢筋混凝土框架结构
抗震设防烈度（度）		Ⅶ	Ⅶ	Ⅶ	Ⅶ	Ⅶ

续表

指标编号			ZFT1-9-1	ZFT1-9-2	ZFT1-9-3	ZFT1-9-4	ZFT1-9-5
项目名称			燃煤启动锅炉、制氢辅助生产工程	燃油启动锅炉、制氢辅助生产工程	无启动锅炉、无制氢辅助生产工程	燃机无启动锅炉辅助生产工程	燃机有启动锅炉辅助生产工程
指标单位			kW	kW	kW	kW	kW
最低设计温度（℃）			−34	−18	−8.2	−3.4	−8.2
主要工程量	名称	单位	工程量				
	辅助生产建筑物	m³	26144.00	20718.00	12927.00	1820.00	7117.00
	室外储气罐基础	套	1.00	1.00		1.00	1.00
	检修间	m²	1500.00	1500.00	1500.00	2981.00	2981.00
主要人工材料机械（每MW）	名称	单位 单价（元）	数量				
	建筑普通工	工日 34	16.842	13.413	10.457	15.600	18.648
	建筑技术工	工日 48	13.654	10.798	8.035	11.969	14.793
	型钢	t 3675.21	0.144	0.115	0.057	0.102	0.170
	水泥	t 337.61	2.044	1.608	1.319	2.052	2.319
	石子	m³ 58.83	4.173	3.248	2.599	3.882	4.472
	砂子	m³ 54.85	4.200	3.497	2.928	3.667	4.197
	钢筋	t 3504.27	0.409	0.304	0.228	0.102	0.171
	机械当量	台班 1000	0.590	0.470	0.330	0.460	0.630

131

二、附属生产工程

指标编号			ZFT1-9-6	ZFT1-9-7
项目名称			有生产行政办公楼附属生产工程	无生产行政办公楼附属生产工程
指标单位			kW	kW
基　　价（元）			**10.10**	**4.28**
其中	建筑设备购置费（元）		1.69	0.81
	直接工程费（元）		8.41	3.47
直接工程费其中	人工费（元）		1.39	0.58
	材料费（元）		6.61	2.70
	机械费（元）		0.41	0.19
主要技术条件			生产行政综合楼、材料库、汽车库均为钢筋混凝土框架结构，警卫传达室混合结构	生产行政综合楼、材料库、汽车库均为钢筋混凝土框架结构，警卫传达室混合结构
抗震设防烈度（度）			Ⅶ	Ⅶ
最低设计温度（℃）			−18	−8.2
主要工程量	名称	单位	工程量	
	生产行政综合楼	m²	2900.00	
	其他附属建筑	m²	2670.00	2670.00

指标编号				ZFT1-9-6	ZFT1-9-7
项目名称				有生产行政办公楼附属生产工程	无生产行政办公楼附属生产工程
指标单位				kW	kW
	名称	单位	单价(元)	数量	
主要人工材料机械（每MW）	建筑普通工	工日	34	16.628	7.482
	建筑技术工	工日	48	17.214	6.785
	型钢	t	3675.21	0.055	0.026
	水泥	t	337.61	1.695	0.789
	石子	m³	58.83	2.828	1.492
	砂子	m³	54.85	2.966	1.503
	钢筋	t	3504.27	0.367	0.178
	机械当量	台班	1000	0.410	0.190

三、环境保护设施工程

指标编号		ZFT1-9-8	ZFT1-9-9	ZFT1-9-10
项目名称		2×1000MW级机组环境保护设施工程	2×600MW级机组环境保护设施工程	2×300MW级机组环境保护设施工程
指标单位		套	套	套
基　　价（元）		**15589907.86**	**10763695.67**	**5597003.32**
其中	建筑设备购置费（元）	497389.73	447401.14	279562.20
	直接工程费（元）	15092518.13	10316294.53	5317441.12
直接工程费其中	人工费（元）	3243864.44	2260540.65	1403117.35
	材料费（元）	10264609.67	6945076.46	3309019.86
	机械费（元）	1584044.02	1110677.42	605303.91
主要技术条件		工业废水处理站、生活污水处理站、含油废水处理站、含煤废水处理站均为钢筋混凝土结构，废水池、机组排水槽为地下钢筋混凝土结构	工业废水处理站、生活污水处理站、含油废水处理站、含煤废水处理站均为钢筋混凝土结构，废水池、机组排水槽为地下钢筋混凝土结构	工业废水处理站、生活污水处理站、含油废水处理站、含煤废水处理站均为钢筋混凝土结构，废水池、机组排水槽为地下钢筋混凝土结构
抗震设防烈度（度）		Ⅶ	Ⅶ	Ⅶ
最低设计温度（℃）		－8.2	－15	－36.5

续表

指标编号			ZFT1-9-8	ZFT1-9-9	ZFT1-9-10
项目名称			2×1000MW级机组环境保护设施工程	2×600MW级机组环境保护设施工程	2×300MW级机组环境保护设施工程
指标单位			套	套	套
主要工程量	名称	单位	工程量		
	工业废水处理站	m³/h	100.00	80.00	60.00
	生活污水处理站	m³/h	30.00	20.00	15.00
	煤水处理室	t/h	20.00	15.00	20.00
	水池	座	2.00	2.00	2.00
	机组排水池	座	1.00	1.00	1.00
	厂区绿化	项	1.00	1.00	1.00
主要人工材料机械	名称	单位	单价(元)	数量	
	建筑普通工	工日	34	53202.085	36874.518	23389.149
	建筑技术工	工日	48	29888.882	20969.249	12659.179
	型钢	t	3675.21	65.797	47.939	53.366
	水泥	t	337.61	2265.111	1699.115	525.610
	石子	m³	58.83	5119.933	3850.236	1165.516
	砂子	m³	54.85	3504.874	2534.659	1231.450
	钢筋	t	3504.27	822.827	605.402	165.463
	机械当量	台班	1000	1584.044	1110.677	605.304

指标编号	ZFT1-9-11	ZFT1-9-12	ZFT1-9-13	ZFT1-9-14
项目名称	1套F级燃机2+1系列机组环境保护设施工程	2套F级燃机1+1系列机组环境保护设施工程	1套E级燃机2+1系列机组环境保护设施工程	2套E级燃机1+1系列机组环境保护设施工程
指标单位	套	套	套	套
基　价（元）	**4468462.78**	**4468462.78**	**3204206.38**	**3204206.38**
其中 建筑设备购置费（元）	83926.20	83926.20	112252.32	112252.32
其中 直接工程费（元）	4384536.58	4384536.58	3091954.06	3091954.06
直接工程费其中 人工费（元）	957668.52	957668.52	724675.80	724675.80
直接工程费其中 材料费（元）	3010413.94	3010413.94	2076245.30	2076245.30
直接工程费其中 机械费（元）	416454.12	416454.12	291032.96	291032.96
主要技术条件	工业废水处理站、生活污水处理站、含油废水处理站均为钢筋混凝土结构，机组排水池为地下钢筋混凝土结构	工业废水处理站、生活污水处理站、含油废水处理站均为钢筋混凝土结构，机组排水池为地下钢筋混凝土结构	工业废水处理站、生活污水处理站、含油废水处理站均为钢筋混凝土结构，机组排水池为地下钢筋混凝土结构	工业废水处理站、生活污水处理站均为钢筋混凝土结构，机组排水池为地下钢筋混凝土结构
抗震设防烈度（度）	Ⅶ	Ⅶ	Ⅶ	Ⅶ
最低设计温度（℃）	－24	－3.4	－8.2	－18
主要工程量	名称	单位	工程量			
主要工程量	工业废水处理站	m³/h	50.00	50.00	30.00	30.00

续表

指标编号			ZFT1-9-11	ZFT1-9-12	ZFT1-9-13	ZFT1-9-14
项目名称			1 套 F 级燃机 2 + 1 系列机组环境保护设施工程	2 套 F 级燃机 1 + 1 系列机组环境保护设施工程	1 套 E 级燃机 2 + 1 系列机组环境保护设施工程	2 套 E 级燃机 1 + 1 系列机组环境保护设施工程
指标单位			套	套	套	套
主要工程量	名称	单位	工程量			
	机组排水池	座	1.00	1.00	1.00	1.00
	生活污水处理站	m³/h	10.00	10.00	5.00	5.00
	厂区绿化	项	1.00	1.00	1.00	1.00
主要人工材料机械	名称	单位	单价(元)	数量		
	建筑普通工	工日	34	15611.846	15611.846	11848.514	11848.514
	建筑技术工	工日	48	8891.725	8891.725	6702.760	6702.760
	型钢	t	3675.21	21.059	21.059	16.394	16.394
	水泥	t	337.61	901.386	901.386	567.358	567.358
	石子	m³	58.83	2004.878	2004.878	1264.426	1264.426
	砂子	m³	54.85	1411.544	1411.544	873.921	873.921
	钢筋	t	3504.27	361.742	361.742	233.004	233.004
	机械当量	台班	1000	416.454	416.454	291.033	291.033

四、消防系统工程

指标编号			ZFT1-9-15	ZFT1-9-16	ZFT1-9-17
项目名称			2×1000MW 级机组消防系统	2×600MW 级机组消防系统	2×300MW 级机组消防系统
指标单位			套	套	套
基　价（元）			**23436671.02**	**17925856.43**	**14924798.22**
其中	建筑设备购置费（元）		12738584.94	9666504.60	7608990.52
	直接工程费（元）		10698086.08	8259351.83	7315807.70
直接工程费其中	人工费（元）		2269810.53	1767139.13	1565370.41
	材料费（元）		7884304.10	6124849.78	5407635.66
	机械费（元）		543971.45	367362.92	342801.63
主要技术条件			泡沫消防室、消防车库为钢筋混凝土结构，厂区消防水管为钢管及钢丝网骨架塑料管	泡沫消防室、消防车库为钢筋混凝土结构，厂区消防水管为钢管及钢丝网骨架塑料管	泡沫消防室、消防车库为钢筋混凝土结构，厂区消防水管为钢管及钢丝网骨架塑料管
抗震设防烈度（度）			Ⅶ	Ⅶ	Ⅵ
最低设计温度（℃）			−8.2	−15	−36.5
主要设备	名称	单位	单价(元)	设备数量	
	2×1000MW 级机组　特殊消防设备	套	12460000	1.00	

续表

指标编号			ZFT1-9-15	ZFT1-9-16	ZFT1-9-17
项目名称			2×1000MW 级机组消防系统	2×600MW 级机组消防系统	2×300MW 级机组消防系统
指标单位			套	套	套
	名称	单位	单价(元)	设备数量	
主要设备	2×600MW 级机组 特殊消防设备	套	9654750	1.00	
	2×300MW 级机组 特殊消防设备	套	7505800		1.00
	消防炮设备 600MW 级机组	套	1142900	1.00	
	煤斗低压二氧化碳消防	t	120000		9.50
	名称	单位		工程量	
主要工程量	特殊消防	项		1.00	1.00	1.00
	水池	座		1.00	1.00	1.00
	消防管道	t		210.00	160.00	150.00
	混凝土井	座		32.00	28.00	24.00
	消防车库	m²		596.00	485.00	400.00
	泡沫消防室	m³		234.00	230.00	233.00

139

续表

指标编号			ZFT1-9-15	ZFT1-9-16	ZFT1-9-17
项目名称			2×1000MW级机组消防系统	2×600MW级机组消防系统	2×300MW级机组消防系统
指标单位			套	套	套
	名称	单位	单价(元)	数量		
主要人工材料机械	建筑普通工	工日	34	40544.853	31248.563	28519.497
	建筑技术工	工日	48	18568.623	14680.540	12410.236
	型钢	t	3675.21	543.275	437.486	351.444
	水泥	t	337.61	1487.595	921.565	861.477
	石子	m³	58.83	3021.241	1785.137	1727.070
	砂子	m³	54.85	3810.368	2631.105	2486.874
	钢筋	t	3504.27	422.008	243.066	238.361
	机械当量	台班	1000			

指标编号			ZFT1-9-18	ZFT1-9-19	ZFT1-9-20
项目名称			2套F级燃机1＋1系列机组消防系统	1套F级燃机2＋1系列机组消防系统	2套E级燃机1＋1系列机组消防系统
指标单位			套	套	套
基　价（元）			**12095432.99**	**11713150.74**	**6763897.75**
其中	建筑设备购置费（元）		4954034.00	4908034.00	1946050.00
	直接工程费（元）		7141398.99	6805116.74	4817847.75
直接工程费其中	人工费（元）		1575158.80	1466395.21	1059906.09
	材料费（元）		5204237.01	4991003.41	3516924.34
	机械费（元）		362003.18	347718.12	241017.32
主要技术条件			泡沫消防室、消防车库为钢筋混凝土结构、厂区消防水管为钢管及钢丝网骨架塑料管	泡沫消防室、消防车库为钢筋混凝土结构、厂区消防水管为钢管及钢丝网骨架塑料管	泡沫消防室、消防车库为钢筋混凝土结构、厂区消防水管为钢管及钢丝网骨架塑料管
抗震设防烈度（度）			Ⅶ	Ⅶ	Ⅶ
最低设计温度（℃）			－3.4	－24	－8.2
主要设备	名称	单位	单价（元）		设备数量
	2套F级燃机1＋1系列机组特殊消防设备	套	2212000	2.00	
	1套F级燃机2＋1系列机组特殊消防设备	套	3924000		1.00

指标编号			ZFT1-9-18	ZFT1-9-19	ZFT1-9-20
项目名称			2套F级燃机1+1系列机组消防系统	1套F级燃机2+1系列机组消防系统	2套E级燃机1+1系列机组消防系统
指标单位			套	套	套
	名称	单位	单价(元)	设备数量		
主要设备	2套E级燃机1+1系列机组特殊消防设备	套	761000			2.00
	2套F级燃机1+1系列机组其他设备	项	518930	1.00		
	1套F级燃机2+1系列机组其他设备	项	473930		1.00	
	2套E级燃机1+1系列机组其他设备	项	415250			1.00
	名称	单位		工程量		
主要工程量	特殊消防	项		1.00	1.00	1.00
	水池	座		1.00	1.00	1.00
	消防管道	t		173.52	143.88	119.79
	消防车库	m²		890.40	790.40	700.00
	泡沫消防室	m³		220.00	220.00	180.00

指标编号			ZFT1-9-18	ZFT1-9-19	ZFT1-9-20
项目名称			2套F级燃机1+1系列机组消防系统	1套F级燃机2+1系列机组消防系统	2套E级燃机1+1系列机组消防系统
指标单位			套	套	套
	名称	单位	单价(元)	数量		
主要人工材料机械	建筑普通工	工日	34	30029.834	27429.622	20321.176
	建筑技术工	工日	48	11544.976	11120.834	7687.489
	型钢	t	3675.21	302.445	270.347	194.682
	水泥	t	337.61	956.470	959.020	698.722
	石子	m³	58.83	1917.399	1958.752	1410.514
	砂子	m³	54.85	2932.552	2679.472	2094.876
	钢筋	t	3504.27	255.082	257.487	178.681
	机械当量	台班	1000	362.003	347.718	241.017

五、厂区性建筑工程

指标编号		ZFT1-9-21	ZFT1-9-22	ZFT1-9-23	ZFT1-9-24	ZFT1-9-25
项目名称		Ⅰ类地区厂区性建筑工程	Ⅱ类地区厂区性建筑工程	Ⅲ类地区厂区性建筑工程	Ⅳ类地区厂区性建筑工程	Ⅴ类地区厂区性建筑工程
指标单位		m²	m²	m²	m²	m²
基　价（元）		**99.40**	**95.51**	**91.60**	**98.93**	**105.12**
其中	建筑设备购置费（元）					
	直接工程费（元）	99.40	95.51	91.60	98.93	105.12
直接工程费其中	人工费（元）	24.63	23.63	22.63	24.44	25.98
	材料费（元）	67.50	64.89	62.27	67.25	71.45
	机械费（元）	7.27	6.99	6.70	7.24	7.69
主要技术条件		厂区道路及广场硬化采用现浇混凝土和预制砖；围墙采用砖围墙及钢围栅，入厂大门为电动升缩门，其余大门采用钢围栅大门；给水管道为镀锌钢管，生活排水、雨水管道为双壁波纹管和混凝土管道；厂区井池为砌体井池与钢筋混凝土井池；护坡为浆砌片石；厂区沟道为钢筋混凝土沟道；综合管架为多层钢结构支架	厂区道路及广场硬化采用现浇混凝土和预制砖；围墙采用砖围墙及钢围栅，入厂大门为电动升缩门，其余大门采用钢围栅大门；给水管道为镀锌钢管，生活排水、雨水管道为双壁波纹管和混凝土管道；厂区井池为砌体井池与钢筋混凝土井池；护坡为浆砌片石；厂区沟道为钢筋混凝土沟道；综合管架为多层钢结构支架	厂区道路及广场硬化采用现浇混凝土和预制砖；围墙采用砖围墙及钢围栅，入厂大门为电动升缩门，其余大门采用钢围栅大门；给水管道为镀锌钢管，生活排水、雨水管道为双壁波纹管和混凝土管道；厂区井池为砌体井池与钢筋混凝土井池；护坡为浆砌片石；厂区沟道为钢筋混凝土沟道；综合管架为多层钢结构支架	厂区道路及广场硬化采用现浇混凝土和预制砖；围墙采用砖围墙及钢围栅，入厂大门为电动升缩门，其余大门采用钢围栅大门；给水管道为镀锌钢管，生活排水、雨水管道为双壁波纹管和混凝土管道；厂区井池为砌体井池与钢筋混凝土井池；护坡为浆砌片石；厂区沟道为钢筋混凝土沟道；综合管架为多层钢结构支架	厂区道路及广场硬化采用现浇混凝土和预制砖；围墙采用砖围墙及钢围栅，入厂大门为电动升缩门，其余大门采用钢围栅大门；给水管道为镀锌钢管，生活排水、雨水管道为双壁波纹管和混凝土管道；厂区井池为砌体井池与钢筋混凝土井池；护坡为浆砌片石；厂区沟道为钢筋混凝土沟道；综合管架为多层钢结构支架

指标编号		ZFT1-9-21	ZFT1-9-22	ZFT1-9-23	ZFT1-9-24	ZFT1-9-25
项目名称		Ⅰ类地区厂区性建筑工程	Ⅱ类地区厂区性建筑工程	Ⅲ类地区厂区性建筑工程	Ⅳ类地区厂区性建筑工程	Ⅴ类地区厂区性建筑工程
指标单位		m²	m²	m²	m²	m²
抗震设防烈度（度）		Ⅶ	Ⅶ	Ⅶ	Ⅶ	Ⅶ
最低设计温度（℃）		-8.2	-18	-24	-30	-40
名称	单位	工程量				
主要工程量	混凝土路面	m²	35937.00	34303.50	32670.00	35283.60	37570.50
	砖围墙	m	2750.00	2625.00	2500.00	2700.00	2875.00
	铁艺围栅	m	46.20	44.10	42.00	45.36	48.30
	入厂电动大门	m	35.20	33.60	32.00	34.56	36.80
	钢结构门形支架	m	517.00	493.50	470.00	507.60	540.50
	混凝土沟道	m	1127.50	1076.25	1025.00	1107.00	1178.75
	混凝土排水管道	m	3520.00	3360.00	3200.00	3456.00	3680.00
	砌体井	座	266.20	254.10	242.00	261.36	278.30
	混凝土井	座	16.50	15.75	15.00	16.20	17.25
	砌体护坡	m²	25740.00	24570.00	23400.00	25272.00	26910.00
	预制块地坪	m²	14300.00	13650.00	13000.00	14040.00	14950.00

续表

指标编号			ZFT1-9-21	ZFT1-9-22	ZFT1-9-23	ZFT1-9-24	ZFT1-9-25
项目名称			Ⅰ类地区厂区性建筑工程	Ⅱ类地区厂区性建筑工程	Ⅲ类地区厂区性建筑工程	Ⅳ类地区厂区性建筑工程	Ⅴ类地区厂区性建筑工程
指标单位			m^2	m^2	m^2	m^2	m^2
主要工程量	名称	单位	工程量				
	广场砖地坪	m^2	11000.00	10500.00	10000.00	10800.00	11500.00
	钢格栅围墙	m	506.00	483.00	460.00	496.80	529.00
	钢管给水、排水管道	t	187.00	178.50	170.00	183.60	195.50
	HDPE双壁波纹管给、排水及消防水管道	m	2420.00	2310.00	2200.00	2376.00	2530.00
	采暖、制冷管道	t	80.00	90.00	100.00	108.00	110.00
主要人工材料机械（每100m²）	名称	单位	单价(元)	数量			
	建筑普通工	工日	34	49.637	47.609	45.580	49.227	52.334
	建筑技术工	工日	48	16.144	15.503	14.862	16.051	17.057
	型钢	t	3675.21	0.374	0.363	0.353	0.381	0.404
	水泥	t	337.61	2.261	2.159	2.056	2.220	2.364
	石子	m^3	58.83	18.192	17.366	16.539	17.862	19.020
	砂子	m^3	54.85	8.918	8.526	8.135	8.785	9.350
	钢筋	t	3504.27	0.119	0.113	0.108	0.117	0.124
	机械当量	台班	1000	0.727	0.699	0.670	0.724	0.769

146

六、厂前公共福利工程

指标编号		ZFT1-9-26	ZFT1-9-27
项目名称		Ⅰ类、Ⅱ类地区厂前公共福利工程	Ⅲ类、Ⅳ类、Ⅴ类地区厂前公共福利工程
指标单位		m²	m²
基　价（元）		**2138.02**	**2250.55**
其中	建筑设备购置费（元）		
	直接工程费（元）	2138.02	2250.55
直接工程费其中	人工费（元）	427.60	450.11
	材料费（元）	1390.45	1463.63
	机械费（元）	319.97	336.81
主要技术条件		招待所、倒班宿舍、食堂、浴池均为钢筋混凝土结构	招待所、倒班宿舍、食堂、浴池均为钢筋混凝土结构
抗震设防烈度（度）		Ⅶ	Ⅶ
最低设计温度（℃）		−13	−28
主要工程量	名称	单位	工程量	
	厂前公共福利建筑	m²	1.00	1.00

指标编号				ZFT1-9-26	ZFT1-9-27
项目名称				I 类、II类地区厂前公共福利工程	III类、IV类、V类地区厂前公共福利工程
指标单位				m²	m²
	名称	单位	单价(元)	数量	
主要人工材料机械（每100m²）	建筑普通工	工日	34	754.604	794.320
	建筑技术工	工日	48	356.345	375.100
	机械当量	台班	1000	31.997	33.681

第十章　厂外道路及配套单项工程

说明

一、本章内容包括厂外道路工程及与建厂条件有关的铁路、道路桥梁、码头、厂外热网管道等配套单项工程指标。

二、使用说明

1. 厂外道路及有关配套项目工程指标是为了便于编制初步可行性研究投资估算，参照相关行业工程建设标准编制的综合性指标，指标为静态投资。包括：建筑工程费、设备购置费、安装工程费、其他费用、基本预备费，基本预备费列入其他费用中。

2. 厂外道路工程指标包括土石方、路肩、排水、路基、路面、边坡处理、环境保护等道路措施工程，按照地形及道路作用执行指标。指标不包括路基处理、桥梁、隧道、涵洞等项目。

3. 铁路工程指标包括土石方、铁路下线、铁路上线、道岔、信号、控制、通信等设施项目，不包括机车、底开车、桥梁等设施项目。

4. 公路桥梁工程指标包括引桥、护栏、信号、照明、标识、应急通信等设施项目。

5. 码头工程指标包括清淤、航道疏浚、码头结构、码头设备、信号、照明、控制、通信、护栏等设施项目。不包括船、疏浚设备等设施费用。

6. 厂外热网管道工程指标包括热网管道、各类井、管道监测、绿化与道路拆除及恢复等设施项目，不包括热网首站、热网换热站、热网接收站。指标综合考虑了管道敷设环境、管道建筑工程量等因素，工程设计除有特殊项目外，执行指标时不做调整。

工程量计算规则

一、厂外道路工程指标按照道路长度以"km"为计量单位计算工程量。计算长度时扣除桥梁所占长度。

二、铁路工程指标按照铁路长度以"km"为计量单位计算工程量，厂内站场多股铁路线折算成相应的单线长度计算工程量。

三、桥梁工程指标按照桥梁面积以"m²"为计量单位计算工程量，引桥计算工程量。

四、码头工程按照下列规则计算工程量：

1. 重力式码头指标以"座"为计量单位计算工程量。

2. 引堤指标按照引堤长度以"m"为计量单位计算工程量，不计算护岸长度与码头长度；引堤与码头按照设计分界点分界，设计无分界点时，按照陆地与水域分界点分界。

五、厂外热网管道工程指标按照供热管道路径长度以"km"为计量单位计算工程量，不扣除各种井所占长度，跨越高度不计算工程量。

一、厂外道路工程

指标编号	ZFT1-10-1	ZFT1-10-2	ZFT1-10-3	ZFT1-10-4	ZFT1-10-5	ZFT1-10-6
项目名称	平地 公路、进厂道路 路面宽7m	山地 公路、进厂道路 路面宽7m	平地 运灰、运煤道路	山地 运灰、运煤道路	平地 检修道路	山地 检修道路
指标单位	km	km	km	km	km	km
基 价（元）	**1500000.00**	**2300000.00**	**700000.00**	**1000000.00**	**450000.00**	**600000.00**
其中 建筑工程费（元）	1250000.00	1920000.00	580000.00	830000.00	375000.00	500000.00
安装工程费（元）						
设备购置费（元）						
其他费用（元）	250000.00	380000.00	120000.00	170000.00	75000.00	100000.00
主要技术条件	混凝土路面	混凝土路面	混凝土路面	混凝土路面	泥结石路面	泥结石路面
抗震设防烈度（度）	Ⅶ	Ⅶ	Ⅶ	Ⅶ	Ⅶ	Ⅶ
最低设计温度（℃）	－10	－20	－10	－20	－10	－20

二、有关配套项目工程

（一）铁路工程

指标编号		ZFT1-10-7	ZFT1-10-8
项目名称		厂外铁路专用线	厂内铁路专用线
指标单位		km	km
基　　价（元）		**17490000.00**	**4990000.00**
其中	建筑工程费（元）	12500000	3750000
	安装工程费（元）	890000.00	210000.00
	设备购置费（元）	1350000.00	180000.00
	其他费用（元）	2750000.00	850000.00
主要技术条件		单线Ⅲ级标准	四线Ⅲ级标准
抗震设防烈度（度）		Ⅶ	Ⅶ
最低设计温度（℃）		－28	－28

（二）道路桥梁工程

指标编号		ZFT1-10-9	ZFT1-10-10	ZFT1-10-11	ZFT1-10-12
项目名称		桥面宽度小于16m桥梁	钢筋混凝土T形梁桥，陆地施工基础	钢筋混凝土T形梁桥，水下施工基础	钢索吊桥
指标单位		m²	m²	m²	m²
基　价（元）		**2361.60**	**2599.20**	**3085.20**	**14060.40**
其中	建筑工程费（元）	1968.00	2166.00	2571.00	11717.00
	安装工程费（元）				
	设备购置费（元）				
	其他费用（元）	393.60	433.20	514.20	2343.40
主要技术条件		基础、墩台现浇钢筋混凝土结构，梁板预制混凝土结构，面层混凝土结构	基础、墩台现浇钢筋混凝土结构，梁板预制混凝土结构，面层混凝土结构	基础、墩台现浇钢筋混凝土结构，梁板预制混凝土结构，面层沥青混凝土结构	锚固基础现浇钢筋混凝土结构，钢板桥面，面层沥青混凝土结构
抗震设防烈度（度）		Ⅶ	Ⅶ	Ⅶ	Ⅶ
最低设计温度（℃）		-28	-18	-8.2	-8.2

（三）码头工程

指标编号		ZFT1-10-13	ZFT1-10-14	ZFT1-10-15
项目名称		重件码头	煤码头 10万t级	引堤
指标单位		座	座	m
基 价（元）		**65670000.00**	**628940000.00**	**78830.00**
其中	建筑工程费（元）	51800000.00	385580000.00	67900.00
	安装工程费（元）	1510000.00	32210000.00	880.00
	设备购置费（元）	2760000.00	122500000.00	1100.00
	其他费用（元）	9600000.00	88650000.00	8590.00
主要技术条件		沉箱码头，长190m	重力式沉箱码头371m	抛石引堤，堤顶宽10m
抗震设防烈度（度）		Ⅶ	Ⅶ	Ⅶ
最低设计温度（℃）		−24	−8.2	−8.2

（四）厂外热网管道工程

指标编号	ZFT1-10-16	ZFT1-10-17
项目名称	热水管网	蒸汽管网
指标单位	km	km
基　价（元）	**4020000.00**	**4920000.00**
其中 建筑工程费（元）	890000.00	1210000.00
其中 安装工程费（元）	2460000.00	2960000.00
其中 设备购置费（元）		
其中 其他费用（元）	670000.00	750000.00
主要技术条件	沿道路直埋敷设，部分低支架敷设；设计管径 φ1120～φ273mm，预制保温管；自然补偿	沿道路采用中、低支架架空敷设，过道路和主要路段采用开挖直埋敷设；设计管径 φ700～φ150mm，焊接钢管、保温；旋转补偿器补偿和自然补偿
抗震设防烈度（度）	VII	VII
最低设计温度（℃）	－36.5	－13

第二部分　单位建筑工程

第一章　热力系统

说明

一、本章内容包括主厂房本体、锅炉房车间、燃机主厂房车间、锅炉及其辅机基础、汽轮发电机及其辅机基础、燃机及其辅机基础、集中控制楼、除尘器建筑、除尘配电控制室、烟道支架、引风机建筑、烟囱、热网首站、热网管道建筑等热力系统单位工程指标。

二、使用说明

1. 燃煤机组主厂房本体指标包括主厂房 A 排外披屋、汽机房、除氧间、煤仓间、炉前通道、运转层以下锅炉房、锅炉耳房与裙房、炉后风机房、锅炉电梯井、锅炉封闭建筑等项目。侧煤仓布置的高架皮带头部转运站及皮带廊以及塔式炉周边布置的皮带廊、转运站等综合在主厂房本体指标中。锅炉房设计技术条件与指标不同时，可以根据锅炉房车间指标单独计算或调整计算主厂房投资估算。

2. 燃机机组主厂房指标包括燃机房、汽机房、辅助厂房等项目，不包括余热锅炉建筑、余热锅炉电梯井项目；余热锅炉建筑、余热锅炉电梯井根据其布置形式，执行相应的余热锅炉车间指标。燃机主厂房设计技术条件与指标不同时，可以根据燃机主厂房车间指标单独计算或调整计算主厂房投资估算。

3. 锅炉辅机基础、汽机辅机基础（含循环水泵坑、凝结水泵坑）、燃机辅机基础、引风机基础等指标不得因设备型号、出力、数量而调整。

4. 烟囱指标包括基础、外筒、筒首、内衬、钢结构附件等分部工程项目。工程设计特殊材质内筒时，可以调整指标。

工程量计算规则

一、主厂房本体（含锅炉运转层以下建筑）、炉后风机房、燃机房、燃机汽机房、燃机辅助厂房、大封闭余热锅炉房、集中控制楼、除尘器室、除尘配电控制室、引风机室、热网首站等指标按照设计建筑体积以"m³"为计量单位计算工程量。计算主厂房体积时，燃煤机组计算锅炉运转层以下（含电梯井）建筑体积，燃机机组不计算余热锅炉建筑体积。大封闭余热锅炉房独立计算建筑体积。

二、锅炉紧身封闭建筑、余热锅炉紧身封闭建筑指标按照封闭墙板设计面积以"m²"为计量单位计算工程量。计算封闭墙板面积时，不扣除窗、通风孔等所占面积。

三、余热锅炉露天布置指标按照余热锅炉设计占地面积以"m²"为计量单位计算工程量。计算余热锅炉占地面积时，应包括余热锅炉辅机布置所占面积。

四、锅炉电梯井封闭建筑、锅炉基础、汽轮发电机基础、燃机基础、烟囱等指标按照设计数量以"座"为计量单位计算工程量。

五、锅炉辅机基础、除尘器支架基础、引风机基础、引风机起吊架指标按照设计锅炉数量以"台炉"为计量单位计算工程量。

六、汽轮发电机辅机基础、燃机辅机基础指标按照设计汽轮发电机、燃机数量以"台机"为计量单位计算工程量。

七、热网管道支架、管沟指标按照厂区围墙内设计供热管道支架或管沟长度以"m"为计量单位计算工程量。管道支架或管沟从热源输出建筑物（构筑物）外墙外侧计算至热源输入建筑物（构筑物）外墙外侧或至厂区围墙外侧。

一、主厂房

（一）主厂房本体

指标编号		ZFT2-1-1	ZFT2-1-2
项目名称		1000MW级机组钢结构主厂房	1000MW级机组混凝土结构主厂房
指标单位		m³	m³
基　价（元）		**234.39**	**173.51**
其中	人工费（元）	19.64	24.03
	材料费（元）	191.91	131.59
	机械费（元）	22.84	17.89
主要技术条件		主厂房前煤仓布置，建筑体积727226m³，其中：锅炉运转层以下体积178024m³；柱距10/11m，钢筋混凝土桩承台基础，基础埋深5m；汽机房长度216.4m，中间层标高8.6m，运转层标高17m；除氧间长度216.4m；煤仓间长度226.4m；炉前通道长度184.4m；锅炉房单体长度74.8m，跨度70m，锅炉房运转层以下封闭；外墙1.2m以下轻质混凝土砌体围护，1.2m以上保温复合压型钢板围护	主厂房前煤仓布置，建筑体积616515m³，其中：锅炉运转层以下体积99681m³；柱距10m，钢筋混凝土独立基础，基础埋深5.5m；汽机房长度212.8m，中间层标高8.2m，运转层标高16.5m；除氧间长度212.8m；煤仓间长度212.8m；炉前通道长度156.4m；锅炉房单体长度53.94m，跨度56m，锅炉露天布置；外墙1.2m以下轻质混凝土砌体围护，1.2m以上保温复合压型钢板围护

指标编号			ZFT2-1-1	ZFT2-1-2
项目名称			1000MW 级机组钢结构主厂房	1000MW 级机组混凝土结构主厂房
指标单位			m³	m³
抗震设防烈度（度）			Ⅷ	Ⅶ
最低设计温度（℃）			−8.1	−3.4
主要工程量（每100m³）	名称	单位	工程量	
	钢筋混凝土基础	m³	2.68	1.88
	钢梁浇制混凝土板	m²	2.33	2.37
	汽机运转层平台钢梁浇制混凝土板	m²	0.90	0.92
	汽机中间层平台钢梁浇制混凝土板	m²	0.90	0.92
	压型钢板底模	m²	6.47	6.06
	复合保温压型钢板屋面	m²	0.95	1.11
	钢梁浇制混凝土屋面板	m²	0.89	0.79

指标编号			ZFT2-1-1	ZFT2-1-2
项目名称			1000MW 级机组钢结构主厂房	1000MW 级机组混凝土结构主厂房
指标单位			m^3	m^3
	名称	单位	工程量	
主要工程量（每100m^3）	复合保温压型钢板外墙	m^2	4.69	4.18
	砌体外墙	m^3	0.09	0.02
	砌体内墙	m^3	0.53	0.54
	钢筋混凝土基础梁	m^3	0.04	0.02
	钢筋混凝土框架	m^3		2.56
	钢筋混凝土煤斗梁	m^3		0.06
	钢屋架及支撑	t	0.34	0.22
	主厂房钢结构柱	t	0.65	0.01
	主厂房钢结构梁	t	1.01	0.31
	钢结构吊车梁	t	0.05	0.05

续表

指标编号			ZFT2-1-1	ZFT2-1-2
项目名称			1000MW级机组钢结构主厂房	1000MW级机组混凝土结构主厂房
指标单位			m³	m³
主要工程量(每100m³)	名称	单位	工程量	
	钢煤斗	t	0.17	0.21
	钢格栅板	t	0.01	
	钢结构墙架	t	0.09	0.08
	其他钢结构	t	0.02	0.02
	煤斗衬不锈钢板	t		0.01
主要人工材料机械(每100m³)	名称	单位	单价(元)	数量	
	建筑普通工	工日	34	30.440	36.740
	建筑技术工	工日	48	19.350	24.040
	型钢	t	3675.21	2.661	1.206
	水泥	t	337.61	2.140	2.840
	石子	m³	58.83	5.273	6.442
	砂子	m³	54.85	3.660	4.492
	钢筋	t	3504.27	0.451	0.937
	机械当量	台班	1000	2.284	1.789

162

指标编号	ZFT2-1-3	ZFT2-1-4
项目名称	600MW级机组钢结构主厂房	600MW级机组混凝土结构主厂房
指标单位	m³	m³
基　价（元）	**228.21**	**171.33**
其中　人工费（元）	19.79	25.01
其中　材料费（元）	186.56	129.52
其中　机械费（元）	21.86	16.80
主要技术条件	主厂房前煤仓布置，建筑体积480391m³，其中：锅炉运转层以下体积126354m³；柱距9m，钢筋混凝土独立基础，基础埋深6.5m；汽机房长度为161.5m，运转层标高15.5m；除氧煤仓间长度161.5m；炉前通道长度128m；锅炉房单体长度74m，跨度108m，锅炉房运转层以下封闭；外墙1.2m以下轻质混凝土砌块围护，1.2m以上复合保温压型钢板围护	主厂房侧煤仓布置，建筑体积366613m³，其中：锅炉运转层以下体积80370m³；柱距9m，钢筋混凝土独立基础，基础埋深6m；汽机房长度为171.5m，运转层标高13.7m；除氧间长度171.5m；侧煤仓间长度70m，皮带层以下36.8m不封闭；炉前通道长度140.5m；锅炉房单体长度53.5m，跨度49m，锅炉运转层以下局部封闭；外墙1.2m以下轻质混凝土砌块围护，1.2m以上复合保温压型钢板围护

指标编号			ZFT2-1-3	ZFT2-1-4
项目名称			600MW 级机组钢结构主厂房	600MW 级机组混凝土结构主厂房
指标单位			m³	m³
抗震设防烈度（度）			Ⅶ	Ⅶ
最低设计温度（℃）			−14.5	−3.4
	名称	单位	工程量	
主要工程量（每100m³）	钢筋混凝土基础	m²	1.28	1.24
	钢梁浇制混凝土板	m²	2.40	1.52
	浇制钢筋混凝土有梁板	m²		0.71
	汽机运转层平台钢梁浇制混凝土板	m²	0.99	1.13
	汽机中间层平台钢梁浇制混凝土板	m²	0.99	1.13
	压型钢板底模	m²	7.08	5.41

续表

指标编号			ZFT2-1-3	ZFT2-1-4
项目名称			600MW级机组钢结构主厂房	600MW级机组混凝土结构主厂房
指标单位			m³	m³
	名称	单位	工程量	
主要工程量（每100m³）	复合保温压型钢板屋面	m²	1.09	
	钢梁浇制混凝土屋面板	m²	1.00	1.99
	无保温金属外墙板	m²		1.81
	复合保温压型钢板外墙	m²	3.74	2.93
	砌体外墙	m³	0.83	0.58
	砌体内墙	m³	1.21	0.20
	钢筋混凝土基础梁	m³	0.05	0.03
	钢筋混凝土框架	m³	0.31	1.93
	钢筋混凝土煤斗梁	m³		0.09
	干挂清水混凝土板	m²		0.48
	钢屋架及支撑	t	0.37	0.24
	主厂房钢结构柱	t	0.77	

指标编号			ZFT2-1-3	ZFT2-1-4
项目名称			600MW 级机组钢结构主厂房	600MW 级机组混凝土结构主厂房
指标单位			m³	m³
	名称	单位	工程量	
主要工程量（每100m³）	主厂房钢结构梁	t	0.90	0.11
	钢结构吊车梁	t	0.04	0.10
	钢煤斗	t	0.15	0.18
	钢格栅板	t	0.01	0.02
	钢结构墙架	t	0.07	0.09
	其他钢结构	t	0.01	0.01
	煤斗衬不锈钢板	t	0.01	0.08
	名称	单位	单价(元)	数量	
主要人工材料机械（每100m³）	建筑普通工	工日	34	32.690	38.690
	建筑技术工	工日	48	18.060	24.700
	型钢	t	3675.21	2.618	1.071
	水泥	t	337.61	1.720	2.660
	石子	m³	58.83	3.873	5.890
	砂子	m³	54.85	3.237	4.209
	钢筋	t	3504.27	0.367	0.709
	机械当量	台班	1000	2.186	1.680

166

指标编号	ZFT2-1-5	ZFT2-1-6
项目名称	300MW 级机组钢结构主厂房	300MW 级机组混凝土结构主厂房
指标单位	m³	m³
基　　价（元）	**243.36**	**199.76**

		ZFT2-1-5	ZFT2-1-6
其中	人工费（元）	29.39	29.72
	材料费（元）	178.99	145.66
	机械费（元）	34.98	24.38

主要技术条件	主厂房前煤仓布置，建筑体积267379m³，其中：锅炉运转层以下体积14882m³；柱距8m，钢筋混凝土独立基础，基础埋深6.0m；汽机房长度136.2m，运转层标高12.6m；除氧煤仓间长度149.4m；炉前通道长度127.2m；锅炉房单体长度44.8m，跨度63.85m，锅炉运转层以下封闭；外墙1.2m以下空心砖砌体围护，1.2m以上复合保温金属墙板围护	主厂房前煤仓布置，建筑体积254874m³，其中：锅炉运转层以下体积16440m³；柱距8m，钢筋混凝土独立基础，基础埋深6.0m；汽机房长度136.2m，运转层标高12.6m；除氧煤仓间长度136.2m；炉前通道长度124.7m；锅炉单体长度40.0m，跨度68.0m，锅炉运转层以下封闭；外墙1.2m以下空心砖砌体围护，1.2m以上复合保温金属墙板围护

指标编号			ZFT2-1-5	ZFT2-1-6
项目名称			300MW 级机组钢结构主厂房	300MW 级机组混凝土结构主厂房
指标单位			m³	m³
抗震设防烈度（度）			Ⅶ	Ⅶ
最低设计温度（℃）			−33.5	−29.9
主要工程量（每100m³）	名称	单位	工程量	
	钢筋混凝土基础	m³	1.50	1.95
	钢梁浇制混凝土板	m²	2.54	1.93
	汽机运转层平台钢梁浇制混凝土板	m²	1.63	1.71
	汽机中间层平台钢梁浇制混凝土板	m²	1.63	1.71
	压型钢板底模	m²	7.07	6.33
	钢梁浇制混凝土屋面板	m²	1.27	0.98
	复合保温压型钢板屋面	m²	1.63	1.71
	复合保温压型钢板外墙	m²	5.13	6.06

续表

指标编号			ZFT2-1-5	ZFT2-1-6
项目名称			300MW级机组钢结构主厂房	300MW级机组混凝土结构主厂房
指标单位			m³	m³
主要工程量（每100m³）	名称	单位	工程量	
	砌体外墙	m³	0.35	0.06
	砌体内墙	m³	0.75	1.01
	钢筋混凝土基础梁	m³	0.08	0.08
	钢筋混凝土框架	m³		2.27
	钢筋混凝土煤斗梁	m³		0.07
	钢屋架及支撑	t	0.17	0.05
	主厂房钢结构柱	t	0.85	
	主厂房钢结构梁	t	0.97	0.66
	钢结构吊车梁	t	0.05	0.08

续表

指标编号			ZFT2-1-5	ZFT2-1-6
项目名称			300MW级机组钢结构主厂房	300MW级机组混凝土结构主厂房
指标单位			m³	m³
主要工程量（每100m³）	名称	单位	工程量	
	钢煤斗	t	0.26	0.20
	钢结构墙架	t	0.06	0.03
	其他钢结构	t	0.01	0.02
	煤斗衬耐磨板	m²	0.49	0.51
主要人工材料机械（每100m³）	名称	单位	单价（元）	数量	
	建筑普通工	工日	34	40.480	55.450
	建筑技术工	工日	48	32.560	22.630
	型钢	t	3675.21	2.786	1.343
	水泥	t	337.61	1.760	2.820
	石子	m³	58.83	4.580	6.620
	砂子	m³	54.85	3.392	4.687
	钢筋	t	3504.27	0.520	0.894
	机械当量	台班	1000	3.498	2.438

指标编号	ZFT2-1-7	ZFT2-1-8	ZFT2-1-9	ZFT2-1-10
项目名称	F级燃机机组钢结构主厂房	F级燃机机组混凝土结构主厂房	E级燃机机组钢结构主厂房	E级燃机机组混凝土结构主厂房
指标单位	m^3	m^3	m^3	m^3
基　价（元）	**234.12**	**161.79**	**242.43**	**170.76**
其中 人工费（元）	14.18	19.40	20.09	20.15
其中 材料费（元）	203.43	127.99	201.52	138.90
其中 机械费（元）	16.51	14.40	20.82	11.71
主要技术条件	燃机房与汽机房联合布置，一拖一、多轴、燃机高位布置，建筑体积260023m^3；钢筋混凝土桩承台基础，基础埋深4m；主厂房长160.5m，运转层标高13.0m；外墙1.2m以下加气混凝土砌块围护，1.2m以上单层压型钢板围护	燃机房与汽机房独立布置，一拖一、多轴、燃机低位布置，建筑体积163376m^3；钢筋混凝土桩承台基础，基础埋深4.5m；燃机房长88.9m，汽机房长103m，运转层标高13.0m；汽机房6.5m与燃机房5m以下加气混凝土砌块围护，1.2m以上单层压型钢板围护	燃机房与汽机房独立布置，一拖一、双轴、燃机低位布置，建筑体积115426m^3；钢筋混凝土独立基础，基础埋深4.0m；燃机房跨度28.5m，汽机房长度46m，运转层标高8.96m；外墙1.2m以下加气混凝土砌块围护，1.2m以上复合保温压型钢板围护	燃机房与汽机房联合布置，一拖一、双轴、燃机高位布置，建筑体积114487m^3；钢筋混凝土独立基础，基础埋深3.5m；主厂房长度123.8m，运转层标高9.0m；外墙1.2m以下加气混凝土砌块围护，1.2m以上复合保温压型钢板围护

续表

指标编号			ZFT2-1-7	ZFT2-1-8	ZFT2-1-9	ZFT2-1-10
项目名称			F 级燃机机组钢结构主厂房	F 级燃机机组混凝土结构主厂房	E 级燃机机组钢结构主厂房	E 级燃机机组混凝土结构主厂房
指标单位			m^3	m^3	m^3	m^3
抗震设防烈度（度）			Ⅶ	Ⅶ	Ⅶ	Ⅷ
最低设计温度（℃）			−3.4	−8.2	−8.2	−24
主要工程量(每100m^3)	名称	单位	工程量			
	砖基础	m^3	0.26	0.22		0.11
	钢筋混凝土基础	m^3	0.63	0.60	0.87	2.40
	钢梁浇制混凝土板	m^2	0.50	1.73		
	浇制钢筋混凝土有梁板	m^2				1.92
	汽机运转层平台钢梁浇制混凝土板	m^2	3.00	1.70	1.38	2.54
	汽机中间层平台钢梁浇制混凝土板	m^2	2.53	0.58	0.55	2.54

续表

指标编号		ZFT2-1-7	ZFT2-1-8	ZFT2-1-9	ZFT2-1-10
项目名称		F级燃机机组钢结构主厂房	F级燃机机组混凝土结构主厂房	E级燃机机组钢结构主厂房	E级燃机机组混凝土结构主厂房
指标单位		m³	m³	m³	m³
	名称	单位	工程量			
主要工程量（每100m³）	压型钢板底模	m²			3.86	
	复合保温压型钢板屋面	m²	3.00	3.01		2.54
	复合保温压型钢板外墙	m²			4.91	4.49
	钢梁浇制混凝土屋面板	m²	0.18	1.44	3.90	
	无保温压型钢板外墙	m²	5.28	4.95	5.30	5.29
	砌体外墙	m³	0.08	0.60	0.12	0.45
	砌体内墙	m³	0.45	0.58	0.80	0.44
	钢筋混凝土基础梁	m³	0.25	0.26	0.15	0.13
	钢筋混凝土框架	m³		1.84	0.01	1.76

指标编号			ZFT2-1-7	ZFT2-1-8	ZFT2-1-9	ZFT2-1-10
项目名称			F 级燃机机组 钢结构主厂房	F 级燃机机组 混凝土结构主厂房	E 级燃机机组 钢结构主厂房	E 级燃机机组 混凝土结构主厂房
指标单位			m³	m³	m³	m³
主要工程量（每100m³）	名称	单位	\multicolumn{4}{c}{工程量}
主要工程量（每100m³）	钢屋架及支撑	t	0.26	0.19	0.19	0.21
主要工程量（每100m³）	主厂房钢结构柱	t	0.70	0.03	0.33	
主要工程量（每100m³）	主厂房钢结构梁	t	0.75	0.33	0.84	0.23
主要工程量（每100m³）	钢结构吊车梁	t	0.07	0.13	0.16	0.19
主要工程量（每100m³）	钢格栅板	t	0.14	0.07	0.05	
主要工程量（每100m³）	钢结构墙架	t	0.45	0.19	0.66	0.18
主要工程量（每100m³）	其他钢结构	t	0.01	0.02	0.13	
主要人工材料机械（每100m³）	名称	单位	单价（元）	\multicolumn{4}{c}{数量}
主要人工材料机械（每100m³）	建筑普通工	工日	34	19.650	27.930	30.410	27.430
主要人工材料机械（每100m³）	建筑技术工	工日	48	15.630	20.630	20.330	22.550
主要人工材料机械（每100m³）	型钢	t	3675.21	2.588	1.132	2.625	1.056
主要人工材料机械（每100m³）	水泥	t	337.61	1.540	2.300	1.630	3.280

指标编号			ZFT2-1-7	ZFT2-1-8	ZFT2-1-9	ZFT2-1-10
项目名称			F级燃机机组钢结构主厂房	F级燃机机组混凝土结构主厂房	E级燃机机组钢结构主厂房	E级燃机机组混凝土结构主厂房
指标单位			m³	m³	m³	m³
名称	单位	单价(元)	数量			
主要人工材料机械（每100m³）	石子	m³	58.83	4.350	5.770	4.360	8.270
	砂子	m³	54.85	2.931	4.181	3.227	5.590
	钢筋	t	3504.27	0.329	0.725	0.538	0.885
	机械当量	台班	1000	1.651	1.440	2.082	1.171

（二）锅炉房车间

指标编号			ZFT2-1-11	ZFT2-1-12
项目名称			锅炉运转层以下封闭建筑	锅炉运转层以下露天建筑
指标单位			m³	m³
基　价（元）			**27.72**	**10.96**
其中	人工费（元）		5.10	2.41
	材料费（元）		19.71	8.00
	机械费（元）		2.91	0.55
主要技术条件			2座建筑体积177500m³；运转层标高17m；保温金属墙板封闭；混凝土地面，面层环氧砂浆	2座建筑体积177500m³；运转层标高17m；混凝土地面，面层环氧砂浆
抗震设防烈度（度）			Ⅷ	Ⅷ
最低设计温度（℃）			−8.1	−8.1
主要工程量(每100m³)	名称	单位	工程量	
	复合保温压型钢板外墙	m²	5.53	
	钢结构墙架	t	0.11	

176

指标编号				ZFT2-1-11	ZFT2-1-12
项目名称				锅炉运转层以下封闭建筑	锅炉运转层以下露天建筑
指标单位				m³	m³
	名称	单位	单价(元)	数量	
主要人工材料机械(每100m³)	建筑普通工	工日	34	6.570	3.670
	建筑技术工	工日	48	5.980	2.410
	型钢	t	3675.21	0.189	0.008
	水泥	t	337.61	0.530	0.510
	石子	m³	58.83	2.131	2.081
	砂子	m³	54.85	1.236	1.190
	钢筋	t	3504.27	0.057	0.052
	机械当量	台班	1000	0.291	0.055

指标编号	ZFT2-1-13	ZFT2-1-14	ZFT2-1-15	ZFT2-1-16
项目名称	钢结构炉后封闭风机房	混凝土结构炉后封闭风机房	钢结构炉后露天风机房	混凝土结构炉后露天风机房
指标单位	m³	m³	m³	m³
基　价（元）	**194. 90**	**149. 47**	**163. 97**	**117. 02**
其中 人工费（元）	25. 48	25. 19	21. 09	19. 22
其中 材料费（元）	139. 96	113. 08	116. 56	87. 48
其中 机械费（元）	29. 46	11. 20	26. 32	10. 32
主要技术条件	建筑体积 64900m³；钢筋混凝土独立基础，基础埋深 3.3m	建筑体积 45911m³；钢筋混凝土独立基础，基础埋深 3.5m	建筑体积 64900m³；钢筋混凝土独立基础，基础埋深 3.3m	建筑体积 45911m³；钢筋混凝土独立基础，基础埋深 3.5m
抗震设防烈度（度）	Ⅷ	Ⅷ	Ⅷ	Ⅶ
最低设计温度（℃）	−8. 1	−3. 4	−8. 1	−3. 4

续表

指标编号		ZFT2-1-13	ZFT2-1-14	ZFT2-1-15	ZFT2-1-16
项目名称		钢结构炉后封闭风机房	混凝土结构炉后封闭风机房	钢结构炉后露天风机房	混凝土结构炉后露天风机房
指标单位		m^3	m^3	m^3	m^3
名称	单位	工程量			
钢筋混凝土基础	m^3	1.33	2.15	1.33	2.15
钢梁浇制混凝土板	m^2	5.43		5.43	
浇制钢筋混凝土有梁板	m^2		5.71		5.71
压型钢板底模	m^2	10.85		10.85	
浇制混凝土屋面板	m^2		5.71		5.71
钢梁浇制混凝土屋面板	m^2	5.43		5.43	
复合保温压型钢板外墙	m^2	7.11			
砌体外墙	m^3		3.55		
钢筋混凝土框架	m^3		2.82		2.82
主厂房钢结构柱	t	0.64		0.64	
主厂房钢结构梁	t	0.62		0.62	

主要工程量(每100m³)

续表

指标编号			ZFT2-1-13	ZFT2-1-14	ZFT2-1-15	ZFT2-1-16
项目名称			钢结构炉后封闭风机房	混凝土结构炉后封闭风机房	钢结构炉后露天风机房	混凝土结构炉后露天风机房
指标单位			m³	m³	m³	m³
主要工程量(每100m³)	名称	单位		工程量		
	钢结构吊车梁	t	0.07	0.15	0.07	0.15
	钢结构墙架	t	0.33		0.19	
	其他钢结构	t				
主要人工材料机械(每100m³)	名称	单位	单价(元)	数量		
	建筑普通工	工日	34	35.340	34.220	30.330	27.900
	建筑技术工	工日	48	28.060	28.250	22.460	20.270
	型钢	t	3675.21	2.089	0.228	1.855	0.227
	水泥	t	337.61	1.880	4.460	1.750	3.760
	石子	m³	58.83	4.390	8.930	4.330	8.640
	砂子	m³	54.85	3.961	8.399	3.583	6.329
	钢筋	t	3504.27	0.431	1.249	0.424	1.193
	机械当量	台班	1000	2.946	1.120	2.632	1.032

指标编号	ZFT2-1-17	ZFT2-1-18	ZFT2-1-19	ZFT2-1-20
项目名称	锅炉电梯钢结构封闭建筑 3000t/h 级锅炉	锅炉电梯钢结构封闭建筑 2000t/h 级锅炉	锅炉电梯钢结构封闭建筑 1000t/h 级锅炉	锅炉紧身封闭建筑
指标单位	座	座	座	m²
基　价（元）	**1242075.21**	**828179.17**	**640783.06**	**303.17**
其中　人工费（元）	137239.68	105318.00	76734.72	48.76
其中　材料费（元）	915016.75	600212.01	463130.61	211.74
其中　机械费（元）	189818.78	122649.16	100917.73	42.67
主要技术条件	钢筋混凝土箱型基础，压型钢板围护，电梯井顶标高123.61m，轴线尺寸 3.2m×3.3m	钢筋混凝土箱型基础，压型钢板围护，电梯井顶标高83.735m，轴线尺寸 2.6m×2.75m	钢筋混凝土箱型基础，压型钢板围护，电梯井顶标高64.61m，轴线尺寸 2.6m×3.05m	复合保温金属墙板，钢结构墙架
抗震设防烈度（度）	Ⅶ	Ⅶ	Ⅷ	Ⅷ
最低设计温度（℃）	-3.4	-7.9	-9.8	-8.1

指标编号			ZFT2-1-17	ZFT2-1-18	ZFT2-1-19	ZFT2-1-20
项目名称			锅炉电梯钢结构封闭建筑 3000t/h级锅炉	锅炉电梯钢结构封闭建筑 2000t/h级锅炉	锅炉电梯钢结构封闭建筑 1000t/h级锅炉	锅炉紧身封闭建筑
指标单位			座	座	座	m²
主要工程量	名称	单位	工程量			
	钢筋混凝土基础	m³	47.50	45.50	31.50	
	钢梁浇制混凝土板	m²	18.50	15.00	17.50	
	压型钢板底模	m²	37.00	30.00	35.00	
	钢梁浇制混凝土屋面板	m²	18.50	15.00	17.50	
	复合保温压型钢板外墙	m²	27.00	1104.50	103.50	1.00
	无保温压型钢板外墙	m²	1621.50		666.00	

续表

指标编号			ZFT2-1-17	ZFT2-1-18	ZFT2-1-19	ZFT2-1-20
项目名称			锅炉电梯钢结构封闭建筑 3000t/h 级锅炉	锅炉电梯钢结构封闭建筑 2000t/h 级锅炉	锅炉电梯钢结构封闭建筑 1000t/h 级锅炉	锅炉紧身封闭建筑
指标单位			座	座	座	m²
主要工程量	名称	单位	工程量			
	主厂房钢结构柱	t	75.81	28.41	27.57	
	主厂房钢结构梁	t	32.56	18.94	18.38	
	钢结构墙架	t	36.96	37.71	28.86	0.02
	其他钢结构	t	1.00	1.06	1.67	
主要人工材料机械	名称	单位	单价(元)	数量		
	建筑普通工	工日	34	1395.195	1082.277	780.174	0.524
	建筑技术工	工日	48	1871.047	1427.589	1046.086	0.645
	型钢	t	3675.21	173.278	106.602	90.067	0.033
	水泥	t	337.61	28.788	25.187	18.552	0.004
	石子	m³	58.83	68.951	60.946	43.977	0.009
	砂子	m³	54.85	51.936	43.448	32.874	0.008
	钢筋	t	3504.27	10.757	9.856	6.928	0.001
	机械当量	台班	1000	189.819	122.649	100.918	0.043

（三）燃机主厂房车间

指标编号		ZFT2-1-21	ZFT2-1-22	ZFT2-1-23
项目名称		钢结构燃机房	钢结构汽机房	钢结构辅助厂房
指标单位		m^3	m^3	m^3
基　价（元）		**231.13**	**246.08**	**310.26**
其中	人工费（元）	18.85	20.73	31.32
	材料费（元）	191.79	204.66	249.16
	机械费（元）	20.49	20.69	29.78
主要技术条件		建筑体积 63508m^3，燃机房长 46.5m；钢筋混凝土独立基础，基础埋深 3.5m；压型钢板外墙围护	建筑体积 51918m^3，汽机房长 46m，运转层标高 8.96m；钢筋混凝土独立基础，基础埋深 3.5m；压型钢板外墙围护	单层建筑体积 5712m^3，厂房长 33m、宽 10m；钢筋混凝土桩承台基础，基础埋深 3.0m；压型钢板外墙围护
抗震设防烈度（度）		Ⅶ	Ⅶ	Ⅵ
最低设计温度（℃）		−15.5	−15.5	−3.4

续表

指标编号			ZFT2-1-21	ZFT2-1-22	ZFT2-1-23
项目名称			钢结构燃机房	钢结构汽机房	钢结构辅助厂房
指标单位			m³	m³	m³
	名称	单位	工程量		
主要工程量（每100m³）	砖基础	m³			1.75
	钢筋混凝土基础	m³	0.72	1.06	2.32
	汽机运转层平台浇制混凝土梁板	m²		1.23	
	汽机中间层平台浇制混凝土梁板	m²		3.07	
	压型钢板底模	m²	4.27	3.35	
	钢梁浇制混凝土屋面板	m²	4.35	3.35	
	复合无保温压型钢板屋面	m²			11.90

续表

指标编号			ZFT2-1-21	ZFT2-1-22	ZFT2-1-23
项目名称			钢结构燃机房	钢结构汽机房	钢结构辅助厂房
指标单位			m³	m³	m³
	名称	单位	工程量		
主要工程量（每100m³）	复合保温压型钢板外墙	m²	8.92		
	无保温压型钢板外墙	m²		11.78	19.72
	砌体外墙	m³	0.12	0.12	
	砌体内墙	m³	0.07	1.69	1.12
	钢筋混凝土基础梁	m³	0.01	0.16	3.68
	钢筋混凝土框架	m³	0.01		
	钢屋架及支撑	t	0.21	0.17	
	主厂房钢结构柱	t	0.33	0.33	0.52
	主厂房钢结构梁	t	0.88	0.79	1.05
	钢结构吊车梁	t	0.17	0.16	
	钢格栅板	t	0.01	0.10	
	钢结构墙架	t	0.67	0.65	
	其他钢结构	t	0.11	0.16	0.59

186

续表

指标编号			ZFT2-1-21	ZFT2-1-22	ZFT2-1-23
项目名称			钢结构燃机房	钢结构汽机房	钢结构辅助厂房
指标单位			m³	m³	m³
名称	单位	单价(元)	数量		
建筑普通工	工日	34	29.930	30.150	43.370
建筑技术工	工日	48	18.060	21.840	34.540
型钢	t	3675.21	2.620	2.603	2.611
水泥	t	337.61	1.380	1.950	3.830
石子	m³	58.83	4.110	4.660	9.800
砂子	m³	54.85	2.856	3.689	6.664
钢筋	t	3504.27	0.341	0.533	1.341
机械当量	台班	1000	2.049	2.069	2.978

主要人工材料机械（每100m³）

指标编号	ZFT2-1-24	ZFT2-1-25	ZFT2-1-26
项目名称	混凝土结构燃机房	混凝土结构汽机房	混凝土结构辅助厂房
指标单位	m³	m³	m³
基　价（元）	**147.28**	**171.31**	**294.38**
其中 人工费（元）	18.68	19.25	52.06
其中 材料费（元）	115.49	136.63	214.85
其中 机械费（元）	13.11	15.43	27.47
主要技术条件	建筑体积79667m³，燃机房长88.9m；钢筋混凝土桩承台基础，基础埋深3.5m；5m标高以上无保温金属墙板围护，5m以下加气混凝土砌块围护	建筑体积83709m³，汽机房长103m，运转层标高13.0m；钢筋混凝土桩承台基础，基础埋深3.5m；6.5m标高以上无保温金属墙板围护，6.5m以下加气混凝土砌块围护	单层建筑体积1350m³，厂房长27m、宽10m；钢筋混凝土独立基础，基础埋深2.0m；加气混凝土砌块外墙围护
抗震设防烈度（度）	Ⅶ	Ⅶ	Ⅶ
最低设计温度（℃）	-3.4	-3.4	-3.4

指标编号		ZFT2-1-24	ZFT2-1-25	ZFT2-1-26
项目名称		混凝土结构燃机房	混凝土结构汽机房	混凝土结构辅助厂房
指标单位		m³	m³	m³
名称	单位	工程量		
主要工程量（每100m³） 砖基础	m³	0.22	0.22	2.00
钢筋混凝土基础	m³	0.56	0.64	2.28
钢梁浇制混凝土板	m²	3.55		
汽机运转层平台钢梁浇制混凝土板	m²		3.32	
汽机中间层平台钢梁浇制混凝土板	m²		1.14	
钢梁浇制混凝土屋面板	m²	2.12	0.80	20.00

续表

指标编号		ZFT2-1-24	ZFT2-1-25	ZFT2-1-26
项目名称		混凝土结构燃机房	混凝土结构汽机房	混凝土结构辅助厂房
指标单位		m³	m³	m³
	名称	单位	工程量		
主要工程量（每100m³）	复合保温压型钢板屋面	m²	2.68	3.32	
	无保温压型钢板外墙	m²	3.27	6.55	
	砌体外墙	m³	0.74	0.46	6.04
	砌体内墙	m³	0.89	0.27	0.80
	钢筋混凝土基础梁	m³	0.26	0.25	2.24
	钢筋混凝土框架	m³	1.52	2.14	2.43
	钢屋架及支撑	t	0.21	0.17	
	主厂房钢结构柱	t	0.03	0.04	
	主厂房钢结构梁	t	0.27	0.38	
	钢结构吊车梁	t	0.13	0.12	
	钢格栅板	t		0.13	
	钢结构墙架	t	0.16	0.21	
	其他钢结构	t	0.02	0.01	

指标编号			ZFT2-1-24	ZFT2-1-25	ZFT2-1-26
项目名称			混凝土结构燃机房	混凝土结构汽机房	混凝土结构辅助厂房
指标单位			m^3	m^3	m^3
名称	单位	单价(元)	数量		
建筑普通工	工日	34	27.410	27.470	78.330
建筑技术工	工日	48	19.490	20.640	52.980
型钢	t	3675.21	0.979	1.293	0.193
水泥	t	337.61	2.150	2.260	8.530
石子	m^3	58.83	5.410	5.710	18.020
砂子	m^3	54.85	4.081	3.891	17.720
钢筋	t	3504.27	0.638	0.796	2.063
机械当量	台班	1000	1.311	1.543	2.747

主要人工材料机械（每100m³）

指标编号			ZFT2-1-27	ZFT2-1-28
项目名称			余热锅炉露天布置	余热锅炉紧身封闭建筑
指标单位			m²	m²
基　价（元）			**125.67**	**305.48**
其中	人工费（元）		18.83	32.59
	材料费（元）		102.19	245.05
	机械费（元）		4.65	27.84
主要技术条件			锅炉露天布置，混凝土地面	复合压型钢板围护，混凝土地面
抗震设防烈度（度）			Ⅶ	Ⅷ
最低设计温度（℃）			－3.4	－24
主要工程量（每100m²）	名称	单位	工程量	
	复合保温压型钢板外墙	m²		100.00
	钢结构墙架	t		2.00

192

指标编号			ZFT2-1-27	ZFT2-1-28
项目名称			余热锅炉露天布置	余热锅炉紧身封闭建筑
指标单位			m²	m²
主要人工材料机械（每100m²）	名称	单位	单价（元）	数量	
	建筑普通工	工日	34	29.040	38.470
	建筑技术工	工日	48	18.650	40.650
	型钢	t	3675.21	0.118	3.190
	水泥	t	337.61	6.690	1.020
	石子	m³	58.83	25.530	3.340
	砂子	m³	54.85	14.930	2.100
	钢筋	t	3504.27	0.773	0.170
	机械当量	台班	1000	0.465	2.784

指标编号	ZFT2-1-29
项目名称	余热锅炉电梯钢结构封闭建筑
指标单位	座
基　价（元）	**552965.31**

其中	人工费（元）	71060.35
	材料费（元）	392120.02
	机械费（元）	89784.94

主要技术条件	钢筋混凝土箱型基础，压型钢板围护，电梯井顶标高 42.65m，轴线尺寸 3.0m×2.7m
抗震设防烈度（度）	Ⅶ
最低设计温度（℃）	−3.4

	名称	单位	工程量
主要工程量	钢筋混凝土基础	m³	22.00
	浇制混凝土板	m²	13.75

续表

指标编号			ZFT2-1-29
项目名称			余热锅炉电梯钢结构封闭建筑
指标单位			座
	名称	单位	工程量
主要工程量	复合保温压型钢板屋面	m²	11.55
	无保温压型钢板外墙	m²	628.65
	砌体外墙	m³	3.11
	主厂房钢结构柱	t	29.07
	主厂房钢结构梁	t	8.95
	钢结构墙架	t	25.54
	其他钢结构	t	1.17

指标编号				ZFT2-1-29
项目名称				余热锅炉电梯钢结构封闭建筑
指标单位				座
	名称	单位	单价(元)	数量
主要人工材料机械	建筑普通工	工日	34	777.790
	建筑技术工	工日	48	929.520
	型钢	t	3675.21	75.489
	水泥	t	337.61	12.720
	石子	m³	58.83	30.197
	砂子	m³	54.85	23.107
	钢筋	t	3504.27	4.018
	机械当量	台班	1000	89.785

指标编号			ZFT2-1-30
项目名称			大封闭余热锅炉房
指标单位			m³
基　价（元）			**197.20**
其中	人工费（元）		30.15
	材料费（元）		152.77
	机械费（元）		14.28
主要技术条件			建筑体积57508m³，长73.3m；钢筋混凝土桩承台基础，基础埋深2.5m；砌体外墙围护
抗震设防烈度（度）			Ⅷ
最低设计温度（℃）			-18
主要工程量（每100m³）	名称	单位	工程量
	砖基础	m³	0.26
	钢筋混凝土基础	m³	7.70

续表

指标编号			ZFT2-1-30
项目名称			大封闭余热锅炉房
指标单位			m³
主要工程量(每100m³)	名称	单位	工程量
	浇制混凝土板	m²	1.80
	复合保温压型钢板屋面	m²	5.32
	复合保温压型钢板外墙	m²	14.94
	无保温压型钢板外墙	m²	2.02
	砌体内墙	m³	0.36
	钢筋混凝土基础梁	m³	0.08
	钢结构墙架	t	0.15
	其他钢结构	t	

续表

指标编号				ZFT2-1-30
项目名称				大封闭余热锅炉房
指标单位				m³
主要人工材料机械（每100m³）	名称	单位	单价(元)	数量
	建筑普通工	工日	34	44.690
	建筑技术工	工日	48	31.160
	型钢	t	3675.21	0.346
	水泥	t	337.61	5.070
	石子	m³	58.83	24.680
	砂子	m³	54.85	14.768
	钢筋	t	3504.27	1.315
	机械当量	台班	1000	1.428

二、锅炉基础

指标编号	ZFT2-1-31	ZFT2-1-32	ZFT2-1-33	ZFT2-1-34
项目名称	1000MW 级机组烟煤塔式炉独立基础	1000MW 级机组烟煤塔式炉大板基础	1000MW 级机组烟煤Π型炉独立基础	1000MW 级机组烟煤Π型炉大板基础
指标单位	座	座	座	座
基 价（元）	**7323197.04**	**12726091.99**	**5568128.47**	**11048770.04**
其中 人工费（元）	927279.41	1611378.75	705036.56	1398996.17
其中 材料费（元）	6074989.94	10557006.05	4619074.65	9165573.51
其中 机械费（元）	320927.69	557707.19	244017.26	484200.36
主要技术条件	钢筋混凝土基础，基础埋深 7m	钢筋混凝土基础，基础埋深 7m	钢筋混凝土基础，基础埋深 7m	钢筋混凝土基础，基础埋深 6m
抗震设防烈度（度）	Ⅷ	Ⅶ	Ⅷ	Ⅷ
最低设计温度（℃）	−8.8	−3.4	−8.8	−8.1

指标编号			ZFT2-1-31	ZFT2-1-32	ZFT2-1-33	ZFT2-1-34
项目名称			1000MW级机组烟煤塔式炉独立基础	1000MW级机组烟煤塔式炉大板基础	1000MW级机组烟煤Л型炉独立基础	1000MW级机组烟煤Л型炉大板基础
指标单位			座	座	座	座
主要工程量	名称	单位	工程量			
	锅炉基础	m³	7234.00	12570.40	5500.00	10913.60
主要人工材料机械	名称	单位	单价(元)	数量		
	建筑普通工	工日	34	13801.065	23982.455	10493.189	20821.525
	建筑技术工	工日	48	9542.847	16583.307	7255.800	14397.597
	型钢	t	3675.21	65.569	113.938	49.852	98.921
	水泥	t	337.61	2999.054	5211.406	2280.177	4524.534
	石子	m³	58.83	7190.145	12494.194	5466.657	10847.438
	砂子	m³	54.85	4242.030	7371.303	3225.209	6399.753
	钢筋	t	3504.27	736.135	1279.338	559.758	1110.718
	机械当量	台班	1000	320.928	557.707	244.017	484.200

指标编号	ZFT2-1-35	ZFT2-1-36	ZFT2-1-37	ZFT2-1-38
项目名称	1000MW级机组褐煤塔式炉独立基础	1000MW级机组褐煤塔式炉大板基础	1000MW级机组褐煤π型炉独立基础	1000MW级机组褐煤π型炉大板基础
指标单位	座	座	座	座
基 价（元）	**8055516.75**	**13998701.18**	**6124941.31**	**12153647.05**
其中 人工费（元）	1020007.35	1772516.62	775540.21	1538895.79
其中 材料费（元）	6682488.94	11612706.65	5080982.11	10082130.86
其中 机械费（元）	353020.46	613477.91	268418.99	532620.40
主要技术条件	钢筋混凝土基础，基础埋深7m	钢筋混凝土基础，基础埋深7m	钢筋混凝土基础，基础埋深7m	钢筋混凝土承台基础，基础埋深6m
抗震设防烈度（度）	Ⅷ	Ⅶ	Ⅷ	Ⅷ
最低设计温度（℃）	-8.8	-3.4	-8.8	-8.1

主要工程量	名称	单位	工程量			
	锅炉基础	m³	7957.40	13827.44	6050.00	12004.96

续表

指标编号			ZFT2-1-35	ZFT2-1-36	ZFT2-1-37	ZFT2-1-38
项目名称			1000MW级机组褐煤塔式炉独立基础	1000MW级机组褐煤塔式炉大板基础	1000MW级机组褐煤л型炉独立基础	1000MW级机组褐煤л型炉大板基础
指标单位			座	座	座	座
	名称	单位	单价(元)	数量		
主要人工材料机械	建筑普通工	工日	34	15181.172	26380.700	11542.508	22903.678
	建筑技术工	工日	48	10497.132	18241.637	7981.380	15837.357
	型钢	t	3675.21	72.126	125.332	54.837	108.813
	水泥	t	337.61	3298.960	5732.547	2508.194	4976.987
	石子	m³	58.83	7909.159	13743.613	6013.323	11932.182
	砂子	m³	54.85	4666.233	8108.434	3547.730	7039.729
	钢筋	t	3504.27	809.749	1407.271	615.734	1221.790
	机械当量	台班	1000	353.020	613.478	268.419	532.620

指标编号		ZFT2-1-39	ZFT2-1-40	ZFT2-1-41	ZFT2-1-42
项目名称		600MW级机组烟煤塔式炉独立基础	600MW级机组烟煤л型炉独立基础	600MW级机组褐煤塔式炉独立基础	600MW级机组褐煤л型炉独立基础
指标单位		座	座	座	座
基　价（元）		**5269125.88**	**2591291.05**	**5854584.30**	**4279697.26**
其中	人工费（元）	706488.23	376915.19	784986.92	602997.77
	材料费（元）	4301351.99	2087736.69	4779279.98	3466316.64
	机械费（元）	261285.66	126639.17	290317.40	210382.85
主要技术条件		钢筋混凝土独立基础，基础埋深5.5m	钢筋混凝土基础，基础埋深5.5m	钢筋混凝土基础，基础埋深5.5m	钢筋混凝土基础，基础埋深5.5m
抗震设防烈度（度）		Ⅶ	Ⅶ	Ⅶ	Ⅶ
最低设计温度（℃）		-14.5	-15	-15	-13
主要工程量	名称	单位	工程量		
	锅炉基础	m³	5310.00	3250.00	5900.00	4945.00

指标编号			ZFT2-1-39	ZFT2-1-40	ZFT2-1-41	ZFT2-1-42
项目名称			600MW 级机组烟煤塔式炉独立基础	600MW 级机组烟煤Π型炉独立基础	600MW 级机组褐煤塔式炉独立基础	600MW 级机组褐煤Π型炉独立基础
指标单位			座	座	座	座
名称	单位	单价（元）	数量			
建筑普通工	工日	34	10080.875	5645.618	11200.973	8868.865
建筑技术工	工日	48	7578.110	3853.545	8420.122	6280.537
型钢	t	3675.21	48.130	29.458	53.478	44.821
水泥	t	337.61	2201.407	1347.377	2446.008	2050.086
石子	m³	58.83	5277.809	3230.297	5864.232	4915.022
砂子	m³	54.85	3113.793	1905.805	3459.770	2899.756
钢筋	t	3504.27	677.442	261.661	752.713	479.464
机械当量	台班	1000	261.286	126.639	290.317	210.383

（主要人工材料机械）

指标编号	ZFT2-1-43
项目名称	600MW 级机组无烟煤 W 型炉独立基础
指标单位	座
基　价（元）	**3320264.08**

其中	人工费（元）	463827.88
	材料费（元）	2692966.08
	机械费（元）	163470.12

主要技术条件	钢筋混凝土基础，基础埋深 5.5m
抗震设防烈度（度）	Ⅶ
最低设计温度（℃）	－15

主要工程量	名称	单位	工程量
	锅炉基础	m³	3750.00

续表

指标编号				ZFT2-1-43
项目名称				600MW 级机组无烟煤 W 型炉独立基础
指标单位				座
	名称	单位	单价(元)	数量
主要人工材料机械	建筑普通工	工日	34	6787.524
	建筑技术工	工日	48	4855.402
	型钢	t	3675.21	33.990
	水泥	t	337.61	1554.666
	石子	m³	58.83	3727.266
	砂子	m³	54.85	2199.006
	钢筋	t	3504.27	381.652
	机械当量	台班	1000	163.470

指标编号		ZFT2-1-44	ZFT2-1-45	ZFT2-1-46	ZFT2-1-47
项目名称		300MW 级机组烟煤炉独立基础	300MW 级机组褐煤炉独立基础	300MW 级机组无烟煤 W 型炉独立基础	300MW 级机组 CFB 独立基础
指标单位		座	座	座	座
基 价（元）		**1415705.35**	**3438750.68**	**1927798.66**	**1640977.09**
其中	人工费（元）	197817.52	480434.36	280031.66	226860.51
	材料费（元）	1148189.98	2789016.05	1553699.70	1333174.72
	机械费（元）	69697.85	169300.27	94067.30	80941.86
主要技术条件		钢筋混凝土基础，基础埋深 5m	钢筋混凝土基础，基础埋深 5.5m	钢筋混凝土基础，基础埋深 5.5m	钢筋混凝土独立基础，基础埋深 6m
抗震设防烈度（度）		Ⅶ	Ⅶ	Ⅶ	Ⅶ
最低设计温度（℃）		－24.2	－33.5	－15.5	－34.4
主要工程量	名称	单位	工程量		
	锅炉基础	m³	1600.00	3885.00	2350.00	1801.85

续表

指标编号			ZFT2-1-44	ZFT2-1-45	ZFT2-1-46	ZFT2-1-47
项目名称			300MW 级机组烟煤炉独立基础	300MW 级机组褐煤炉独立基础	300MW 级机组无烟煤 W 型炉独立基础	300MW 级机组CFB 独立基础
指标单位			座	座	座	座
名称	单位	单价(元)	数量			
建筑普通工	工日	34	2895.232	7031.012	4201.778	3299.106
建筑技术工	工日	48	2070.474	5028.906	2857.823	2389.467
型钢	t	3675.21	14.502	35.214	21.300	16.332
水泥	t	337.61	663.324	1610.634	985.004	747.007
石子	m³	58.83	1590.300	3861.448	2363.013	1790.927
砂子	m³	54.85	938.243	2278.170	1394.964	1056.608
钢筋	t	3504.27	162.611	395.139	199.159	194.392
机械当量	台班	1000	69.698	169.300	94.067	80.942

主要人工材料机械

指标编号			ZFT2-1-48	ZFT2-1-49
项目名称			F级燃机机组余热锅炉独立基础	E级燃机机组余热锅炉独立基础
指标单位			座	座
基　价（元）			**833100.53**	**597105.57**
其中	人工费（元）		118688.76	92978.79
	材料费（元）		643917.77	445430.20
	机械费（元）		70494.00	58696.58
主要技术条件			钢筋混凝土基础（含烟囱基础），基础埋深4.5m	钢筋混凝土基础（含主烟囱基础），基础埋深3.5m
抗震设防烈度（度）			Ⅶ	Ⅶ
最低设计温度（℃）			-3.4	-3.4
主要工程量	名称	单位	工程量	
	锅炉基础	m³	730.00	600.00

续表

指标编号				ZFT2-1-48	ZFT2-1-49
项目名称				F级燃机机组余热锅炉独立基础	E级燃机机组余热锅炉独立基础
指标单位				座	座
名称		单位	单价（元）	数量	
主要 人工 材料 机械	建筑普通工	工日	34	1940.344	1608.288
	建筑技术工	工日	48	1098.248	797.824
	型钢	t	3675.21	6.617	5.438
	水泥	t	337.61	302.642	248.747
	石子	m³	58.83	725.575	596.363
	砂子	m³	54.85	428.073	351.841
	钢筋	t	3504.27	104.135	65.150
	机械当量	台班	1000	70.494	58.697

三、锅炉辅机基础

指标编号			ZFT2-1-50	ZFT2-1-51
项目名称			1000MW 级机组锅炉辅机基础—HP 型中速磨	1000MW 级机组锅炉辅机基础—MPS 型中速磨
指标单位			台炉	台炉
基　价（元）			**1951164.13**	**2229526.50**
其中	人工费（元）		156744.93	178309.05
	材料费（元）		1702574.97	1946870.97
	机械费（元）		91844.23	104346.48
主要技术条件			钢筋混凝土基础，基础埋深 5.0m；主要辅机基础：磨煤机基础 12 座，一次风机、送风机基础各 2 座	钢筋混凝土基础，基础埋深 5.0m；主要辅机基础：磨煤机基础 12 座，一次风机、送风机基础各 2 座
抗震设防烈度（度）			Ⅶ	Ⅷ
最低设计温度（℃）			-3.4	-8.8
主要工程量	名称	单位	工程量	
	主要辅机基础	m³	3735.50	4479.50

续表

指标编号				ZFT2-1-50	ZFT2-1-51
项目名称				1000MW 级机组锅炉辅机基础—HP 型中速磨	1000MW 级机组锅炉辅机基础—MPS 型中速磨
指标单位				台炉	台炉
	名称	单位	单价(元)	数量	
主要人工材料机械	建筑普通工	工日	34	2349.862	2726.646
	建筑技术工	工日	48	1601.102	1783.477
	型钢	t	3675.21	8.465	10.151
	水泥	t	337.61	1316.343	1578.519
	石子	m³	58.83	3712.731	4452.196
	砂子	m³	54.85	2180.396	2614.666
	钢筋	t	3504.27	152.014	155.677
	机械当量	台班	1000	91.844	104.346

指标编号			ZFT2-1-52	ZFT2-1-53	ZFT2-1-54	ZFT2-1-55
项目名称			600MW级机组锅炉辅机基础—BBD型低速磨	600MW级机组锅炉辅机基础—HP型中速磨	600MW级机组锅炉辅机基础—MPS型中速磨	600MW级机组锅炉辅机基础—MB型高速磨
指标单位			台炉	台炉	台炉	台炉
基　价（元）			**2741773.04**	**1399875.97**	**1763267.89**	**1938658.96**
其中	人工费（元）		220281.86	113217.71	142643.72	156846.19
	材料费（元）		2392413.64	1220191.80	1536876.68	1689724.59
	机械费（元）		129077.54	66466.46	83747.49	92088.18
主要技术条件			钢筋混凝土基础，基础埋深5.0m；主要辅机基础：磨煤机基础10座，一次风机、送风机基础各2座	钢筋混凝土基础，基础埋深5.0m；主要辅机基础：磨煤机基础12座，一次风机、送风机基础各2座	钢筋混凝土基础，基础埋深5.0m；主要辅机基础：磨煤机基础12座，一次风机、送风机基础各2座	钢筋混凝土基础，基础埋深5.0m；主要辅机基础：磨煤机基础10座，一次风机、送风机基础各2座
抗震设防烈度（度）			Ⅶ	Ⅶ	Ⅶ	Ⅶ
最低设计温度（℃）			−13	−15	−13	−15.1
主要工程量	名称	单位	工程量			
			名称	单位		
	主要辅机基础	m³	5242.74	2479.00	3113.00	3419.00

续表

指标编号			ZFT2-1-52	ZFT2-1-53	ZFT2-1-54	ZFT2-1-55
项目名称			600MW级机组锅炉辅机基础—BBD型低速磨	600MW级机组锅炉辅机基础—HP型中速磨	600MW级机组锅炉辅机基础—MPS型中速磨	600MW级机组锅炉辅机基础—MB型高速磨
指标单位			台炉	台炉	台炉	台炉
名称	单位	单价(元)	数量			
建筑普通工	工日	34	3300.767	1646.354	2071.855	2277.223
建筑技术工	工日	48	2251.258	1192.582	1504.240	1654.661
型钢	t	3675.21	11.880	5.617	7.054	7.747
水泥	t	337.61	1847.475	873.568	1096.982	1204.812
石子	m³	58.83	5210.784	2463.890	3094.025	3398.160
砂子	m³	54.85	3060.166	1446.982	1817.045	1995.656
钢筋	t	3504.27	214.155	126.233	159.814	176.022
机械当量	台班	1000	129.078	66.466	83.747	92.088

主要人工材料机械

指标编号	ZFT2-1-56	ZFT2-1-57	ZFT2-1-58	ZFT2-1-59
项目名称	300MW 级机组锅炉辅机基础—BBD 型低速磨	300MW 级机组锅炉辅机基础—HP 型中速磨	300MW 级机组锅炉辅机基础—MPS 型中速磨	300MW 级机组锅炉辅机基础—MB 型高速磨
指标单位	台炉	台炉	台炉	台炉
基　价（元）	**1184589.28**	**919672.12**	**1018416.46**	**1453891.44**

		ZFT2-1-56	ZFT2-1-57	ZFT2-1-58	ZFT2-1-59
其中	人工费（元）	95157.24	73921.48	81818.27	118019.70
	材料费（元）	1033675.87	802429.81	888656.22	1266514.32
	机械费（元）	55756.17	43320.83	47941.97	69357.42
主要技术条件		钢筋混凝土基础，基础埋深 4.0m；主要辅机基础：磨煤机基础 10 座，一次风机、送风机基础各 2 座	钢筋混凝土基础，基础埋深 4.0m；主要辅机基础：磨煤机基础 12 座，一次风机、送风机基础各 2 座	钢筋混凝土基础，基础埋深 4.0m；主要辅机基础：磨煤机基础 12 座，一次风机、送风机基础各 2 座	钢筋混凝土基础，基础埋深 4.0m；主要辅机基础：磨煤机基础 10 座，一次风机、送风机基础各 2 座
抗震设防烈度（度）		Ⅶ	Ⅶ	Ⅶ	Ⅶ
最低设计温度（℃）		−22.8	−24.2	−29.9	−39.5

	名称	单位	工程量			
主要工程量	主要辅机基础	m³	2269.38	1750.00	1948.50	2460.00

指标编号			ZFT2-1-56	ZFT2-1-57	ZFT2-1-58	ZFT2-1-59
项目名称			300MW 级机组锅炉辅机基础—BBD 型低速磨	300MW 级机组锅炉辅机基础—HP 型中速磨	300MW 级机组锅炉辅机基础—MPS 型中速磨	300MW 级机组锅炉辅机基础—MB 型高速磨
指标单位			台炉	台炉	台炉	台炉
名称	单位	单价（元）	数量			
主要人工材料机械 建筑普通工	工日	34	1426.939	1105.489	1226.271	1687.315
建筑技术工	工日	48	971.736	757.008	835.974	1263.611
型钢	t	3675.21	5.142	3.966	4.415	5.574
水泥	t	337.61	799.701	616.678	686.627	866.873
石子	m³	58.83	2255.547	1739.333	1936.623	2445.006
砂子	m³	54.85	1324.628	1021.468	1137.331	1435.892
钢筋	t	3504.27	92.164	72.566	79.452	140.894
机械当量	台班	1000	55.756	43.321	47.942	69.357

指标编号	ZFT2-1-60
项目名称	300MW 级机组 CFB 炉辅机基础
指标单位	台炉
基　价（元）	**372333.77**

	人工费（元）	30224.18
其中	材料费（元）	324347.55
	机械费（元）	17762.04

主要技术条件	钢筋混凝土基础，基础埋深 4.0m；主要辅机基础：一次风机、送风机基础各 2 座

抗震设防烈度（度）	Ⅶ

最低设计温度（℃）	−34.4

主要工程量	名称	单位	工程量
	主要辅机基础	m³	630.00

续表

指标编号				ZFT2-1-60
项目名称				300MW 级机组 CFB 炉辅机基础
指标单位				台炉
	名称	单位	单价(元)	数量
主要人工材料机械	建筑普通工	工日	34	432.114
	建筑技术工	工日	48	323.602
	型钢	t	3675.21	1.428
	水泥	t	337.61	222.004
	石子	m³	58.83	626.160
	砂子	m³	54.85	367.728
	钢筋	t	3504.27	36.082
	机械当量	台班	1000	17.762

四、燃机、汽轮发电机基础

指标编号		ZFT2-1-61	ZFT2-1-62
项目名称		1000MW级湿冷机组汽轮发电机基础	1000MW级直接空冷机组汽轮发电机基础
指标单位		座	座
基 价（元）		**8894464.04**	**8320455.13**
其中	人工费（元）	1023130.04	957114.50
	材料费（元）	7433413.74	6953683.30
	机械费（元）	437920.26	409657.33
主要技术条件		钢筋混凝土结构，板式基础，基础埋深5.8m	钢筋混凝土结构，板式基础，基础埋深8.5m
抗震设防烈度（度）		Ⅶ	Ⅷ
最低设计温度（℃）		-3.4	-8.1
主要工程量	名称	单位	工程量	
	汽机基础	m³	6932.00	6485.00

续表

指标编号				ZFT2-1-61	ZFT2-1-62
项目名称				1000MW 级湿冷机组汽轮发电机基础	1000MW 级直接空冷机组汽轮发电机基础
指标单位				座	座
	名称	单位	单价(元)	数量	
主要人工材料机械	建筑普通工	工日	34	13510.560	12638.969
	建筑技术工	工日	48	11744.910	10986.984
	型钢	t	3675.21	196.537	183.864
	水泥	t	337.61	3157.147	2953.563
	石子	m^3	58.83	7030.155	6576.825
	砂子	m^3	54.85	4325.152	4046.251
	钢筋	t	3504.27	1039.254	972.127
	机械当量	台班	1000	437.920	409.657

指标编号	ZFT2-1-63	ZFT2-1-64
项目名称	600MW级湿冷机组汽轮发电机基础	600MW级直接空冷机组汽轮发电机基础
指标单位	座	座
基　价（元）	**6469649.97**	**6226306.21**

其中	人工费（元）	744213.62	717106.06
	材料费（元）	5406903.35	5202754.00
	机械费（元）	318533.00	306446.15

主要技术条件	钢筋混凝土结构，板式基础，基础埋深8m	钢筋混凝土结构，板式基础，基础埋深8.6m
抗震设防烈度（度）	Ⅶ	Ⅶ
最低设计温度（℃）	−13	−15

主要工程量	名称	单位	工程量	
	汽机基础	m³	5042.47	4877.92

指标编号			ZFT2-1-63	ZFT2-1-64
项目名称			600MW级湿冷机组汽轮发电机基础	600MW级直接空冷机组汽轮发电机基础
指标单位			座	座
名称	单位	单价(元)	数量	
建筑普通工	工日	34	9827.553	9480.183
建筑技术工	工日	48	8543.035	8224.354
型钢	t	3675.21	142.965	138.300
水泥	t	337.61	2296.572	2221.626
石子	m³	58.83	5113.875	4946.990
砂子	m³	54.85	3146.202	3043.530
钢筋	t	3504.27	755.887	723.443
机械当量	台班	1000	318.533	306.446

主要人工材料机械

指标编号			ZFT2-1-65	ZFT2-1-66
项目名称			300MW级湿冷机组汽轮发电机基础	300MW级直接空冷机组汽轮发电机基础
指标单位			座	座
基　　价（元）			**3078783.25**	**2972894.83**
其中	人工费（元）		354170.56	339612.88
	材料费（元）		2573030.51	2486628.82
	机械费（元）		151582.18	146653.13
主要技术条件			钢筋混凝土结构，板式基础，基础埋深6.5m	钢筋混凝土结构，板式基础，基础埋深8m
抗震设防烈度（度）			Ⅶ	Ⅶ
最低设计温度（℃）			−39.5	−28.8
主要工程量	名称	单位	工程量	
	汽机基础	m³	2400.00	2250.00

续表

指标编号				ZFT2-1-65	ZFT2-1-66
项目名称				300MW级湿冷机组汽轮发电机基础	300MW级直接空冷机组汽轮发电机基础
指标单位				座	座
主要人工材料机械	名称	单位	单价(元)	数量	
	建筑普通工	工日	34	4677.084	4456.379
	建筑技术工	工日	48	4065.508	3918.565
	型钢	t	3675.21	68.045	63.792
	水泥	t	337.61	1093.069	1024.752
	石子	m³	58.83	2433.983	2281.859
	砂子	m³	54.85	1497.456	1403.865
	钢筋	t	3504.27	359.651	358.062
	机械当量	台班	1000	151.582	146.653

指标编号		ZFT2-1-67	ZFT2-1-68
项目名称		260MW级湿冷机组汽轮发电机基础	260MW级直接空冷机组汽轮发电机基础
指标单位		座	座
基　价（元）		**3661011.05**	**3238586.70**
其中	人工费（元）	412203.28	364641.36
	材料费（元）	3067489.98	2713548.83
	机械费（元）	181317.79	160396.51
主要技术条件		钢筋混凝土结构，板式基础，基础埋深6.5m	钢筋混凝土结构，板式基础，基础埋深6m
抗震设防烈度（度）		Ⅷ	Ⅷ
最低设计温度（℃）		－24	－26.7

	名称	单位	工程量	
主要工程量	汽机基础	m³	2600.00	2300.00

续表

指标编号			ZFT2-1-67	ZFT2-1-68
项目名称			260MW级湿冷机组汽轮发电机基础	260MW级直接空冷机组汽轮发电机基础
指标单位			座	座
名称	单位	单价（元）	数量	
建筑普通工	工日	34	5336.342	4720.610
建筑技术工	工日	48	4807.546	4252.830
型钢	t	3675.21	73.716	65.210
水泥	t	337.61	1184.158	1047.524
石子	m³	58.83	2636.815	2332.567
砂子	m³	54.85	1622.244	1435.062
钢筋	t	3504.27	468.235	414.208
机械当量	台班	1000	181.318	160.397

主要人工材料机械

指标编号	ZFT2-1-69	ZFT2-1-70	ZFT2-1-71
项目名称	130MW 湿冷汽轮发电机基础	130MW 空冷汽轮发电机基础	60MW 级湿冷机组汽轮发电机基础
指标单位	座	座	座
基 价（元）	**2897304.19**	**2776997.97**	**1385762.29**

		ZFT2-1-69	ZFT2-1-70	ZFT2-1-71
其中	人工费（元）	315286.75	309039.55	153061.94
	材料费（元）	2434087.23	2329988.61	1163713.45
	机械费（元）	147930.21	137969.81	68986.90

主要技术条件	钢筋混凝土结构，板式基础，基础埋深5.5m	钢筋混凝土结构，板式基础，基础埋深5m	钢筋混凝土结构，板式基础，基础埋深5m
抗震设防烈度（度）	Ⅶ	Ⅷ	Ⅶ
最低设计温度（℃）	-3.4	-3.4	-3.4

主要工程量	名称	单位	工程量		
			汽机基础		
	汽机基础	m³	1850.00	1869.15	900.00

指标编号			ZFT2-1-69	ZFT2-1-70	ZFT2-1-71
项目名称			130MW湿冷汽轮发电机基础	130MW空冷汽轮发电机基础	60MW级湿冷机组汽轮发电机基础
指标单位			座	座	座
	名称	单位	单价(元)	数量		
主要人工材料机械	建筑普通工	工日	34	4004.829	3956.380	1945.251
	建筑技术工	工日	48	3731.645	3635.810	1810.868
	型钢	t	3675.21	59.707	52.994	25.517
	水泥	t	337.61	842.574	851.296	409.901
	石子	m³	58.83	1876.195	1895.617	912.744
	砂子	m³	54.85	1154.289	1166.238	561.546
	钢筋	t	3504.27	391.961	371.638	190.684
	机械当量	台班	1000	147.930	137.970	68.987

指标编号		ZFT2-1-72	ZFT2-1-73	ZFT2-1-74
项目名称		F 级燃气轮发电机基础低位布置	F 级燃气轮发电机基础高位布置	F 级单轴燃气轮发电机基础（含汽轮机基础）
指标单位		座	座	座
基　价（元）		**1797694.30**	**3954927.45**	**4660070.83**
其中	人工费（元）	138689.59	305117.09	354976.39
	材料费（元）	1580795.47	3477750.03	4106284.81
	机械费（元）	78209.24	172060.33	198809.63
主要技术条件		钢筋混凝土结构，板式基础，基础埋深5m	钢筋混凝土结构，板式基础，基础埋深5.5m	钢筋混凝土结构，板式基础，基础埋深6m
抗震设防烈度（度）		Ⅶ	Ⅶ	Ⅶ
最低设计温度（℃）		-3.4	-3.4	-15.5
主要工程量	名称	单位	工程量	
	燃机基础	m³	1500.00	3300.00	4251.97

续表

指标编号			ZFT2-1-72	ZFT2-1-73	ZFT2-1-74
项目名称			F级燃气轮发电机基础低位布置	F级燃气轮发电机基础高位布置	F级单轴燃气轮发电机基础（含汽轮机基础）
指标单位			座	座	座
	名称	单位	单价(元)	数量		
主要人工材料机械	建筑普通工	工日	34	1714.709	3772.359	4499.984
	建筑技术工	工日	48	1674.772	3684.498	4207.818
	型钢	t	3675.21	16.995	37.389	48.175
	水泥	t	337.61	632.355	1391.180	1792.502
	石子	m³	58.83	1441.669	3171.672	4086.622
	砂子	m³	54.85	870.297	1914.653	2466.984
	钢筋	t	3504.27	238.355	524.381	570.463
	机械当量	台班	1000	78.209	172.060	198.810

指标编号			ZFT2-1-75	ZFT2-1-76
项目名称			E 级燃气轮发电机基础　低位布置	E 级燃气轮发电机基础　高位布置
指标单位			座	座
基　　价（元）			**1066808.16**	**2010933.39**
其中	人工费（元）		80930.63	152554.23
	材料费（元）		940652.53	1773130.03
	机械费（元）		45225.00	85249.13
主要技术条件			钢筋混凝土结构，板式基础，基础埋深 5m	钢筋混凝土结构，板式基础，基础埋深 4.5m
抗震设防烈度（度）			Ⅶ	Ⅶ
最低设计温度（℃）			-15.5	-15.5
主要工程量	名称	单位	工程量	
	燃机基础	m³	1000.00	1885.00

续表

指标编号			ZFT2-1-75	ZFT2-1-76
项目名称			E 级燃气轮发电机基础　低位布置	E 级燃气轮发电机基础　高位布置
指标单位			座	座
名称	单位	单价(元)	数量	
主要人工材料机械				
建筑普通工	工日	34	1034.189	1949.446
建筑技术工	工日	48	953.496	1797.339
型钢	t	3675.21	11.330	21.357
水泥	t	337.61	421.570	794.659
石子	m³	58.83	961.113	1811.697
砂子	m³	54.85	580.198	1093.673
钢筋	t	3504.27	127.123	239.626
机械当量	台班	1000	45.225	85.249

五、燃机、汽轮发电机辅机基础

指标编号			ZFT2-1-77	ZFT2-1-78
项目名称			1000MW级湿冷机组汽轮发电机辅机基础	1000MW级直接空冷机组汽轮发电机辅机基础
指标单位			台机	台机
基 价（元）			**781821.90**	**718097.87**
其中	人工费（元）		76286.84	71167.63
	材料费（元）		666609.00	611003.77
	机械费（元）		38926.06	35926.47
主要技术条件			钢筋混凝土结构，底板埋深4.5m；主要辅机基础：给水泵基础、循环泵基础，凝结水泵基础、泵坑	钢筋混凝土结构，底板埋深4.5m；主要辅机基础：给水泵基础、循环泵基础、泵坑
抗震设防烈度（度）			Ⅷ	Ⅷ
最低设计温度（℃）			-10	-8.1
主要工程量	名称	单位	工程量	
	主要辅机基础	m³	497.00	375.00
	钢筋混凝土底板	m³	352.50	352.50
	钢筋混凝土壁板	m³	166.00	166.00

续表

指标编号			ZFT2-1-77	ZFT2-1-78
项目名称			1000MW级湿冷机组汽轮发电机辅机基础	1000MW级直接空冷机组汽轮发电机辅机基础
指标单位			台机	台机
名称	单位	单价(元)	数量	
主要人工材料机械	建筑普通工	工日	34	1056.480	979.735
	建筑技术工	工日	48	840.988	788.697
	型钢	t	3675.21	1.638	1.362
	水泥	t	337.61	385.536	342.545
	石子	m³	58.83	1012.503	891.247
	砂子	m³	54.85	621.968	550.757
	钢筋	t	3504.27	92.656	87.692
	机械当量	台班	1000	38.926	35.926

235

指标编号			ZFT2-1-79	ZFT2-1-80
项目名称			600MW级湿冷机组汽轮发电机辅机基础	600MW级直接空冷机组汽轮发电机辅机基础
指标单位			台机	台机
基　　价（元）			**682026.53**	**627536.09**
其中	人工费（元）		61340.66	56928.25
	材料费（元）		587043.21	539556.47
	机械费（元）		33642.66	31051.37
主要技术条件			钢筋混凝土结构，底板埋深3.2m；主要辅机基础：给水泵基础、循环泵基础，凝结水泵基础、泵坑	钢筋混凝土结构，底板埋深3.2m；主要辅机基础：给水泵基础、循环泵基础、泵坑
抗震设防烈度（度）			Ⅶ	Ⅶ
最低设计温度（℃）			−13	−15
主要工程量	名称	单位	工程量	
	主要辅机基础	m³	619.59	524.52
	钢筋混凝土底板	m³	185.18	185.18
	钢筋混凝土壁板	m³	108.17	108.17

续表

指标编号				ZFT2-1-79	ZFT2-1-80
项目名称				600MW 级湿冷机组汽轮发电机辅机基础	600MW 级直接空冷机组汽轮发电机辅机基础
指标单位				台机	台机
	名称	单位	单价(元)	数量	
主要人工材料机械	建筑普通工	工日	34	837.360	773.556
	建筑技术工	工日	48	684.832	638.099
	型钢	t	3675.21	1.614	1.398
	水泥	t	337.61	334.412	300.911
	石子	m³	58.83	896.143	801.655
	砂子	m³	54.85	549.353	493.862
	钢筋	t	3504.27	83.124	78.088
	机械当量	台班	1000	33.643	31.051

指标编号			ZFT2-1-81	ZFT2-1-82
项目名称			300MW 级湿冷机组汽轮发电机辅机基础	300MW 级直接空冷机组汽轮发电机辅机基础
指标单位			台机	台机
基　价（元）			**672522.70**	**621709.09**
其中	人工费（元）		72262.66	67249.14
	材料费（元）		567743.50	524429.96
	机械费（元）		32516.54	30029.99
主要技术条件			钢筋混凝土结构，底板埋深3m；主要辅机基础：给水泵基础、循环泵基础，凝结水泵基础、泵坑	钢筋混凝土结构，底板埋深3m；主要辅机基础：给水泵基础、循环泵基础，泵坑
抗震设防烈度（度）			Ⅶ	Ⅶ
最低设计温度（℃）			−39.5	−28.8
主要工程量	名称	单位	工程量	
	主要辅机基础	m³	400.00	350.00
	钢筋混凝土底板	m³	231.00	231.00
	钢筋混凝土壁板	m³	154.00	154.00

指标编号			ZFT2-1-81	ZFT2-1-82
项目名称			300MW级湿冷机组汽轮发电机辅机基础	300MW级直接空冷机组汽轮发电机辅机基础
指标单位			台机	台机
	名称	单位	单价(元)	数量	
主要人工材料机械	建筑普通工	工日	34	999.687	935.122
	建筑技术工	工日	48	797.341	738.629
	型钢	t	3675.21	3.104	2.934
	水泥	t	337.61	301.483	283.557
	石子	m³	58.83	805.511	754.831
	砂子	m³	54.85	472.821	442.886
	钢筋	t	3504.27	86.867	79.452
	机械当量	台班	1000	32.517	30.030

指标编号			ZFT2-1-83	ZFT2-1-84	ZFT2-1-85
项目名称			130MW级湿冷机组汽轮发电机辅机基础	130MW级空冷机组汽轮发电机辅机基础	60MW级湿冷机组汽轮发电机辅机基础
指标单位			台机	台机	台机
基　价（元）			**392228.89**	**351707.75**	**265813.90**
其中	人工费（元）		64349.97	45875.52	42766.07
	材料费（元）		292388.31	283858.44	197742.91
	机械费（元）		35490.61	21973.79	25304.92
主要技术条件			钢筋混凝土结构，底板埋深2.8m；主要辅机基础：给水泵基础、循环泵基础，凝结水泵基础、泵坑	钢筋混凝土结构，底板埋深2.8m；主要辅机基础：给水泵基础、循环泵基础、泵坑	钢筋混凝土结构，底板埋深2.5m；主要辅机基础：给水泵基础、循环泵基础，凝结水泵基础、泵坑
抗震设防烈度（度）			Ⅶ	Ⅷ	Ⅶ
最低设计温度（℃）			－3.4	－26.7	－15.5
主要工程量	名称	单位	工程量		
	主要辅机基础	m³	70.00	280.00	50.00
	钢筋混凝土底板	m³	155.00	84.00	58.00
	钢筋混凝土壁板	m³	145.00	70.00	52.00
	其他钢结构	t			13.30

240

指标编号			ZFT2-1-83	ZFT2-1-84	ZFT2-1-85
项目名称			130MW 级湿冷机组汽轮发电机辅机基础	130MW 级空冷机组汽轮发电机辅机基础	60MW 级湿冷机组汽轮发电机辅机基础
指标单位			台机	台机	台机
	名称	单位	单价(元)	数量		

	名称	单位	单价(元)			
主要人工材料机械	建筑普通工	工日	34	1222.122	764.039	673.385
	建筑技术工	工日	48	474.957	414.528	413.958
	型钢	t	3675.21	1.513	1.261	14.766
	水泥	t	337.61	127.833	135.811	57.551
	石子	m³	58.83	314.815	367.748	129.396
	砂子	m³	54.85	335.965	276.273	141.698
	钢筋	t	3504.27	44.451	42.329	15.341
	机械当量	台班	1000	35.491	21.974	25.305

指标编号		ZFT2-1-86	ZFT2-1-87
项目名称		F 级燃气轮发电机辅机基础	E 级燃气轮发电机辅机基础
指标单位		台机	台机
基　价（元）		**62497.96**	**31248.99**
其中	人工费（元）	6374.97	3187.49
	材料费（元）	53132.09	26566.05
	机械费（元）	2990.90	1495.45
主要技术条件		钢筋混凝土基础，基础埋深2.4m；主要辅机基础：压气机基础	钢筋混凝土基础，基础埋深2m；主要辅机基础：压气机基础
抗震设防烈度（度）		Ⅶ	Ⅶ
最低设计温度（℃）		−3.4	−15.5

	名称	单位	工程量	
主要工程量				
	主要辅机基础	m³	80.00	40.00

续表

指标编号				ZFT2-1-86	ZFT2-1-87
项目名称				F 级燃气轮发电机辅机基础	E 级燃气轮发电机辅机基础
指标单位				台机	台机
	名称	单位	单价(元)	数量	
主要人工材料机械	建筑普通工	工日	34	87.744	43.872
	建筑技术工	工日	48	70.656	35.328
	型钢	t	3675.21	0.272	0.136
	水泥	t	337.61	28.683	14.341
	石子	m³	58.83	81.089	40.544
	砂子	m³	54.85	47.896	23.948
	钢筋	t	3504.27	7.326	3.663
	机械当量	台班	1000	2.991	1.495

六、集中控制楼

指标编号		ZFT2-1-88	ZFT2-1-89	ZFT2-1-90	ZFT2-1-91
项目名称		燃煤机组钢结构集控楼	燃煤机组混凝土结构集控楼	燃机机组钢结构集控楼	燃机机组混凝土结构集控楼
指标单位		m^3	m^3	m^3	m^3
基　价（元）		**376.55**	**284.38**	**412.07**	**232.95**
其中	人工费（元）	50.05	46.89	50.43	36.24
	材料费（元）	277.27	221.56	314.15	187.95
	机械费（元）	49.23	15.93	47.49	8.76
主要技术条件		建筑体积 28118m^3；钢筋混凝土承台基础，基础埋深 2.5m；外墙砌体围护	建筑体积 26649m^3；钢筋混凝土承台基础，基础埋深 2.5m；外墙砌体围护	建筑体积 17652m^3；钢筋混凝土桩承台基础，基础埋深 3.0m；外墙压型钢板围护	建筑体积 18370m^3；钢筋混凝土桩承台基础，基础埋深 2.5m；外墙加气混凝土砌体围护
抗震设防烈度（度）		Ⅶ	Ⅷ	Ⅶ	Ⅶ
最低设计温度（℃）		−8.2	−8.1	−15.5	−3.4

续表

指标编号			ZFT2-1-88	ZFT2-1-89	ZFT2-1-90	ZFT2-1-91
项目名称			燃煤机组钢结构集控楼	燃煤机组混凝土结构集控楼	燃机机组钢结构集控楼	燃机机组混凝土结构集控楼
指标单位			m^3	m^3	m^3	m^3
	名称	单位	工程量			
主要工程量（每100m^3）	砖基础	m^3			1.40	0.51
	钢筋混凝土基础	m^3	2.10	5.23	3.96	1.34
	钢梁浇制混凝土板	m^2	9.85			
	浇制钢筋混凝土有梁板	m^2		16.21	19.03	16.86
	压型钢板底模	m^2	13.13		6.34	
	浇制混凝土屋面板	m^2		4.05	6.34	6.66
	钢梁浇制混凝土屋面板	m^2	3.28			
	无保温压型钢板外墙	m^2			10.38	
	砌体外墙	m^3	2.60	4.10	0.23	3.63
	砌体内墙	m^3	2.28	2.84	1.58	2.66
	钢筋混凝土基础梁	m^3		0.35	0.56	
	钢筋混凝土框架	m^3		4.11		3.31
	其他钢结构柱	t	1.20		0.87	
	其他钢结构梁	t	1.35		2.02	

指标编号			ZFT2-1-88	ZFT2-1-89	ZFT2-1-90	ZFT2-1-91
项目名称			燃煤机组钢结构集控楼	燃煤机组混凝土结构集控楼	燃机机组钢结构集控楼	燃机机组混凝土结构集控楼
指标单位			m³	m³	m³	m³
主要工程量(每100m³)	名称	单位	工程量			
	钢结构墙架	t			0.32	
	其他钢结构	t		0.01		
主要人工材料机械（每100m³）	名称	单位	单价(元)	数量		
	建筑普通工	工日	34	50.050	60.720	59.490	44.900
	建筑技术工	工日	48	68.820	54.670	62.920	43.690
	型钢	t	3675.21	3.517	0.110	3.728	0.074
	水泥	t	337.61	3.210	7.790	4.990	5.770
	石子	m³	58.83	5.280	14.890	10.460	10.090
	砂子	m³	54.85	6.302	13.060	9.818	10.870
	钢筋	t	3504.27	0.458	2.009	1.113	1.604
	机械当量	台班	1000	4.923	1.593	4.749	0.876

七、除尘器建筑

（一）除尘器支架基础

指标编号			ZFT2-1-92	ZFT2-1-93	ZFT2-1-94
项目名称			1000MW级机组三室五电场除尘器基础	1000MW级机组三室布袋除尘器基础	1000MW级机组两单元电袋除尘器基础
指标单位			台炉	台炉	台炉
基　价（元）			**1462685.53**	**1097014.16**	**1243282.70**
其中	人工费（元）		223826.56	167869.92	190252.57
	材料费（元）		988116.87	741087.66	839899.34
	机械费（元）		250742.10	188056.58	213130.79
主要技术条件			钢筋混凝土独立基础，基础埋深1.2m，区域面积（45.9m×29m）/台机	钢筋混凝土独立基础，基础埋深1.2m，区域面积（42m×23.2m）/台机	钢筋混凝土独立基础，基础埋深1.2m，区域面积（38.25m×29m）/台机
抗震设防烈度（度）			Ⅶ	Ⅶ	Ⅶ
最低设计温度（℃）			−3.4	−3.4	−3.4
主要工程量	名称	单位	工程量		
	钢筋混凝土独立基础	m³	1104.50	828.38	938.83
	钢筋混凝土基础梁	m³	211.50	158.63	179.78

指标编号			ZFT2-1-92	ZFT2-1-93	ZFT2-1-94
项目名称			1000MW级机组三室五电场除尘器基础	1000MW级机组三室布袋除尘器基础	1000MW级机组两单元电袋除尘器基础
指标单位			台炉	台炉	台炉
	名称	单位	单价(元)	数量		
主要人工材料机械	建筑普通工	工日	34	4385.978	3289.483	3728.081
	建筑技术工	工日	48	1556.506	1167.379	1323.030
	型钢	t	3675.21	7.216	5.412	6.133
	水泥	t	337.61	555.537	416.653	472.206
	石子	m³	58.83	1418.734	1064.051	1205.924
	砂子	m³	54.85	828.616	621.462	704.324
	钢筋	t	3504.27	151.971	113.978	129.175
	机械当量	台班	1000	250.742	188.057	213.131

指标编号	ZFT2-1-95	ZFT2-1-96	ZFT2-1-97
项目名称	600MW 级机组三室五电场除尘器基础	600MW 级机组两室布袋除尘器基础	600MW 级机组两单元电袋除尘器基础
指标单位	台炉	台炉	台炉
基　价（元）	**550425.13**	**435820.83**	**484245.38**

其中	项目	ZFT2-1-95	ZFT2-1-96	ZFT2-1-97
	人工费（元）	70403.25	55893.69	62104.11
	材料费（元）	425461.47	336199.65	373555.17
	机械费（元）	54560.41	43727.49	48586.10

主要技术条件	钢筋混凝土独立基础，基础埋深 2.5m，区域面积(79m×30m)/台机	钢筋混凝土独立基础，基础埋深 3m，区域面积(81.98m×25.54m)/台机	钢筋混凝土独立基础，基础埋深 3.5m，区域面积(70.35m×22.26m)/台机
抗震设防烈度（度）	Ⅶ	Ⅶ	Ⅶ
最低设计温度（℃）	-14.5	-15	-13

主要工程量	名称	单位	工程量		
	钢筋混凝土独立基础	m³	750.00	592.65	658.50

续表

指标编号			ZFT2-1-95	ZFT2-1-96	ZFT2-1-97
项目名称			600MW级机组三室五电场除尘器基础	600MW级机组两室布袋除尘器基础	600MW级机组两单元电袋除尘器基础
指标单位			台炉	台炉	台炉
	名称	单位	单价(元)	数量		
主要人工材料机械	建筑普通工	工日	34	1231.860	981.094	1090.105
	建筑技术工	工日	48	594.225	469.557	521.730
	型钢	t	3675.21	4.249	3.357	3.730
	水泥	t	337.61	321.828	254.309	282.565
	石子	m³	58.83	829.470	655.447	728.274
	砂子	m³	54.85	485.046	383.283	425.870
	钢筋	t	3504.27	47.671	37.670	41.855
	机械当量	台班	1000	54.560	43.727	48.586

指标编号	ZFT2-1-98	ZFT2-1-99	ZFT2-1-100
项目名称	300MW 级机组两室五电场除尘器基础	300MW 级机组两室布袋除尘器基础	300MW 级机组两单元电袋除尘器基础
指标单位	台炉	台炉	台炉
基 价（元）	**567113.80**	**370826.97**	**381224.71**

其中	人工费（元）	73215.01	47857.47	49199.45
	材料费（元）	433394.01	278281.85	286084.46
	机械费（元）	60504.78	44687.65	45940.80
主要技术条件		钢筋混凝土独立基础，基础埋深 5m，区域面积（43.26m×24m）/台炉	钢筋混凝土独立基础，基础埋深 4m；区域面积（39.2m×19.5m）/台炉	钢筋混凝土独立基础，基础埋深 4m；区域面积（36m×24m）/台炉
抗震设防烈度（度）		Ⅶ	Ⅶ	Ⅶ
最低设计温度（℃）		-37.3	-36.1	-28.8

	名称	单位	工程量		
主要工程量	钢筋混凝土独立基础	m³	734.03	389.09	400.00

续表

指标编号				ZFT2-1-98	ZFT2-1-99	ZFT2-1-100
项目名称				300MW 级机组两室五电场除尘器基础	300MW 级机组两室布袋除尘器基础	300MW 级机组两单元电袋除尘器基础
指标单位				台炉	台炉	台炉
	名称	单位	单价(元)	数量		
主要人工材料机械	建筑普通工	工日	34	1297.884	855.408	879.396
	建筑技术工	工日	48	606.040	391.157	402.125
	型钢	t	3675.21	4.158	2.204	2.266
	水泥	t	337.61	314.973	166.959	171.642
	石子	m³	58.83	811.802	430.316	442.384
	砂子	m³	54.85	474.714	251.634	258.691
	钢筋	t	3504.27	51.426	40.889	42.035
	机械当量	台班	1000	60.505	44.688	45.941

252

（二）除尘器室

指标编号		ZFT2-1-101	ZFT2-1-102	ZFT2-1-103
项目名称		1000MW 级机组除尘器支架基础及封闭	600MW 级机组除尘器支架基础及封闭	300MW 级机组除尘器支架基础及封闭
指标单位		m³	m³	m³
基　价（元）		**138.43**	**134.93**	**145.06**
其中	人工费（元）	19.90	19.74	21.52
	材料费（元）	104.90	101.25	108.66
	机械费（元）	13.63	13.94	14.88
主要技术条件		建筑体积 34092m³，钢筋混凝土排架结构；钢筋混凝土独立基础，基础埋深 2.5m；外墙外墙 1.2m 以下砖墙，1.2m 以上保温金属墙板围护	建筑体积 39832m³，钢筋混凝土排架结构；钢筋混凝土条形基础，基础埋深 3m；外墙 1.2m 以下砖墙，1.2m 以上压型钢板围护	建筑体积 10999m³，钢筋混凝土排架结构；钢筋混凝土独立基础，基础埋深 5m；外墙 1.2m 以下砖墙，1.2m 以上保温金属墙板围护
抗震设防烈度（度）		Ⅶ	Ⅶ	Ⅶ
最低设计温度（℃）		−8.2	−13	−36.5

指标编号			ZFT2-1-101	ZFT2-1-102	ZFT2-1-103
项目名称			1000MW级机组除尘器支架基础及封闭	600MW级机组除尘器支架基础及封闭	300MW级机组除尘器支架基础及封闭
指标单位			m³	m³	m³
	名称	单位	工程量		
主要工程量（每100m³）	钢筋混凝土基础	m³	7.77	7.10	8.16
	保温压型钢板外墙	m²	8.36	9.69	10.78
	砌体外墙	m³	0.35	0.29	0.45
	钢筋混凝土基础梁	m³	0.35	0.30	0.28
	钢筋混凝土柱	m³	0.65	0.77	0.84
	钢结构墙架	t	0.16	0.19	0.22

续表

指标编号			ZFT2-1-101	ZFT2-1-102	ZFT2-1-103
项目名称			1000MW级机组除尘器支架基础及封闭	600MW级机组除尘器支架基础及封闭	300MW级机组除尘器支架基础及封闭
指标单位			m³	m³	m³
名称	单位	单价(元)	数量		
建筑普通工	工日	34	30.290	31.760	32.140
建筑技术工	工日	48	20.000	18.640	22.070
型钢	t	3675.21	0.379	0.399	0.421
水泥	t	337.61	4.880	4.530	4.870
石子	m³	58.83	12.890	11.970	12.730
砂子	m³	54.85	8.700	8.110	8.393
钢筋	t	3504.27	1.090	1.028	1.222
机械当量	台班	1000	1.363	1.394	1.488

主要人工材料机械（每100m³）

八、除尘配电控制室

指标编号	ZFT2-1-104
项目名称	除尘配电控制室
指标单位	m³
基　　价（元）	**319.99**

其中	人工费（元）	52.05
	材料费（元）	238.83
	机械费（元）	29.11

主要技术条件	建筑体积2568m³，钢筋混凝土框架结构；钢筋混凝土独立基础，基础埋深3m；内外墙体轻骨料混凝土砌体围护
抗震设防烈度（度）	Ⅶ
最低设计温度（℃）	−36.5

主要工程量（每100m³）	名称	单位	工程量
	钢筋混凝土独立基础	m³	4.87
	其他钢结构	t	0.04
	钢筋混凝土框架	m³	3.89
	钢筋混凝土基础梁	m³	1.31
	砌块外墙	m³	9.38
	砌块内墙	m³	2.89

256

续表

指标编号				ZFT2-1-104
项目名称				除尘配电控制室
指标单位				m³
	名称	单位	单价（元）	数量
主要人工材料机械（每100m³）	建筑普通工	工日	34	77.180
	建筑技术工	工日	48	53.780
	型钢	t	3675.21	0.176
	水泥	t	337.61	8.680
	石子	m³	58.83	15.950
	砂子	m³	54.85	15.562
	钢筋	t	3504.27	2.897
	机械当量	台班	1000	2.911

九、烟道支架

指标编号			ZFT2-1-105	ZFT2-1-106
项目名称			1000MW级机组钢烟道钢支架	1000MW级机组钢烟道混凝土支架
指标单位			m	m
基　价（元）			**36271.81**	**20704.14**
其中	人工费（元）		2527.33	3164.01
	材料费（元）		30368.81	16005.76
	机械费（元）		3375.67	1534.37
主要技术条件			钢筋混凝土承台基础，基础埋深2.5m	钢筋混凝土承台基础，基础埋深2.5m
抗震设防烈度（度）			Ⅷ	Ⅶ
最低设计温度（℃）			-8.1	-5
主要工程量	名称	单位	工程量	
	钢筋混凝土基础	m³	3.43	8.61
	钢结构支架	t	5.00	
	钢筋混凝土支架	m³		9.13

续表

指标编号			ZFT2-1-105	ZFT2-1-106
项目名称			1000MW 级机组钢烟道钢支架	1000MW 级机组钢烟道混凝土支架
指标单位			m	m
	名称	单位	单价（元）	数量
主要人工材料机械	建筑普通工	工日	34	28.373	47.772
	建筑技术工	工日	48	32.556	32.079
	型钢	t	3675.21	5.372	0.049
	水泥	t	337.61	1.473	7.582
	石子	m³	58.83	3.796	17.666
	砂子	m³	54.85	2.365	10.326
	钢筋	t	3504.27	0.345	2.609
	机械当量	台班	1000	3.376	1.534

指标编号			ZFT2-1-107	ZFT2-1-108
项目名称			600MW 级机组钢烟道钢支架	600MW 级机组钢烟道混凝土支架
指标单位			m	m
基　　价（元）			**21415.79**	**17585.45**
其中	人工费（元）		1519.98	2634.97
	材料费（元）		17913.12	13324.28
	机械费（元）		1982.69	1626.20
主要技术条件			钢筋混凝土条形基础，基础埋深3.9m	钢筋混凝土独立基础，基础埋深3.9m
抗震设防烈度（度）			Ⅶ	Ⅶ
最低设计温度（℃）			−15	−13
主要工程量	名称	单位	工程量	
	钢筋混凝土基础	m³	2.10	9.55
	钢结构支架	t	2.94	
	钢筋混凝土支架	m³		5.73

续表

指标编号				ZFT2-1-107	ZFT2-1-108
项目名称				600MW级机组钢烟道钢支架	600MW级机组钢烟道混凝土支架
指标单位				m	m
	名称	单位	单价(元)	数量	
主要人工材料机械	建筑普通工	工日	34	17.172	42.151
	建筑技术工	工日	48	19.503	25.039
	型钢	t	3675.21	3.151	0.056
	水泥	t	337.61	0.882	6.680
	石子	m³	58.83	2.261	16.017
	砂子	m³	54.85	1.406	9.362
	钢筋	t	3504.27	0.222	2.126
	机械当量	台班	1000	1.983	1.626

指标编号			ZFT2-1-109	ZFT2-1-110
项目名称			300MW 级机组钢烟道钢支架	300MW 级机组钢烟道混凝土支架
指标单位			m	m
基　　价（元）			**19237.60**	**16080.30**
其中	人工费（元）		1407.70	2570.14
	材料费（元）		16097.39	12444.91
	机械费（元）		1732.51	1065.25
主要技术条件			钢筋混凝土独立基础，基础埋深 2.5m	钢筋混凝土独立基础，基础埋深 2.8m
抗震设防烈度（度）			Ⅶ	Ⅶ
最低设计温度（℃）			−39.5	−39.5
主要工程量	名称	单位	工程量	
	钢筋混凝土基础	m³	2.49	3.89
	钢结构支架	t	2.54	
	钢筋混凝土支架	m³		6.65

续表

指标编号				ZFT2-1-109	ZFT2-1-110
项目名称				300MW级机组钢烟道钢支架	300MW级机组钢烟道混凝土支架
指标单位				m	m
主要人工材料机械	名称	单位	单价(元)	数量	
	建筑普通工	工日	34	16.064	37.360
	建筑技术工	工日	48	17.949	27.081
	型钢	t	3675.21	2.732	0.034
	水泥	t	337.61	1.202	5.243
	石子	m³	58.83	3.028	11.759
	砂子	m³	54.85	1.852	6.917
	钢筋	t	3504.27	0.262	2.151
	机械当量	台班	1000	1.733	1.065

十、引风机建筑

（一）引风机室

指标编号		ZFT2-1-111	ZFT2-1-112	ZFT2-1-113
项目名称		1000MW 级机组钢结构引风机室　金属墙板封闭	1000MW 级机组混凝土排架结构引风机室 金属墙板封闭	1000MW 级机组混凝土排架结构引风机室 砌体封闭
指标单位		m³	m³	m³
基　　价（元）		**269.06**	**154.21**	**140.75**
其中	人工费（元）	29.57	25.39	24.39
	材料费（元）	213.85	110.16	102.19
	机械费（元）	25.64	18.66	14.17
主要技术条件		建筑体积23300m³；钢筋混凝土承台基础，基础埋深4m；外墙压型钢板围护	建筑体积32225m³；钢筋混凝土独立基础，基础埋深3.5m；外墙压型钢板围护	建筑体积32225m³；钢筋混凝土独立基础，基础埋深3.5m，外墙烧结多孔砖围护
抗震设防烈度（度）		Ⅷ	Ⅷ	Ⅷ
最低设计温度（℃）		-8.1	-8.1	-8.1

指标编号			ZFT2-1-111	ZFT2-1-112	ZFT2-1-113
项目名称			1000MW 级机组钢结构引风机室　金属墙板封闭	1000MW 级机组混凝土排架结构引风机室金属墙板封闭	1000MW 级机组混凝土排架结构引风机室砌体封闭
指标单位			m³	m³	m³
	名称	单位	工程量		
主要工程量（每100m³）	钢筋混凝土基础	m³	4.62	3.11	3.11
	钢梁浇制混凝土板	m²	6.05		
	浇制钢筋混凝土有梁板	m²		5.67	5.67
	压型钢板底模	m²	11.14		
	钢梁浇制混凝土屋面板	m²	5.09		
	浇制钢筋混凝土屋面板	m²		4.19	4.19
	复合保温压型钢板外墙	m²	15.56	12.39	
	砌体外墙	m³	0.34	0.37	4.58

指标编号			ZFT2-1-111	ZFT2-1-112	ZFT2-1-113
项目名称			1000MW级机组钢结构引风机室 金属墙板封闭	1000MW级机组混凝土排架结构引风机室 金属墙板封闭	1000MW级机组混凝土排架结构引风机室 砌体封闭
指标单位			m³	m³	m³
主要工程量（每100m³）	名称	单位	工程量		
	钢筋混凝土框架	m³		1.87	1.87
	钢筋混凝土基础梁	m³	0.78	0.42	0.42
	钢结构柱	t	1.20		
	钢结构梁	t	0.59		
	钢结构吊车梁	t	0.02	0.03	0.03
	钢结构墙架	t	0.31	0.25	
	其他钢结构	t			
主要人工材料机械（每100m³）	名称	单位	单价(元)	数量	
	建筑普通工	工日	34	38.120	38.590	37.220
	建筑技术工	工日	48	34.590	25.560	24.460
	型钢	t	3675.21	2.676	0.505	0.100
	水泥	t	337.61	3.880	3.970	4.550

续表

指标编号			ZFT2-1-111	ZFT2-1-112	ZFT2-1-113
项目名称			1000MW 级机组钢结构引风机室　金属墙板封闭	1000MW 级机组混凝土排架结构引风机室金属墙板封闭	1000MW 级机组混凝土排架结构引风机室砌体封闭
指标单位			m^3	m^3	m^3
主要人工材料机械（每100m³）	名称	单位	单价(元)	数量	
	石子	m^3	58.83	9.510	9.280	9.560
	砂子	m^3	54.85	7.232	6.917	8.652
	钢筋	t	3504.27	0.750	0.997	1.058
	机械当量	台班	1000	2.564	1.866	1.417

指标编号	ZFT2-1-114	ZFT2-1-115	ZFT2-1-116
项目名称	600MW级机组钢结构引风机室 金属墙板封闭	600MW级机组混凝土排架结构引风机室 金属墙板封闭	600MW级机组混凝土排架结构引风机室 砌体封闭
指标单位	m³	m³	m³
基 价（元）	**254.94**	**208.95**	**167.19**

其中	人工费（元）	30.23	32.88	29.39
	材料费（元）	190.86	158.98	120.48
	机械费（元）	33.85	17.09	17.32

主要技术条件	建筑体积16565m³，2座；钢筋混凝土独立基础，基础埋深3.2m；外墙压型钢板围护	建筑体积11969m³，2座；钢筋混凝土独立基础，基础埋深3.3m；外墙压型钢板围护	建筑体积21522m³，2座；钢筋混凝土独立基础，基础埋深3.5m；外墙加气混凝土砌体围护
抗震设防烈度（度）	Ⅶ	Ⅶ	Ⅶ
最低设计温度（℃）	-15	-14.5	-13

指标编号			ZFT2-1-114	ZFT2-1-115	ZFT2-1-116
项目名称			600MW 级机组钢结构引风机室 金属墙板封闭	600MW 级机组混凝土排架结构引风机室 金属墙板封闭	600MW 级机组混凝土排架结构引风机室 砌体封闭
指标单位			m³	m³	m³
	名称	单位	工程量		
主要工程量（每100m³）	钢筋混凝土基础	m³	2.50	2.78	2.93
	浇制钢筋混凝土屋面板	m²	8.15	8.35	8.33
	复合保温压型钢板外墙	m²	11.61	12.61	
	砌体外墙	m³	0.27	0.23	3.66
	砌体内墙	m³		1.25	
	钢筋混凝土框架	m³		3.70	3.75
	钢筋混凝土基础梁	m³	0.60	0.25	0.27
	钢结构柱	t	1.72		
	钢结构梁	t	0.57		
	钢结构墙架	t		0.35	
	其他钢结构	t		8.50	

续表

指标编号			ZFT2-1-114	ZFT2-1-115	ZFT2-1-116
项目名称			600MW 级机组钢结构引风机室 金属墙板封闭	600MW 级机组混凝土排架结构引风机室 金属墙板封闭	600MW 级机组混凝土排架结构引风机室 砌体封闭
指标单位			m³	m³	m³
	名称	单位	单价(元)	数量		
主要人工材料机械（每100m³）	建筑普通工	工日	34	37.440	43.000	46.200
	建筑技术工	工日	48	36.460	38.040	28.510
	型钢	t	3675.21	2.713	0.739	0.225
	水泥	t	337.61	3.170	4.920	5.310
	石子	m³	58.83	7.850	11.050	11.350
	砂子	m³	54.85	6.476	8.848	9.670
	钢筋	t	3504.27	0.560	1.546	1.178
	机械当量	台班	1000	3.385	1.709	1.732

指标编号	ZFT2-1-117	ZFT2-1-118	ZFT2-1-119
项目名称	300MW 级机组钢结构引风机室 金属墙板封闭	300MW 级机组混凝土排架结构引风机室 金属墙板封闭	300MW 级机组混凝土排架结构引风机室 砌体封闭
指标单位	m³	m³	m³
基　价（元）	**270.46**	**174.38**	**160.63**
其中 人工费（元）	33.34	27.77	26.58
材料费（元）	196.95	127.40	122.19
机械费（元）	40.17	19.21	11.86
主要技术条件	建筑体积 8892m³；钢筋混凝土独立基础，基础埋深 4.5m；外墙压型钢板围护	建筑体积 13875.4m³；钢筋混凝土独立基础，基础埋深 5.2m；外墙压型钢板围护	建筑体积 13875.4m³；钢筋混凝土独立基础，基础埋深 5.2m；外墙空心砖砌体围护
抗震设防烈度（度）	Ⅶ	Ⅶ	Ⅶ
最低设计温度（℃）	−39.5	−36.5	−36.5

续表

指标编号			ZFT2-1-117	ZFT2-1-118	ZFT2-1-119
项目名称			300MW级机组钢结构引风机室 金属墙板封闭	300MW级机组混凝土排架结构引风机室 金属墙板封闭	300MW级机组混凝土排架结构引风机室 砌体封闭
指标单位			m^3	m^3	m^3
主要工程量（每100m^3）	名称	单位	工程量		
	钢筋混凝土基础	m^3	4.39	3.73	3.73
	浇制钢筋混凝土屋面板	m^2			5.88
	复合保温压型钢板外墙	m^2	16.08	18.01	
	砌体外墙	m^3	0.60	0.42	7.02
	钢筋混凝土框架	m^3		2.60	3.07
	钢筋混凝土基础梁	m^3	0.41	0.31	0.31
	其他建筑钢结构 钢柱	t	1.40		
	其他建筑钢结构 钢梁	t	0.60		
	钢结构吊车梁	t	0.08	0.05	0.05
	钢结构墙架	t	0.48	0.57	

指标编号			ZFT2-1-117	ZFT2-1-118	ZFT2-1-119
项目名称			300MW 级机组钢结构引风机室 金属墙板封闭	300MW 级机组混凝土排架结构引风机室 金属墙板封闭	300MW 级机组混凝土排架结构引风机室 砌体封闭
指标单位			m^3	m^3	m^3
主要人工材料机械（每100m³）	名称	单位	单价（元）	数量	
	建筑普通工	工日	34	40.710	36.640	36.560
	建筑技术工	工日	48	40.630	31.890	29.470
	型钢	t	3675.21	3.022	0.904	0.103
	水泥	t	337.61	2.390	3.150	4.730
	石子	m^3	58.83	6.880	8.050	9.750
	砂子	m^3	54.85	4.968	5.466	9.193
	钢筋	t	3504.27	0.622	1.171	1.438
	机械当量	台班	1000	4.017	1.921	1.186

（二）引风机基础

指标编号			ZFT2-1-120	ZFT2-1-121	ZFT2-1-122
项目名称			1000MW 级机组 引风机基础	600MW 级机组 引风机基础	300MW 级机组 引风机基础
指标单位			台炉	台炉	台炉
基 价（元）			**570384.36**	**424945.34**	**238422.45**
其中	人工费（元）		45821.29	41313.90	26604.76
	材料费（元）		497714.22	342168.55	178272.89
	机械费（元）		26848.85	41462.89	33544.80
主要技术条件			钢筋混凝土基础，基础埋深 4.5m	钢筋混凝土基础，基础埋深 3m	钢筋混凝土基础，基础埋深 5.2m
抗震设防烈度（度）			Ⅷ	Ⅶ	Ⅶ
最低设计温度（℃）			−8.1	−15	−36.5
主要工程量	名称	单位	工程量		
	设备基础	m³	1092.00	741.00	385.61

续表

指标编号			ZFT2-1-120	ZFT2-1-121	ZFT2-1-122
项目名称			1000MW 级机组引风机基础	600MW 级机组引风机基础	300MW 级机组引风机基础
指标单位			台炉	台炉	台炉
名称	单位	单价(元)	数量		
建筑普通工	工日	34	686.936	757.758	544.070
建筑技术工	工日	48	468.051	323.990	168.907
型钢	t	3675.21	2.474	1.679	0.874
水泥	t	337.61	384.807	261.119	135.883
石子	m³	58.83	1085.344	736.483	383.258
砂子	m³	54.85	637.396	432.519	225.078
钢筋	t	3504.27	44.438	31.399	16.399
机械当量	台班	1000	26.849	41.463	33.545

主要人工材料机械

（三）引风机起吊架

指标编号		ZFT2-1-123	ZFT2-1-124
项目名称		1000MW 级机组钢结构引风机吊架	1000MW 级机组混凝土结构引风机吊架
指标单位		台炉	台炉
基　价（元）		**3596089.65**	**2688684.68**
其中	人工费（元）	350905.29	468934.04
	材料费（元）	2927508.73	1838172.76
	机械费（元）	317675.63	381577.88
主要技术条件		钢筋混凝土承台基础，基础埋深4m；工字钢吊车梁，轨顶标高 12.7m	钢筋混凝土独立基础，基础埋深 3.5m；工字钢吊车梁，轨顶标高 12.15m
抗震设防烈度（度）		Ⅷ	Ⅷ
最低设计温度（℃）		-8.1	-8.1

指标编号			ZFT2-1-123	ZFT2-1-124
项目名称			1000MW 级机组钢结构引风机吊架	1000MW 级机组混凝土结构引风机吊架
指标单位			台炉	台炉
	名称	单位	工程量	
主要工程量	钢筋混凝土基础	m³	760.50	966.45
	钢筋混凝土框架	m³		421.75
	浇制钢筋混凝土板	m²	974.40	1279.70
	压型钢板底模	m²	1793.40	
	浇制钢筋混凝土屋面板	m²	819.00	945.70
	钢筋混凝土基础梁	m³	108.20	170.55
	钢结构柱	t	201.20	
	钢结构梁	t	108.10	
	钢结构吊车梁	t	3.86	7.70
	其他钢结构	t	0.75	1.00

指标编号				ZFT2-1-123	ZFT2-1-124
项目名称				1000MW 级机组钢结构 引风机吊架	1000MW 级机组混凝土结构 引风机吊架
指标单位				台炉	台炉
	名称	单位	单价(元)	数量	
主要 人工 材料 机械	建筑普通工	工日	34	4734.630	8264.661
	建筑技术工	工日	48	3956.833	3915.564
	型钢	t	3675.21	372.445	24.502
	水泥	t	337.61	600.565	1012.733
	石子	m³	58.83	1509.588	2444.701
	砂子	m³	54.85	1095.227	1701.902
	钢筋	t	3504.27	120.462	221.006
	机械当量	台班	1000	317.676	381.578

指标编号			ZFT2-1-125	ZFT2-1-126
项目名称			600MW级机组钢结构引风机吊架	600MW级机组混凝土结构引风机吊架
指标单位			台炉	台炉
基 价（元）			**2172472.77**	**1102197.86**
其中	人工费（元）		173353.71	202775.58
	材料费（元）		1809691.33	788860.37
	机械费（元）		189427.73	110561.91
主要技术条件			钢筋混凝土独立基础，基础埋深2.2m；工字钢吊车梁，轨顶标高10.95m	钢筋混凝土独立基础，基础埋深2.2m；工字钢吊车梁，轨顶标高10.95m
抗震设防烈度（度）			Ⅶ	Ⅶ
最低设计温度（℃）			-3.4	-5
主要工程量	名称	单位	工程量	
	钢筋混凝土基础	m³	498.50	528.00
	钢筋混凝土基础梁	m³	102.50	78.00
	钢筋混凝土框架	m³		500.00
	其他钢结构	t		13.00
	钢结构支架	t	250.00	

指标编号			ZFT2-1-125	ZFT2-1-126
项目名称			600MW 级机组钢结构引风机吊架	600MW 级机组混凝土结构引风机吊架
指标单位			台炉	台炉
	名称	单位	单价（元）	数量	
主要人工材料机械	建筑普通工	工日	34	2112.606	3050.378
	建筑技术工	工日	48	2115.147	2063.836
	型钢	t	3675.21	270.910	39.737
	水泥	t	337.61	253.129	477.673
	石子	m³	58.83	646.220	1102.305
	砂子	m³	54.85	384.655	669.240
	钢筋	t	3504.27	58.265	66.965
	机械当量	台班	1000	189.428	110.562

指标编号			ZFT2-1-127	ZFT2-1-128
项目名称			300MW级机组钢结构 引风机吊架	300MW级机组混凝土结构 引风机吊架
指标单位			台炉	台炉
基 价（元）			**1344247.85**	**845595.04**
其中	人工费（元）		156459.19	128938.65
	材料费（元）		996250.85	625742.79
	机械费（元）		191537.81	90913.60
主要技术条件			钢筋混凝土独立基础，基础 埋深3m；工字钢吊车梁，轨 顶标高6.75m	钢筋混凝土独立基础，基础 埋深3m；工字钢吊车梁，轨 顶标高6.75m
抗震设防烈度（度）			Ⅶ	Ⅶ
最低设计温度（℃）			−28.1	−28.1
主要工程量	名称	单位	工程量	
	钢筋混凝土基础	m³	396.00	495.00
	浇制钢筋混凝土屋面板	m²	660.00	660.00
	钢筋混凝土框架	m³		95.04
	钢筋混凝土基础梁	m³	36.15	36.15
	钢结构柱	t	80.85	
	钢结构梁	t	34.65	
	其他钢结构	t	2.50	2.50

续表

指标编号			ZFT2-1-127	ZFT2-1-128
项目名称			300MW级机组钢结构引风机吊架	300MW级机组混凝土结构引风机吊架
指标单位			台炉	台炉
主要人工材料机械	名称	单位	单价(元)	数量
	建筑普通工	工日	34	1990.934	1988.504
	建筑技术工	工日	48	1849.305	1277.687
	型钢	t	3675.21	138.515	13.037
	水泥	t	337.61	218.863	303.356
	石子	m³	58.83	532.777	726.975
	砂子	m³	54.85	328.930	442.506
	钢筋	t	3504.27	57.645	91.843
	机械当量	台班	1000	191.538	90.914

十一、烟囱

指标编号		ZFT2-1-129	ZFT2-1-130	ZFT2-1-131
项目名称		210m/φ7m 烟囱 整体浇筑料内筒	210m/φ7m 烟囱 玻璃钢内筒	210m/φ7m 烟囱 钢内筒贴泡沫玻化砖
指标单位		座	座	座
基　价（元）		**11575242.95**	**19319180.86**	**16970429.30**
其中	人工费（元）	1756230.35	1447251.36	2039695.00
	材料费（元）	8882558.72	17030398.36	12910611.24
	机械费（元）	936453.88	841531.14	2020123.06
主要技术条件		套筒式结构；钢筋混凝土基础，基础埋深6m	套筒式结构；钢筋混凝土基础，基础埋深6m	套筒式结构；钢筋混凝土基础，基础埋深6m
抗震设防烈度（度）		Ⅶ	Ⅶ	Ⅶ
最低设计温度（℃）		-28	-28	-28

	名称	单位	工程量		
主要工程量	钢筋混凝土基础	m³	2833.00	2833.00	2833.00
	钢筋混凝土筒身	m³	4050.00	4050.00	4050.00
	浇注料内筒	m³	1180.00		
	玻璃钢内筒	m²		5200.00	
	钢内筒	t			400.00
	钢内筒贴泡沫玻化砖	m²			5200.00
	钢结构附件	t	100.00	100.00	100.00

指标编号				ZFT2-1-129	ZFT2-1-130	ZFT2-1-131
项目名称				210m/φ7m 烟囱整体浇筑料内筒	210m/φ7m 烟囱玻璃钢内筒	210m/φ7m 烟囱钢内筒贴泡沫玻化砖
指标单位				座	座	座
主要人工材料机械	名称	单位	单价(元)	数量		
	建筑普通工	工日	34	26956.587	21793.811	31694.995
	建筑技术工	工日	48	17493.834	14713.850	20043.070
	型钢	t	3675.21	134.607	134.546	580.464
	水泥	t	337.61	3007.879	3007.879	3007.879
	石子	m³	58.83	6693.213	6693.213	6693.213
	砂子	m³	54.85	3935.647	3935.647	3968.772
	钢筋	t	3504.27	996.368	996.368	996.368
	机械当量	台班	1000	936.454	841.531	2020.123

指标编号	ZFT2-1-132	ZFT2-1-133	ZFT2-1-134
项目名称	210m/φ7m 烟囱 钢内筒刷防腐涂料	210m/φ7m 烟囱 钛钢复合板内筒	210m/φ10.5m 烟囱 钢内筒刷防腐涂料
指标单位	座	座	座
基 价（元）	**16118825.30**	**20508740.70**	**24043928.53**

其中				
	人工费（元）	1856787.60	2050503.25	2965164.85
	材料费（元）	12569273.36	16653857.99	18302680.38
	机械费（元）	1692764.34	1804379.46	2776083.30

主要技术条件	套筒式结构；钢筋混凝土基础，基础埋深 6m	套筒式结构；钢筋混凝土基础，基础埋深 6m；不锈钢筒首	套筒式结构；钢筋混凝土基础，基础埋深 6.8m
抗震设防烈度（度）	Ⅶ	Ⅶ	Ⅶ
最低设计温度（℃）	-28	-28	-15

主要工程量	名称	单位	工程量		
	钢筋混凝土基础	m³	2833.00	2833.00	3500.00
	钢筋混凝土筒身	m³	4050.00	4050.00	6300.00

续表

指标编号			ZFT2-1-132	ZFT2-1-133	ZFT2-1-134
项目名称			210m/ϕ7m 烟囱 钢内筒刷防腐涂料	210m/ϕ7m 烟囱 钛钢复合板内筒	210m/ϕ10.5m 烟囱 钢内筒刷防腐涂料
指标单位			座	座	座
	名称	单位	工程量		
主要工程量	不锈钢筒首	t		5.00	
	复合钛钢板内筒	t		520.00	
	钢内筒	t	400.00		650.00
	玻璃棉毡隔热层	m³		360.00	
	钢内筒刷防腐涂料	m²	5200.00		
	烟囱内筒防腐涂料	m²			5610.00
	钢结构附件	t	100.00	100.00	344.80

指标编号			ZFT2-1-132	ZFT2-1-133	ZFT2-1-134
项目名称			210m/φ7m 烟囱钢内筒刷防腐涂料	210m/φ7m 烟囱钛钢复合板内筒	210m/φ10.5m 烟囱钢内筒刷防腐涂料
指标单位			座	座	座
	名称	单位	单价(元)	数量		
主要人工材料机械	建筑普通工	工日	34	28636.719	31888.542	45862.600
	建筑技术工	工日	48	18398.778	20131.140	29289.395
	型钢	t	3675.21	580.464	714.247	1139.534
	水泥	t	337.61	3007.879	3007.879	4276.703
	石子	m³	58.83	6693.213	6693.213	9456.353
	砂子	m³	54.85	3968.772	3935.647	5620.187
	钢筋	t	3504.27	996.368	996.368	1275.463
	机械当量	台班	1000	1692.764	1804.379	2776.083

指标编号			ZFT2-1-135	ZFT2-1-136	ZFT2-1-137
项目名称			210m/2φ7.5m 烟囱钛钢复合板内筒	210m/2φ7.5m 烟囱钢内筒刷防腐涂料	210m/2φ7.5m 烟囱钢内筒贴泡沫玻化砖
指标单位			座	座	座
基　　价（元）			**38030747.72**	**32048540.79**	**33931895.79**
其中	人工费（元）		3675260.24	3546733.24	3951239.99
	材料费（元）		30939642.45	24780397.67	25535279.52
	机械费（元）		3415845.03	3721409.88	4445376.28
主要技术条件			套筒式结构；钢筋混凝土基础，基础埋深6.2m；不锈钢筒首	套筒式结构；钢筋混凝土基础，基础埋深6.2m；不锈钢筒首	套筒式结构；钢筋混凝土基础，基础埋深6.2m；不锈钢筒首
抗震设防烈度（度）			Ⅶ	Ⅶ	Ⅶ
最低设计温度（℃）			－15	－15	－15
主要工程量	名称	单位	工程量		
	钢筋混凝土基础	m³	3800.00	3800.00	3800.00
	不锈钢筒首	t	10.00	10.00	10.00

指标编号		ZFT2-1-135	ZFT2-1-136	ZFT2-1-137
项目名称		210m/2φ7.5m 烟囱钛钢复合板内筒	210m/2φ7.5m 烟囱钢内筒刷防腐涂料	210m/2φ7.5m 烟囱钢内筒贴泡沫玻化砖
指标单位		座	座	座
名称	单位	工程量		
主要工程量	复合钛钢板内筒	t	1050.00		
	钢内筒	t		1050.00	1050.00
	钢结构附件	t	350.00	350.00	350.00
	钢内筒贴泡沫玻化砖	m²			11500.00
	钢筋混凝土筒身	m³	6700.00	6700.00	6700.00
	钢内筒刷防腐涂料	m²		11500.00	
	玻璃棉毡隔热层	m³	690.00		

续表

指标编号				ZFT2-1-135	ZFT2-1-136	ZFT2-1-137
项目名称				210m/2φ7.5m 烟囱钛钢复合板内筒	210m/2φ7.5m 烟囱钢内筒刷防腐涂料	210m/2φ7.5m 烟囱钢内筒贴泡沫玻化砖
指标单位				座	座	座
	名称	单位	单价(元)	数量		
主要人工材料机械	建筑普通工	工日	34	57555.299	55381.623	62145.118
	建筑技术工	工日	48	35799.329	34661.371	38297.786
	型钢	t	3675.21	1596.433	1607.609	1607.609
	水泥	t	337.61	4582.736	4582.736	4582.736
	石子	m³	58.83	10138.687	10138.687	10138.687
	砂子	m³	54.85	5967.442	6054.395	6054.395
	钢筋	t	3504.27	1453.379	1453.379	1453.379
	机械当量	台班	1000	3415.845	3721.410	4445.376

指标编号	ZFT2-1-138	ZFT2-1-139	ZFT2-1-140
项目名称	210m/2φ7.5m 烟囱 玻璃钢内筒	210m/2φ7.5m 烟囱 整体浇筑料内筒	210m/2φ8.2m 烟囱 玻璃钢内筒
指标单位	座	座	座
基 价（元）	**37260435.33**	**20073983.79**	**44232537.25**
其中 人工费（元）	2412369.00	3073947.79	3185250.47
材料费（元）	33412213.16	15328094.37	39079914.76
机械费（元）	1435853.17	1671941.63	1967372.02
主要技术条件	套筒式结构；钢筋混凝土基础，基础埋深6.2m	套筒式结构；钢筋混凝土基础，基础埋深6.2m；不锈钢筒首	套筒式结构；钢筋混凝土基础，基础埋深6.8m；不锈钢筒首
抗震设防烈度（度）	Ⅶ	Ⅶ	Ⅶ
最低设计温度（℃）	-15	-15	-15

主要工程量	名称	单位	工程量		
	钢筋混凝土基础	m³	3800.00	3800.00	4500.00
	钢筋混凝土筒身	m³	6700.00	6700.00	8600.00
	不锈钢筒首	t		10.00	10.00
	浇筑料内筒	m³		2300.00	
	玻璃钢内筒	m²	11500.00		12220.00
	钢结构附件	t	300.00	350.00	500.00

指标编号			ZFT2-1-138	ZFT2-1-139	ZFT2-1-140
项目名称			210m/2φ7.5m 烟囱玻璃钢内筒	210m/2φ7.5m 烟囱整体浇筑料内筒	210m/2φ8.2m 烟囱玻璃钢内筒
指标单位			座	座	座
	名称	单位	单价(元)	数量		
主要人工材料机械	建筑普通工	工日	34	36574.420	47482.028	48127.068
	建筑技术工	工日	48	24350.598	30407.049	32269.070
	型钢	t	3675.21	370.885	437.192	613.802
	水泥	t	337.61	4582.736	4582.736	5714.841
	石子	m³	58.83	10138.687	10138.687	12616.064
	砂子	m³	54.85	5967.442	5967.442	7428.295
	钢筋	t	3504.27	1453.379	1453.379	1839.040
	机械当量	台班	1000	1435.853	1671.942	1967.372

指标编号		ZFT2-1-141	ZFT2-1-142	ZFT2-1-143	ZFT2-1-144
项目名称		240m/2φ7.0m 烟囱钛钢复合板内筒	240m/2φ7.2m 烟囱整体浇筑料内筒	240m/2φ7.2m 烟囱钢内筒刷防腐涂料	240m/2φ7.2m 烟囱玻璃钢内筒
指标单位		座	座	座	座
基　价（元）		**40681691.39**	**23141137.25**	**39610198.28**	**43668301.15**
其中	人工费（元）	4043263.20	3574067.68	4324083.51	2998005.16
	材料费（元）	32948524.52	17709800.48	30849527.17	38990001.50
	机械费（元）	3689903.67	1857269.09	4436587.60	1680294.49
主要技术条件		套筒式结构；钢筋混凝土基础，基础埋深6.5m；不锈钢筒首	套筒式结构；钢筋混凝土基础，基础埋深8m	套筒式结构；钢筋混凝土基础，基础埋深8m	套筒式结构；钢筋混凝土基础，基础埋深8m
抗震设防烈度（度）		Ⅶ	Ⅶ	Ⅶ	Ⅶ
最低设计温度（℃）		-14.5	-14.5	-14.5	-14.5
主要工程量	名称	单位	工程量		
	钢筋混凝土基础	m³	3600.00	5086.00	5086.00	5086.00
	钢筋混凝土筒身	m³	7500.00	8614.00	8614.00	8614.00

指标编号			ZFT2-1-141	ZFT2-1-142	ZFT2-1-143	ZFT2-1-144
项目名称			240m/2φ7.0m 烟囱钛钢复合板内筒	240m/2φ7.2m 烟囱整体浇筑料内筒	240m/2φ7.2m 烟囱钢内筒刷防腐涂料	240m/2φ7.2m 烟囱玻璃钢内筒
指标单位			座	座	座	座
	名称	单位	工程量			
主要工程量	不锈钢筒首	t	9.60			
	复合钛钢板内筒	t	1080.00			
	钢内筒	t			1295.20	
	玻璃钢内筒	m³		2200.00		
	玻璃钢内筒	m²				12850.00
	玻璃棉毡隔热层	m³	750.00			
	烟囱内筒防腐涂料	m²			11000.00	
	钢结构附件	t	510.00	191.20	191.20	191.20

指标编号			ZFT2-1-141	ZFT2-1-142	ZFT2-1-143	ZFT2-1-144
项目名称			240m/2φ7.0m 烟囱钛钢复合板内筒	240m/2φ7.2m 烟囱整体浇筑料内筒	240m/2φ7.2m 烟囱钢内筒刷防腐涂料	240m/2φ7.2m 烟囱玻璃钢内筒
指标单位			座	座	座	座
	名称	单位	单价(元)	数量		
主要人工材料机械	建筑普通工	工日	34	62917.499	55257.402	67789.224	45631.888
	建筑技术工	工日	48	39667.810	35318.688	42067.463	30135.666
	型钢	t	3675.21	1810.254	262.590	1706.361	262.477
	水泥	t	337.61	4839.988	5980.795	5980.795	5980.795
	石子	m³	58.83	10660.641	13246.173	13246.173	13246.173
	砂子	m³	54.85	6279.355	7795.010	7902.268	7795.010
	钢筋	t	3504.27	1552.850	1891.278	1891.278	1891.278
	机械当量	台班	1000	3689.904	1857.269	4436.588	1680.294

指标编号			ZFT2-1-145	ZFT2-1-146	ZFT2-1-147	ZFT2-1-148
项目名称			240m/2φ7.2m 烟囱钢内筒贴泡沫玻化砖	240m/2φ7.2m 烟囱钛钢复合板内筒	240m/2φ7.5m 烟囱钛钢复合板内筒	240m/2φ8.5m 烟囱钛钢复合板内筒
指标单位			座	座	座	座
基　价（元）			**38726458.28**	**43059953.68**	**47816062.52**	**51974572.86**
其中	人工费（元）		4711003.01	4260309.81	4714980.19	4561646.50
	材料费（元）		28886378.07	35009507.84	38769085.36	42775946.02
	机械费（元）		5129077.20	3790136.03	4331996.97	4636980.34
主要技术条件			套筒式结构；钢筋混凝土基础，基础埋深8m	套筒式结构；钢筋混凝土基础，基础埋深8m	套筒式结构；钢筋混凝土基础，基础埋深6.2m	套筒式结构；钢筋混凝土基础，基础埋深6.5m；不锈钢筒首
抗震设防烈度（度）			Ⅶ	Ⅶ	Ⅶ	Ⅶ
最低设计温度（℃）			-14.5	-14.5	-14.5	-14.5
主要工程量	名称	单位	工程量			
	钢筋混凝土基础	m³	5086.00	5086.00	3000.00	3900.00
	钢筋混凝土筒身	m³	8614.00	8614.00	8500.00	7870.00

指标编号			ZFT2-1-145	ZFT2-1-146	ZFT2-1-147	ZFT2-1-148
项目名称			240m/2φ7.2m 烟囱钢内筒贴泡沫玻化砖	240m/2φ7.2m 烟囱钛钢复合板内筒	240m/2φ7.5m 烟囱钛钢复合板内筒	240m/2φ8.5m 烟囱钛钢复合板内筒
指标单位			座	座	座	座
	名称	单位	工程量			
主要工程量	不锈钢筒首	t				12.00
	复合钛钢板内筒	t		1153.60	1368.00	1663.20
	钢内筒	t	1295.20			
	钢内筒贴泡沫玻化砖	m²	11000.00			
	玻璃棉毡隔热层	m³		1100.00	1450.00	1850.00
	钢结构附件	t	191.20	191.20	630.00	111.40

指标编号			ZFT2-1-145	ZFT2-1-146	ZFT2-1-147	ZFT2-1-148
项目名称			240m/2φ7.2m 烟囱钢内筒贴泡沫玻化砖	240m/2φ7.2m 烟囱钛钢复合板内筒	240m/2φ7.5m 烟囱钛钢复合板内筒	240m/2φ8.5m 烟囱钛钢复合板内筒
指标单位			座	座	座	座
	名称	单位	单价(元)	数量		
主要人工材料机械	建筑普通工	工日	34	74258.654	66664.951	73045.460	73242.192
	建筑技术工	工日	48	45545.773	41535.215	46487.974	43153.965
	型钢	t	3675.21	1706.361	1536.227	2293.315	2019.782
	水泥	t	337.61	5980.795	5980.795	5006.323	5133.047
	石子	m³	58.83	13246.173	13246.173	10944.395	11315.501
	砂子	m³	54.85	7902.268	7795.010	6454.758	6664.145
	钢筋	t	3504.27	1891.278	1891.278	1340.084	1643.326
	机械当量	台班	1000	5129.077	3790.136	4331.997	4636.980

十二、热网首站

指标编号	ZFT2-1-149
项目名称	热网首站
指标单位	m³
基　价（元）	**173.26**

	名称		
其中	人工费（元）		28.00
	材料费（元）		133.86
	机械费（元）		11.40
	主要技术条件		建筑体积17572m³；钢筋混凝土框架结构；钢筋混凝土独立基础，基础埋深6m；外墙加气混凝土砌体围护
	抗震设防烈度（度）		Ⅷ
	最低设计温度（℃）		－12.6

	名称	单位	工程量
主要工程量（每100m³）	钢筋混凝土基础	m³	2.00
	浇制混凝土板	m²	9.00
	浇制混凝土屋面板	m²	5.00
	砌体外墙	m³	3.00
	砌体内墙	m³	0.14
	钢筋混凝土框架	m³	3.00

续表

指标编号				ZFT2-1-149
项目名称				热网首站
指标单位				m³
	名称	单位	单价(元)	数量
主要人工材料机械（每100m³）	建筑普通工	工日	34	38.540
	建筑技术工	工日	48	31.050
	型钢	t	3675.21	0.100
	水泥	t	337.61	5.150
	石子	m³	58.83	10.040
	砂子	m³	54.85	8.621
	钢筋	t	3504.27	1.691
	机械当量	台班	1000	1.140

十三、热网管道建筑

(一) 管道支架

指标编号	ZFT2-1-150	ZFT2-1-151	ZFT2-1-152	ZFT2-1-153
项目名称	钢结构支架 高9m以内	钢结构支架 高4m以内	混凝土结构支架高6m以内	混凝土结构支架 高3m以内
指标单位	m	m	m	m
基 价（元）	**5652.10**	**3159.03**	**2923.82**	**2046.68**
其中 人工费（元）	823.72	460.39	696.33	487.43
其中 材料费（元）	3932.99	2198.20	2082.08	1457.46
其中 机械费（元）	895.39	500.44	145.41	101.79
主要技术条件	钢筋混凝土独立基础，基础埋深2.5m；支架平均高度6.27m，平均间距11.07m	钢筋混凝土独立基础，基础埋深2m；支架平均高度3.3m，平均间距8.89m	钢筋混凝土独立基础，基础埋深3m；支架平均高度5.7m，平均间距7.53m	钢筋混凝土独立基础，基础埋深2.5m；支架平均高度3m，平均间距7.53m
抗震设防烈度（度）	Ⅶ	Ⅶ	Ⅷ	Ⅷ
最低设计温度（℃）	-6.7	-6.7	-12.1	-12.1

指标编号			ZFT2-1-150	ZFT2-1-151	ZFT2-1-152	ZFT2-1-153
项目名称			钢结构支架　高9m以内	钢结构支架　高4m以内	混凝土结构支架 高6m以内	混凝土结构支架　高3m以内
指标单位			m	m	m	m
主要工程量	名称	单位	工程量			
	钢结构支架　单层	t	0.66	0.37		
	混凝土支架　单层	m³			1.07	0.75
主要人工材料机械	名称	单位	单价(元)	数量		
	建筑普通工	工日	34	12.255	6.850	13.875	9.713
	建筑技术工	工日	48	8.480	4.740	4.679	3.275
	型钢	t	3675.21	0.725	0.405	0.015	0.010
	水泥	t	337.61	0.677	0.379	1.176	0.823

指标编号			ZFT2-1-150	ZFT2-1-151	ZFT2-1-152	ZFT2-1-153
项目名称			钢结构支架　高9m以内	钢结构支架　高4m以内	混凝土结构支架高6m以内	混凝土结构支架　高3m以内
指标单位			m	m	m	m
	名称	单位	单价(元)	数量		
主要人工材料机械	石子	m³	58.83	1.702	0.951	2.795	1.956
	砂子	m³	54.85	1.034	0.578	1.636	1.145
	钢筋	t	3504.27	0.049	0.027	0.248	0.174
	机械当量	台班	1000	0.895	0.500	0.145	0.102

指标编号	ZFT2-1-154
项目名称	混凝土支墩
指标单位	m
基　价（元）	**972.87**

其中	人工费（元）	236.12
	材料费（元）	693.72
	机械费（元）	43.03

主要技术条件	钢筋混凝土结构支墩，基础埋深3m；支墩平均高度0.4m
抗震设防烈度（度）	Ⅷ
最低设计温度（℃）	−12.1

	名称	单位	工程量
主要工程量	混凝土支墩	m³	1.35

304

续表

指标编号				ZFT2-1-154
项目名称				混凝土支墩
指标单位				m
主要人工材料机械	名称	单位	单价(元)	数量
	建筑普通工	工日	34	5.152
	建筑技术工	工日	48	1.270
	型钢	t	3675.21	0.031
	水泥	t	337.61	0.545
	石子	m^3	58.83	1.366
	砂子	m^3	54.85	0.796
	钢筋	t	3504.27	0.050
	机械当量	台班	1000	0.043

（二）管沟

指标编号			ZFT2-1-155	ZFT2-1-156	ZFT2-1-157
项目名称			钢筋混凝土沟（隧）道断面≤6m²	钢筋混凝土沟（隧）道断面≤2m²	砌体沟道 断面≤4m²
指标单位			m	m	m
基 价（元）			**6669.63**	**2223.21**	**2765.42**
其中	人工费（元）		1533.23	511.08	782.30
	材料费（元）		4767.27	1589.09	1850.32
	机械费（元）		369.13	123.04	132.80
主要技术条件			沟（隧）道底板及壁板厚250mm	沟（隧）道底板及壁板厚180mm	沟道底板厚150mm，砌体壁厚240mm
抗震设防烈度（度）			Ⅶ	Ⅶ	Ⅶ
最低设计温度（℃）			-12.6	-28	-28
主要工程量	名称	单位	工程量		
	浇制钢筋混凝土沟道（容积）	m³	6.00	2.00	
	砌体沟道（容积）	m³			4.00

续表

指标编号				ZFT2-1-155	ZFT2-1-156	ZFT2-1-157
项目名称				钢筋混凝土沟（隧）道 断面≤6m²	钢筋混凝土沟（隧）道 断面≤2m²	砌体沟道　断面≤4m²
指标单位				m	m	m
	名称	单位	单价(元)	数量		
主要人工材料机械	建筑普通工	工日	34	25.986	8.662	12.866
	建筑技术工	工日	48	13.536	4.512	7.185
	型钢	t	3675.21	0.239	0.080	0.149
	水泥	t	337.61	1.670	0.557	0.735
	石子	m³	58.83	4.709	1.570	1.928
	砂子	m³	54.85	2.745	0.915	1.754
	钢筋	t	3504.27	0.590	0.197	0.027
	机械当量	台班	1000	0.369	0.123	0.133

指标编号			ZFT2-1-158	ZFT2-1-159
项目名称			直埋热网管道建筑 单根直径≤2000mm	直埋热网管道建筑 单根直径≤1000mm
指标单位			m	m
基　　价（元）			**491.29**	**218.49**
其中	人工费（元）		128.50	93.49
	材料费（元）		126.04	85.10
	机械费（元）		236.75	39.90
主要技术条件			明挖敷设，砂垫层，覆土综合1m厚	明挖敷设，砂垫层，覆土综合0.7m厚
抗震设防烈度（度）			Ⅶ	Ⅶ
最低设计温度（℃）			－12.6	－6.7
主要工程量	名称	单位	工程量	
	钢管管道建筑	m	1.00	1.00

续表

指标编号				ZFT2-1-158	ZFT2-1-159
项目名称				直埋热网管道建筑 单根直径≤2000mm	直埋热网管道建筑 单根直径≤1000mm
指标单位				m	m
	名称	单位	单价(元)	数量	
主要人工材料机械	建筑普通工	工日	34	3.372	2.486
	建筑技术工	工日	48	0.289	0.187
	砂子	m³	54.85	2.083	1.494
	机械当量	台班	1000	0.237	0.040

第二章　燃料供应系统

说明

一、本章内容包括轨道衡建筑、入场煤取样装置基础、汽车衡建筑、火车卸煤沟、汽车卸煤沟、翻车机室、露天布置调车设施、牵车平台室、输煤地道、采光室、封闭煤场、堆取料机基础、地下煤斗及地道、煤场冲洗建筑、驱动装置室、干煤棚、储煤筒仓、输煤栈桥、转运站、碎煤机室、输煤辅助建筑、燃油建筑、燃气建筑等燃料供应系统单位工程指标。

二、使用说明

1. 卸煤沟、翻车机室指标包括地下部分、地上部分以及检修间、休息室等。

2. 圆形封闭煤场指标包括地面、挡煤墙、防火墙、轨道基础、圆形堆取料机基础、煤场内栈桥与地道，按照挡煤墙内侧直径执行指标。指标中不包括地下煤斗及地道、输煤冲洗设施，工程设计需要时，执行相应的指标估算投资。

3. 条形封闭煤场指标包括地面、挡煤墙、防火墙、煤场内栈桥与地道，按照挡煤墙内侧跨度执行指标。指标中不包括堆取料机基础、拉紧装置室、地下煤斗及地道、输煤冲洗设施，工程设计需要时，执行相应的指标估算投资。

4. 封闭煤场地坪按照普通混凝土地面考虑，工程设计为防沉降混凝土底板时，按照独立子项建筑指标进行调整。

5. 同直径圆形封闭煤场，挡煤墙高度不同时，根据储煤量调整指标。按照储煤量比例乘以 0.9 系数进行调整。

6. 油罐基础指标包括油罐基础、阀门井、油罐区地坪等建筑项目。防火堤综合不同材质与断面面积，执行指标

310

时不做调整。

7. 石灰石粉仓执行第七章"脱硫系统"工程中石灰石粉储仓中相应估算指标。

8. 燃气增压站指标按照封闭布置考虑，指标包括设备基础、控制室等项目。

9. 燃气调压站指标按照露天布置考虑，指标包括设备基础、控制室、调压站区域建筑等项目。

工程量计算规则

一、轨道衡室、翻车机室、牵车平台室、采光室、地下煤斗、驱动装置室、转运站、碎煤机室、推煤机库、输煤综合楼、输煤配电室、输煤冲洗泵房、燃气增压站等指标按照设计建筑体积以"m³"为计量单位计算工程量。

二、轨道衡基础、汽车衡地坑、圆形封闭煤场、储煤筒仓、油罐基础等指标按照设计数量以"座"为计量单位计算工程量。

三、汽车衡室、露天布置牵车平台、条形封闭煤场、干煤棚、露天布置调压站等指标按照设计建筑面积以"m²"为计量单位计算工程量。

1. 计算条形封闭煤场、干煤棚建筑面积工程量时，不扣除堆取料机基础与轨道间地坪、地下煤斗及地道等煤场内建筑物或构筑物所占面积。

2. 计算露天布置牵车平台面积工程量时，不扣除调车设施所占面积。

3. 露天布置调压站按照调压站区域围栏（围堤）内占地面积计算工程量。

四、入厂煤取样装置基础、火车卸煤沟、汽车卸煤沟、露天布置调车设施、输煤地道、堆取料机基础、输煤栈桥、燃油防火堤等指标按照设计长度以"m"为计量单位计算工程量。

1. 输煤地道按照水平投影长度计算工程量，计算输煤建筑物或构筑物外墙外侧间的距离，扣除中间采光室所占长度。

2. 输煤栈桥按照水平投影长度计算工程量，计算输煤建筑物或构筑物外墙外侧间的距离。

3. 燃油防火堤按照防火堤中心线长度计算工程量。

一、轨道衡建筑

指标编号	ZFT2-2-1	ZFT2-2-2	ZFT2-2-3	ZFT2-2-4
项目名称	轨道衡室	动态轨道衡基础	单台整体道床	双台整体道床
指标单位	m³	座	座	座
基　价（元）	**453.86**	**98582.87**	**284414.72**	**602062.27**
其中 人工费（元）	78.14	12948.40	19817.06	43373.04
材料费（元）	354.99	77265.77	249460.63	525924.14
机械费（元）	20.73	8368.70	15137.03	32765.09
主要技术条件	建筑体积175m³，混合结构；砖砌条形基础，基础埋深1.2m；外墙加气混凝土砌块围护	钢筋混凝土条形基础，基础长14.26m，基础埋深2.8m	钢筋混凝土整体道床，长158m	钢筋混凝土整体道床，长328m
抗震设防烈度（度）	Ⅶ	Ⅶ	Ⅶ	Ⅶ
最低设计温度（℃）	−5.5	−6.2	−5.8	−3.5

指标编号			ZFT2-2-1	ZFT2-2-2	ZFT2-2-3	ZFT2-2-4
项目名称			轨道衡室	动态轨道衡基础	单台整体道床	双台整体道床
指标单位			m³	座	座	座
	名称	单位	工程量			
主要工程量	砖基础	m³	0.15			
	钢筋混凝土基础	m³		105.75		
	浇制混凝土屋面板	m²	0.29			
	砌体外墙	m³	0.26			
	钢轨	t			15.80	32.80
	钢筋混凝土Ⅱ型枕木	根			263.33	546.67
	混凝土地坪	m³			470.05	1033.20

续表

指标编号			ZFT2-2-1	ZFT2-2-2	ZFT2-2-3	ZFT2-2-4
项目名称			轨道衡室	动态轨道衡基础	单台整体道床	双台整体道床
指标单位			m³	座	座	座
	名称	单位	单价(元)	数量			
主要人工材料机械	建筑普通工	工日	34	0.965	207.893	364.571	799.588
	建筑技术工	工日	48	0.944	122.513	154.655	337.311
	型钢	t	3675.21	0.001	0.359	16.662	34.594
	水泥	t	337.61	0.118	44.458	43.145	94.836
	石子	m³	58.83	0.175	113.953	423.212	930.247
	砂子	m³	54.85	0.281	66.584	67.246	147.810
	钢筋	t	3504.27	0.012	11.902	0.494	1.085
	机械当量	台班	1000	0.021	8.369	15.137	32.765

二、入场煤取样装置基础

指标编号			ZFT2-2-5	
项目名称			入厂煤取样装置基础	
指标单位			m	
基　价（元）			**2960.85**	
其中	人工费（元）		313.91	
	材料费（元）		2507.03	
	机械费（元）		139.91	
主要技术条件			钢筋混凝土条形基础，基础中心线距离13.5m，单侧基础长152m，基础埋深2.8m	
抗震设防烈度（度）			Ⅶ	
最低设计温度（℃）			-3.5	
主要工程量	名称	单位		工程量
	钢筋混凝土基础	m³		2.88
	钢轨	t		0.08

续表

指标编号				ZFT2-2-5
项目名称				入厂煤取样装置基础
指标单位				m
	名称	单位	单价(元)	数量
主要人工材料机械	建筑普通工	工日	34	4.360
	建筑技术工	工日	48	3.452
	型钢	t	3675.21	0.099
	水泥	t	337.61	1.211
	石子	m³	58.83	3.103
	砂子	m³	54.85	1.813
	钢筋	t	3504.27	0.324
	机械当量	台班	1000	0.140

316

三、汽车衡建筑

指标编号		ZFT2-2-6	ZFT2-2-7	ZFT2-2-8
项目名称		汽车衡室	汽车衡泵坑	汽车棚
指标单位		m²	座	m²
基 价（元）		**1092.49**	**54605.11**	**878.73**
其中	人工费（元）	193.14	8702.40	94.79
	材料费（元）	848.79	38385.10	655.14
	机械费（元）	50.56	7517.61	128.80
主要技术条件		建筑体积152m³，混合结构；混凝土条形基础，基础埋深2.1m；外墙烧结多孔砖围护	钢筋混凝土基础，基础埋深0.9m；区域混凝土地坪	钢结构；钢筋混凝土独立基础，基础埋深3m；单层压型钢板屋面
抗震设防烈度（度）		Ⅶ	Ⅶ	Ⅶ
最低设计温度（℃）		−30	−30	−30

续表

指标编号		ZFT2-2-6	ZFT2-2-7	ZFT2-2-8
项目名称		汽车衡室	汽车衡泵坑	汽车棚
指标单位		m²	座	m²
名称	单位	\multicolumn{3}{c|}{工程量}		
钢筋混凝土基础	m³	0.50	64.91	0.33
浇制混凝土板	m²	0.28		
无保温压型钢板屋面板	m²			1.00
浇制混凝土屋面板	m²	0.51		
砌体外墙	m³	0.56		
砌体内墙	m³	0.06		
钢筋混凝土墙	m³	0.02		
钢结构柱	t			0.05

主要工程量

指标编号			ZFT2-2-6	ZFT2-2-7	ZFT2-2-8
项目名称			汽车衡室	汽车衡泵坑	汽车棚
指标单位			m²	座	m²
主要工程量	名称	单位	工程量		
	钢结构梁	t			0.01
	其他钢结构	t	0.01		0.01
主要人工材料机械	名称	单位	单价（元）	数量	
	建筑普通工	工日	34	2.464	170.021	1.267
	建筑技术工	工日	48	2.279	60.882	1.077
	型钢	t	3675.21	0.007	0.294	0.094
	水泥	t	337.61	0.451	32.182	0.142
	石子	m³	58.83	0.793	105.318	0.365
	砂子	m³	54.85	0.823	77.149	0.216
	钢筋	t	3504.27	0.048	2.749	0.033
	机械当量	台班	1000	0.051	7.518	0.129

四、火车卸煤沟

指标编号		ZFT2-2-9	ZFT2-2-10	ZFT2-2-11	ZFT2-2-12
项目名称		单线卸煤沟 底板标高－12m以内	单线卸煤沟 底板标高－18m以内	双线卸煤沟 底板标高－10m以内	双线卸煤沟 底板标高－12m以内
指标单位		m	m	m	m
基 价（元）		**130748.68**	**146149.00**	**172439.35**	**174825.64**
其中	人工费（元）	21387.65	23980.51	27150.77	27499.15
	材料费（元）	96979.87	109110.47	129012.34	131082.14
	机械费（元）	12381.16	13058.02	16276.24	16244.35
主要技术条件		地下钢筋混凝土结构，底板顶标高－11m，侧壁800mm，底板1000m；地上钢筋混凝土框架结构，钢结构屋架，保温压型钢板屋面，外墙砖砌体围护	地下钢筋混凝土结构，底板顶标高－18.55m，侧壁88mm，底板1000mm；地上钢筋混凝土框架结构，现浇钢筋混凝土板屋面，外墙砖砌体围护	地下钢筋混凝土结构，底板顶标高－7.9m，侧壁600mm，底板600mm；地上钢筋混凝土框架结构，钢结构屋架，保温压型钢板屋面，外墙保温金属墙板围护	地下钢筋混凝土结构，底板顶标高－10.46m，侧壁600mm，底板800mm；地上门式钢架结构，保温压型钢板屋面，外墙保温金属墙板围护
抗震设防烈度（度）		VIII	VII	VII	VII
最低设计温度（℃）		－5.5	－6.0	－3.5	－4.0

指标编号			ZFT2-2-9	ZFT2-2-10	ZFT2-2-11	ZFT2-2-12
项目名称			单线卸煤沟　底板标高 –12m 以内	单线卸煤沟　底板标高 –18m 以内	双线卸煤沟　底板标高 –10m 以内	双线卸煤沟　底板标高 –12m 以内
指标单位			m	m	m	m
	名称	单位	工程量			
主要工程量	浇制混凝土屋面板	m²		13.51		0.20
	压型钢板屋面板有保温	m²	13.35		13.10	16.23
	保温金属外墙板	m²			15.80	16.18
	砌体外墙	m³	8.14	6.93	0.18	0.23
	钢筋混凝土框架	m³	2.76	2.44	2.15	

指标编号			ZFT2-2-9	ZFT2-2-10	ZFT2-2-11	ZFT2-2-12
项目名称			单线卸煤沟 底板标高 –12m 以内	单线卸煤沟 底板标高 –18m 以内	双线卸煤沟 底板标高 –10m 以内	双线卸煤沟 底板标高 –12m 以内
指标单位			m	m	m	m
	名称	单位	工程量			
主要工程量	钢结构柱	t				0.20
	钢结构梁	t				0.16
	钢结构墙架	t			0.25	0.25
	钢结构屋架	t	1.01		1.10	
	钢轨	t	0.10	0.10	0.20	0.20
	钢结构煤篦子	t	0.57	0.58	0.88	0.92
	地下钢筋混凝土结构	m³	56.34	66.65	74.88	80.34
	地下煤槽内衬微晶板	m²	29.16	37.25	51.86	54.45
	名称	单位	单价(元)	数量		
主要人工材料机械	建筑普通工	工日	34	320.610	372.544	411.790	427.120
	建筑技术工	工日	48	218.470	235.703	273.949	270.349
	型钢	t	3675.21	2.498	1.286	3.626	2.928

续表

指标编号			ZFT2-2-9	ZFT2-2-10	ZFT2-2-11	ZFT2-2-12
项目名称			单线卸煤沟 底板标高 –12m 以内	单线卸煤沟 底板标高 –18m 以内	双线卸煤沟 底板标高 –10m 以内	双线卸煤沟 底板标高 –12m 以内
指标单位			m	m	m	m
名称	单位	单价(元)	数量			
主要人工材料机械	水泥	t	337.61	29.566	36.259	37.145	38.639
	石子	m³	58.83	64.805	77.770	84.181	88.281
	砂子	m³	54.85	45.072	53.728	53.815	56.178
	钢筋	t	3504.27	12.753	15.090	16.530	17.137
	机械当量	台班	1000	12.381	13.058	16.276	16.244

323

五、汽车卸煤沟

指标编号		ZFT2-2-13	ZFT2-2-14
项目名称		双侧后翻卸煤沟 底板标高－8m以内	双侧后翻卸煤沟 底板标高－10m以内
指标单位		m	m
基　价（元）		**128900.56**	**141180.27**
其中	人工费（元）	19911.01	22363.14
	材料费（元）	95349.48	103180.47
	机械费（元）	13640.07	15636.66
主要技术条件		地下钢筋混凝土结构，底板顶标高－7.3m，侧壁600mm，底板500mm；地上部分钢网架结构，钢筋混凝土独立基础，基础埋深2m；单层压型钢板封闭，封闭范围内地面硬化	地下钢筋混凝土结构，底板顶标高－9.5m，侧壁600mm，底板700mm；地上部分钢网架结构，钢筋混凝土独立基础，基础埋深3m；单层压型钢板封闭，封闭范围内地面硬化
抗震设防烈度（度）		VII	VIII
最低设计温度（℃）		－30	－30

指标编号			ZFT2-2-13	ZFT2-2-14
项目名称			双侧后翻卸煤沟 底板标高 −8m 以内	双侧后翻卸煤沟 底板标高 −10m 以内
指标单位			m	m
	名称	单位	工程量	
主要工程量	钢筋混凝土基础	m³	11.90	11.90
	回填砂砾石	m³	16.96	15.14
	压型钢板屋面板　无保温	m²	46.61	46.61
	浇制混凝土屋面板	m²	2.21	1.10
	金属外墙板　无保温	m²	47.00	47.00
	砌体外墙	m³	1.84	1.18
	钢梁	t	0.43	0.40

指标编号			ZFT2-2-13	ZFT2-2-14
项目名称			双侧后翻卸煤沟 底板标高 −8m 以内	双侧后翻卸煤沟 底板标高 −10m 以内
指标单位			m	m
主要 工程 量	名称	单位	工程量	
	钢结构煤篦子	t	0.50	0.46
	钢网架结构	t	2.35	2.35
	其他钢结构	t	2.43	2.39
	地下钢筋混凝土结构	m³	30.21	37.16
	地下煤槽内衬铸石板	m²	6.96	9.85
	圆形挡煤墙	m³	3.52	3.52
	挡煤墙壁柱	m³	1.25	1.25
	混凝土地坪	m³	2.14	1.90
	炉渣　硬化	m³	31.44	31.44
主要 人工 材料 机械	名称	单位	单价(元)	数量	
	建筑普通工	工日	34	291.015	338.854
	建筑技术工	工日	48	208.677	225.874

续表

指标编号				ZFT2-2-13	ZFT2-2-14
项目名称				双侧后翻卸煤沟 底板标高-8m 以内	双侧后翻卸煤沟 底板标高-10m 以内
指标单位				m	m
	名称	单位	单价(元)	数量	
主要人工材料机械	型钢	t	3675.21	4.897	4.835
	水泥	t	337.61	22.399	25.366
	石子	m³	58.83	52.689	59.824
	砂子	m³	54.85	53.650	55.516
	钢筋	t	3504.27	8.134	9.539
	机械当量	台班	1000	13.640	15.637

六、翻车机室

指标编号		ZFT2-2-15	ZFT2-2-16
项目名称		单室单台翻车机室	双室双台翻车机室
指标单位		m³	m³
基 价（元）		**431.25**	**389.14**
其中	人工费（元）	76.84	65.64
	材料费（元）	300.87	287.89
	机械费（元）	53.54	35.61
主要技术条件		建筑体积14918m³；地下钢筋混凝土结构，底板顶标高－8.1m，底板1m，侧壁0.8m；地上钢筋混凝土排架结构，钢结构屋架，无保温压型钢板屋面，外墙无保温压型钢板围护	建筑体积55940m³；地下钢筋混凝土结构，底板顶标高－12.3m，底板2m，侧壁1m；地上钢筋混凝土框架土结构，钢结构屋架，无保温压型钢板屋面，外墙无保温压型钢板围护
抗震设防烈度（度）		Ⅶ	Ⅷ
最低设计温度（℃）		－5	－8

续表

指标编号			ZFT2-2-15	ZFT2-2-16
项目名称			单室单台翻车机室	双室双台翻车机室
指标单位			m³	m³
	名称	单位	工程量	
主要工程量	无保温压型钢板屋面	m²	0.07	0.03
	无保温压型钢板外墙	m²	0.08	0.05
	砌体外墙	m³		
	钢筋混凝土框架及梁	m³	0.01	0.03
	钢结构屋架	t		
	钢结构墙架及其他钢结构	t		
	地下钢筋混凝土结构	m³	0.21	0.19

续表

指标编号			ZFT2-2-15	ZFT2-2-16
项目名称			单室单台翻车机室	双室双台翻车机室
指标单位			m^3	m^3
主要工程量	名称	单位	工程量	
	翻车机室零米设施	m^2	0.03	0.04
	地下煤槽内衬铸石板	m^2	0.04	0.02
主要人工材料机械	名称	单位	单价(元)	数量	
	建筑普通工	工日	34	1.231	0.977
	建筑技术工	工日	48	0.729	0.672
	型钢	t	3675.21	0.012	0.008
	水泥	t	337.61	0.109	0.100
	石子	m^3	58.83	0.256	0.225
	砂子	m^3	54.85	0.162	0.143
	钢筋	t	3504.27	0.037	0.042
	机械当量	台班	1000	0.054	0.036

七、露天布置调车设施

指标编号			ZFT2-2-17	ZFT2-2-18
项目名称			重车调车设施	空车调车设施
指标单位			m	m
基　价（元）			**4474.66**	**4250.92**
其中	人工费（元）		693.39	658.72
	材料费（元）		3294.02	3129.31
	机械费（元）		487.25	462.89
主要技术条件			钢筋混凝土条形基础，基础埋深4.6m，长80m	钢筋混凝土条形基础，基础埋深4.6m，长80m
抗震设防烈度（度）			Ⅷ	Ⅷ
最低设计温度（℃）			-8	-8
主要工程量	名称	单位	工程量	
	钢筋混凝土基础	m³	6.25	5.94
	钢筋混凝土柱	m³	0.81	0.77
	钢轨	t	0.18	0.17

续表

指标编号			ZFT2-2-17	ZFT2-2-18
项目名称			重车调车设施	空车调车设施
指标单位			m	m
	名称	单位	单价(元)	数量	
主要人工材料机械	建筑普通工	工日	34	13.059	12.407
	建筑技术工	工日	48	5.196	4.936
	型钢	t	3675.21	0.211	0.200
	水泥	t	337.61	2.975	2.826
	石子	m³	58.83	7.438	7.066
	砂子	m³	54.85	4.380	4.161
	钢筋	t	3504.27	0.019	0.018
	机械当量	台班	1000	0.487	0.463

八、牵车平台室

指标编号		ZFT2-2-19	ZFT2-2-20
项目名称		牵车平台室	牵车平台
指标单位		m³	m²
基　价（元）		**199.08**	**715.28**
其中	人工费（元）	33.60	92.66
	材料费（元）	155.04	559.52
	机械费（元）	10.44	63.10
主要技术条件		建筑体积6180m³，钢筋混凝土框架结构；钢筋混凝土独立基础，基础埋深2.8m；加气混凝土砌体外墙	建筑面积251m²，露天式；钢筋混凝土箱形基础，基础埋深2.6m
抗震设防烈度（度）		Ⅷ	Ⅶ
最低设计温度（℃）		－8	－15

续表

指标编号		ZFT2-2-19	ZFT2-2-20
项目名称		牵车平台室	牵车平台
指标单位		m³	m²
名称	单位	工程量	
钢筋混凝土基础	m³	0.01	0.90
浇制混凝土屋面板	m²	0.19	
砌体外墙	m³	0.03	
钢筋混凝土基础梁	m³		
钢筋混凝土柱	m³	0.01	
钢筋混凝土梁	m³	0.01	

主要工程量

续表

指标编号				ZFT2-2-19	ZFT2-2-20
项目名称				牵车平台室	牵车平台
指标单位				m³	m²
	名称	单位	单价(元)	数量	
主要人工材料机械	建筑普通工	工日	34	0.469	1.558
	建筑技术工	工日	48	0.368	0.827
	型钢	t	3675.21	0.002	0.004
	水泥	t	337.61	0.064	0.370
	石子	m³	58.83	0.141	0.935
	砂子	m³	54.85	0.135	0.546
	钢筋	t	3504.27	0.013	0.076
	机械当量	台班	1000	0.010	0.063

九、输煤地道

指标编号	ZFT2-2-21	ZFT2-2-22	ZFT2-2-23	ZFT2-2-24
项目名称	输煤地道 壁厚600mm以内 净空断面 20m² 以内	输煤地道 壁厚800mm以内 净空断面 20m² 以内	输煤地道 壁厚1000mm以内 净空断面 20m² 以内	输煤地道 壁厚800mm以内 净空断面 25m² 以内
指标单位	m	m	m	m
基　价（元）	**15531.35**	**19749.95**	**24489.83**	**21698.56**
其中　人工费（元）	2785.74	3656.66	4534.24	3703.35
其中　材料费（元）	10861.48	12873.12	15962.59	15716.14
其中　机械费（元）	1884.13	3220.17	3993.00	2279.07
主要技术条件	钢筋混凝土结构地道，净断面 4.6m×2.62m，壁厚600mm，平均埋深 -8.517m	钢筋混凝土结构地道，净断面 4.6m×2.62m，壁厚800mm，平均埋深 -13.535m	钢筋混凝土结构地道，净断面 4.6m×2.62m，壁厚1000mm，平均埋深 -16.783m	钢筋混凝土结构地道，净断面 8m×2.62m，壁厚800mm，平均埋深 -5.813m
抗震设防烈度（度）	Ⅷ	Ⅷ	Ⅷ	Ⅶ
最低设计温度（℃）	-7.3	-7.3	-7.3	-8.2

指标编号			ZFT2-2-21	ZFT2-2-22	ZFT2-2-23	ZFT2-2-24
项目名称			输煤地道 壁厚600mm 以内 净空断面 20m² 以内	输煤地道 壁厚800mm 以内 净空断面 20m² 以内	输煤地道 壁厚1000mm 以内 净空断面 20m² 以内	输煤地道 壁厚800mm 以内 净空断面 25m² 以内
指标单位			m	m	m	m
主要工程量	名称	单位	工程量			
	输煤地道	m³	14.24	14.29	17.72	19.67
主要人工材料机械	名称	单位	单价(元)	数量		
	建筑普通工	工日	34	49.401	70.889	87.902	62.890
	建筑技术工	工日	48	23.042	25.963	32.195	32.604
	型钢	t	3675.21	0.048	0.049	0.060	0.067
	水泥	t	337.61	6.153	6.176	7.659	8.479

续表

指标编号			ZFT2-2-21	ZFT2-2-22	ZFT2-2-23	ZFT2-2-24
项目名称			输煤地道 壁厚600mm 以内 净空断面 20m² 以内	输煤地道 壁厚800mm 以内 净空断面 20m² 以内	输煤地道 壁厚1000mm 以内 净空断面 20m² 以内	输煤地道 壁厚800mm 以内 净空断面 25m² 以内
指标单位			m	m	m	m
	名称	单位	单价(元)	数量		
主要人工材料机械	石子	m³	58.83	13.860	13.912	17.251	19.150
	砂子	m³	54.85	8.403	8.434	10.458	11.580
	钢筋	t	3504.27	1.389	1.948	2.415	2.136
	机械当量	台班	1000	1.884	3.220	3.993	2.279

338

指标编号	ZFT2-2-25	ZFT2-2-26	ZFT2-2-27
项目名称	输煤地道 壁厚 1000mm 以内 净空 断面 25m² 以内	输煤地道 壁厚 800mm 以内 净空 断面 32m² 以内	输煤地道 壁厚 1000mm 以内 净空 断面 32m² 以内
指标单位	m	m	m
基　价（元）	**27444.58**	**26038.27**	**31300.73**

其中	人工费（元）	4393.14	4444.02	5342.19
	材料费（元）	20193.65	18859.36	22670.91
	机械费（元）	2857.79	2734.89	3287.63

主要技术条件	钢筋混凝土结构地道，净断面 8.2m×2.8m，壁厚 1000mm，平均埋深 -7.5m	钢筋混凝土结构地道，净断面 10.2m×2.62m，壁厚 800mm，平均埋深 -6.976m	钢筋混凝土结构地道，净断面 10.2m×2.62m，壁厚 1000mm，平均埋深 -8.2m
抗震设防烈度（度）	Ⅶ	Ⅶ	Ⅶ
最低设计温度（℃）	-8.2	-8.2	-8.2

主要工程量	名称	单位	工程量		
	输煤地道	m³	20.65	23.61	28.38

指标编号			ZFT2-2-25	ZFT2-2-26	ZFT2-2-27
项目名称			输煤地道 壁厚 1000mm 以内 净空 断面 25m² 以内	输煤地道 壁厚 800mm 以内 净空 断面 32m² 以内	输煤地道 壁厚 1000mm 以内 净空 断面 32m² 以内
指标单位			m	m	m
	名称	单位	单价(元)	数量		
主要人工材料机械	建筑普通工	工日	34	73.405	75.467	90.720
	建筑技术工	工日	48	39.526	39.125	47.033
	型钢	t	3675.21	0.070	0.080	0.096
	水泥	t	337.61	8.898	10.174	12.231
	石子	m³	58.83	20.100	22.980	27.624
	砂子	m³	54.85	12.150	13.896	16.705
	钢筋	t	3504.27	3.281	2.563	3.081
	机械当量	台班	1000	2.858	2.735	3.288

十、采光室

指标编号	ZFT2-2-28
项目名称	采光室
指标单位	m³
基　　价（元）	**209.41**

其中	人工费（元）	38.09
	材料费（元）	151.35
	机械费（元）	19.97

主要技术条件	建筑体积3047m³，钢筋混凝土框架结构；钢筋混凝土条形基础，基础埋深2.8m；外墙烧结多孔砖砌体
抗震设防烈度（度）	Ⅷ
最低设计温度（℃）	−8.2

主要工程量	名称	单位	工程量
	钢筋混凝土基础	m³	0.03
	浇制混凝土板	m²	

指标编号			ZFT2-2-28
项目名称			采光室
指标单位			m³
	名称	单位	工程量
主要工程量	浇制混凝土屋面板	m²	0.05
	砌体外墙	m³	0.03
	钢筋混凝土框架	m³	0.04
	输煤栈桥　钢筋混凝土底板	m²	0.05
	钢筋混凝土墙	m³	
	钢吊车梁	t	

续表

指标编号				ZFT2-2-28
项目名称				采光室
指标单位				m³
主要人工材料机械	名称	单位	单价(元)	数量
	建筑普通工	工日	34	0.546
	建筑技术工	工日	48	0.407
	型钢	t	3675.21	0.002
	水泥	t	337.61	0.057
	石子	m³	58.83	0.106
	砂子	m³	54.85	0.095
	钢筋	t	3504.27	0.019
	机械当量	台班	1000	0.020

十一、封闭煤场

(一) 圆形煤场

指标编号		ZFT2-2-29	ZFT2-2-30	ZFT2-2-31
项目名称		圆形煤场　直径100m以内	圆形煤场　直径120m以内	圆形煤场　直径140m以内
指标单位		座	座	座
基　价（元）		**20072591.42**	**29569499.02**	**53573738.23**
其中	人工费（元）	3230950.94	4659192.52	7332176.29
	材料费（元）	15218381.34	22457263.87	42495251.17
	机械费（元）	1623259.14	2453042.63	3746310.77
主要技术条件		直径100m，挡煤墙高度12m；储煤量8.6万t	直径120m，挡煤墙高度15m；储煤量14.8万t	直径136.5m，挡煤墙高度20m；储煤量25万t
抗震设防烈度（度）		Ⅶ	Ⅶ	Ⅶ
最低设计温度（℃）		−12.5	−9.6	−1.2

指标编号			ZFT2-2-29	ZFT2-2-30	ZFT2-2-31
项目名称			圆形煤场　直径100m以内	圆形煤场　直径120m以内	圆形煤场　直径140m以内
指标单位			座	座	座
	名称	单位	工程量		
主要工程量	钢筋混凝土基础	m³		1223.70	340.64
	钢筋混凝土底板	m³		333.89	346.38
	钢筋混凝土墙	m³		167.85	353.34
	其他钢结构	t		66.99	121.05
	输煤地道	m³	636.10	763.36	790.45
	环形基础	m³	2530.00	4494.61	6348.85
	圆形挡煤墙	m³	3580.00	3589.46	8076.35
	挡煤墙壁柱	m³	696.00	1784.56	1615.85
	砌耐火砖	m³	754.00	451.77	1784.61

续表

指标编号			ZFT2-2-29	ZFT2-2-30	ZFT2-2-31
项目名称			圆形煤场 直径100m以内	圆形煤场 直径120m以内	圆形煤场 直径140m以内
指标单位			座	座	座
主要工程量	名称	单位	工程量		
	给料机柱式基础	m³	975.00	983.22	853.10
	钢网架安装	t	360.00	586.00	1490.15
	网架板安装	m²	15000.00	21540.00	29825.00
	圆形煤场地面	m²	7850.00	11304.00	14519.36
主要人工材料机械	名称	单位	单价(元)	数量	
	建筑普通工	工日	34	55788.397	79724.445	116966.972
	建筑技术工	工日	48	27793.325	40593.206	69899.646
	型钢	t	3675.21	15.339	91.076	143.996
	水泥	t	337.61	3565.059	5628.872	7906.231
	石子	m³	58.83	18518.848	28044.090	37206.386
	砂子	m³	54.85	5949.252	9379.260	12948.660
	钢筋	t	3504.27	1575.462	2320.037	4859.980
	机械当量	台班	1000	1623.259	2453.043	3746.311

（二）条形煤场

指标编号		ZFT2-2-32	ZFT2-2-33	ZFT2-2-34
项目名称		条形煤场 跨度80m 以内	条形煤场 跨度100m 以内	条形煤场 跨度120m 以内
指标单位		m²	m²	m²
基　价（元）		**1100.86**	**1068.27**	**1049.16**
其中	人工费（元）	129.93	128.02	128.75
	材料费（元）	874.81	848.44	820.98
	机械费（元）	96.12	91.81	99.43
主要技术条件		跨度80m，长度90m；挡煤墙高1.4m；钢筋混凝土独立基础，基础埋深1.2m；混凝土地坪；上部为钢网架结构	跨度100m，长度80m；挡煤墙高2.5m；钢筋混凝土独立基础，基础埋深3m；混凝土地坪；上部为钢网架结构	跨度120m，长度119m；挡煤墙高1.7m；钢筋混凝土独立基础，基础埋深2.5m；原土地坪；上部为钢网架结构
抗震设防烈度（度）		Ⅶ	Ⅶ	Ⅶ
最低设计温度（℃）		−10.5	−6.6	−5.9

指标编号			ZFT2-2-32	ZFT2-2-33	ZFT2-2-34
项目名称			条形煤场 跨度80m 以内	条形煤场 跨度100m 以内	条形煤场 跨度120m 以内
指标单位			m²	m²	m²
	名称	单位	工程量		
主要工程量	钢筋混凝土基础	m³	0.07	0.06	0.04
	压型钢板屋面板 有保温	m²	1.60	1.56	1.53
	钢筋混凝土基础梁	m³		0.01	
	钢筋混凝土柱	m³	0.03		
	钢结构	t	0.01	0.01	0.02
	钢网架	t	0.06	0.06	0.05
	钢筋混凝土挡煤墙	m³	0.02	0.03	0.02

续表

指标编号			ZFT2-2-32	ZFT2-2-33	ZFT2-2-34
项目名称			条形煤场　跨度80m以内	条形煤场　跨度100m以内	条形煤场　跨度120m以内
指标单位			m²	m²	m²
主要工程量	名称	单位	工程量		
	混凝土地面	m²	1.00	1.00	1.00
主要人工材料机械	名称	单位	单价(元)	数量	
	建筑普通工	工日	34	1.732	1.714	1.689
	建筑技术工	工日	48	1.480	1.453	1.486
	型钢	t	3675.21	0.035	0.036	0.047
	水泥	t	337.61	0.048	0.045	0.031
	石子	m³	58.83	1.478	1.472	1.438
	砂子	m³	54.85	0.190	0.186	0.166
	钢筋	t	3504.27	0.012	0.012	0.007
	机械当量	台班	1000	0.096	0.092	0.099

（三）堆取料机基础

指标编号	ZFT2-2-35
项目名称	悬臂式斗轮堆取料机基础
指标单位	m
基　价（元）	**10517.59**

其中	人工费（元）	1460.58
	材料费（元）	8240.05
	机械费（元）	816.96

主要技术条件	钢筋混凝土条形基础，两条基础中心距离6m；单条基底宽3m，基础埋深2.2m；基础长245m
抗震设防烈度（度）	Ⅶ
最低设计温度（℃）	-12.6

主要工程量	名称	单位	工程量
	素混凝土基础	m³	1.61
	钢筋混凝土基础	m³	9.96

续表

指标编号			ZFT2-2-35	
项目名称			悬臂式斗轮堆取料机基础	
指标单位			m	
主要工程量	名称	单位		工程量
	钢轨	t		0.12
	其他钢结构	t		0.03
	砌体挡土墙	m³		1.88
主要人工材料机械	名称	单位	单价(元)	数量
	建筑普通工	工日	34	23.433
	建筑技术工	工日	48	13.832
	型钢	t	3675.21	0.195

续表

指标编号				ZFT2-2-35
项目名称				悬臂式斗轮堆取料机基础
指标单位				m
主要人工材料机械	名称	单位	单价(元)	数量
	水泥	t	337.61	5.062
	石子	m³	58.83	14.895
	砂子	m³	54.85	8.292
	钢筋	t	3504.27	0.963
	机械当量	台班	1000	0.817

（四）地下煤斗及地道

指标编号			ZFT2-2-36
项目名称			地下煤斗
指标单位			m³
基　价（元）			**630.65**
其中	人工费（元）		82.88
	材料费（元）		486.91
	机械费（元）		60.86
主要技术条件			钢筋混凝土箱形结构，净尺寸 18×7.5×7.1m；顶板、底板 1000mm，侧壁 800mm，埋深 9.1m
抗震设防烈度（度）			Ⅶ
最低设计温度（℃）			−14.1
主要工程量	名称	单位	工程量
	箱形基础	m³	0.36
	浇制混凝土板	m²	0.05
	钢煤篦子	t	0.01
	钢筋混凝土煤斗	m³	0.03
	微晶板内衬	m²	0.06

续表

指标编号				ZFT2-2-36
项目名称				地下煤斗
指标单位				m³
	名称	单位	单价(元)	数量
主要人工材料机械	建筑普通工	工日	34	1.242
	建筑技术工	工日	48	0.847
	型钢	t	3675.21	0.016
	水泥	t	337.61	0.166
	石子	m³	58.83	0.410
	砂子	m³	54.85	0.243
	钢筋	t	3504.27	0.078
	机械当量	台班	1000	0.061

354

（五）煤场冲洗建筑

指标编号			ZFT2-2-37	ZFT2-2-38
项目名称			煤泥沉淀池 净空体积≤100m³	煤泥沉淀池 净空体积＞100m³
指标单位			m³	m³
基　价（元）			**1033.17**	**726.89**
其中	人工费（元）		258.36	138.15
	材料费（元）		702.22	522.30
	机械费（元）		72.59	66.44
主要技术条件			地下钢筋混凝土结构	地下钢筋混凝土结构
抗震设防烈度（度）			Ⅶ	Ⅶ
最低设计温度（℃）			−6	−6
主要 工程 量	名称	单位	工程量	
	钢筋混凝土	m³	0.72	0.51

续表

指标编号				ZFT2-2-37	ZFT2-2-38
项目名称				煤泥沉淀池 净空体积≤100m³	煤泥沉淀池 净空体积>100m³
指标单位				m³	m³
	名称	单位	单价(元)	数量	
主要 人工 材料 机械	建筑普通工	工日	34	5.734	2.770
	建筑技术工	工日	48	1.321	0.916
	型钢	t	3675.21	0.006	0.002
	水泥	t	337.61	0.322	0.221
	石子	m³	58.83	0.779	0.525
	砂子	m³	54.85	1.102	0.679
	钢筋	t	3504.27	0.089	0.079
	机械当量	台班	1000	0.073	0.066

（六）驱动装置室

指标编号			ZFT2-2-39
项目名称			驱动装置室
指标单位			m³
基　价（元）			**216.95**
其中	人工费（元）		34.62
	材料费（元）		170.66
	机械费（元）		11.67
主要技术条件			建筑体积1582m³，钢筋混凝土框架结构；钢筋混凝土独立基础，基础埋深2.3m；外墙加气混凝土砌块
抗震设防烈度（度）			Ⅶ
最低设计温度（℃）			−12.6
主要工程量	名称	单位	工程量
	钢筋混凝土基础	m³	0.02
	浇制混凝土屋面板	m²	0.10
	砌体外墙	m³	0.05
	钢筋混凝土基础梁	m³	0.01
	钢筋混凝土框架	m³	0.03

续表

指标编号				ZFT2-2-39
项目名称				驱动装置室
指标单位				m³
	名称	单位	单价(元)	数量
主要人工材料机械	建筑普通工	工日	34	0.421
	建筑技术工	工日	48	0.423
	型钢	t	3675.21	0.001
	水泥	t	337.61	0.052
	石子	m³	58.83	0.096
	砂子	m³	54.85	0.101
	钢筋	t	3504.27	0.022
	机械当量	台班	1000	0.012

十二、干煤棚

指标编号		ZFT2-2-40	ZFT2-2-41
项目名称		排架结构干煤棚 跨度＜100m	网架结构干煤棚 跨度＜100m
指标单位		m²	m²
基　价（元）		**1400.37**	**726.85**
其中	人工费（元）	217.62	67.85
	材料费（元）	1068.50	606.49
	机械费（元）	114.25	52.51
主要技术条件		钢筋混凝土排架结构，纵向长度89m；高跨33m宽，钢屋架，预制混凝土屋面板，钢屋架下弦高18.4m；低跨5m宽，现浇钢筋混凝土屋面板，檐高14.57m；基础埋深6.5m；外墙砌体封闭	落地正交四角锥拱网壳结构，拱跨94m，纵向长度88m；基础埋深6.5m；压型钢板封闭
抗震设防烈度（度）		Ⅶ	Ⅶ
最低设计温度（℃）		3.4	3.4

指标编号			ZFT2-2-40	ZFT2-2-41
项目名称			排架结构干煤棚 跨度＜100m	网架结构干煤棚 跨度＜100m
指标单位			m²	m²
	名称	单位	工程量	
主要 工程 量	钢筋混凝土基础	m³	0.38	0.11
	浇制混凝土屋面板	m²	0.16	
	预制混凝土屋面板	m²	0.87	
	无保温金属外墙板	m²		1.67
	砌体外墙	m³	0.23	
	钢筋混凝土基础梁	m³		
	钢筋混凝土柱	m³	0.10	0.03

续表

指标编号			ZFT2-2-40	ZFT2-2-41
项目名称			排架结构干煤棚 跨度＜100m	网架结构干煤棚 跨度＜100m
指标单位			m²	m²

	名称	单位	工程量	
主要 工程 量	钢筋混凝土梁	m³	0.05	0.01
	钢筋混凝土吊车梁	m³	0.01	
	钢筋混凝土墙	m³	0.06	0.01
	钢屋架	t	0.04	
	钢网架	t		0.06
	其他钢结构	t	0.01	

	名称	单位	单价(元)	数量	
主要 人工 材料 机械	建筑普通工	工日	34	2.653	0.894
	建筑技术工	工日	48	2.655	0.781
	型钢	t	3675.21	0.059	0.014
	水泥	t	337.61	0.358	0.073
	石子	m³	58.83	0.727	0.175

指标编号			ZFT2-2-40	ZFT2-2-41
项目名称			排架结构干煤棚 跨度＜100m	网架结构干煤棚 跨度＜100m
指标单位			m²	m²
	名称	单位	单价（元）	数量	
主要 人工 材料 机械	砂子	m³	54.85	0.566	0.106
	钢筋	t	3504.27	0.098	0.027
	机械当量	台班	1000	0.114	0.053

十三、储煤筒仓

指标编号		ZFT2-2-42	ZFT2-2-43	ZFT2-2-44
项目名称		储煤筒仓　直径22m	储煤筒仓　直径33m	储煤筒仓　直径36m
指标单位		座	座	座
基　价（元）		**9731603.39**	**19029849.49**	**20998650.69**
其中	人工费（元）	1824909.33	3780250.55	3807406.33
	材料费（元）	6619201.50	12494117.43	14366803.72
	机械费（元）	1287492.56	2755481.51	2824440.64
主要技术条件		筒仓直径22m，高41m；筒仓壁450mm，筒仓底板2500mm；基础埋深6m；铸石板防磨层；筒仓顶部46m×16m×14m皮带廊，钢结构，钢梁浇制板，金属墙板围护	筒仓直径33m，高44.5m；筒仓壁厚800mm，筒仓底板厚3000mm；基础埋深7.8m；铸石板防磨层；筒仓顶部72.95m×10.2m×5.8m皮带廊，钢结构，钢梁浇制板，金属墙板围护	筒仓直径36m，高49.75m；筒仓壁厚700mm，筒仓底板厚3500mm；基础埋深4m；微晶板防磨层；筒仓顶部80m×16.0m×5.0m皮带廊，钢结构，钢梁浇制板，金属墙板围护
抗震设防烈度（度）		Ⅶ	Ⅶ	Ⅶ
最低设计温度（℃）		-39.4	-21.1	-42.4

续表

指标编号			ZFT2-2-42	ZFT2-2-43	ZFT2-2-44
项目名称			储煤筒仓 直径22m	储煤筒仓 直径33m	储煤筒仓 直径36m
指标单位			座	座	座
	名称	单位	工程量		
主要工程量	素混凝土基础	m³			1500.00
	钢梁浇制混凝土板	m²	368.00	372.05	1497.00
	有保温压型钢板屋面板	m²	736.00	744.09	
	保温金属外墙板	m²	708.40	465.42	1280.00
	钢绞线	t	60.00		
	预应力钢筋	t		90.00	
	钢结构梁	t	38.00	155.50	156.00
	其他钢结构	t	100.80	131.31	123.00

续表

指标编号			ZFT2-2-42	ZFT2-2-43	ZFT2-2-44
项目名称			储煤筒仓 直径22m	储煤筒仓 直径33m	储煤筒仓 直径36m
指标单位			座	座	座
主要工程量	名称	单位		工程量	
	储煤筒仓 基础	m³	1573.50	3052.08	4151.00
	储煤筒仓 筒壁	m³	2762.98	6451.00	5820.00
	铸石板内衬	m²	1046.50	1540.00	
	微晶板内衬	m²			2300.00
主要人工材料机械	名称	单位	单价(元)	数量	
	建筑普通工	工日	34	28082.237	60096.707	61403.401
	建筑技术工	工日	48	18127.428	36186.810	35826.827
	型钢	t	3675.21	259.399	494.204	348.067
	水泥	t	337.61	2053.884	4459.877	5390.296
	石子	m³	58.83	4241.777	9199.046	11415.474

续表

指标编号				ZFT2-2-42	ZFT2-2-43	ZFT2-2-44
项目名称				储煤筒仓 直径22m	储煤筒仓 直径33m	储煤筒仓 直径36m
指标单位				座	座	座
	名称	单位	单价(元)	数量		
主要人工材料机械	砂子	m³	54.85	2662.198	5754.068	7130.949
	钢筋	t	3504.27	899.511	1571.634	1916.491
	机械当量	台班	1000	1287.493	2755.482	2824.441

十四、输煤栈桥

指标编号			ZFT2-2-45
项目名称			输煤栈桥　断面　4.1m×2.5m 高 0~20m　钢支架
指标单位			m
基　　价（元）			**17473.07**
其中	人工费（元）		2240.79
	材料费（元）		12536.95
	机械费（元）		2695.33
主要技术条件			钢支架，钢桁架，钢支撑；压型钢板底模现浇混凝土板；彩色保温压型钢板围护；保温压型钢板屋面
抗震设防烈度（度）			Ⅷ
最低设计温度（℃）			-6.0
主要工程量	名称	单位	工程量
	钢筋混凝土基础	m³	1.16
	压型钢板底模	m²	4.26

续表

指标编号			ZFT2-2-45
项目名称			输煤栈桥　断面　4.1m×2.5m 高 0~20m　钢支架
指标单位			m
主要工程量	名称	单位	工程量
	压型钢板屋面板　有保温	m²	4.26
	保温金属外墙板	m²	4.03
	砌体内墙	m³	0.16
	钢支撑、桁架、墙架	t	1.00
	钢柱	t	0.58
	钢梁	t	0.36
	输煤栈桥　钢梁浇制底板	m²	4.26

368

续表

指标编号				ZFT2-2-45
项目名称				输煤栈桥 断面 4.1m×2.5m 高 0~20m 钢支架
指标单位				m
	名称	单位	单价(元)	数量
主要 人工 材料 机械	建筑普通工	工日	34	24.055
	建筑技术工	工日	48	29.644
	型钢	t	3675.21	2.278
	水泥	t	337.61	0.876
	石子	m³	58.83	1.945
	砂子	m³	54.85	1.310
	钢筋	t	3504.27	0.195
	机械当量	台班	1000	2.695

指标编号	ZFT2-2-46	ZFT2-2-47	ZFT2-2-48	ZFT2-2-49
项目名称	输煤栈桥 断面 7.4m×2.8m 高 0～34m 钢支架	输煤栈桥 断面 7.4m×2.8m 高0～34m 混凝土支架	输煤栈桥 断面 7.4m×2.8m 高28～49m 钢支架	输煤栈桥 断面 7.4m×2.8m 高28～49m 混凝土支架
指标单位	m	m	m	m
基 价（元）	**23983.81**	**21481.48**	**35422.12**	**27980.03**
其中 人工费（元）	3141.50	3242.48	4161.67	4296.13
其中 材料费（元）	17370.87	15676.00	25871.84	20742.86
其中 机械费（元）	3471.44	2563.00	5388.61	2941.04
主要技术条件	钢支架，钢桁架，钢支撑；压型钢板底模现浇混凝土板；彩色保温压型钢板围护；保温压型钢板屋面	混凝土支架，钢桁架，钢支撑；压型钢板底模现浇混凝土板；彩色保温压型钢板围护；保温压型钢板屋面	钢支架，钢桁架，钢支撑；压型钢板底模现浇混凝土板；彩色保温压型钢板围护；保温压型钢板屋面	混凝土支架，钢桁架，钢支；压型钢板底模现浇混凝土板；彩色保温压型钢板围护；保温压型钢板屋面
抗震设防烈度（度）	Ⅷ	Ⅷ	Ⅷ	Ⅷ
最低设计温度（℃）	－6.0	－6.0	－6.0	－6.0

续表

指标编号			ZFT2-2-46	ZFT2-2-47	ZFT2-2-48	ZFT2-2-49
项目名称			输煤栈桥 断面 7.4m×2.8m 高 0~34m 钢支架	输煤栈桥 断面 7.4m×2.8m 高0~34m 混凝土支架	输煤栈桥 断面 7.4m×2.8m 高 28~49m 钢支架	输煤栈桥 断面 7.4m×2.8m 高28~49m 混凝土支架
指标单位			m	m	m	m
主要工程量	名称	单位	工程量			
	钢筋混凝土基础	m³	2.98	2.98	2.56	2.56
	压型钢板底模	m²	7.49	7.49	7.67	7.67
	压型钢板屋面板有保温	m²	7.49	7.49	7.67	7.67
	保温金属外墙板	m²	6.07	6.07	6.15	6.15
	砌体内墙	m³	0.16	0.16	0.16	0.16
	钢筋混凝土框架	m³		2.80		6.86

371

指标编号			ZFT2-2-46	ZFT2-2-47	ZFT2-2-48	ZFT2-2-49
项目名称			输煤栈桥 断面 7.4m×2.8m 高 0~34m 钢支架	输煤栈桥 断面 7.4m×2.8m 高0~ 34m 混凝土支架	输煤栈桥 断面 7.4m×2.8m 高 28~49m 钢支架	输煤栈桥 断面 7.4m×2.8m 高 28~49m 混凝土支架
指标单位			m	m	m	m
主要工程量	名称	单位	工程量			
	钢支撑、桁架、墙架	t	1.22	1.22	1.24	1.24
	钢柱	t	0.51		1.54	
	钢梁	t	0.56		1.28	
	输煤栈桥 钢梁浇制底板	m²	7.49	7.49	7.67	7.67
主要人工材料机械	名称	单位	单价(元)	数量		
	建筑普通工	工日	34	35.532	39.629	44.937	53.932
	建筑技术工	工日	48	40.279	39.481	54.871	51.301
	型钢	t	3675.21	2.777	1.618	4.724	1.666
	水泥	t	337.61	1.920	3.157	1.755	4.787
	石子	m³	58.83	4.442	6.938	4.012	10.125
	砂子	m³	54.85	2.809	4.357	2.624	6.408

续表

指标编号			ZFT2-2-46	ZFT2-2-47	ZFT2-2-48	ZFT2-2-49
项目名称			输煤栈桥 断面 7.4m×2.8m 高 0～34m 钢支架	输煤栈桥 断面 7.4m×2.8m 高0～34m 混凝土支架	输煤栈桥 断面 7.4m×2.8m 高28～49m 钢支架	输煤栈桥 断面 7.4m×2.8m 高28～49m 混凝土支架
指标单位			m	m	m	m
	名称	单位	单价(元)	数量			

	名称	单位	单价(元)	数量			
主要人工材料机械	钢筋	t	3504.27	0.478	1.149	0.441	2.084
	机械当量	台班	1000	3.471	2.563	5.389	2.941

指标编号	ZFT2-2-50	ZFT2-2-51	ZFT2-2-52	ZFT2-2-53
项目名称	输煤栈桥 断面 8.2m×2.8m 高 0～28m 钢支架	输煤栈桥 断面 8.2m×2.8m 高0～28m 混凝土支架	输煤栈桥 断面 8.2m×2.8m 高 25～54m 钢支架	输煤栈桥 断面 8.2m×2.8m 高25～54m 混凝土支架
指标单位	m	m	m	m
基　价（元）	**25573.68**	**22776.98**	**38663.92**	**31210.40**
其中 人工费（元）	3447.41	3498.01	4680.29	4813.14
其中 材料费（元）	18215.89	16287.32	28069.06	22931.19
其中 机械费（元）	3910.38	2991.65	5914.57	3466.07
主要技术条件	钢支架，钢桁架，钢支撑；压型钢板底模现浇混凝土板；彩色保温压型钢板围护；保温压型钢板屋面	混凝土支架，钢桁架，钢支撑；压型钢板底模现浇混凝土板；彩色保温压型钢板围护；保温压型钢板屋面	钢支架，钢桁架，钢支撑；压型钢板底模现浇混凝土板；彩色保温压型钢板围护；保温压型钢板屋面	混凝土支架，钢桁架，钢支撑；压型钢板底模现浇混凝土板；彩色保温压型钢板围护；保温压型钢板屋面
抗震设防烈度（度）	Ⅶ	Ⅶ	Ⅶ	Ⅶ
最低设计温度（℃）	－20.7	－20.7	－20.7	－20.7

续表

指标编号			ZFT2-2-50	ZFT2-2-51	ZFT2-2-52	ZFT2-2-53
项目名称			输煤栈桥　断面 8.2m×2.8m　高 0~28m　钢支架	输煤栈桥　断面 8.2m×2.8m　高0~ 28m　混凝土支架	输煤栈桥　断面 8.2m×2.8m　高 25~54m　钢支架	输煤栈桥　断面 8.2m×2.8m　高25~ 54m　混凝土支架
指标单位			m	m	m	m
	名称	单位	工程量			
主要工程量	钢筋混凝土基础	m³	2.05	2.05	3.43	3.43
	压型钢板底模	m²	8.57	8.57	8.57	8.57
	压型钢板屋面板有保温	m²	8.57	8.57	8.57	8.57
	保温金属外墙板	m²	4.14	4.14	3.99	3.99
	砌体内墙	m³	0.16	0.16	0.16	0.16
	钢筋混凝框架	m³		2.59		6.85

续表

指标编号			ZFT2-2-50	ZFT2-2-51	ZFT2-2-52	ZFT2-2-53
项目名称			输煤栈桥 断面 8.2m×2.8m 高 0~28m 钢支架	输煤栈桥 断面 8.2m×2.8m 高0~ 28m 混凝土支架	输煤栈桥 断面 8.2m×2.8m 高 25~54m 钢支架	输煤栈桥 断面 8.2m×2.8m 高25~ 54m 混凝土支架
指标单位			m	m	m	m
	名称	单位	工程量			
主要工程量	钢支撑、桁架、墙架	t	1.54	1.54	1.57	1.57
	钢柱	t	0.51		1.54	
	钢梁	t	0.55		1.28	
	钢梁浇制底板	m²	8.57	8.57	8.57	8.57
	名称	单位	单价(元)	数量			
主要人工材料机械	建筑普通工	工日	34	38.692	42.085	51.065	60.038
	建筑技术工	工日	48	44.413	43.064	61.335	57.746
	型钢	t	3675.21	3.127	1.975	5.084	2.025
	水泥	t	337.61	1.610	2.754	2.175	5.205
	石子	m³	58.83	3.556	5.863	4.981	11.090
	砂子	m³	54.85	2.325	3.753	3.229	7.010

指标编号				ZFT2-2-50	ZFT2-2-51	ZFT2-2-52	ZFT2-2-53
项目名称				输煤栈桥 断面 8.2m×2.8m 高 0~28m 钢支架	输煤栈桥 断面 8.2m×2.8m 高 0~28m 混凝土支架	输煤栈桥 断面 8.2m×2.8m 高 25~54m 钢支架	输煤栈桥 断面 8.2m×2.8m 高 25~54m 混凝土支架
指标单位				m	m	m	m
主要人工材料机械	名称	单位	单价(元)	数量			
	钢筋	t	3504.27	0.400	1.019	0.579	2.221
	机械当量	台班	1000	3.910	2.992	5.915	3.466

十五、转运站

指标编号	ZFT2-2-54
项目名称	地下转运站
指标单位	m³
基　价（元）	**470.25**

其中	人工费（元）	62.52
	材料费（元）	368.84
	机械费（元）	38.89

主要技术条件	钢筋混凝土地下结构，建筑体积4933m³，埋深26.20m
抗震设防烈度（度）	Ⅷ
最低设计温度（℃）	-6.0

主要工程量	名称	单位	工程量
	地下钢筋混凝土	m³	0.35

续表

指标编号				ZFT2-2-54
项目名称				地下转运站
指标单位				m³
	名称	单位	单价(元)	数量
主要人工材料机械	建筑普通工	工日	34	0.964
	建筑技术工	工日	48	0.619
	型钢	t	3675.21	0.001
	水泥	t	337.61	0.153
	石子	m³	58.83	0.322
	砂子	m³	54.85	0.219
	钢筋	t	3504.27	0.059
	机械当量	台班	1000	0.039

指标编号		ZFT2-2-55	ZFT2-2-56	ZFT2-2-57
项目名称		半地下转运站 地下建筑体积≥45%	半地下转运站 地下建筑体积≥25%	半地下转运站 地下建筑体积＜25%
指标单位		m³	m³	m³
基　价（元）		**405.85**	**341.33**	**240.09**
其中	人工费（元）	63.86	56.05	42.90
	材料费（元）	297.62	259.55	175.82
	机械费（元）	44.37	25.73	21.37
主要技术条件		钢筋混凝土半地下结构，建筑体积7739m³；地下建筑体积5363m³，埋深12.90m；地上外墙加气混凝土砌块封闭	钢筋混凝土半地下结构，建筑体积10601m³；地下建筑体积2838m³，埋深5.9m；地上外墙加气混凝土砌块封闭	钢筋混凝土半地下结构，建筑体积21362m³；地下建筑体积5688m³，埋深12.60m；地上外墙加气混凝土砌块封闭
抗震设防烈度（度）		Ⅶ	Ⅶ	Ⅶ
最低设计温度（℃）		−2.0	−2.0	−12.3
主要工程量	名称	单位	工程量		
	浇制混凝土板	m²	0.05	0.06	0.09
	浇制混凝土屋面板	m²	0.05	0.05	0.01

指标编号				ZFT2-2-55	ZFT2-2-56	ZFT2-2-57
项目名称				半地下转运站 地下建筑体积≥45%	半地下转运站 地下建筑体积≥25%	半地下转运站 地下建筑体积<25%
指标单位				m³	m³	m³
	名称		单位	工程量		
主要工程量	砌体外墙		m³	0.02	0.06	0.05
	砌体内墙		m³	0.01	0.01	
	钢筋混凝土框架		m³	0.01	0.05	0.04
	地下钢筋混凝土		m³	0.23	0.12	0.08
	名称	单位	单价(元)	数量		
主要人工材料机械	建筑普通工	工日	34	1.071	0.805	0.628
	建筑技术工	工日	48	0.572	0.598	0.449
	型钢	t	3675.21		0.001	0.002

指标编号				ZFT2-2-55	ZFT2-2-56	ZFT2-2-57
项目名称				半地下转运站 地下建筑体积≥45%	半地下转运站 地下建筑体积≥25%	半地下转运站 地下建筑体积<25%
指标单位				m^3	m^3	m^3
主要 人工 材料 机械	名称	单位	单价(元)	数量		
	水泥	t	337.61	0.119	0.101	0.074
	石子	m^3	58.83	0.239	0.184	0.137
	砂子	m^3	54.85	0.171	0.151	0.113
	钢筋	t	3504.27	0.044	0.035	0.021
	机械当量	台班	1000	0.044	0.026	0.021

指标编号	ZFT2-2-58
项目名称	地上转运站
指标单位	m³

基　　价（元）		227.10
其中	人工费（元）	40.74
	材料费（元）	173.79
	机械费（元）	12.57

主要技术条件	建筑体积 10320m³，钢筋混凝土框架结构；钢筋混凝土独立基础，基础埋深 1.8m；外墙加气混凝土砌块封闭
抗震设防烈度（度）	Ⅶ
最低设计温度（℃）	−2.0

主要工程量	名称	单位	工程量
	钢筋混凝土基础	m³	0.02
	浇制混凝土板	m²	0.09

续表

指标编号			ZFT2-2-58
项目名称			地上转运站
指标单位			m³

	名称	单位	工程量
主要工程量	浇制混凝土屋面板	m²	0.02
	砌体外墙	m³	0.06
	砌体内墙	m³	0.01
	钢筋混凝土基础梁	m³	
	钢筋混凝土框架	m³	0.07

	名称	单位	单价(元)	数量
主要人工材料机械	建筑普通工	工日	34	0.537
	建筑技术工	工日	48	0.468
	型钢	t	3675.21	0.001

384

续表

指标编号				ZFT2-2-58
项目名称				地上转运站
指标单位				m³
主要人工材料机械	名称	单位	单价(元)	数量
	水泥	t	337.61	0.065
	石子	m³	58.83	0.117
	砂子	m³	54.85	0.103
	钢筋	t	3504.27	0.022
	机械当量	台班	1000	0.013

指标编号			ZFT2-2-59	ZFT2-2-60
项目名称			架空转运站　钢筋混凝土支架	架空转运站　钢结构支架
指标单位			m³	m³
基　　价（元）			**487.56**	**671.75**
其中	人工费（元）		76.81	73.82
	材料费（元）		387.37	498.55
	机械费（元）		23.38	99.38
主要技术条件			建筑体积3968m³，钢筋混凝土框架结构；钢筋混凝土独立基础，基础埋深2.6m；架空高度为42.13m，外墙加气混凝土砌块封闭	建筑体积4101m³，钢结构；钢筋混凝土独立基础，基础埋深3.0m；架空高度为48.2m，外墙保温金属墙板封闭
抗震设防烈度（度）			Ⅶ	Ⅶ
最低设计温度（℃）			-20.7	-22.4
主要工程量	名称	单位	工程量	
	钢筋混凝土基础	m³	0.05	0.04
	浇制混凝土板	m²	0.14	0.09

续表

指标编号		ZFT2-2-59	ZFT2-2-60
项目名称		架空转运站　钢筋混凝土支架	架空转运站　钢结构支架
指标单位		m³	m³
	名称	单位	工程量	
主要工程量	浇制混凝土屋面板	m²	0.05	0.04
	保温金属外墙板	m²		0.44
	砌体外墙	m³	0.07	
	砌体内墙	m³	0.01	
	钢筋混凝土框架	m³	0.19	
	钢支撑、桁架、墙架	t		0.01
	钢柱	t		0.04
	钢梁	t		0.03

指标编号			ZFT2-2-59	ZFT2-2-60
项目名称			架空转运站　钢筋混凝土支架	架空转运站　钢结构支架
指标单位			m³	m³
	名称	单位	单价(元)	数量
主要人工材料机械	建筑普通工	工日	34	1.007	0.807
	建筑技术工	工日	48	0.887	0.967
	型钢	t	3675.21	0.002	0.089
	水泥	t	337.61	0.138	0.031
	石子	m³	58.83	0.264	0.065
	砂子	m³	54.85	0.203	0.050
	钢筋	t	3504.27	0.056	0.004
	机械当量	台班	1000	0.023	0.099

十六、碎煤机室

指标编号	ZFT2-2-61	ZFT2-2-62
项目名称	碎煤机室　体积≤9000m³	碎煤机室　体积＞9000m³
指标单位	m³	m³
基　　价（元）	**254.75**	**239.19**

其中			
	人工费（元）	42.37	42.09
	材料费（元）	197.00	182.91
	机械费（元）	15.38	14.19
主要技术条件		建筑体积9108m³，钢筋混凝土框架结构；钢筋混凝土承台基础，基础埋深1.5m；外墙加气混凝土砌块封闭	建筑体积13548m³，钢筋混凝土框架结构；钢筋混凝土承台基础，基础埋深1.5m；外墙加气混凝土砌块封闭
抗震设防烈度（度）		Ⅶ	Ⅵ
最低设计温度（℃）		-5.0	-12.0

续表

指标编号			ZFT2-2-61	ZFT2-2-62
项目名称			碎煤机室　体积≤9000m³	碎煤机室　体积>9000m³
指标单位			m³	m³
	名称	单位	工程量	
主要工程量	钢筋混凝土基础	m³	0.04	0.01
	浇制混凝土板	m²	0.07	0.09
	浇制混凝土屋面板	m²	0.05	0.04
	砌体外墙	m³	0.05	0.06
	砌体内墙	m³		0.01
	钢筋混凝土基础梁	m³	0.01	
	钢筋混凝土框架	m³	0.07	0.07

续表

指标编号				ZFT2-2-61	ZFT2-2-62
项目名称				碎煤机室 体积≤9000m³	碎煤机室 体积＞9000m³
指标单位				m³	m³
	名称	单位	单价(元)	数量	
主要人工材料机械	建筑普通工	工日	34	0.576	0.562
	建筑技术工	工日	48	0.475	0.479
	型钢	t	3675.21	0.001	0.001
	水泥	t	337.61	0.079	0.069
	石子	m³	58.83	0.155	0.123
	砂子	m³	54.85	0.124	0.109
	钢筋	t	3504.27	0.026	0.023
	机械当量	台班	1000	0.015	0.014

十七、输煤辅助建筑

指标编号		ZFT2-2-63	ZFT2-2-64	ZFT2-2-65
项目名称		推煤机库	输煤综合楼	输煤配电室
指标单位		m³	m³	m³
基　　价（元）		**231.43**	**328.22**	**368.27**
其中	人工费（元）	41.88	55.40	62.93
	材料费（元）	172.49	254.44	287.37
	机械费（元）	17.06	18.38	17.97
主要技术条件		建筑体积 2289m³，混合结构；毛石条形基础，基础埋深 2.3m；外墙烧结多孔砖封闭	建筑体积 2608m³，钢筋混凝土框架结构；钢筋混凝土独立基础，基础埋深 2.80m；外墙加气混凝土砌块封闭	建筑体积 230m³，混合结构；毛石条形基础，基础埋深 1.5m；外墙烧结普通砖围护
抗震设防烈度（度）		Ⅶ	Ⅶ	Ⅶ
最低设计温度（℃）		-30	-30	-30

续表

指标编号		ZFT2-2-63	ZFT2-2-64	ZFT2-2-65
项目名称		推煤机库	输煤综合楼	输煤配电室
指标单位		m³	m³	m³
名称	单位	工程量		
毛石基础	m³	0.09	0.02	0.16
钢筋混凝土基础	m³		0.02	
浇制混凝土屋面板	m²	0.17	0.11	0.22
砌体外墙	m³	0.09	0.06	0.20
砌体内墙	m³	0.03	0.05	0.02
钢筋混凝土基础梁	m³		0.01	
钢筋混凝土框架	m³		0.03	

主要工程量

指标编号			ZFT2-2-63	ZFT2-2-64	ZFT2-2-65
项目名称			推煤机库	输煤综合楼	输煤配电室
指标单位			m³	m³	m³
主要工程量	名称	单位	工程量		
	钢筋混凝土墙	m³			
	其他钢结构	t			
主要人工材料机械	名称	单位	单价(元)	数量	
	建筑普通工	工日	34	0.542	0.711	0.811
	建筑技术工	工日	48	0.489	0.651	0.737
	型钢	t	3675.21	0.003	0.002	0.002
	水泥	t	337.61	0.066	0.088	0.120
	石子	m³	58.83	0.204	0.162	0.316
	砂子	m³	54.85	0.167	0.156	0.293
	钢筋	t	3504.27	0.010	0.025	0.016
	机械当量	台班	1000	0.017	0.018	0.018

指标编号	ZFT2-2-66	ZFT2-2-67
项目名称	输煤冲洗水泵房	除铁、除尘间
指标单位	m³	m³
基　价（元）	**357.26**	**274.78**

其中	人工费（元）	58.87	44.19
	材料费（元）	269.58	211.44
	机械费（元）	28.81	19.15
主要技术条件		建筑体积528m³，地下钢筋混凝土结构；底板厚700mm，侧壁厚500mm；地上混合结构，基础埋深3.80m；外墙烧结普通砖封闭	建筑体积1008m³，钢筋混凝土框架结构；钢筋混凝土独立基础，基础埋深1.5m；外墙加气混凝土砌块封闭
抗震设防烈度（度）		Ⅶ	Ⅷ
最低设计温度（℃）		-30	-6.0

主要工程量	名称	单位	工程量	
	钢筋混凝土基础	m³		0.08
	浇制混凝土屋面板	m²	0.10	0.14

续表

指标编号			ZFT2-2-66	ZFT2-2-67
项目名称			输煤冲洗水泵房	除铁、除尘间
指标单位			m³	m³
	名称	单位	工程量	
主要工程量	砌体外墙	m³	0.11	0.08
	钢筋混凝土基础梁	m³		0.01
	钢筋混凝土框架	m³		0.02
	钢筋混凝土底板	m³	0.07	
	钢筋混凝土墙	m³	0.09	
	其他钢结构	t		
	名称	单位	单价(元)	数量	
主要人工材料机械	建筑普通工	工日	34	0.834	0.631
	建筑技术工	工日	48	0.636	0.474

续表

指标编号			ZFT2-2-66	ZFT2-2-67
项目名称			输煤冲洗水泵房	除铁、除尘间
指标单位			m³	m³
主要人工材料机械	名称	单位	单价(元)	数量	
	型钢	t	3675.21	0.001	0.002
	水泥	t	337.61	0.106	0.095
	石子	m³	58.83	0.207	0.197
	砂子	m³	54.85	0.197	0.171
	钢筋	t	3504.27	0.033	0.020
	机械当量	台班	1000	0.029	0.019

十八、燃油建筑

指标编号		ZFT2-2-68	ZFT2-2-69	ZFT2-2-70
项目名称		燃油泵房	油罐基础 500m³ 以下	油罐基础 1000m³ 以下
指标单位		m³	座	座
基 价（元）		**253.22**	**66003.15**	**87191.89**
其中	人工费（元）	46.14	15870.07	16950.51
	材料费（元）	185.31	46419.27	65121.75
	机械费（元）	21.77	3713.81	5119.63
主要技术条件		泵房上部体积 1318.86m³，钢筋混凝土框架结构；钢筋混凝土独立基础，基础埋深 2.5m；外墙砖砌体封闭；污油池容积 22.1m³	油罐基础底板直径 9.07m；基础结构：2:8 灰土换填 + 砂垫层 + 沥青砂隔绝层 + 环形基础；混凝土地坪	油罐基础底板直径 11.7m；基础结构：1:1 砂石换填 + 砂垫层 + 沥青砂隔绝层 + 环形基础；混凝土地坪
抗震设防烈度（度）		VI	VII	VI
最低设计温度（℃）		3.4	−2	3.4

续表

指标编号			ZFT2-2-68	ZFT2-2-69	ZFT2-2-70
项目名称			燃油泵房	油罐基础 500m³ 以下	油罐基础 1000m³ 以下
指标单位			m³	座	座
	名称	单位	工程量		
主要 工程 量	钢筋混凝土基础	m³	0.02		
	换填灰土	m³		115.71	
	回填砂	m³		214.28	341.70
	浇制混凝土屋面板	m²	0.18		
	砌体外墙	m³	0.07		
	钢筋混凝土柱	m³	0.02		
	钢筋混凝土梁	m³	0.02		

指标编号			ZFT2-2-68	ZFT2-2-69	ZFT2-2-70
项目名称			燃油泵房	油罐基础 500m³ 以下	油罐基础 1000m³ 以下
指标单位			m³	座	座
主要工程量	名称	单位	工程量		
	钢筋混凝土阀门池	m³		18.00	40.00
	混凝土面层	m³		5.72	5.38
主要人工材料机械	名称	单位	单价(元)	数量	
	建筑普通工	工日	34	0.682	385.113	344.734
	建筑技术工	工日	48	0.479	57.844	108.934
	型钢	t	3675.21	0.002	0.131	0.245
	水泥	t	337.61	0.073	6.946	13.103
	石子	m³	58.83	0.149	20.611	31.984
	砂子	m³	54.85	0.152	297.083	461.669
	钢筋	t	3504.27	0.011	3.756	6.528
	机械当量	台班	1000	0.022	3.714	5.120

指标编号			ZFT2-2-71	ZFT2-2-72
项目名称			砖砌防火堤	混凝土结构防火堤
指标单位			m	m
基 价（元）			**455.35**	**1441.25**
其中	人工费（元）		112.50	238.64
	材料费（元）		331.02	1115.34
	机械费（元）		11.83	87.27
主要技术条件			490mm 厚砖围堤	450mm 厚钢筋混凝土围堤
抗震设防烈度（度）			Ⅶ	Ⅶ
最低设计温度（℃）			−2	−12
主要工程量	名称	单位	工程量	
	砌体外墙	m³	0.18	0.18
	钢筋混凝土墙	m³		0.95
	砖围墙	m²	2.10	

续表

指标编号				ZFT2-2-71	ZFT2-2-72
项目名称				砖砌防火堤	混凝土结构防火堤
指标单位				m	m
	名称	单位	单价(元)	数量	
主要人工材料机械	建筑普通工	工日	34	1.435	3.959
	建筑技术工	工日	48	1.327	2.168
	型钢	t	3675.21	0.003	0.010
	水泥	t	337.61	0.141	0.568
	石子	m³	58.83	0.297	1.302
	砂子	m³	54.85	0.449	0.805
	钢筋	t	3504.27	0.014	0.134
	机械当量	台班	1000	0.012	0.087

十九、燃气建筑

指标编号		ZFT2-2-73	ZFT2-2-74	ZFT2-2-75
项目名称		增压站	露天布置调压站	封闭布置调压站
指标单位		m³	座	m³
基　价（元）		**250.73**	**316664.88**	**242.15**
其中	人工费（元）	17.20	46942.90	36.50
	材料费（元）	223.77	240921.66	175.58
	机械费（元）	9.76	28800.32	30.07
主要技术条件		建筑体积 11124m³，钢筋混凝土框架结构；钢筋混凝土独立基础，基础埋深 3m；加气混凝土砌块外墙＋防爆型压型钢板墙面；防爆泄压钢板屋面	钢筋混凝土设备基础，控制室建筑面积 50m²，单层砖混结构	建筑体积 16159.5m³，钢筋混凝土框架结构；钢筋混凝土独立基础，基础埋深 3.0m；加气混凝土砌块外墙；防爆泄压钢板屋面
抗震设防烈度（度）		Ⅶ	Ⅶ	Ⅷ
最低设计温度（℃）		－24	－3.4	－26.7

续表

指标编号			ZFT2-2-73	ZFT2-2-74	ZFT2-2-75
项目名称			增压站	露天布置调压站	封闭布置调压站
指标单位			m^3	座	m^3
	名称	单位	工程量		
主要工程量	砖基础	m^3		4.40	
	钢筋混凝土基础	m^3	0.03	14.18	0.03
	设备基础	m^3	0.01	200.00	0.01
	浇制混凝土屋面板	m^2		50.00	
	砌体外墙	m^3	0.03	22.23	
	砌体内墙	m^3	0.01		
	钢筋混凝土框架	m^3	0.02	9.38	0.02

指标编号			ZFT2-2-73	ZFT2-2-74	ZFT2-2-75
项目名称			增压站	露天布置调压站	封闭布置调压站
指标单位			m³	座	m³
主要工程量	名称	单位	工程量		
	其他钢结构	t	0.01		0.01
	泄压屋面系统	m²			0.07
	防爆泄压型钢板屋面	m²	0.11		
	防爆泄压型钢板墙板	m²	0.32		
	外墙 夹芯板	m²			0.11
主要人工材料机械	名称	单位	单价（元）	数量	
	建筑普通工	工日	34	0.277	768.798	0.537
	建筑技术工	工日	48	0.163	433.412	0.380
	型钢	t	3675.21	0.003	0.923	0.009
	水泥	t	337.61	0.039	118.575	0.035
	石子	m³	58.83	0.098	482.396	0.074
	砂子	m³	54.85	0.074	203.230	0.063
	钢筋	t	3504.27	0.003	24.394	0.011
	机械当量	台班	1000	0.010	28.800	0.030

第三章 除 灰 系 统

说明

一、本章内容包括排渣机基础、渣仓基础、脱水仓建筑、浓缩机基础、缓冲水池基础、除灰综合楼、除灰管架、灰库、气化风机房、运灰车库、储灰场等单位工程指标。

二、使用说明

1. 排渣机基础指标包括炉底渣井出口至锅炉房外渣仓间支架基础，分干式与湿式排渣机执行指标。工程设计长度与指标不同时，不做调整。

2. 浓缩机基础指标综合考虑了基础埋深、底板混凝土厚度，执行指标时不做调整。

3. 灰库指标适用于粗灰库、细灰库，按照灰库直径执行指标，指标综合考虑了基础埋设、壁厚、高度，执行指标时不做调整。

4. 灰坝指标包括清基、坝体碾压、坝体砌筑、坝体排渗、坝体护面等项目，根据坝体结构材质执行指标。指标中考虑了坝体截面、护面材质等因素，执行指标时不做调整。

5. 灰场区域建筑执行第九章"附属工程"厂区性建筑指标。

6. 灰场绿化执行第九章"附属工程"绿化指标。

工程量计算规则

一、脱水仓建筑、除灰综合楼、气化风机房等指标按照设计建筑体积以"m^3"为计量单位计算工程量。

二、运灰车库等指标按照设计建筑面积以"m^2"为计量单位计算工程量。

三、排渣机基础、渣仓基础、浓缩机基础、灰库等指标按照设计数量以"座"为计量单位计算工程量。

四、除灰管架指标按照厂区围墙内设计除灰管道支架长度以"m"为计量单位计算工程量。

五、储灰场根据设计文件计算工程量。

1. 灰坝指标按照设计成品体积以"m³"为计量单位计算工程量。

2. 排水竖井指标按照设计数量以"座"为计量单位计算工程量。

3. 排渗管、排水管指标按照设计铺设长度以"m"为计量单位计算工程量，不扣除各类井所占长度。

4. 灰场防渗指标按照设计库区底面积以"m²"为计量单位计算工程量，不计算库区地形起伏面积和土工膜搭接面积。

5. 灰场办公、配电室指标按照设计建筑面积以"m²"为计量单位计算工程量。

一、排渣机基础

指标编号	ZFT2-3-1	ZFT2-3-2	ZFT2-3-3	ZFT2-3-4
项目名称	干式排渣机基础 水平长≤24m	干式排渣机基础 水平长≤40m	湿式排渣机基础 水平长≤30m	湿式排渣机基础 水平长≤60m
指标单位	座	座	座	座
基　价（元）	**20620.98**	**33259.64**	**19673.14**	**34428.00**
其中 人工费（元）	2155.31	3476.31	1986.62	3476.59
其中 材料费（元）	17495.61	28218.72	16738.55	29292.46
其中 机械费（元）	970.06	1564.61	947.97	1658.95
主要技术条件	钢筋混凝土条形基础，基础埋深1.5m；排渣机基础长度24m	钢筋混凝土条形基础，基础埋深1.5m；排渣机基础长度38m	每间隔6m钢筋混凝土块状基础，基础埋深2.5m；排渣机基础长度30m	每间隔6m钢筋混凝土块状基础，基础埋深2.5m；排渣机基础长度54m
抗震设防烈度（度）	Ⅶ	Ⅶ	Ⅶ	Ⅶ
最低设计温度（℃）	−15	−15	−3.4	−3.4

主要工程量	名称	单位	工程量			
	设备基础	m³	31.00	50.00	23.40	40.95

续表

指标编号			ZFT2-3-1	ZFT2-3-2	ZFT2-3-3	ZFT2-3-4
项目名称			干式排渣机基础 水平长≤24m	干式排渣机基础 水平长≤40m	湿式排渣机基础 水平长≤30m	湿式排渣机基础 水平长≤60m
指标单位			座	座	座	座
名称	单位	单价(元)	数量			
建筑普通工	工日	34	31.024	50.039	26.817	46.930
建筑技术工	工日	48	22.925	36.976	22.391	39.184
型钢	t	3675.21	0.105	0.170	0.080	0.139
水泥	t	337.61	11.115	17.927	8.390	14.682
石子	m^3	58.83	31.422	50.680	23.718	41.507
砂子	m^3	54.85	18.560	29.935	14.010	24.517
钢筋	t	3504.27	1.970	3.178	2.479	4.338
机械当量	台班	1000	0.970	1.565	0.948	1.659

主要人工材料机械

二、渣仓基础

指标编号	ZFT2-3-5	ZFT2-3-6	ZFT2-3-7	ZFT2-3-8
项目名称	渣仓基础 渣仓容积300m³以内	渣仓基础 渣仓容积600m³以内	渣仓基础 渣仓容积1000m³以内	渣仓维护结构
指标单位	座	座	座	m³
基 价（元）	**91755.39**	**120162.91**	**219746.38**	**195.29**
其中 人工费（元）	10862.53	16270.45	29925.47	24.26
其中 材料费（元）	73916.94	94354.03	171724.33	138.00
其中 机械费（元）	6975.92	9538.43	18096.58	33.03
主要技术条件	钢渣仓每座240m³；钢筋混凝土独立基础，基础埋深2.5m	钢渣仓每座460m³；钢筋混凝土独立基础，基础埋深2.5m	钢渣仓每座980m³；钢筋混凝土承台基础，基础埋深1.5m	建筑体积3168m³，钢框架结构；钢筋混凝土条形基础，基础埋深2.5m；外墙1.2m以下砖墙封闭，以上压型钢板封闭
抗震设防烈度（度）	Ⅶ	Ⅶ	Ⅷ	Ⅶ
最低设计温度（℃）	−13	−15	−8	−15

续表

指标编号		ZFT2-3-5	ZFT2-3-6	ZFT2-3-7	ZFT2-3-8
项目名称		渣仓基础 渣仓容积300m³以内	渣仓基础 渣仓容积600m³以内	渣仓基础 渣仓容积1000m³以内	渣仓维护结构
指标单位		座	座	座	m³
名称	单位	工程量			
钢筋混凝土基础	m³	115.00	110.00	200.20	0.02
压型钢板屋面板无保温	m²				0.05
无保温金属外墙板	m²				0.33
钢筋混凝土基础梁	m³		17.50	31.85	
钢筋混凝土柱	m³		10.00	18.20	
钢结构	t				0.02

（第一列"主要工程量"为左侧合并单元格标题）

411

指标编号			ZFT2-3-5	ZFT2-3-6	ZFT2-3-7	ZFT2-3-8
项目名称			渣仓基础 渣仓容积 300m³ 以内	渣仓基础 渣仓容积 600m³ 以内	渣仓基础 渣仓容积 1000m³ 以内	渣仓维护结构
指标单位			座	座	座	m³
	名称	单位	单价(元)	数量		
主要人工材料机械	建筑普通工	工日	34	173.221	258.379	479.463	0.286
	建筑技术工	工日	48	103.613	155.958	283.843	0.303
	型钢	t	3675.21	0.651	0.770	1.402	0.026
	水泥	t	337.61	49.347	58.360	106.216	0.009
	石子	m³	58.83	127.185	146.885	267.331	0.022
	砂子	m³	54.85	74.374	86.234	156.945	0.014
	钢筋	t	3504.27	9.746	13.136	23.908	0.003
	机械当量	台班	1000	6.976	9.538	18.097	0.033

三、脱水仓建筑

指标编号		ZFT2-3-9	
项目名称		脱水仓建筑	
指标单位		m^3	
基　价（元）		**195.70**	
其中	人工费（元）	32.45	
	材料费（元）	146.34	
	机械费（元）	16.91	
主要技术条件		建筑体积6607m^3，钢筋混凝土框架结构；钢筋混凝土独立基础，基础埋深3m；无保温金属板外墙封闭	
抗震设防烈度（度）		Ⅶ	
最低设计温度（℃）		-15	
主要工程量	名称	单位	工程量
	钢筋混凝土基础	m^3	0.03
	浇制混凝土板	m^2	0.07
	无保温金属外墙板	m^2	0.03
	钢筋混凝土框架	m^3	0.05
	钢结构	t	

续表

指标编号				ZFT2-3-9
项目名称				脱水仓建筑
指标单位				m³
主要人工材料机械	名称	单位	单价(元)	数量
	建筑普通工	工日	34	0.464
	建筑技术工	工日	48	0.347
	型钢	t	3675.21	0.004
	水泥	t	337.61	0.053
	石子	m³	58.83	0.118
	砂子	m³	54.85	0.091
	钢筋	t	3504.27	0.018
	机械当量	台班	1000	0.017

四、浓缩机基础

指标编号			ZFT2-3-10	ZFT2-3-11
项目名称			浓缩机基础	缓冲水池基础
指标单位			座	座
基　价（元）			**191348.90**	**240964.70**
其中	人工费（元）		17054.21	21429.88
	材料费（元）		161017.57	202955.23
	机械费（元）		13277.12	16579.59
主要技术条件			钢筋混凝土基础，基础埋深1.4m	钢筋混凝土基础，基础埋深1.4m
抗震设防烈度（度）			Ⅶ	Ⅶ
最低设计温度（℃）			−3.4	−8
主要工程量	名称	单位	工程量	
	设备基础	m³	262.79	331.24

指标编号			ZFT2-3-10	ZFT2-3-11
项目名称			浓缩机基础	缓冲水池基础
指标单位			座	座
名称	单位	单价(元)	数量	
建筑普通工	工日	34	258.751	324.197
建筑技术工	工日	48	172.023	216.827
型钢	t	3675.21	0.595	0.751
水泥	t	337.61	92.605	116.725
石子	m³	58.83	261.192	329.221
砂子	m³	54.85	153.392	193.343
钢筋	t	3504.27	22.271	28.072
机械当量	台班	1000	13.277	16.580

主要人工材料机械

五、气力除灰建筑

指标编号		ZFT2-3-12	ZFT2-3-13	ZFT2-3-14
项目名称		除灰综合楼	混凝土结构除灰管架	钢结构除灰管架
指标单位		m³	m	m
基　价（元）		**287.82**	**1311.74**	**3778.18**
其中	人工费（元）	49.33	252.16	550.62
	材料费（元）	217.48	949.45	2629.03
	机械费（元）	21.01	110.13	598.53
主要技术条件		建筑体积 4460m³，钢筋混凝土框架结构；钢筋混凝土独立基础，基础埋深 3m；外墙加气混凝土砌块墙围护	钢筋混凝土独立基础，基础埋深 2.5m；支架顶标高 5.043m	钢筋混凝土独立基础，基础埋深 2.5m；支架顶标高 8.2m
抗震设防烈度（度）		Ⅶ	Ⅶ	Ⅶ
最低设计温度（℃）		−15	−15	−15

续表

指标编号			ZFT2-3-12	ZFT2-3-13	ZFT2-3-14
项目名称			除灰综合楼	混凝土结构除灰管架	钢结构除灰管架
指标单位			m³	m	m
	名称	单位	工程量		
主要工程量	钢筋混凝土基础	m³	0.06		
	浇制混凝土屋面板	m²	0.13		
	砌体外墙	m³	0.06		
	砌体内墙	m³	0.03		
	钢筋混凝土基础梁	m³	0.02		
	钢筋混凝土框架	m³	0.04		
	钢结构	t		0.06	
	钢结构支架	t			0.44

续表

指标编号			ZFT2-3-12	ZFT2-3-13	ZFT2-3-14
项目名称			除灰综合楼	混凝土结构除灰管架	钢结构除灰管架
指标单位			m³	m	m
主要工程量	名称	单位	工程量		
	混凝土支架	m³		0.33	
	名称	单位	单价(元)	数量	
主要人工材料机械	建筑普通工	工日	34	0.699	4.636	8.192
	建筑技术工	工日	48	0.533	1.969	5.669
	型钢	t	3675.21	0.002	0.072	0.484
	水泥	t	337.61	0.100	0.365	0.453
	石子	m³	58.83	0.218	0.867	1.137
	砂子	m³	54.85	0.185	0.510	0.691
	钢筋	t	3504.27	0.019	0.077	0.033
	机械当量	台班	1000	0.021	0.110	0.599

419

指标编号			ZFT2-3-15	ZFT2-3-16
项目名称			灰库　直径12m	灰库　直径15m
指标单位			座	座
基　　价（元）			**1638761.07**	**2321508.58**
其中	人工费（元）		282838.97	408257.41
	材料费（元）		1200973.66	1684529.55
	机械费（元）		154948.44	228721.62
主要技术条件			灰库筒壁外直径12.5m，顶标高28m；筒壁厚250mm，壁上设壁柱，筒内设中心柱；钢筋混凝土大板式基础，基础埋深3.5m；微晶板内衬	灰库筒壁外直径15.6m，顶标高25m；筒壁厚300mm，壁上设壁柱，筒内设中心柱；钢筋混凝土大板式基础，基础埋深3.5m；微晶板内衬
抗震设防烈度（度）			Ⅶ	Ⅶ
最低设计温度（℃）			−15	−15
主要工程量	名称	单位	工程量	
	钢结构	t	13.33	16.67
	微晶板内衬	m²	250.00	276.67
	灰库　基础	m³	371.00	633.33
	灰库上部　筒壁	m³	584.66	835.03

续表

指标编号				ZFT2-3-15	ZFT2-3-16
项目名称				灰库 直径12m	灰库 直径15m
指标单位				座	座
	名称	单位	单价(元)	数量	
主要人工材料机械	建筑普通工	工日	34	4207.235	6169.872
	建筑技术工	工日	48	2912.321	4134.976
	型钢	t	3675.21	15.594	20.110
	水泥	t	337.61	461.625	706.984
	石子	m³	58.83	951.147	1474.418
	砂子	m³	54.85	587.725	907.533
	钢筋	t	3504.27	171.858	235.361
	机械当量	台班	1000	154.948	228.722

指标编号		ZFT2-3-17	ZFT2-3-18	ZFT2-3-19
项目名称		钢灰库下部结构	气化风机房	运灰车库
指标单位		座	m³	m²
基　　价（元）		**1041020.43**	**268.50**	**1209.76**
其中	人工费（元）	190033.32	44.69	215.00
	材料费（元）	743169.15	202.80	918.51
	机械费（元）	107817.96	21.01	76.25
主要技术条件		直径36.8m；地下钢筋混凝土板式基础，基础埋深4m；地上钢筋混凝土筒仓结构；钢灰仓底板高度10m	建筑体积2020m³，钢筋混凝土框架结构；钢筋混凝土独立基础，基础埋深3m；外墙加气混凝土砌体封闭	建筑面积720m²，钢筋混凝土框架结构；钢筋混凝土独立基础，基础埋深3m；外墙加气混凝土砌体围护
抗震设防烈度（度）		Ⅶ	Ⅶ	Ⅶ
最低设计温度（℃）		－15	－15	－15
主要工程量	名称	单位	工程量	
	钢筋混凝土基础	m³	0.06	0.21
	浇制混凝土屋面板	m²	0.15	1.00

续表

指标编号			ZFT2-3-17	ZFT2-3-18	ZFT2-3-19
项目名称			钢灰库下部结构	气化风机房	运灰车库
指标单位			座	m³	m²
	名称	单位	工程量		
主要工程量	砌体外墙	m³		0.07	0.31
	砌体内墙	m³		0.01	0.13
	钢筋混凝土基础梁	m³			0.06
	钢筋混凝土框架	m³		0.03	0.14
	钢结构	t	2.83		
	灰库 基础	m³	286.00		
	灰库上部 筒壁	m³	398.73		

指标编号				ZFT2-3-17	ZFT2-3-18	ZFT2-3-19
项目名称				钢灰库下部结构	气化风机房	运灰车库
指标单位				座	m³	m²
	名称	单位	单价(元)	数量		
主要人工材料机械	建筑普通工	工日	34	2943.000	0.654	2.916
	建筑技术工	工日	48	1874.374	0.468	2.414
	型钢	t	3675.21	4.825	0.002	0.006
	水泥	t	337.61	330.022	0.089	0.425
	石子	m³	58.83	685.640	0.185	0.782
	砂子	m³	54.85	422.218	0.167	0.782
	钢筋	t	3504.27	114.035	0.019	0.078
	机械当量	台班	1000	107.818	0.021	0.076

六、储灰场

（一）灰坝

指标编号			ZFT2-3-20	ZFT2-3-21	ZFT2-3-22	ZFT2-3-23
项目名称			土坝	灰渣坝	石碴坝	堆石坝
指标单位			m³	m³	m³	m³
基　　价（元）			**25.08**	**18.68**	**40.32**	**124.81**
其中	人工费（元）		3.09	2.55	9.22	8.80
	材料费（元）		4.64	4.69	7.67	92.63
	机械费（元）		17.35	11.44	23.43	23.38
主要技术条件			库区取土碾压坝，干砌块石护面，泥结石坝顶	灰渣筑坝，干砌块石护面，泥结石坝顶	灰场区域开采石碴，运距2km，碾压坝；干砌块石护面；泥结石坝顶	购置石料，堆砌坝；干砌块石护面；泥结石坝顶
抗震设防烈度（度）			Ⅶ	Ⅶ	Ⅶ	Ⅶ
最低设计温度（℃）			-6	-6	-6	-6
主要工程量	名称	单位	工程量			
	清理基层	m³	0.10	0.10	0.10	0.10
	土质碾压坝	m³	1.00			

续表

指标编号			ZFT2-3-20	ZFT2-3-21	ZFT2-3-22	ZFT2-3-23
项目名称			土坝	灰渣坝	石碴坝	堆石坝
指标单位			m³	m³	m³	m³
	名称	单位	工程量			
主要工程量	灰渣筑坝	m³		1.00		
	石碴碾压坝	m³			1.00	
	堆石坝	m³				1.00
	碎石垫层	m³	0.01	0.01	0.01	0.01
	浆砌石护面	m³	0.02	0.02	0.02	0.02
	反滤料层	m³	0.02	0.02	0.02	0.02

续表

指标编号			ZFT2-3-20	ZFT2-3-21	ZFT2-3-22	ZFT2-3-23
项目名称			土坝	灰渣坝	石碴坝	堆石坝
指标单位			m³	m³	m³	m³
名称	单位	单价(元)	数量			
主要人工材料机械						
建筑普通工	工日	34	0.073	0.060	0.217	0.207
建筑技术工	工日	48	0.013	0.011	0.038	0.036
水泥	t	337.61	0.002	0.002	0.002	0.002
石子	m³	58.83	0.052	0.052	0.052	0.052
砂子	m³	54.85	0.013	0.013	0.013	0.013
机械当量	台班	1000	0.017	0.011	0.023	0.023

（二）灰场防渗

指标编号			ZFT2-3-24	ZFT2-3-25
项目名称			无纺布土工膜 一层	无纺布土工膜 两层
指标单位			m²	m²
基　价（元）			**21.45**	**32.17**
其中	人工费（元）		2.86	4.12
	材料费（元）		15.51	23.19
	机械费（元）		3.08	4.86
主要技术条件			综合 50cm 覆土碾压铺设	综合 50cm 覆土碾压铺设
抗震设防烈度（度）			Ⅶ	Ⅶ
最低设计温度（℃）			−6	−8.2
主要工程量	名称	单位	工程量	
	铺设土工布	m²		1.00
	铺设土工膜	m²	1.00	1.00

指标编号				ZFT2-3-24	ZFT2-3-25
项目名称				无纺布土工膜　一层	无纺布土工膜　两层
指标单位				m²	m²
	名称	单位	单价(元)	数量	
主要人工材料机械	建筑普通工	工日	34	0.067	0.097
	建筑技术工	工日	48	0.012	0.017
	机械当量	台班	1000	0.003	0.005

（三）灰场排水

指标编号			ZFT2-3-26	ZFT2-3-27
项目名称			排水竖井　净空体积≤500m³	排水竖井　净空体积≤1000m³
指标单位			座	座
基　　价（元）			**156299.82**	**421664.50**
其中	人工费（元）		20336.62	69828.85
	材料费（元）		118977.23	331422.59
	机械费（元）		16985.97	20413.06
主要技术条件			钢筋混凝土结构排水竖井，净空体积224m³	钢筋混凝土结构排水竖井，净空体积650m³
抗震设防烈度（度）			Ⅶ	Ⅶ
最低设计温度（℃）			−8.2	−6
主要工程量	名称	单位	工程量	
	钢梯安装	t	6.53	7.65
	排水竖井	m³	102.03	650.00
	井底块石垫层	m³	7.07	18.75

430

指标编号				ZFT2-3-26	ZFT2-3-27
项目名称				排水竖井 净空体积≤500m³	排水竖井 净空体积≤1000m³
指标单位				座	座
	名称	单位	单价(元)	数量	
主要人工材料机械	建筑普通工	工日	34	404.251	1308.337
	建筑技术工	工日	48	137.424	527.968
	型钢	t	3675.21	6.992	4.661
	水泥	t	337.61	35.175	83.017
	石子	m³	58.83	107.448	229.843
	砂子	m³	54.85	57.320	133.357
	钢筋	t	3504.27	13.154	64.447
	机械当量	台班	1000	16.986	20.413

指标编号			ZFT2-3-28	ZFT2-3-29
项目名称			排渗管　直径≤400mm	排渗管　直径≤800mm
指标单位			m	m
基　价（元）			**605.91**	**1174.90**
其中	人工费（元）		106.09	181.20
	材料费（元）		447.27	883.66
	机械费（元）		52.55	110.04
主要技术条件			钢排渗管	钢排渗管
抗震设防烈度（度）			Ⅶ	Ⅶ
最低设计温度（℃）			－6	－8.2
主要工程量	名称	单位	工程量	
	灰场排渗管	m	1.00	1.00

续表

指标编号				ZFT2-3-28	ZFT2-3-29
项目名称				排渗管 直径≤400mm	排渗管 直径≤800mm
指标单位				m	m
主要人工材料机械	名称	单位	单价(元)	数量	
	建筑普通工	工日	34	2.262	3.741
	建筑技术工	工日	48	0.608	1.125
	型钢	t	3675.21	0.085	0.179
	水泥	t	337.61	0.068	0.096
	石子	m³	58.83	0.266	0.373
	砂子	m³	54.85	0.486	0.633
	机械当量	台班	1000	0.053	0.110

指标编号	ZFT2-3-30	ZFT2-3-31
项目名称	现浇钢筋混凝土排水管 内径≤1000mm	现浇钢筋混凝土排水管 内径≤2000mm
指标单位	m	m
基 价 （元）	**1315.66**	**4541.92**

其中		ZFT2-3-30	ZFT2-3-31
	人工费（元）	291.05	1004.76
	材料费（元）	972.42	3356.99
	机械费（元）	52.19	180.17

主要技术条件	钢筋混凝土排水管现场浇制	钢筋混凝土排水管现场浇制
抗震设防烈度（度）	Ⅶ	Ⅶ
最低设计温度（℃）	−6	−8.2

主要工程量	名称	单位	工程量	
	钢筋混凝土排水管（容积）	m	0.785	3.142

434

续表

指标编号			ZFT2-3-30	ZFT2-3-31
项目名称			排水管　内径≤1000mm	排水管　内径≤2000mm
指标单位			m	m
名称	单位	单价(元)	数量	
建筑普通工	工日	34	6.552	24.28
建筑技术工	工日	48	1.422	3.734
水泥	t	337.61	0.463	1.763
石子	m³	58.83	1.324	4.164
砂子	m³	54.85	0.769	3.079
钢筋	t	3504.27	0.162	0.561
机械当量	台班	1000	0.052	0.180

主要人工材料机械

435

（四）灰场办公、配电室

指标编号				ZFT2-3-32
项目名称				办公、配电
指标单位				m²
基　价（元）				**941.88**
其中	人工费（元）			220.88
	材料费（元）			687.64
	机械费（元）			33.36
主要技术条件				建筑体积 110m³，砖混结构；毛石条形基础，基础埋深 1.5m；外墙烧结多孔砖围护
抗震设防烈度（度）				Ⅶ
最低设计温度（℃）				－8.2
主要人工材料机械	名称	单位	单价(元)	数量
	建筑普通工	工日	34	3.833
	建筑技术工	工日	48	1.887

436

指标编号				ZFT2-3-32
项目名称				办公、配电
指标单位				m²
	名称	单位	单价(元)	数量
主要人工材料机械	型钢	t	3675.21	0.001
	水泥	t	337.61	0.256
	石子	m³	58.83	0.969
	砂子	m³	54.85	0.828
	钢筋	t	3504.27	0.033
	机械当量	台班	1000	0.033

第四章　水　处　理　系　统

说明

一、本章内容包括预处理室、化学水处理室及各车间、凝结水处理室、循环水处理室、加氯间、酸碱库、再生水处理厂房及各车间、海水淡化泵房、化学水室外水箱基础、化学水室外沟道、化学水室外各类水池等水处理系统单位工程指标。

二、使用说明

1. 机械加速澄清池按照其出力执行指标。指标综合考虑了基础埋深、澄清池直径等因素，执行指标时不做调整。

2. 化学水处理室指标包括除盐间及偏屋、化验控制楼、泵间建筑、酸碱建筑等项目。若化学水处理室工程设计条件与指标不同时，可以根据化学水处理室车间指标单独计算或调整计算化学水处理室投资估算。

3. 再生水处理厂房指标包括泥渣脱水间、工艺间、办公楼、超滤间、加药间、控制间等项目。若再生水处理厂房工程设计条件与指标不同时，可以根据再生水处理厂房车间指标单独计算或调整计算再生水处理厂房投资估算。

4. 中和池、废水收集池、废水处理池等按照其容量执行各类水池指标，指标综合考虑了防腐。

5. 水箱基础按照其容量执行指标。指标综合考虑了基础埋深、材质、结构形式等因素，执行指标时不做调整。其他室外设备基础可以根据设计工程量执行独立子项工程指标编制投资估算。

6. 化学水室外沟道按照其净断面执行指标，指标综合考虑了防腐。

7. 再生水处理建筑指标包括室内设备基础、沟道、处理池等构筑物。

8. 水处理系统区域地坪、围栏等区域性建筑执行第九章相应的工程指标。

工程量计算规则

一、预处理室、化学水处理室及各车间、凝结水处理室、循环水处理室、加氯间、酸碱库、再生水处理厂房及各车间、海水淡化泵房等指标按照设计建筑体积以"m³"为计量单位计算工程量。

二、机械加速澄清池、中和池、水箱基础、各类水池、海水淡化设备基础等按照设计数量以"座"为计量单位计算工程量。

三、化学水室外沟道按照设计室外沟道长度以"m"为计量单位计算工程量，计算化学建筑物或构筑物外墙外侧间的距离。

一、机械加速澄清池

指标编号	ZFT2-4-1	ZFT2-4-2	ZFT2-4-3	ZFT2-4-4
项目名称	机械加速澄清池出力≤80t/h无维护结构	机械加速澄清池出力≤80t/h有维护结构	机械加速澄清池出力≤160t/h无维护结构	机械加速澄清池出力≤160t/h有维护结构
指标单位	座	座	座	座
基　价（元）	**125677.05**	**128613.27**	**296775.38**	**321186.57**
其中　人工费（元）	22366.44	23188.44	64593.69	66635.75
其中　材料费（元）	89438.30	91080.70	202229.75	223073.08
其中　机械费（元）	13872.31	14344.13	29951.94	31477.74
主要技术条件	钢筋混凝土结构，埋深2m，直径4m，高4.5m，壁厚300mm	钢筋混凝土结构，埋深2m，直径4m，高4.5m，壁厚300mm；钢筋混凝土屋面板	钢筋混凝土结构，埋深1.6m，直径9.8m，高15m，壁厚400mm	钢筋混凝土结构，埋深1.6m，直径9.8m，高15m，壁厚400mm；钢网架，压型钢板屋面
抗震设防烈度（度）	Ⅶ	Ⅶ	Ⅶ	Ⅶ
最低设计温度（℃）	－37.3	－37.3	－29.9	－29.9

续表

指标编号		ZFT2-4-1	ZFT2-4-2	ZFT2-4-3	ZFT2-4-4
项目名称		机械加速澄清池 出力≤80t/h 无维护结构	机械加速澄清池 出力≤80t/h 有维护结构	机械加速澄清池 出力≤160t/h 无维护结构	机械加速澄清池 出力≤160t/h 有维护结构
指标单位		座	座	座	座
名称	单位	工程量			
主要工程量	压型钢板屋面板有保温	m²				75.00
	钢网架	t				2.00
	钢筋混凝土筒壁基础	m³	40.00	40.00	45.00	45.00
	钢筋混凝土筒壁	m³	40.00	43.00	119.00	119.00

指标编号			ZFT2-4-1	ZFT2-4-2	ZFT2-4-3	ZFT2-4-4
项目名称			机械加速澄清池出力≤80t/h无维护结构	机械加速澄清池出力≤80t/h有维护结构	机械加速澄清池出力≤160t/h无维护结构	机械加速澄清池出力≤160t/h有维护结构
指标单位			座	座	座	座
	名称	单位	单价(元)	数量		
主要人工材料机械	建筑普通工	工日	34	356.745	370.886	1009.319	1028.938
	建筑技术工	工日	48	213.279	220.388	630.749	659.388
	型钢	t	3675.21	0.227	0.231	0.634	1.635
	水泥	t	337.61	39.398	41.118	79.898	79.898
	石子	m³	58.83	88.494	91.983	159.397	159.397
	砂子	m³	54.85	52.302	54.387	99.334	99.334
	钢筋	t	3504.27	14.847	14.848	30.721	30.721
	机械当量	台班	1000	13.872	14.344	29.952	31.478

指标编号	ZFT2-4-5	ZFT2-4-6	ZFT2-4-7	ZFT2-4-8
项目名称	机械加速澄清池出力≤240t/h无维护结构	机械加速澄清池出力≤240t/h有维护结构	机械加速澄清池出力≤400t/h无维护结构	机械加速澄清池出力≤400t/h有维护结构
指标单位	座	座	座	座
基　价（元）	**1036289.54**	**1242719.97**	**1225069.12**	**1623298.12**
其中　人工费（元）	207168.45	248791.65	240043.38	319813.51
其中　材料费（元）	729536.40	876782.94	852190.50	1136922.79
其中　机械费（元）	99584.69	117145.38	132835.24	166561.82
主要技术条件	钢筋混凝土结构，埋深2.45m，直径12.4m，高16.5m，壁厚300mm	钢筋混凝土结构，埋深2.45m，直径12.4m，高16.5m，壁厚300mm；钢筋混凝土屋面板	钢筋混凝土结构，埋深3.5m，直径18m，高14.5m，壁厚400mm	钢筋混凝土结构，埋深3.5m，直径18m，高14.5m，壁厚400mm；钢筋混凝土屋面板
抗震设防烈度（度）	Ⅶ	Ⅶ	Ⅶ	Ⅶ
最低设计温度（℃）	−38.1	−38.1	−28	−28

指标编号			ZFT2-4-5	ZFT2-4-6	ZFT2-4-7	ZFT2-4-8
项目名称			机械加速澄清池 出力≤240t/h 无维护结构	机械加速澄清池 出力≤240t/h 有维护结构	机械加速澄清池 出力≤400t/h 无维护结构	机械加速澄清池 出力≤400t/h 有维护结构
指标单位			座	座	座	座
主要工程量	名称	单位	工程量			
	钢筋混凝土筒壁基础	m³	260.00	260.00	433.00	433.00
	钢筋混凝土筒壁	m³	374.40	492.40	347.00	572.00
主要人工材料机械	名称	单位	单价(元)	数量		
	建筑普通工	工日	34	3180.263	3801.407	3809.522	4997.723
	建筑技术工	工日	48	2063.272	2490.452	2302.386	3122.634
	型钢	t	3675.21	2.051	2.658	1.993	3.150

指标编号			ZFT2-4-5	ZFT2-4-6	ZFT2-4-7	ZFT2-4-8
项目名称			机械加速澄清池出力≤240t/h无维护结构	机械加速澄清池出力≤240t/h有维护结构	机械加速澄清池出力≤400t/h无维护结构	机械加速澄清池出力≤400t/h有维护结构
指标单位			座	座	座	座
	名称	单位	单价(元)	数量		
主要人工材料机械	水泥	t	337.61	305.944	364.610	372.038	483.901
	石子	m³	58.83	634.219	742.266	803.023	1009.044
	砂子	m³	54.85	390.657	459.715	488.765	620.443
	钢筋	t	3504.27	112.292	135.597	130.301	175.853
	机械当量	台班	1000	99.585	117.145	132.835	166.562

指标编号			ZFT2-4-9	ZFT2-4-10
项目名称			机械加速澄清池 出力≤800t/h 无维护结构	机械加速澄清池 出力≤800t/h 有维护结构
指标单位			座	座
基　　价（元）			**2601766.02**	**2796073.44**
其中	人工费（元）		478500.22	501377.37
	材料费（元）		1864269.50	2016814.74
	机械费（元）		258996.30	277881.33
主要技术条件			钢筋混凝土结构，埋深3m，直径24m，高15m	钢筋混凝土结构，埋深3m，直径24m，高15m；钢网架，压型钢板屋面
抗震设防烈度（度）			Ⅶ	Ⅶ
最低设计温度（℃）			-31.6	-31.6
主要工程量	名称	单位	工程量	
	压型钢板屋面板　有保温	m²		456.00
	钢网架	t		9.20
	其他钢结构	t		10.00
	钢筋混凝土筒壁基础	m³	800.00	800.00

指标编号			ZFT2-4-9	ZFT2-4-10
项目名称			机械加速澄清池 出力≤800t/h 无维护结构	机械加速澄清池 出力≤800t/h 有维护结构
指标单位			座	座
主要 工程 量	名称	单位	工程量	
	钢筋混凝土筒壁	m³	900.00	900.00
主要 人工 材料 机械	名称	单位	单价(元)	数量	
	建筑普通工	工日	34	7386.010	7604.226
	建筑技术工	工日	48	4736.894	5058.889
	型钢	t	3675.21	5.014	20.403
	水泥	t	337.61	816.081	816.081

续表

指标编号			ZFT2-4-9	ZFT2-4-10
项目名称			机械加速澄清池 出力≤800t/h　无维护结构	机械加速澄清池 出力≤800t/h　有维护结构
指标单位			座	座
	名称	单位	单价(元)	数量	
主要人工材料机械	石子	m³	58.83	1720.699	1720.699
	砂子	m³	54.85	1054.543	1055.128
	钢筋	t	3504.27	293.441	294.506
	机械当量	台班	1000	258.996	277.881

448

二、预处理室

指标编号			ZFT2-4-11
项目名称			预处理室
指标单位			m³
基　价（元）			**306.98**
其中	人工费（元）		45.90
	材料费（元）		237.78
	机械费（元）		23.30
主要技术条件			建筑体积6900m³，钢筋混凝土框架结构；钢筋混凝土独立基础，基础埋深3.0m；外墙烧结砖围护
抗震设防烈度（度）			Ⅶ
最低设计温度（℃）			−32.3
主要工程量	名称	单位	工程量
	钢筋混凝土基础	m³	0.04
	浇制混凝土屋面板	m²	0.10

续表

指标编号			ZFT2-4-11
项目名称			预处理室
指标单位			m³
	名称	单位	工程量
主要工程量	砌体外墙	m³	0.05
	砌体内墙	m³	0.01
	钢筋混凝土基础梁	m³	0.01
	钢筋混凝土柱	m³	0.02
	钢筋混凝土梁	m³	0.01
	钢屋架	t	

续表

指标编号			ZFT2-4-11	
项目名称			预处理室	
指标单位			m³	
	名称	单位	单价（元）	数量
主要人工材料机械	建筑普通工	工日	34	0.606
	建筑技术工	工日	48	0.527
	型钢	t	3675.21	0.004
	水泥	t	337.61	0.072
	石子	m³	58.83	0.146
	砂子	m³	54.85	0.133
	钢筋	t	3504.27	0.037
	机械当量	台班	1000	0.023

三、化学水处理室

指标编号	ZFT2-4-12	ZFT2-4-13	ZFT2-4-14
项目名称	化学水处理室 建筑体积≤6000m³	化学水处理室 建筑体积≤15000m³	化学水处理室 建筑体积≤25000m³
指标单位	m³	m³	m³
基　价（元）	**272.51**	**263.06**	**221.17**
其中 人工费（元）	46.85	43.82	36.11
其中 材料费（元）	205.95	205.24	169.30
其中 机械费（元）	19.71	14.00	15.76
主要技术条件	建筑体积5040m³，钢筋混凝土框架结构；钢筋混凝土独立基础，基础埋深2.6m；外墙烧结砖围护	建筑体积14108m³，钢筋混凝土框架结构；钢筋混凝土独立基础，基础埋深3.0m；外墙烧结砖围护	建筑体积24166m³，钢筋混凝土框架结构；钢筋混凝土独立基础，基础埋深4.0m；外墙加气混凝土砌块围护
抗震设防烈度（度）	Ⅶ	Ⅶ	Ⅶ
最低设计温度（℃）	−39.5	−38.1	−36.5

续表

指标编号			ZFT2-4-12	ZFT2-4-13	ZFT2-4-14
项目名称			化学水处理室 建筑体积≤6000m³	化学水处理室 建筑体积≤15000m³	化学水处理室 建筑体积≤25000m³
指标单位			m³	m³	m³
	名称	单位	工程量		
主要工程量	钢筋混凝土基础	m³	0.04	0.04	0.04
	浇制混凝土板	m²			0.03
	浇制混凝土屋面板	m²	0.15	0.16	0.09
	砌体外墙	m³	0.05	0.04	0.06
	砌体内墙	m³	0.01	0.02	0.01
	钢筋混凝土基础梁	m³	0.01	0.01	
	钢筋混凝土框架	m³	0.05	0.03	0.04

续表

指标编号				ZFT2-4-12	ZFT2-4-13	ZFT2-4-14
项目名称				化学水处理室 建筑体积≤6000m³	化学水处理室 建筑体积≤15000m³	化学水处理室 建筑体积≤25000m³
指标单位				m³	m³	m³
	名称	单位	单价(元)	数量		
主要人工材料机械	建筑普通工	工日	34	0.675	0.606	0.494
	建筑技术工	工日	48	0.498	0.484	0.403
	型钢	t	3675.21	0.002	0.001	0.004
	水泥	t	337.61	0.094	0.085	0.069
	石子	m³	58.83	0.187	0.168	0.137
	砂子	m³	54.85	0.174	0.164	0.121
	钢筋	t	3504.27	0.023	0.019	0.018
	机械当量	台班	1000	0.020	0.014	0.016

指标编号		ZFT2-4-15	ZFT2-4-16	ZFT2-4-17	ZFT2-4-18
项目名称		除盐间	水泵间	酸碱间	化验控制楼
指标单位		m^3	m^3	m^3	m^3
基　价（元）		**362.72**	**339.37**	**250.53**	**317.21**
其中	人工费（元）	64.39	59.68	41.14	53.12
	材料费（元）	279.48	251.22	193.02	245.03
	机械费（元）	18.85	28.47	16.37	19.06
主要技术条件		建筑体积 9270m^3，钢筋混凝土框架结构；钢筋混凝土独立基础，基础埋深 2.5m；外墙加气混凝土砌块围护	建筑体积 3861m^3，钢筋混凝土框架结构；钢筋混凝土独立基础，基础埋深 4.0m；外墙烧结砖围护	建筑体积 1978m^3，钢筋混凝土框架结构；钢筋混凝土独立基础，基础埋深 3.0m；外墙空心砖围护	建筑体积 4658m^3，钢筋混凝土框架结构；钢筋混凝土独立基础，基础埋深 4.0m；外墙烧结砖围护
抗震设防烈度（度）		VII	VII	VII	VII
最低设计温度（℃）		−31.5	−36.5	−37.3	−36.5
主要工程量	名称	单位	工程量		
	钢筋混凝土基础	m^3	0.05	0.06	0.06	0.06
	浇制混凝土板	m^2				0.14
	浇制混凝土屋面板	m^2	0.13	0.18	0.11	0.07

续表

指标编号			ZFT2-4-15	ZFT2-4-16	ZFT2-4-17	ZFT2-4-18
项目名称			除盐间	水泵间	酸碱间	化验控制楼
指标单位			m³	m³	m³	m³
	名称	单位	工程量			
主要工程量	砌体外墙	m³	0.20	0.09	0.09	0.08
	砌体内墙	m³	0.07	0.03		0.03
	钢筋混凝土基础梁	m³	0.01	0.01	0.01	0.01
	钢筋混凝土框架	m³	0.04	0.05	0.05	0.05
	名称	单位	单价(元)	数量		
主要人工材料机械	建筑普通工	工日	34	0.814	0.866	0.559	0.716
	建筑技术工	工日	48	0.765	0.630	0.461	0.600

指标编号			ZFT2-4-15	ZFT2-4-16	ZFT2-4-17	ZFT2-4-18
项目名称			除盐间	水泵间	酸碱间	化验控制楼
指标单位			m³	m³	m³	m³
	名称	单位	单价(元)	数量		
主要人工材料机械	型钢	t	3675.21	0.002	0.002	0.001	0.001
	水泥	t	337.61	0.109	0.113	0.081	0.103
	石子	m³	58.83	0.185	0.217	0.144	0.195
	砂子	m³	54.85	0.210	0.218	0.141	0.188
	钢筋	t	3504.27	0.025	0.027	0.025	0.029
	机械当量	台班	1000	0.019	0.028	0.016	0.019

四、酸碱建筑

指标编号		ZFT2-4-19	ZFT2-4-20	ZFT2-4-21
项目名称		酸碱联合建筑	中和池 建筑体积≤200m³	中和池 建筑体积≤500m³
指标单位		m³	座	座
基　价（元）		**385.68**	**206891.86**	**373644.53**
其中	人工费（元）	53.96	36463.35	59263.55
	材料费（元）	309.66	157719.79	292415.37
	机械费（元）	22.06	12708.72	21965.61
主要技术条件		建筑体积3256m³，钢筋混凝土框架结构；钢筋混凝土独立基础，部分箱形基础，基础埋深2.0m；外墙空心砖围护	钢筋混凝土水池，埋深3.5m；壁厚500mm；花岗岩板防腐	钢筋混凝土水池，埋深3.0m；壁厚500mm；花岗岩板防腐
抗震设防烈度（度）		Ⅶ	Ⅶ	Ⅶ
最低设计温度（℃）		−36.5	−37.3	−38.1

指标编号		ZFT2-4-19	ZFT2-4-20	ZFT2-4-21
项目名称		酸碱联合建筑	中和池 建筑体积≤200m³	中和池 建筑体积≤500m³
指标单位		m³	座	座
名称	单位	工程量		
箱形基础	m³	0.13		
钢筋混凝土基础	m³	0.04		
浇制混凝土屋面板	m²	0.07		
砌体外墙	m³	0.07		
砌体内墙	m³	0.02		
钢筋混凝土基础梁	m³	0.01		
钢筋混凝土框架	m³	0.02		
钢筋混凝土池（容积）	m³		189.00	486.00

（主要工程量）

指标编号			ZFT2-4-19	ZFT2-4-20	ZFT2-4-21
项目名称			酸碱联合建筑	中和池 建筑体积≤200m³	中和池 建筑体积≤500m³
指标单位			m³	座	座
名称	单位	单价(元)	数量		
建筑普通工	工日	34	0.746	679.674	1038.950
建筑技术工	工日	48	0.596	278.194	498.697
型钢	t	3675.21	0.001	0.365	0.939
水泥	t	337.61	0.109	41.842	65.429
石子	m³	58.83	0.235	99.152	155.447
砂子	m³	54.85	0.187	132.030	188.676
钢筋	t	3504.27	0.042	14.963	24.664
机械当量	台班	1000	0.022	12.709	21.966

（主要人工材料机械）

指标编号	ZFT2-4-22	ZFT2-4-23	ZFT2-4-24
项目名称	中和池 建筑体积≤800m³	中和池 建筑体积≤1200m³	中和池 建筑体积≤2000m³
指标单位	座	座	座
基　价（元）	**473888.04**	**706809.56**	**1048073.77**

		ZFT2-4-22	ZFT2-4-23	ZFT2-4-24
其中	人工费（元）	67503.54	101015.49	150293.56
	材料费（元）	375882.40	558364.90	818827.11
	机械费（元）	30502.10	47429.17	78953.10

主要技术条件	钢筋混凝土水池，埋深3.0m；壁厚500mm；花岗岩板防腐	钢筋混凝土水池，埋深3.5m；壁厚500mm；花岗岩板防腐	钢筋混凝土水池，埋深4m；壁厚500mm；花岗岩板防腐
抗震设防烈度（度）	Ⅶ	Ⅶ	Ⅶ
最低设计温度（℃）	-38.1	-37.3	-37.3

主要工程量	名称	单位	工程量		
			ZFT2-4-22	ZFT2-4-23	ZFT2-4-24
	水池钢筋混凝土	m³	236.60	353.70	555.00

指标编号			ZFT2-4-22	ZFT2-4-23	ZFT2-4-24
项目名称			中和池 建筑体积≤800m³	中和池 建筑体积≤1200m³	中和池 建筑体积≤2000m³
指标单位			座	座	座
	名称	单位	单价(元)	数量		
主要人工材料机械	建筑普通工	工日	34	1065.703	1605.371	2422.250
	建筑技术工	工日	48	651.420	967.308	1415.310
	型钢	t	3675.21	0.310	0.463	0.727
	水泥	t	337.61	100.388	150.072	235.483
	石子	m³	58.83	232.093	346.962	544.427
	砂子	m³	54.85	148.651	221.963	344.599
	钢筋	t	3504.27	31.781	47.671	75.214
	机械当量	台班	1000	30.502	47.429	78.953

五、化学水室外构筑物

（一）水箱基础

指标编号			ZFT2-4-25	ZFT2-4-26	ZFT2-4-27
项目名称			水箱基础　容量200m³　混凝土结构	水箱基础　容量500m³　混凝土结构	水箱基础　容量800m³　混凝土结构
指标单位			座	座	座
基　　价（元）			**53555.30**	**80220.56**	**93132.70**
其中	人工费（元）		6531.30	9624.22	11298.97
	材料费（元）		41730.37	63277.27	73186.45
	机械费（元）		5293.63	7319.07	8647.28
主要技术条件			钢筋混凝土基础，基础埋深1.5m，直径6.48m	钢筋混凝土基础，基础埋深1.5m，直径8.14m	钢筋混凝土基础，基础埋深1.5m，直径9m
抗震设防烈度（度）			Ⅶ	Ⅶ	Ⅶ
最低设计温度（℃）			-31.6	-31.6	-31.6
主要工程量	名称	单位	工程量		
	钢筋混凝土基础	m³	56.00	86.00	104.00

指标编号			ZFT2-4-25	ZFT2-4-26	ZFT2-4-27
项目名称			水箱基础 容量 200m³ 混凝土结构	水箱基础 容量 500m³ 混凝土结构	水箱基础 容量 800m³ 混凝土结构
指标单位			座	座	座
	名称	单位	单价(元)	数量		
主要人工材料机械	建筑普通工	工日	34	109.213	157.422	187.162
	建筑技术工	工日	48	58.715	89.004	102.831
	型钢	t	3675.21	0.317	0.487	0.589
	水泥	t	337.61	24.030	36.903	44.627
	石子	m³	58.83	61.934	95.113	115.020
	砂子	m³	54.85	36.217	55.619	67.260
	钢筋	t	3504.27	6.356	9.534	10.594
	机械当量	台班	1000	5.294	7.319	8.647

指标编号			ZFT2-4-28	ZFT2-4-29	ZFT2-4-30
项目名称			水箱基础 容量1000m³ 混凝土结构	水箱基础 容量2000m³ 混凝土结构	水箱基础 容量3000m³ 混凝土结构
指标单位			座	座	座
基 价（元）			**117198.35**	**281892.45**	**403690.67**
其中	人工费（元）		14103.43	33994.46	49073.09
	材料费（元）		92347.33	221969.61	317019.58
	机械费（元）		10747.59	25928.38	37598.00
主要技术条件			钢筋混凝土基础，基础埋深1.5m，直径10m	钢筋混凝土基础，基础埋深1.5m，直径14m	钢筋混凝土基础，基础埋深1.5m，直径16.4m
抗震设防烈度（度）			Ⅶ	Ⅶ	Ⅶ
最低设计温度（℃）			−31.6	−31.6	−31.6
主要工程量	名称	单位	工程量		
	钢筋混凝土基础	m³	127.00	308.00	454.00

续表

指标编号			ZFT2-4-28	ZFT2-4-29	ZFT2-4-30
项目名称			水箱基础 容量1000m³ 混凝土结构	水箱基础 容量2000m³ 混凝土结构	水箱基础 容量3000m³ 混凝土结构
指标单位			座	座	座
名称	单位	单价(元)	数量		
建筑普通工	工日	34	231.494	559.315	814.658
建筑技术工	工日	48	129.857	312.062	445.344
型钢	t	3675.21	0.719	1.745	2.572
水泥	t	337.61	54.496	132.164	194.813
石子	m³	58.83	140.457	340.636	502.106
砂子	m³	54.85	82.134	199.192	293.614
钢筋	t	3504.27	13.772	32.840	45.552
机械当量	台班	1000	10.748	25.928	37.598

主要人工材料机械

（二）室外沟道

指标编号		ZFT2-4-31	ZFT2-4-32	ZFT2-4-33	ZFT2-4-34
项目名称		化学水室外沟道净断面≤0.8m²	化学水室外沟道净断面≤1.2m²	化学水室外沟道净断面≤1.8m²	化学水室外沟道净断面≤2.5m²
指标单位		m	m	m	m
基　价（元）		**1130.05**	**2378.20**	**3240.96**	**4247.51**
其中	人工费（元）	326.62	462.19	644.67	857.57
	材料费（元）	737.77	1839.91	2482.85	3232.94
	机械费（元）	65.66	76.10	113.44	157.00
主要技术条件		钢筋混凝土沟道，花岗岩板防腐	钢筋混凝土沟道，花岗岩板防腐	钢筋混凝土沟道，花岗岩板防腐	钢筋混凝土沟道，花岗岩板防腐
抗震设防烈度（度）		Ⅶ	Ⅶ	Ⅶ	Ⅶ
最低设计温度（℃）		-37.3	-37.3	-37.3	-37.3
主要工程量	名称	单位	工程量		
	钢筋混凝土沟道（容积）	m³	0.80	1.20	1.80	2.50

指标编号			ZFT2-4-31	ZFT2-4-32	ZFT2-4-33	ZFT2-4-34
项目名称			化学水室外沟道净断面≤0.8m²	化学水室外沟道净断面≤1.2m²	化学水室外沟道净断面≤1.8m²	化学水室外沟道净断面≤2.5m²
指标单位			m	m	m	m
	名称	单位	单价(元)	数量		
主要人工材料机械	建筑普通工	工日	34	5.343	7.544	10.583	14.128
	建筑技术工	工日	48	3.020	4.285	5.934	7.859
	型钢	t	3675.21	0.032	0.048	0.072	0.100
	水泥	t	337.61	0.223	0.334	0.501	0.696
	石子	m³	58.83	0.628	0.942	1.413	1.962
	砂子	m³	54.85	0.366	0.605	0.889	1.222
	钢筋	t	3504.27	0.079	0.118	0.177	0.246
	机械当量	台班	1000	0.066	0.076	0.113	0.157

六、凝结水处理室

指标编号			ZFT2-4-35
项目名称			凝结水处理室
指标单位			m³
基　　价（元）			**253.39**
其中	人工费（元）		43.67
	材料费（元）		192.93
	机械费（元）		16.79
主要技术条件			建筑体积3914m³，钢筋混凝土框架结构；钢筋混凝土独立基础，基础埋深3.5m；外墙空心砖围护
抗震设防烈度（度）			Ⅶ
最低设计温度（℃）			−38.1
主要工程量	名称	单位	工程量
	钢筋混凝土基础	m³	0.03
	浇制混凝土屋面板	m²	0.10
	砌体外墙	m³	0.09

指标编号			ZFT2-4-35	
项目名称			凝结水处理室	
指标单位			m³	
主要工程量	名称	单位		工程量
	砌体内墙	m³		0.04
	钢筋混凝土框架	m³		0.05
主要人工材料机械	名称	单位	单价(元)	数量
	建筑普通工	工日	34	0.590
	建筑技术工	工日	48	0.492
	型钢	t	3675.21	

续表

指标编号				ZFT2-4-35
项目名称				凝结水处理室
指标单位				m^3
	名称	单位	单价(元)	数量
主要 人工 材料 机械	水泥	t	337.61	0.072
	石子	m^3	58.83	0.129
	砂子	m^3	54.85	0.144
	钢筋	t	3504.27	0.019
	机械当量	台班	1000	0.017

七、循环水处理室

指标编号			ZFT2-4-36
项目名称			循环水处理室
指标单位			m³
基　　价（元）			**269.25**
其中	人工费（元）		42.03
	材料费（元）		210.63
	机械费（元）		16.59
主要技术条件			建筑体积5800m³，钢筋混凝土框架结构；钢筋混凝土独立基础，基础埋深2.0m；外墙烧结砖围护
抗震设防烈度（度）			Ⅶ
最低设计温度（℃）			－36.2
主要工程量	名称	单位	工程量
	钢筋混凝土基础	m³	0.06
	浇制混凝土屋面板	m²	0.12
	砌体外墙	m³	0.03

续表

指标编号			ZFT2-4-36	
项目名称			循环水处理室	
指标单位			m³	
主要工程量	名称	单位		工程量
	钢筋混凝土基础梁	m³		0.01
	钢筋混凝土框架	m³		0.05
主要人工材料机械	名称	单位	单价(元)	数量
	建筑普通工	工日	34	0.596
	建筑技术工	工日	48	0.454
	型钢	t	3675.21	0.001

续表

指标编号				ZFT2-4-36
项目名称				循环水处理室
指标单位				m³
主要 人工 材料 机械	名称	单位	单价(元)	数量
	水泥	t	337.61	0.091
	石子	m³	58.83	0.196
	砂子	m³	54.85	0.157
	钢筋	t	3504.27	0.026
	机械当量	台班	1000	0.017

八、加氯间

指标编号			ZFT2-4-37
项目名称			加氯间
指标单位			m³
基　价（元）			**316.61**
其中	人工费（元）		56.04
	材料费（元）		231.79
	机械费（元）		28.78
	主要技术条件		建筑体积2106m³，钢筋混凝土框架结构；钢筋混凝土独立基础，基础埋深4.0m；外墙烧结砖围护
	抗震设防烈度（度）		Ⅶ
	最低设计温度（℃）		－36.5
主要工程量	名称	单位	工程量
	钢筋混凝土基础	m³	0.05
	浇制混凝土屋面板	m²	0.15
	砌体外墙	m³	0.08

指标编号			ZFT2-4-37
项目名称			加氯间
指标单位			m³

	名称	单位	工程量
主要工程量	砌体内墙	m³	0.03
	钢筋混凝土基础梁	m³	0.01
	钢筋混凝土框架	m³	0.05

	名称	单位	单价(元)	数量
主要人工材料机械	建筑普通工	工日	34	0.826
	建筑技术工	工日	48	0.582
	型钢	t	3675.21	0.002

续表

指标编号				ZFT2-4-37
项目名称				加氯间
指标单位				m³
主要人工材料机械	名称	单位	单价(元)	数量
	水泥	t	337.61	0.102
	石子	m³	58.83	0.199
	砂子	m³	54.85	0.199
	钢筋	t	3504.27	0.025
	机械当量	台班	1000	0.029

九、各类水池

指标编号		ZFT2-4-38	ZFT2-4-39	ZFT2-4-40	ZFT2-4-41
项目名称		水池　容量150m³以内	水池　容量300m³以内	水池　容量500m³以内	水池　容量1000m³以内
指标单位		座	座	座	座
基　价（元）		**142496.59**	**296094.41**	**321492.04**	**472860.35**
其中	人工费（元）	24989.38	47008.69	51228.23	70701.47
	材料费（元）	109024.78	231413.62	249978.58	360569.83
	机械费（元）	8482.43	17672.10	20285.23	41589.05
主要技术条件		钢筋混凝土结构地下水池，花岗岩板防腐	钢筋混凝土结构地下水池，花岗岩板防腐	钢筋混凝土结构地下水池，花岗岩板防腐	钢筋混凝土结构地下水池，花岗岩板防腐
抗震设防烈度（度）		Ⅷ	Ⅷ	Ⅷ	Ⅷ
最低设计温度（℃）		−25.5	−25.5	−25.5	−25.5
主要工程量	名称	单位	工程量		
	水池钢筋混凝土	m³				300.00
	钢筋混凝土池（容积）	m³	126.00	391.23	450.00	

续表

指标编号			ZFT2-4-38	ZFT2-4-39	ZFT2-4-40	ZFT2-4-41
项目名称			水池　容量150m³以内	水池　容量300m³以内	水池　容量500m³以内	水池　容量1000m³以内
指标单位			座	座	座	座
	名称	单位	单价(元)	数量		
主要人工材料机械	建筑普通工	工日	34	463.383	825.816	906.989	1184.934
	建筑技术工	工日	48	192.366	394.366	424.777	633.608
	型钢	t	3675.21	0.243	0.756	0.869	0.393
	水泥	t	337.61	27.895	52.670	60.582	127.288
	石子	m³	58.83	66.102	125.135	143.932	294.285
	砂子	m³	54.85	88.264	151.635	173.396	183.816
	钢筋	t	3504.27	9.975	19.854	22.837	28.603
	机械当量	台班	1000	8.482	17.672	20.285	41.589

指标编号	ZFT2-4-42	ZFT2-4-43	ZFT2-4-44
项目名称	水池 容量2000m³ 以内	水池 容量3000m³ 以内	水池 容量4000m³ 以内
指标单位	座	座	座
基 价（元）	**1136084.70**	**1821842.22**	**2330030.94**

其中	人工费（元）	159412.41	256924.71	332641.23
	材料费（元）	888285.11	1438261.63	1832947.65
	机械费（元）	88387.18	126655.88	164442.06

主要技术条件	钢筋混凝土结构地下水池，花岗岩板防腐	钢筋混凝土结构地下水池，花岗岩板防腐	钢筋混凝土结构地下水池，花岗岩板防腐
抗震设防烈度（度）	Ⅷ	Ⅷ	Ⅷ
最低设计温度（℃）	−25.5	−25.5	−25.5

主要工程量	名称	单位	工程量		
	水池钢筋混凝土	m³	652.40	1000.00	1200.00

续表

指标编号			ZFT2-4-42	ZFT2-4-43	ZFT2-4-44
项目名称			水池 容量2000m³以内	水池 容量3000m³以内	水池 容量4000m³以内
指标单位			座	座	座
	名称	单位	单价(元)	数量	
主要人工材料机械	建筑普通工	工日	34	2538.227	4053.331	5308.827
	建筑技术工	工日	48	1523.159	2481.412	3169.485
	型钢	t	3675.21	0.854	1.310	1.572
	水泥	t	337.61	276.809	424.293	509.152
	石子	m³	58.83	639.972	980.950	1177.140
	砂子	m³	54.85	398.866	618.080	748.650
	钢筋	t	3504.27	95.342	137.716	164.200
	机械当量	台班	1000	88.387	126.656	164.442

指标编号			ZFT2-4-45	ZFT2-4-46
项目名称			水池 容量 5000m³ 以内	水池 容量 7000m³ 以内
指标单位			座	座
基　价（元）			**2852945.61**	**4087812.96**
其中	人工费（元）		406526.74	566983.77
	材料费（元）		2245216.27	3188116.62
	机械费（元）		201202.60	332712.57
主要技术条件			钢筋混凝土结构地下水池，花岗岩板防腐	钢筋混凝土结构地下水池，花岗岩板防腐
抗震设防烈度（度）			Ⅷ	Ⅵ
最低设计温度（℃）			−25.5	−36.5
主要工程量	名称	单位	工程量	
	水池钢筋混凝土	m³	1400.00	2584.57

续表

指标编号				ZFT2-4-45	ZFT2-4-46
项目名称				水池 容量5000m³ 以内	水池 容量7000m³ 以内
指标单位				座	座
	名称	单位	单价(元)	数量	
主要人工材料机械	建筑普通工	工日	34	6488.032	8985.929
	建筑技术工	工日	48	3873.460	5447.139
	型钢	t	3675.21	1.834	3.385
	水泥	t	337.61	594.010	1096.613
	石子	m³	58.83	1373.331	2535.330
	砂子	m³	54.85	877.482	1559.756
	钢筋	t	3504.27	203.396	376.071
	机械当量	台班	1000	201.203	332.713

483

十、再生水处理厂房

指标编号		ZFT2-4-47	ZFT2-4-48	ZFT2-4-49
项目名称		再生水处理联合厂房	泥渣脱水间	石灰乳工艺间
指标单位		m³	m³	m³
基　价（元）		**290.84**	**354.01**	**238.63**
其中	人工费（元）	41.17	52.20	39.53
	材料费（元）	231.63	281.36	183.71
	机械费（元）	18.04	20.45	15.39
主要技术条件		建筑体积27772m³，钢筋混凝土框架结构；钢筋混凝土独立基础，地下钢筋混凝土水池，埋深5m；外墙烧结砖围护	建筑体积1558m³，钢筋混凝土框架结构；钢筋混凝土独立基础，基础埋深4m；外墙烧结砖围护	建筑体积4261m³，钢筋混凝土框架结构；钢筋混凝土独立基础，基础埋深5m；外墙烧结砖围护
抗震设防烈度（度）		Ⅵ	Ⅵ	Ⅵ
最低设计温度（℃）		−38.5	−38.5	−38.5

续表

指标编号			ZFT2-4-47	ZFT2-4-48	ZFT2-4-49
项目名称			再生水处理联合厂房	泥渣脱水间	石灰乳工艺间
指标单位			m^3	m^3	m^3
	名称	单位	工程量		
主要工程量	箱形基础	m^3	0.11	0.12	
	钢筋混凝土基础	m^3	0.02		0.07
	浇制混凝土屋面板	m^2	0.08	0.07	0.04
	砌体外墙	m^3	0.04	0.07	0.09
	砌体内墙	m^3	0.01	0.02	0.02
	钢筋混凝土基础梁	m^3			
	钢筋混凝土框架	m^3	0.02	0.03	0.05

续表

指标编号			ZFT2-4-47	ZFT2-4-48	ZFT2-4-49
项目名称			再生水处理联合厂房	泥渣脱水间	石灰乳工艺间
指标单位			m³	m³	m³
名称	单位	单价(元)		数量	
建筑普通工	工日	34	0.586	0.720	0.526
建筑技术工	工日	48	0.443	0.578	0.451
型钢	t	3675.21	0.001	0.001	0.001
水泥	t	337.61	0.087	0.087	0.078
石子	m³	58.83	0.196	0.173	0.152
砂子	m³	54.85	0.151	0.159	0.146
钢筋	t	3504.27	0.031	0.035	0.022
机械当量	台班	1000	0.018	0.020	0.015

主要人工材料机械

指标编号	ZFT2-4-50	ZFT2-4-51	ZFT2-4-52	ZFT2-4-53
项目名称	生物加强超滤间	弱酸处理间	加药间	控制室
指标单位	m³	m³	m³	m³
基 价（元）	**405.74**	**337.17**	**338.69**	**436.20**

其中	人工费（元）	71.31	58.22	60.06	81.45
	材料费（元）	296.78	249.52	250.62	307.98
	机械费（元）	37.65	29.43	28.01	46.77

主要技术条件	建筑体积 502m³，钢筋混凝土框架结构；钢筋混凝土独立基础，基础埋深4m；外墙烧结砖围护	建筑体积 819m³，钢筋混凝土框架结构；钢筋混凝土独立基础，基础埋深4m；外墙烧结砖围护	建筑体积 1287m³，钢筋混凝土框架结构；钢筋混凝土独立基础，基础埋深3.5m；外墙烧结砖围护	建筑体积389m³，钢筋混凝土框架结构；钢筋混凝土独立基础，基础埋深4m；外墙烧结砖围护
抗震设防烈度（度）	Ⅶ	Ⅵ	Ⅵ	Ⅵ
最低设计温度（℃）	－31.6	－38.5	－38.5	－38.5

主要工程量	名称	单位	工程量			
	钢筋混凝土基础	m³	0.08	0.06	0.06	0.04
	浇制混凝土屋面板	m²	0.18	0.15	0.15	0.28

续表

指标编号			ZFT2-4-50	ZFT2-4-51	ZFT2-4-52	ZFT2-4-53
项目名称			生物加强超滤间	弱酸处理间	加药间	控制室
指标单位			m^3	m^3	m^3	m^3
主要工程量	名称	单位	工程量			
	砌体外墙	m^3	0.13	0.11	0.09	0.15
	砌体内墙	m^3			0.03	0.03
	钢筋混凝土基础梁	m^3	0.01	0.01	0.01	0.01
	钢筋混凝土框架	m^3	0.07	0.05	0.05	0.05
主要人工材料机械	名称	单位	单价(元)	数量		
	建筑普通工	工日	34	1.060	0.852	0.856	1.246
	建筑技术工	工日	48	0.735	0.609	0.645	0.815
	型钢	t	3675.21	0.002	0.002	0.002	0.002

指标编号			ZFT2-4-50	ZFT2-4-51	ZFT2-4-52	ZFT2-4-53
项目名称			生物加强超滤间	弱酸处理间	加药间	控制室
指标单位			m³	m³	m³	m³
	名称	单位	单价(元)	数量		
主要人工材料机械	水泥	t	337.61	0.135	0.104	0.112	0.139
	石子	m³	58.83	0.266	0.211	0.214	0.259
	砂子	m³	54.85	0.255	0.209	0.219	0.287
	钢筋	t	3504.27	0.033	0.026	0.027	0.029
	机械当量	台班	1000	0.038	0.029	0.028	0.047

十一、再生水处理设备基础

指标编号			ZFT2-4-54	ZFT2-4-55	ZFT2-4-56	ZFT2-4-57
项目名称			水泵基础 出力 100t/m³	水泵基础 出力 200t/m³	水泵基础 出力 500t/m³	过滤器基础 出力 100t/m³
指标单位			座	座	座	座
基　价（元）			**1779.86**	**1888.67**	**2647.84**	**19906.86**
其中	人工费（元）		205.47	218.40	306.28	2326.82
	材料费（元）		1406.43	1491.48	2090.77	15658.26
	机械费（元）		167.96	178.79	250.79	1921.78
主要技术条件			钢筋混凝土基础，基础埋深 1.5m	钢筋混凝土基础，基础埋深 1.5m	钢筋混凝土基础，基础埋深 1.5m	钢筋混凝土基础，基础埋深 1m
抗震设防烈度（度）			Ⅶ	Ⅶ	Ⅶ	Ⅶ
最低设计温度（℃）			-38.5	-38.5	-38.5	-38.5
主要工程量	名称	单位	工程量			
	设备基础	m³	2.04	2.18	3.06	24.00

续表

指标编号			ZFT2-4-54	ZFT2-4-55	ZFT2-4-56	ZFT2-4-57
项目名称			水泵基础 出力 100t/m³	水泵基础 出力 200t/m³	水泵基础 出力 500t/m³	过滤器基础 出力 100t/m³
指标单位			座	座	座	座
	名称	单位	单价(元)	数量		
主要人工材料机械	建筑普通工	工日	34	3.395	3.617	5.074	39.082
	建筑技术工	工日	48	1.876	1.988	2.787	20.792
	型钢	t	3675.21	0.007	0.007	0.010	0.082
	水泥	t	337.61	0.731	0.782	1.097	8.605
	石子	m³	58.83	2.068	2.210	3.102	24.327
	砂子	m³	54.85	1.221	1.305	1.832	14.369
	钢筋	t	3504.27	0.201	0.212	0.297	2.119
	机械当量	台班	1000	0.168	0.179	0.251	1.922

十二、海水淡化建筑

指标编号	ZFT2-4-58	ZFT2-4-59
项目名称	海水淡化厂房	MED 基础 出力 500t/m³
指标单位	m³	座
基 价（元）	**274. 17**	**328913. 01**
其中	人工费（元）	44. 01	41170. 61
	材料费（元）	215. 55	246195. 01
	机械费（元）	14. 61	41547. 39
主要技术条件	建筑体积 30127m³，钢筋混凝土框架结构；钢筋混凝土独立基础，基础埋深 3.0m；外墙烧结砖围护	钢筋混凝土基础，基础埋深 1.5m
抗震设防烈度（度）	Ⅶ	Ⅶ
最低设计温度（℃）	－28. 4	－28. 4

续表

指标编号			ZFT2-4-58	ZFT2-4-59
项目名称			海水淡化厂房	MED 基础　出力 500t/m³
指标单位			m³	座
主要工程量	名称	单位	工程量	
	钢筋混凝土基础	m³	0.07	
	设备基础	m³		360.00
	浇制混凝土屋面板	m²	0.11	
	砌体外墙	m³	0.04	
	砌体内墙	m³	0.02	
	钢筋混凝土基础梁	m³	0.01	
	钢筋混凝土框架	m³	0.05	

续表

指标编号			ZFT2-4-58	ZFT2-4-59
项目名称			海水淡化厂房	MED 基础　出力 500t/m³
指标单位			m³	座
	名称	单位	单价(元)	数量	
主要人工材料机械	建筑普通工	工日	34	0.598	747.593
	建筑技术工	工日	48	0.494	328.176
	型钢	t	3675.21	0.001	1.224
	水泥	t	337.61	0.096	129.072
	石子	m³	58.83	0.203	364.898
	砂子	m³	54.85	0.170	215.533
	钢筋	t	3504.27	0.026	34.959
	机械当量	台班	1000	0.015	41.547

第五章 供 水 系 统

说明

一、本章内容包括取排水口、引水与排水沟渠、厂内外取排水及循环水管道建筑、厂内循环水沟道、循环水泵房、冷却塔、挡风板仓库、空冷排汽管道基础及支架、空冷平台、空冷配电间、机力通风塔、间冷塔、补给水泵房、补给水管道及建筑等供水系统单位工程指标。

二、使用说明

1. 取排水口指标适用于海水及淡水取排水。混凝土取水口和钢结构取水口工程包括水下挖泥、水上抛石、构件制作及防腐、水上安装、水下混凝土浇筑等项目，排水口工程包括土方施工、挡墙及底板浇筑、水下挖泥、水上抛石等项目。指标中不包括施工围堰、排水等措施费用。

2. 浮动取排水口锚地指标分为支墩式和框架式。其中支墩式指标包括土方施工、支墩浇制、护岸工程等项目，框架式指标包括土方施工、基础浇制、框架施工、水下挖泥、水上抛石等项目。

3. 引水渠指标包括基层清理、砂垫层、毛石砌筑、护岸等项目。

4. 厂外取排水混凝土管道安装执行厂内循环水管道安装相应直径的指标，厂外取排水管道建筑指标按照单根管道敷设编制。

5. 厂外取排水管道建筑指标及厂外取排水暗沟指标中包括±0.5m以下土石方整平及运输项目，±0.5m以上土石方量执行独立子项工程指标单独计算费用。

6. 岸边泵房指标按照取海水、取淡水综合考虑，含进水池及旋转滤网间等项目，按照地下部分和地上部分分别执行指标。指标采用大开挖式施工，不包括支护、围堰、排水等措施费用。

7. 循环水泵房指标按照循环海水、淡水综合考虑，执行指标时不得因材料、防腐等因素而调整。

8. 冷却塔指标适用于二次循环的钢筋混凝土结构的湿式冷却塔，按照冷却塔淋水面积执行指标。

9. 厂内取排水管道建筑指标按照单根管道敷设编制，执行指标时不做调整。

10. 空冷平台指标适用于直接空冷。指标包括空冷平台支柱、钢桁架、支撑、平台、挡风板、隔风板、楼梯等项目。不包括依附在空冷平台支柱上的电气出线构架梁及支撑，不包括风机降噪设施。

11. 间冷塔指标包括塔内地坪、管道基础、散热器支架基础、水箱基础、高位水箱支架、阀门井等项目。

12. 烟塔合一间冷塔适用于冷却与排烟合并布置设计方案，冷却与排烟及脱硫合并布置的"三合一"间冷塔执行相应的烟塔合一间冷塔指标。指标不包括烟道支架及基础、烟囱基础、脱硫烟道支架及基础、脱硫塔基础、脱硫其他设施等项目，执行相应的指标另行估算投资。

13. 深井指标适用于生活水源深井项目。深井指标按照井深75m编制，当井深不同时，按照下表系数调整指标单价。钻井遇到岩石层时，钻岩石厚度的人工、机械乘以1.5系数。

深井调整系数表

井管直径（mm）	井深≤75m	井深≤120m	井深＞120m
180	1	1.25	1.5
250	1	1.31	1.54
400	1	1.14	1.24

14. 混凝土管道指标不包括管道建筑，应配套执行相应直径的管道建筑指标。

15. 厂外补给水管道建筑指标不包括超出 ±0.5m 以上土石方整平项目，应执行独立子项工程指标单独计算土石方费用。

16. 供水系统中各类井池、区域建筑执行第九章"附属工程"相应指标。

工程量计算规则

一、混凝土取水口、钢结构取水口等指标按照流量以"t/s"为计量单位计算工程量；浮动取水口锚地、排水口等指标按照设计数量以"座"为计量单位计算工程量。

二、引水渠指标按照水渠结构体积之和以"m^3"为计量单位计算工程量。

三、厂外取排水暗沟指标按照暗沟设计长度以"m"为计量单位计算工程量。长度按照厂外取排水暗沟净长度计算，扣除阀门井、虹吸井等各种井所占的长度。

四、厂外取排水混凝土管道建筑指标按照单根管道设计长度以"m"为计量单位计算工程量，不扣除管道弯头及连接井、阀门井等各类井所占长度。

五、岸边泵房、循环水泵房、空冷配电间、补给水泵房、水井泵房等指标按照设计建筑体积以"m^3"为计量单位计算工程量。

1. 岸边泵房建筑体积分别计算地上部分体积与地下部分体积；地上部分与地下部分以零米分界。

2. 岸边进水池、旋转滤网间、拦污栅室等体积并入岸边泵房建筑体积中。

六、冷却塔指标按照冷却塔淋水面积以"m^2"为计量单位计算工程量。

七、挡风板仓库指标按照设计建筑面积以"m^2"为计量单位计算工程量。

八、厂内取排水、循环水沟道指标按照设计长度以"m"为计量单位计算工程量。长度按照厂内取排水、循环水沟净长度计算，扣除阀门井、虹吸井等各类井所占长度。

九、取排水、循环水管道指标按照单根管道长度以"m"为计量单位计算工程量，不扣除管道弯头及连接井、阀门井等各类井所占长度。

十、厂内循环水管道建筑指标按照单根管道长度以"m"为计量单位计算工程量，不扣除管道弯头、连接井、阀门井等各类井所占长度。

十一、空冷排气管道混凝土基础指标按照设计基础体积以"m^3"为计量单位计算工程量，空冷排气管道混凝土支架指标按照设计支架体积以"m^3"为计量单位计算工程量，空冷排气管道钢结构支架指标按照设计支架重量以"t"为计量单位计算工程量。空冷排汽管道长度从汽轮发电机基础外侧计算至 A 排外空冷平台侧。

十二、空冷平台指标按照设计平台外围面积以"m²"为计量单位计算工程量，不扣除孔洞及风机等所占面积，楼梯不单独计算面积。

十三、机力通风塔指标按照设计风机冷却单元以"段"为计量单位计算工程量，一台风机为一段。

十四、间冷塔指标按照设计数量以"座"为计量单位计算工程量。

十五、深井指标按照井管长度以"m"为计量单位计算工程量，计算沉砂管、滤管长度。

十六、补给水管道及管道建筑指标按照单根管道长度以"m"为计量单位计算工程量。不扣除管道弯头及连接井、阀门井等各类井所占长度。

一、取排水口

指标编号	ZFT2-5-1	ZFT2-5-2	ZFT2-5-3	ZFT2-5-4	ZFT2-5-5
项目名称	钢筋混凝土取水口	钢结构取水口	浮动取水口锚地支墩式	浮动取水口锚地框架式	排水口
指标单位	t/s	t/s	座	座	座
基 价（元）	**171940.53**	**149063.23**	**1474436.43**	**3523030.75**	**9191984.18**
其中 人工费（元）	20264.69	17815.63	200698.27	417338.52	917345.62
其中 材料费（元）	119261.19	95823.55	1147521.11	2528649.97	6648392.40
其中 机械费（元）	32414.65	35424.05	126217.05	577042.26	1626246.16
主要技术条件	取水量84t/s；钢筋混凝土结构；侧壁700mm，直径25m，高度16.6m，埋深9.4m	取水量55t/s，钢结构，直径15m，埋深5m	取水量0.3t/s；钢筋混凝土支墩，浆砌石挡墙；支墩埋深3.1m	取水量0.3t/s，钢筋混凝土结构，基础埋深2m	钢筋混凝土结构，底板600mm，地下连续墙和灌注桩整体侧壁，外围抛石
抗震设防烈度（度）	Ⅶ	Ⅶ	Ⅶ	Ⅶ	Ⅶ
最低设计温度（℃）	-3	-5	-5	-4	-5

指标编号		ZFT2-5-1	ZFT2-5-2	ZFT2-5-3	ZFT2-5-4	ZFT2-5-5
项目名称		钢筋混凝土取水口	钢结构取水口	浮动取水口锚地支墩式	浮动取水口锚地框架式	排水口
指标单位		t/s	t/s	座	座	座
	名称	单位	工程量				
主要工程量	钢筋混凝土基础	m³				920.00	
	取水泵船基础	m³			1400.00		
	浇制混凝土板	m²				680.00	
	钢筋混凝土基础梁	m³				620.00	
	钢筋混凝土框架	m³				245.00	
	钢筋混凝土梁	m³					916.44
	地下混凝土连续墙	m³					3898.00
	浆砌石防浪墙	m³			390.00		
	钢筋混凝土底板	m³					1308.67

续表

指标编号		ZFT2-5-1	ZFT2-5-2	ZFT2-5-3	ZFT2-5-4	ZFT2-5-5
项目名称		钢筋混凝土取水口	钢结构取水口	浮动取水口锚地支墩式	浮动取水口锚地框架式	排水口
指标单位		t/s	t/s	座	座	座
名称	单位	工程量				
预制混凝土构件	m³	42.00				
水下混凝土竖管	m³	38.48	29.66			
钢结构	t		10.95		50.00	2.81
圆形沉箱 800t 内/个	个	0.02	0.04			
圆形沉箱 320 方内/个	个		0.02			
拦污栅制作安装（耐腐蚀防污合金）	t	1.10				
护坦抛石（民船装运抛）	m³	359.68	179.19		2890.00	2832.74
水上抛碎石	m³		235.17		1730.00	713.98
水下挖泥	m³	299.04	640.09		15460.00	7373.13
土工布铺设	m²					4472.02

主要工程量

501

指标编号			ZFT2-5-1	ZFT2-5-2	ZFT2-5-3	ZFT2-5-4	ZFT2-5-5
项目名称			钢筋混凝土取水口	钢结构取水口	浮动取水口锚地支墩式	浮动取水口锚地框架式	排水口
指标单位			t/s	t/s	座	座	座
	名称	单位	单价(元)		数量		
主要人工材料机械	建筑普通工	工日	34	184.724	124.585	3635.542	5808.664	14154.415
	建筑技术工	工日	48	291.302	282.858	1606.058	4579.204	9084.640
	型钢	t	3675.21	1.511	10.255	7.432	55.836	10.315
	水泥	t	337.61	36.039	12.128	719.468	822.256	2721.227
	石子	m³	58.83	526.346	533.165	3047.688	8102.399	11800.779
	砂子	m³	54.85	47.155	19.601	1465.659	1305.224	4574.985
	钢筋	t	3504.27	8.411	1.166	137.716	336.749	1036.834
	机械当量	台班	1000	32.415	35.424	126.217	577.042	1626.246

二、引水渠

指标编号			ZFT2-5-6
项目名称			干砌块石水渠
指标单位			m³
基　　价（元）			**332.32**
其中	人工费（元）		40.64
	材料费（元）		184.09
	机械费（元）		107.59
主要技术条件			断面380m²，总长1087m；分层干砌块石结构；混合反滤层，反滤无纺布，回填中粗砂；渠底埋深12.12m
抗震设防烈度（度）			Ⅶ
最低设计温度（℃）			－6
主要工程量	名称	单位	工程量
	挖土方	m³	8.00
	回填砂	m³	0.31
	钢筋混凝土底板	m³	0.05
	干砌块石	m³	0.68

续表

指标编号			ZFT2-5-6
项目名称			干砌块石水渠
指标单位			m³

主要工程量	名称	单位		工程量
	反滤料层	m³		0.30
	陆上铺设土工布	m²		10.40

主要人工材料机械	名称	单位	单价(元)	数量
	建筑普通工	工日	34	0.926
	建筑技术工	工日	48	0.190
	型钢	t	3675.21	
	水泥	t	337.61	0.021
	石子	m³	58.83	1.120
	砂子	m³	54.85	0.462
	机械当量	台班	1000	0.108

三、厂外取排水暗沟

指标编号			ZFT2-5-7	ZFT2-5-8	ZFT2-5-9	ZFT2-5-10	ZFT2-5-11
项目名称			单孔沟 断面2.4m×2.4m	单孔沟 断面3m×3m	单孔沟 断面3.6m×3.6m	单孔沟 断面4.2m×4.2m	双孔沟 断面2×1.8m× 1.8m
指标单位			m	m	m	m	m
基　　价（元）			**5659.93**	**9193.07**	**12842.36**	**15247.22**	**6619.16**
其中	人工费（元）		922.33	1502.32	2047.97	2431.40	1022.30
	材料费（元）		3900.33	6504.37	9362.65	11135.04	4788.81
	机械费（元）		837.27	1186.38	1431.74	1680.78	808.05
主要技术条件			钢筋混凝土结构，壁350mm，埋深6m	钢筋混凝土结构，壁500mm，埋深6.6m	钢筋混凝土结构，壁600mm，埋深6.95m	钢筋混凝土结构，壁600m，埋深7.1m	钢筋混凝土结构，壁300mm，埋深4.5m
抗震设防烈度（度）			Ⅶ	Ⅶ	Ⅶ	Ⅶ	Ⅶ
最低设计温度（℃）			-3	-5	-5	-3	-4
主要工程量	名称	单位	工程量				
	钢筋混凝土板	m³	1.09	2.00	2.88	3.40	1.35
	钢筋混凝土底板	m³	1.09	2.00	2.88	3.40	1.35
	钢筋混凝土壁	m³	1.76	3.18	4.50	5.48	1.81

续表

指标编号			ZFT2-5-7	ZFT2-5-8	ZFT2-5-9	ZFT2-5-10	ZFT2-5-11
项目名称			单孔沟 断面2.4m×2.4m	单孔沟 断面3m×3m	单孔沟 断面3.6m×3.6m	单孔沟 断面4.2m×4.2m	双孔沟 断面2×1.8m× 1.8m
指标单位			m	m	m	m	m
	名称	单位	单价(元)	数量			
主要人工材料机械	建筑普通工	工日	34	16.025	25.151	32.878	38.947	16.600
	建筑技术工	工日	48	7.864	13.484	19.378	23.068	9.540
	型钢	t	3675.21	0.012	0.023	0.032	0.038	0.015
	水泥	t	337.61	1.602	2.929	4.188	5.009	1.852
	石子	m³	58.83	3.717	6.793	9.710	11.621	4.281
	砂子	m³	54.85	2.436	4.455	6.374	7.617	2.832
	钢筋	t	3504.27	0.640	0.995	1.441	1.705	0.820
	机械当量	台班	1000	0.837	1.186	1.432	1.681	0.808

指标编号		ZFT2-5-12	ZFT2-5-13	ZFT2-5-14	ZFT2-5-15
项目名称		双孔沟 断面 2×2m×2m	双孔沟 断面 2×2.4m×2.4m	双孔沟 断面 2×3m×3m	双孔沟 断面 2×3.6m×3.6m
指标单位		m	m	m	m
基　价（元）		**7134.34**	**9910.42**	**16133.67**	**22878.87**
其中	人工费（元）	1117.29	1576.19	2570.77	3641.55
	材料费（元）	5107.23	7073.85	11647.06	16753.46
	机械费（元）	909.82	1260.38	1915.84	2483.86
主要技术条件		钢筋混凝土结构，壁壁300mm，埋深5m	钢筋混凝土结构，壁350mm，埋深6m	钢筋混凝土结构，壁500mm，埋深6.6m	钢筋混凝土结构，壁600mm，埋深6.95m
抗震设防烈度（度）		Ⅶ	Ⅶ	Ⅶ	Ⅶ
最低设计温度（℃）		-3	-3	-5	-5

主要工程量	名称	单位	工程量			
	钢筋混凝土板	m³	1.47	2.15	3.75	5.39
	钢筋混凝土底板	m³	1.47	2.15	3.75	5.40
	钢筋混凝土壁	m³	1.96	2.81	4.86	7.56

续表

指标编号			ZFT2-5-12	ZFT2-5-13	ZFT2-5-14	ZFT2-5-15
项目名称			双孔沟 断面 2×2m×2m	双孔沟 断面 2×2.4m×2.4m	双孔沟 断面 2×3m×3m	双孔沟 断面 2×3.6m×3.6m
指标单位			m	m	m	m
	名称	单位	单价(元)	数量		
主要人工材料机械	建筑普通工	工日	34	18.427	26.082	41.677	57.973
	建筑技术工	工日	48	10.225	14.363	24.037	34.803
	型钢	t	3675.21	0.016	0.024	0.042	0.060
	水泥	t	337.61	2.010	2.920	5.076	7.517
	石子	m³	58.83	4.648	6.750	11.729	17.394
	砂子	m³	54.85	3.075	4.469	7.769	11.479
	钢筋	t	3504.27	0.865	1.159	1.833	2.574
	机械当量	台班	1000	0.910	1.260	1.916	2.484

508

四、厂外取排水管道建筑

指标编号			ZFT2-5-16	ZFT2-5-17	ZFT2-5-18	ZFT2-5-19	ZFT2-5-20	ZFT2-5-21
项目名称			混凝土管道建筑 直径≤2500mm	混凝土管道建筑 直径≤3500mm	混凝土管道建筑 直径≤4200mm	其他材质 管道建筑 直径≤2500mm	其他材质 管道建筑 直径≤3500mm	其他材质 管道建筑 直径≤4200mm
指标单位			m	m	m	m	m	m
基 价（元）			**755.73**	**1726.87**	**2209.75**	**580.58**	**1010.10**	**1415.51**
其中	人工费（元）		169.71	376.53	503.71	142.33	254.92	375.39
	材料费（元）		279.51	754.11	783.44	131.20	174.21	114.20
	机械费（元）		306.51	596.23	922.60	307.05	580.97	925.92
主要技术条件			综合覆土1.5m厚；砂垫层，混凝土支墩	综合覆土1.5m厚；砂垫层，混凝土支墩	综合覆土1.5m厚；砂垫层，混凝土支墩	综合覆土1.5m厚；砂垫层，混凝土支墩	综合覆土1.5m厚；砂垫层，混凝土支墩	综合覆土1.5m厚；砂垫层，混凝土支墩
抗震设防烈度（度）			Ⅶ	Ⅶ	Ⅶ	Ⅶ	Ⅶ	Ⅶ
最低设计温度（℃）			−3	−4	−3	−3	−5	−5
主要工程量	名称	单位	工程量					
	混凝土管管道建筑	m	1.00	1.00	1.00			
	钢管管道建筑	m				1.00	1.00	1.00

509

续表

指标编号			ZFT2-5-16	ZFT2-5-17	ZFT2-5-18	ZFT2-5-19	ZFT2-5-20	ZFT2-5-21
项目名称			混凝土管道建筑直径≤2500mm	混凝土管道建筑直径≤3500mm	混凝土管道建筑直径≤4200mm	其他材质管道建筑直径≤2500mm	其他材质管道建筑直径≤3500mm	其他材质管道建筑直径≤4200mm
指标单位			m	m	m	m	m	m
	名称	单位	单价(元)		数量			
主要人工材料机械	建筑普通工	工日	34	4.095	8.759	12.369	3.737	6.891	10.627
	建筑技术工	工日	48	0.635	1.640	1.733	0.318	0.430	0.293
	水泥	t	337.61	0.266	0.737	0.762			
	石子	m³	58.83	0.741	2.056	2.123			
	砂子	m³	54.85	0.429	1.190	1.229	2.086	2.675	1.613
	机械当量	台班	1000	0.307	0.596	0.923	0.307	0.581	0.926

510

五、岸边泵房

指标编号		ZFT2-5-22	ZFT2-5-23
项目名称		岸边泵房上部结构	岸边泵房地下部分
指标单位		m³	m³
基　价（元）		**135.62**	**609.12**
其中	人工费（元）	18.43	93.11
	材料费（元）	105.57	465.32
	机械费（元）	11.62	50.69
主要技术条件		建筑体积29223m³，钢筋混凝土排架；空心砖砌体外墙	建筑体积21632m³，地下钢筋混凝土结构；底板1000mm；侧壁1200mm；底板埋深12.6m
抗震设防烈度（度）		Ⅶ	Ⅶ
最低设计温度（℃）		-9	-9

续表

指标编号			ZFT2-5-22	ZFT2-5-23
项目名称			岸边泵房上部结构	岸边泵房地下部分
指标单位			m³	m³
主要工程量	名称	单位	工程量	
	回填砂砾石	m³		0.59
	钢筋混凝土基础	m³		
	钢梁浇制混凝土屋面板	m²	0.07	
	砌体外墙	m³	0.03	
	钢筋混凝土基础梁	m³		
	钢筋混凝土框架	m³	0.01	
	钢筋混凝土吊车梁	m³		
	钢筋混凝土悬臂板	m³		0.03

续表

指标编号			ZFT2-5-22	ZFT2-5-23
项目名称			岸边泵房上部结构	岸边泵房地下部分
指标单位			m³	m³
主要工程量	名称	单位	工程量	
	钢筋混凝土底板	m³		0.10
	钢筋混凝土底板上填混凝土	m³		0.01
	钢筋混凝土墙	m³		0.32
	钢结构	t	0.01	
主要人工材料机械	名称	单位	单价(元)	数量	
	建筑普通工	工日	34	0.209	1.468
	建筑技术工	工日	48	0.236	0.900
	型钢	t	3675.21	0.010	0.001
	水泥	t	337.61	0.018	0.182
	石子	m³	58.83	0.029	0.438
	砂子	m³	54.85	0.044	0.973
	钢筋	t	3504.27	0.004	0.067
	机械当量	台班	1000	0.012	0.051

六、循环水泵房

指标编号		ZFT2-5-24	ZFT2-5-25	ZFT2-5-26	ZFT2-5-27
项目名称		地下式 循环水泵房 建筑体积≤7000m³	循环水泵房 建筑体积≤15000m³	循环水泵房 建筑体积＞15000m³	沉井式 直流循环水泵房 建筑体积＞15000m³
指标单位		m³	m³	m³	m³
基　价（元）		**433.55**	**377.54**	**336.73**	**695.61**
其中	人工费（元）	63.62	52.27	42.22	111.11
	材料费（元）	317.10	290.84	269.75	510.19
	机械费（元）	52.83	34.43	24.76	74.31
主要技术条件		建筑体积2750.49m³，钢筋混凝土结构；底板1000mm，侧壁900mm，埋深10.3m	建筑体积13029m³；地下钢筋混凝土结构，泵房下部体积5111m³；底板1000mm，侧壁900mm，埋深10.6m；地上钢筋混凝土框架结构，泵房上部体积7918m³；加气混凝土砌体外墙	建筑体积26250m³；地下钢筋混凝土结构，泵房下部体积12000m³；底板1500mm，侧壁1500mm，埋深16m；地上钢筋混凝土框架结构，泵房上部体积14250m³；空心砖砌体外墙	建筑体积28890m³；沉井法施工，刃脚底标高-12.5m，沉井制作顶标高5.4m
抗震设防烈度（度）		Ⅶ	Ⅶ	Ⅶ	Ⅶ
最低设计温度（℃）		−2	−2	−36.5	−3.4

续表

指标编号		ZFT2-5-24	ZFT2-5-25	ZFT2-5-26	ZFT2-5-27
项目名称		地下式 循环水泵房 建筑体积≤7000m³	循环水泵房 建筑体积≤15000m³	循环水泵房 建筑体积＞15000m³	沉井式 直流循环水泵房 建筑体积＞15000m³
指标单位		m³	m³	m³	m³
名称	单位	工程量			
钢筋混凝土基础	m³				
浇制混凝土板	m²	0.05	0.03		
浇制混凝土屋面板	m²		0.01	0.02	
钢梁浇制混凝土屋面板	m²		0.05		
砌体外墙	m³		0.04	0.02	
钢筋混凝土框架	m³		0.02	0.01	
钢筋混凝土底板	m³	0.13	0.06	0.09	

（主要工程量）

515

指标编号			ZFT2-5-24	ZFT2-5-25	ZFT2-5-26	ZFT2-5-27
项目名称			地下式 循环水泵房 建筑体积≤7000m³	循环水泵房 建筑体积≤15000m³	循环水泵房 建筑体积>15000m³	沉井式 直流循环水泵房 建筑体积>15000m³
指标单位			m³	m³	m³	m³
	名称	单位	工程量			
主要工程量	钢筋混凝土墙	m³	0.19	0.11	0.15	0.11
	钢结构	t		0.01		
	沉井	m³				0.27
	沉井下沉 水力机械冲泥	m³				0.84
	沉井混凝土封底	m³				0.21
	名称	单位	单价(元)	数量		
主要人工材料机械	建筑普通工	工日	34	1.124	0.768	0.616	2.007
	建筑技术工	工日	48	0.529	0.545	0.443	0.893
	型钢	t	3675.21	0.001	0.008	0.002	0.002
	水泥	t	337.61	0.128	0.090	0.108	0.244

指标编号			ZFT2-5-24	ZFT2-5-25	ZFT2-5-26	ZFT2-5-27
项目名称			地下式 循环水泵房 建筑体积≤7000m³	循环水泵房 建筑体积≤15000m³	循环水泵房 建筑体积＞15000m³	沉井式 直流循环水泵房 建筑体积＞15000m³
指标单位			m³	m³	m³	m³
	名称	单位	单价(元)	数量		
主要 人工 材料 机械	石子	m³	58.83	0.312	0.208	0.262	0.532
	砂子	m³	54.85	0.193	0.150	0.166	0.467
	钢筋	t	3504.27	0.054	0.041	0.048	0.074
	机械当量	台班	1000	0.053	0.034	0.025	0.074

七、冷却塔

指标编号	ZFT2-5-28	ZFT2-5-29	ZFT2-5-30	ZFT2-5-31	ZFT2-5-32
项目名称	冷却塔 冷却面积≤2000m²	冷却塔 冷却面积≤3000m²	冷却塔 冷却面积≤5000m²	冷却塔 冷却面积≤9000m²	冷却塔 冷却面积≤13000m²
指标单位	m²	m²	m²	m²	m²
基　价（元）	**5159.67**	**4586.65**	**4207.06**	**4991.80**	**5873.53**
其中　人工费（元）	949.10	729.67	677.49	840.53	1000.30
其中　材料费（元）	3633.00	3315.60	3019.81	3537.62	4233.25
其中　机械费（元）	577.57	541.38	509.76	613.65	639.98
主要技术条件	自然通风逆流式冷却塔，淋水面积2000m²；环板基础埋深3.2m	自然通风逆流式冷却塔，淋水面积2500m²；环板基础埋深3.2m	自然通风逆流式冷却塔，淋水面积4750m²；环板基础埋深3.5m	自然通风逆流式冷却塔，淋水面积9000m²；环板基础埋深3.8m	自然通风逆流式冷却塔，淋水面积12000m²；环板基础埋深4m
抗震设防烈度（度）	Ⅶ	Ⅶ	Ⅷ	Ⅶ	Ⅶ
最低设计温度（℃）	−3.4	−3.4	−20.6	−13.2	−13.2

续表

指标编号			ZFT2-5-28	ZFT2-5-29	ZFT2-5-30	ZFT2-5-31	ZFT2-5-32
项目名称			冷却塔 冷却面积≤2000m²	冷却塔 冷却面积≤3000m²	冷却塔 冷却面积≤5000m²	冷却塔 冷却面积≤9000m²	冷却塔 冷却面积≤13000m²
指标单位			m²	m²	m²	m²	m²
	名称	单位	工程量				
主要工程量	基础	m³	0.54	0.56	0.53	0.59	0.71
	水池	m³	0.51	0.56	0.36	0.36	0.40
	钢筋混凝土人字柱	m³	0.04	0.04	0.08	0.11	0.10
	冷却塔筒壁	m³	1.00	0.76	0.84	1.35	1.46
	淋水装置构件	m³	0.53	0.43	0.32	0.39	0.42
	溅水与除水及填料	m²	1.00	1.00	1.00	1.00	1.00
	挡风板	m²	0.27	0.19	0.09	0.08	0.02

续表

指标编号			ZFT2-5-28	ZFT2-5-29	ZFT2-5-30	ZFT2-5-31	ZFT2-5-32
项目名称			冷却塔 冷却面积≤2000m²	冷却塔 冷却面积≤3000m²	冷却塔 冷却面积≤5000m²	冷却塔 冷却面积≤9000m²	冷却塔 冷却面积≤13000m²
指标单位			m²	m²	m²	m²	m²
	名称	单位	单价(元)	数量				
主要人工材料机械	建筑普通工	工日	34	15.866	12.226	11.392	14.119	16.101
	建筑技术工	工日	48	8.534	6.516	6.045	7.510	9.434
	型钢	t	3675.21	0.027	0.021	0.022	0.015	0.017
	水泥	t	337.61	1.225	1.109	1.001	1.321	1.774
	石子	m³	58.83	2.455	2.244	1.991	2.571	5.674
	砂子	m³	54.85	1.780	1.624	1.454	1.889	3.298
	钢筋	t	3504.27	0.465	0.432	0.394	0.459	0.503
	机械当量	台班	1000	0.578	0.541	0.510	0.614	0.640

指标编号	ZFT2-5-33	ZFT2-5-34	ZFT2-5-35	ZFT2-5-36	ZFT2-5-37
项目名称	海水冷却塔冷却面积≤7000m²	海水冷却塔冷却面积≤13000m²	高位冷却塔冷却面积≤10000m²	高位冷却塔冷却面积≤13000m²	烟塔合一塔冷却面积≤5000m²
指标单位	m²	m²	m²	m²	m²
基 价（元）	**7480.56**	**7309.97**	**6735.55**	**6351.01**	**6587.72**

		人工费（元）	1317.56	1281.66	1195.46	1106.77	741.72
其中		材料费（元）	5426.06	5339.36	4705.70	4472.06	5300.18
		机械费（元）	736.94	688.95	834.39	772.18	545.82

主要技术条件	自然通风逆流式冷却塔，淋水面积5500m²；环板基础底标高－4m；冷却塔内壁刷专用防腐涂料	自然通风逆流式冷却塔，淋水面积12000m²；环板基础底标高－4.7m；冷却塔内壁刷专用防腐涂料	自然通风逆流式高位收水双曲线冷却塔，淋水面积9800m²；塔高185m，环基中心直径126.85m；环板基础埋深4.2m	自然通风逆流式高位收水双曲线冷却塔，淋水面积13000m²；塔高191m，环基中心直径141.5m；环板基础埋深4.7m	自然通风逆流式冷却塔，淋水面积4500m²；环板基础埋深3.5m；冷却塔内壁刷专用防腐涂料
抗震设防烈度（度）	VIII	VIII	VII	VII	VII
最低设计温度（℃）	－5	－7.6	－9.6	－1.2	－8

指标编号			ZFT2-5-33	ZFT2-5-34	ZFT2-5-35	ZFT2-5-36	ZFT2-5-37
项目名称			海水冷却塔冷却面积≤7000m²	海水冷却塔冷却面积≤13000m²	高位冷却塔冷却面积≤10000m²	高位冷却塔冷却面积≤13000m²	烟塔合一塔冷却面积≤5000m²
指标单位			m²	m²	m²	m²	m²
	名称	单位	工程量				
主要工程量	基础	m³	1.17	1.14	1.06	0.63	0.93
	钢筋混凝土基础	m³					0.20
	钢筋混凝土人字柱	m³	0.12	0.12	0.16	0.14	0.05
	水池	m³	0.25	0.25			0.32
	冷却塔筒壁	m³	1.46	1.42	1.42	1.40	0.88
	淋水装置构件	m³	0.53	0.51	1.04	0.88	0.35
	溅水与除水及填料	m²	1.00	1.00	1.00	1.00	1.00

指标编号			ZFT2-5-33	ZFT2-5-34	ZFT2-5-35	ZFT2-5-36	ZFT2-5-37
项目名称			海水冷却塔冷却面积≤7000m²	海水冷却塔冷却面积≤13000m²	高位冷却塔冷却面积≤10000m²	高位冷却塔冷却面积≤13000m²	烟塔合一塔冷却面积≤5000m²
指标单位			m²	m²	m²	m²	m²
主要工程量	名称	单位			工程量		
	挡风板	m²	0.24	0.24	0.11	0.10	0.16
	冷却塔筒壁加强防腐	m²	11.18	13.53			12.60
主要人工材料机械	名称	单位	单价(元)		数量		
	建筑普通工	工日	34	21.976	21.435	20.280	18.519	11.859
	建筑技术工	工日	48	11.886	11.522	10.541	9.940	7.052
	型钢	t	3675.21	0.015	0.015	0.029	0.024	0.046

指标编号			ZFT2-5-33	ZFT2-5-34	ZFT2-5-35	ZFT2-5-36	ZFT2-5-37
项目名称			海水冷却塔冷却面积≤7000m²	海水冷却塔冷却面积≤13000m²	高位冷却塔冷却面积≤10000m²	高位冷却塔冷却面积≤13000m²	烟塔合一塔冷却面积≤5000m²
指标单位			m²	m²	m²	m²	m²
	名称	单位	单价(元)	数量			
主要人工材料机械	水泥	t	337.61	1.663	1.628	1.770	1.463	1.168
	石子	m³	58.83	3.292	3.222	3.816	3.072	2.378
	砂子	m³	54.85	2.438	2.387	2.680	2.307	1.733
	钢筋	t	3504.27	0.572	0.558	0.555	0.589	0.564
	机械当量	台班	1000	0.737	0.689	0.834	0.772	0.546

八、挡风板仓库

指标编号	ZFT2-5-38
项目名称	挡风板仓库
指标单位	m²
基　　价（元）	**1230.79**

其中	人工费（元）	219.24
	材料费（元）	909.68
	机械费（元）	101.87

主要技术条件	建筑面积 288m²，钢筋混凝土框架结构，钢筋混凝土独立基础埋深 2.5m，空心砖砌体外墙

抗震设防烈度（度）	VI

最低设计温度（℃）	−8

主要工程量	名称	单位	工程量
	钢筋混凝土基础	m³	0.24
	浇制混凝土屋面板	m²	1.03

指标编号			ZFT2-5-38
项目名称			挡风板仓库
指标单位			m²

	名称	单位	工程量
主要工程量	砌体外墙	m³	0.70
	钢筋混凝土基础梁	m³	0.04
	钢筋混凝土框架	m³	0.11

	名称	单位	单价(元)	数量
主要人工材料机械	建筑普通工	工日	34	3.113
	建筑技术工	工日	48	2.362
	型钢	t	3675.21	0.002

续表

指标编号				ZFT2-5-38
项目名称				挡风板仓库
指标单位				m²
	名称	单位	单价(元)	数量
主要人工材料机械	水泥	t	337. 61	0.406
	石子	m³	58. 83	0.851
	砂子	m³	54. 85	0.926
	钢筋	t	3504. 27	0.090
	机械当量	台班	1000	0. 102

九、厂内取排水、循环水沟

指标编号		ZFT2-5-39	ZFT2-5-40	ZFT2-5-41	ZFT2-5-42	ZFT2-5-43	ZFT2-5-44
项目名称		单孔沟断面 1.2m×1.2m	单孔沟断面 2.4m×2.4m	单孔沟断面 3m×3m	单孔沟断面 3.6m×3.6m	单孔沟断面 4.2m×4.2m	海水单孔沟断面 4.2m×4.2m
指标单位		m	m	m	m	m	m
基 价（元）		**1202.24**	**4804.57**	**7509.60**	**10815.75**	**14718.62**	**17925.85**
其中	人工费（元）	152.41	609.25	952.17	1371.29	1866.23	2781.24
	材料费（元）	921.90	3683.84	5758.12	8293.35	11285.75	13546.88
	机械费（元）	127.93	511.48	799.31	1151.11	1566.64	1597.73
主要技术条件		钢筋混凝土沟道	钢筋混凝土沟道	钢筋混凝土沟道	钢筋混凝土沟道	钢筋混凝土沟道	钢筋混凝土耐海水沟道
抗震设防烈度（度）		Ⅶ	Ⅶ	Ⅶ	Ⅶ	Ⅶ	Ⅶ
最低设计温度（℃）		-9	-9	-9	-9	-9	-5
主要工程量	名称 / 单位			工程量			
	钢筋混凝土沟（容积） / m³	1.44	5.76	9.00	12.96	17.64	17.64
	混凝土加强防腐 / m²						16.80

续表

指标编号			ZFT2-5-39	ZFT2-5-40	ZFT2-5-41	ZFT2-5-42	ZFT2-5-43	ZFT2-5-44
项目名称			单孔沟断面1.2m×1.2m	单孔沟断面2.4m×2.4m	单孔沟断面3m×3m	单孔沟断面3.6m×3.6m	单孔沟断面4.2m×4.2m	海水单孔沟断面4.2m×4.2m
指标单位			m	m	m	m	m	m
	名称	单位	单价(元)	数量				
主要人工材料机械	建筑普通工	工日	34	2.349	9.394	14.680	21.141	28.773	43.576
	建筑技术工	工日	48	1.511	6.039	9.439	13.595	18.500	27.080
	水泥	t	337.61	0.327	1.308	2.044	2.943	4.006	4.006
	石子	m³	58.83	0.765	3.062	4.784	6.889	9.376	9.376
	砂子	m³	54.85	0.505	2.021	3.157	4.546	6.188	6.188
	钢筋	t	3504.27	0.169	0.677	1.058	1.524	2.074	2.074
	机械当量	台班	1000	0.128	0.511	0.799	1.151	1.567	1.598

指标编号	ZFT2-5-45	ZFT2-5-46	ZFT2-5-47	ZFT2-5-48
项目名称	双孔沟 断面 2×1.2m×1.2m	双孔沟 断面 2×1.6m×1.6m	双孔沟 断面 2×2m×2m	双孔沟 断面 2×2.4m×2.4m
指标单位	m	m	m	m
基　价（元）	**2404.47**	**4270.72**	**6675.19**	**9613.50**

其中	人工费（元）	304.82	541.55	846.37	1218.88
	材料费（元）	1843.80	3274.52	5118.32	7371.44
	机械费（元）	255.85	454.65	710.50	1023.18

主要技术条件	钢筋混凝土沟道	钢筋混凝土沟道	钢筋混凝土沟道	钢筋混凝土沟道
抗震设防烈度（度）	Ⅶ	Ⅶ	Ⅶ	Ⅶ
最低设计温度（℃）	−5	−5	−5	−5

主要工程量	名称	单位	工程量			
	钢筋混凝土沟（容积）	m³	2.88	5.12	8.00	11.52

续表

指标编号			ZFT2-5-45	ZFT2-5-46	ZFT2-5-47	ZFT2-5-48
项目名称			双孔沟 断面 2×1.2m×1.2m	双孔沟 断面 2×1.6m×1.6m	双孔沟 断面 2×2m×2m	双孔沟 断面 2×2.4m×2.4m
指标单位			m	m	m	m
	名称	单位	单价(元)	数量			
主要人工材料机械	建筑普通工	工日	34	4.699	8.350	13.049	18.792
	建筑技术工	工日	48	3.022	5.368	8.390	12.084
	水泥	t	337.61	0.654	1.163	1.817	2.616
	石子	m³	58.83	1.531	2.722	4.252	6.123
	砂子	m³	54.85	1.010	1.796	2.806	4.041
	钢筋	t	3504.27	0.339	0.602	0.941	1.355
	机械当量	台班	1000	0.256	0.455	0.711	1.023

指标编号			ZFT2-5-49	ZFT2-5-50	ZFT2-5-51	ZFT2-5-52
项目名称			双孔沟 断面 2×3m×3m	双孔沟 断面 2×3.6m×3.6m	双孔沟 断面 2×4.2m×4.2m	海水双孔沟 断面 2×4.2m×4.2m
指标单位			m	m	m	m
基　　价（元）			**15019.18**	**21631.49**	**29441.64**	**34054.98**
其中	人工费（元）		1904.33	2742.58	3732.85	4916.53
	材料费（元）		11516.23	16586.69	22575.28	25972.63
	机械费（元）		1598.62	2302.22	3133.51	3165.82
主要技术条件			钢筋混凝土沟道	钢筋混凝土沟道	钢筋混凝土沟道	钢筋混凝土耐海水沟道
抗震设防烈度（度）			Ⅶ	Ⅶ	Ⅶ	Ⅶ
最低设计温度（℃）			−5	−5	−5	−5
主要工程量	名称	单位	工程量			
	钢筋混凝土沟（容积）	m³	18.00	25.92	35.28	35.28
	钢筋混凝土加强防腐	m³				33.60

指标编号			ZFT2-5-49	ZFT2-5-50	ZFT2-5-51	ZFT2-5-52
项目名称			双孔沟 断面 2×3m×3m	双孔沟 断面 2×3.6m×3.6m	双孔沟 断面 2×4.2m×4.2m	海水双孔沟 断面 2×4.2m×4.2m
指标单位			m	m	m	m
	名称	单位	单价(元)	数量		
主要人工材料机械	建筑普通工	工日	34	29.361	42.282	57.550	77.042
	建筑技术工	工日	48	18.878	27.189	37.006	47.861
	水泥	t	337.61	4.088	5.886	8.011	8.011
	石子	m³	58.83	9.568	13.777	18.753	18.753
	砂子	m³	54.85	6.314	9.093	12.376	12.376
	钢筋	t	3504.27	2.117	3.049	4.149	4.149
	机械当量	台班	1000	1.599	2.302	3.134	3.166

十、厂内取排水、循环水管道

（一）混凝土管道

指标编号			ZFT2-5-53	ZFT2-5-54	ZFT2-5-55	ZFT2-5-56
项目名称			混凝土管道 直径 1000mm	混凝土管道 直径 2000mm	混凝土管道 直径 2400mm	混凝土管道 直径 3000mm
指标单位			m	m	m	m
基 价（元）			**865.90**	**1728.34**	**3316.59**	**5512.42**
其中	人工费（元）		48.33	86.99	116.78	179.53
	材料费（元）		786.65	1566.08	3033.71	4927.02
	机械费（元）		30.92	75.27	166.10	405.87
抗震设防烈度（度）			Ⅵ	Ⅵ	Ⅶ	Ⅶ
最低设计温度（℃）			-9	-9	-5	-5
主要工程量	名称	单位	工程量			
	预应力钢筋混凝土管道安装	m	1.00	1.00	1.00	1.00

534

续表

指标编号			ZFT2-5-53	ZFT2-5-54	ZFT2-5-55	ZFT2-5-56
项目名称			混凝土管道 直径 1000mm	混凝土管道 直径 2000mm	混凝土管道 直径 2400mm	混凝土管道 直径 3000mm
指标单位			m	m	m	m
主要技术条件			明挖敷设	明挖敷设	明挖敷设	明挖敷设
	名称	单位	单价(元)	数量		
主要人工材料机械	建筑普通工	工日	34	0.611	1.105	2.539	3.903
	建筑技术工	工日	48	0.574	1.030	0.635	0.976
	机械当量	台班	1000	0.031	0.075	0.166	0.406

指标编号			ZFT2-5-57	ZFT2-5-58	ZFT2-5-59
项目名称			混凝土管道 直径 3400mm	混凝土管道 直径 3600mm	混凝土管道 直径 4200mm
指标单位			m	m	m
基　　价（元）			**6060.29**	**7890.20**	**8307.44**
其中	人工费（元）		183.11	227.87	246.11
	材料费（元）		5422.48	7045.94	7275.30
	机械费（元）		454.70	616.39	786.03
主要技术条件			明挖敷设	明挖敷设	明挖敷设
抗震设防烈度（度）			Ⅶ	Ⅶ	Ⅶ
最低设计温度（℃）			−5	−5	−9
主要工程量	名称	单位	工程量		
	预应力钢筋混凝土管道安装	m	1.00	1.00	1.00

续表

指标编号			ZFT2-5-57	ZFT2-5-58	ZFT2-5-59
项目名称			混凝土管道 直径 3400mm	混凝土管道 直径 3600mm	混凝土管道 直径 4200mm
指标单位			m	m	m
	名称	单位	单价(元)	数量		
主要人工材料机械	建筑普通工	工日	34	3.981	4.954	5.350
	建筑技术工	工日	48	0.995	1.239	1.338
	机械当量	台班	1000	0.455	0.616	0.786

（二）钢套筒混凝土管道

指标编号			ZFT2-5-60	ZFT2-5-61	ZFT2-5-62	ZFT2-5-63
项目名称			钢套筒混凝土管道 直径 1000mm	钢套筒混凝土管道 直径 2000mm	钢套筒混凝土管道 直径 2400mm	钢套筒混凝土管道 直径 3000mm
指标单位			m	m	m	m
基 价（元）			**1095.91**	**2656.28**	**3455.78**	**6182.75**
其中	人工费（元）		30.47	60.24	60.24	89.25
	材料费（元）		1049.47	2528.14	3249.63	5786.03
	机械费（元）		15.97	67.90	145.91	307.47
主要技术条件			明挖敷设	明挖敷设	明挖敷设	明挖敷设
抗震设防烈度（度）			Ⅵ	Ⅵ	Ⅶ	Ⅶ
最低设计温度（℃）			−9	−9	−5	−5
主要工程量	名称	单位	工程量			
	钢套筒混凝土管道 安装	m	1.00	1.00	1.00	1.00

续表

指标编号			ZFT2-5-60	ZFT2-5-61	ZFT2-5-62	ZFT2-5-63
项目名称			钢套筒混凝土管道直径 1000mm	钢套筒混凝土管道直径 2000mm	钢套筒混凝土管道直径 2400mm	钢套筒混凝土管道直径 3000mm
指标单位			m	m	m	m
	名称	单位	单价(元)		数量	
主要人工材料机械	建筑普通工	工日	34	0.662	1.310	1.310	1.940
	建筑技术工	工日	48	0.166	0.327	0.327	0.485
	机械当量	台班	1000	0.016	0.068	0.146	0.307

539

指标编号		ZFT2-5-64	ZFT2-5-65	ZFT2-5-66
项目名称		钢套筒混凝土管道 直径 3400mm	钢套筒混凝土管道 直径 3600mm	钢套筒混凝土管道 直径 4200mm
指标单位		m	m	m
基　价（元）		**7503.18**	**8302.94**	**8910.68**
其中	人工费（元）	109.05	122.14	156.99
	材料费（元）	6946.80	7659.70	8017.19
	机械费（元）	447.33	521.10	736.50
主要技术条件		明挖敷设	明挖敷设	明挖敷设
抗震设防烈度（度）		Ⅶ	Ⅶ	Ⅶ
最低设计温度（℃）		−5	−5	−5
主要工程量	名称	单位	工程量	
	钢套筒混凝土管道安装	m	1.00	1.00	1.00

指标编号				ZFT2-5-64	ZFT2-5-65	ZFT2-5-66
项目名称				钢套筒混凝土管道 直径 3400mm	钢套筒混凝土管道 直径 3600mm	钢套筒混凝土管道 直径 4200mm
指标单位				m	m	m
	名称	单位	单价(元)	数量		
主要人工材料机械	建筑普通工	工日	34	2.371	2.655	3.413
	建筑技术工	工日	48	0.593	0.664	0.853
	机械当量	台班	1000	0.447	0.521	0.737

（三）管道建筑

指标编号		ZFT2-5-67	ZFT2-5-68	ZFT2-5-69	ZFT2-5-70
项目名称		混凝土管道建筑 直径＜1200mm	混凝土管道建筑 直径＜2500mm	混凝土管道建筑 直径＜3500mm	混凝土管道建筑 直径＜4200mm
指标单位		m	m	m	m
基　　价（元）		**227.70**	**655.19**	**1530.88**	**1939.92**
其中	人工费（元）	81.64	146.49	321.92	436.57
	材料费（元）	102.04	265.97	719.26	746.86
	机械费（元）	44.02	242.73	489.70	756.49
主要技术条件		综合覆土1m厚；砂垫层，混凝土支墩	综合覆土1m厚；砂垫层，混凝土支墩	综合覆土1m厚；砂、碎石垫层，混凝土支墩	综合覆土1m厚；砂、碎石垫层，混凝土支墩
抗震设防烈度（度）		Ⅵ	Ⅵ	Ⅶ	Ⅶ
最低设计温度（℃）		－9	－9	－3	－3
主要工程量	名称	单位	工程量		
	混凝土管管道建筑	m	1.00	1.00	1.00	1.00

指标编号			ZFT2-5-67	ZFT2-5-68	ZFT2-5-69	ZFT2-5-70
项目名称			混凝土管道建筑 直径<1200mm	混凝土管道建筑 直径<2500mm	混凝土管道建筑 直径<3500mm	混凝土管道建筑 直径<4200mm
指标单位			m	m	m	m
	名称	单位	单价(元)	数量		
主要人工材料机械	建筑普通工	工日	34	2.125	3.576	7.590	10.851
	建筑技术工	工日	48	0.196	0.519	1.330	1.409
	水泥	t	337.61	0.104	0.266	0.736	0.761
	石子	m³	58.83	0.289	0.740	2.054	2.120
	砂子	m³	54.85	0.167	0.429	1.188	1.228
	机械当量	台班	1000	0.044	0.243	0.490	0.756

指标编号	ZFT2-5-71	ZFT2-5-72	ZFT2-5-73
项目名称	其他材质管道建筑 直径＜2500mm	其他材质管道建筑 直径＜3500mm	其他材质管道建筑 直径＜4200mm
指标单位	m	m	m
基　价（元）	**491.29**	**856.69**	**1188.99**

		ZFT2-5-71	ZFT2-5-72	ZFT2-5-73
其中	人工费（元）	128.50	230.54	339.72
	材料费（元）	126.04	166.85	108.56
	机械费（元）	236.75	459.30	740.71
主要技术条件		综合覆土1m厚；砂垫层，混凝土支墩	综合覆土1m厚；砂垫层，混凝土支墩	综合覆土1m厚；砂垫层，混凝土支墩
抗震设防烈度（度）		Ⅶ	Ⅶ	Ⅶ
最低设计温度（℃）		－5	－5	－9

	名称	单位	工程量		
主要工程量	管道建筑	m	1.00	1.00	1.00

续表

指标编号			ZFT2-5-71	ZFT2-5-72	ZFT2-5-73
项目名称			其他材质管道建筑 直径＜2500mm	其他材质管道建筑 直径＜3500mm	其他材质管道建筑 直径＜4200mm
指标单位			m	m	m
	名称	单位	单价(元)	数量	
主要人工材料机械	建筑普通工	工日	34	3.372	6.230	9.616
	建筑技术工	工日	48	0.289	0.390	0.266
	砂子	m³	54.85	2.083	2.672	1.610
	机械当量	台班	1000	0.237	0.459	0.741

十一、空冷排汽管道基础、支架

指标编号		ZFT2-5-74	ZFT2-5-75	ZFT2-5-76
项目名称		混凝土基础	混凝土支架	钢结构支架
指标单位		m³	m³	t
基　价（元）		**1048.18**	**2732.54**	**8537.91**
其中	人工费（元）	118.38	650.77	1244.29
	材料费（元）	842.24	1945.87	5941.07
	机械费（元）	87.56	135.90	1352.55
主要技术条件		钢筋混凝土筏板基础，基础埋深2.5m	钢筋混凝土结构支架，独立基础埋深3.0m；钢筋混凝土支架顶标高23m	钢结构支架，独立基础埋深4.0m；钢支架顶标高36.176m
抗震设防烈度（度）		Ⅷ	Ⅷ	Ⅷ
最低设计温度（℃）		-9.2	-9.2	-9.2

主要工程量	名称	单位	工程量		
	钢筋混凝土基础	m³	1.00		
	钢结构支架	t			1.00
	钢筋混凝土支架	m³		1.00	

续表

指标编号			ZFT2-5-74	ZFT2-5-75	ZFT2-5-76
项目名称			混凝土基础	混凝土支架	钢结构支架
指标单位			m³	m³	t
名称	单位	单价(元)		数量	
建筑普通工	工日	34	1.851	12.967	18.512
建筑技术工	工日	48	1.156	4.373	12.810
型钢	t	3675.21	0.005	0.014	1.095
水泥	t	337.61	0.412	1.099	1.023
石子	m³	58.83	1.049	2.612	2.570
砂子	m³	54.85	0.613	1.529	1.562
钢筋	t	3504.27	0.149	0.232	0.074
机械当量	台班	1000	0.088	0.136	1.353

主要人工材料机械

十二、空冷平台

指标编号	ZFT2-5-77	ZFT2-5-78	ZFT2-5-79	ZFT2-5-80
项目名称	空冷平台 平台高28m	空冷平台 平台高35m	空冷平台 平台高42m	空冷平台 平台高50m
指标单位	m²	m²	m²	m²
基　价（元）	**3819.74**	**4334.33**	**4902.24**	**5587.97**
其中　人工费（元）	551.60	633.68	709.85	808.78
其中　材料费（元）	2646.05	3009.18	3440.98	3932.30
其中　机械费（元）	622.09	691.47	751.41	846.89
主要技术条件	空冷支架柱外径φ3800mm，高20.05m，壁厚300mm；钢桁架上弦顶标高28.00m；单台机组空冷平台面积66.84m×54.35m	空冷支架柱外径φ3800mm，高27.55m，壁厚400mm；钢桁架上弦顶标高35.00m；单台机组空冷平台面积66.84m×54.35m	空冷支架柱外径φ4000mm，高45m，壁厚400mm；钢桁架上弦顶标高45.00m；单台机组空冷平台面积187.3m×90.47m	空冷支架柱外径φ4000mm，高44m，壁厚400mm；钢桁架上弦顶标高50.00m；单台机组空冷平台面积113m×92m
抗震设防烈度（度）	Ⅷ	Ⅷ	Ⅷ	Ⅷ
最低设计温度（℃）	-10.8	-14.6	-10.5	-8.1

指标编号			ZFT2-5-77	ZFT2-5-78	ZFT2-5-79	ZFT2-5-80
项目名称			空冷平台 平台高28m	空冷平台 平台高35m	空冷平台 平台高42m	空冷平台 平台高50m
指标单位			m²	m²	m²	m²
	名称	单位	工程量			
主要工程量	钢筋混凝土基础	m³	0.36	0.53	0.68	1.19
	无保温金属外墙板	m²	0.66	0.72	0.50	0.54
	钢筋混凝土空心管柱	m³	0.27	0.32	0.48	0.51
	钢结构	t	0.42	0.44	0.50	0.52
	钢结构	m²				

续表

指标编号				ZFT2-5-77	ZFT2-5-78	ZFT2-5-79	ZFT2-5-80
项目名称				空冷平台 平台高28m	空冷平台 平台高35m	空冷平台 平台高42m	空冷平台 平台高50m
指标单位				m²	m²	m²	m²
	名称	单位	单价（元）	数量			
主要人工材料机械	建筑普通工	工日	34	5.989	7.244	7.905	9.584
	建筑技术工	工日	48	7.250	8.071	9.190	10.061
	型钢	t	3675.21	0.461	0.489	0.549	0.583
	水泥	t	337.61	0.286	0.383	0.528	0.759
	石子	m³	58.83	0.635	0.864	1.176	1.759
	砂子	m³	54.85	0.398	0.533	0.720	1.155
	钢筋	t	3504.27	0.129	0.169	0.195	0.234
	机械当量	台班	1000	0.622	0.691	0.751	0.847

十三、空冷配电间

指标编号	ZFT2-5-81
项目名称	空冷配电间
指标单位	m³
基　　价（元）	**245.51**

其中	人工费（元）	44.44
	材料费（元）	180.93
	机械费（元）	20.14

主要技术条件	建筑体积5139m³，钢筋混凝土框架结构；钢筋混凝土独立基础，基础埋深2.9m；空心砖砌体外墙
抗震设防烈度（度）	Ⅵ
最低设计温度（℃）	-9.2

主要工程量	名称	单位	工程量
	钢筋混凝土基础	m³	0.03
	浇制混凝土屋面板	m²	0.17

续表

指标编号			ZFT2-5-81	
项目名称			空冷配电间	
指标单位			m³	
主要工程量	名称	单位		工程量
	砌体外墙	m³		0.08
	砌体内墙	m³		0.01
	钢板（丝）网隔断墙	m²		0.09
	钢筋混凝土基础梁	m³		0.01
	钢筋混凝土框架	m³		0.02
主要人工材料机械	名称	单位	单价(元)	数量
	建筑普通工	工日	34	0.641
	建筑技术工	工日	48	0.472

552

指标编号	ZFT2-5-81
项目名称	空冷配电间
指标单位	m³

	名称	单位	单价(元)	数量
主要人工材料机械	型钢	t	3675. 21	0.001
	水泥	t	337. 61	0.085
	石子	m³	58. 83	0. 154
	砂子	m³	54. 85	0. 163
	钢筋	t	3504. 27	0.015
	机械当量	台班	1000	0. 020

十四、辅机冷却循环水泵房

指标编号	ZFT2-5-82
项目名称	辅机冷却循环水泵房
指标单位	m^3
基　价（元）	**379.77**

其中	人工费（元）	50.92
	材料费（元）	293.13
	机械费（元）	35.72

主要技术条件	建筑体积4736m^3，地下钢筋混凝土箱型结构；底板厚度900mm，侧壁800mm；底板标高 − 6.8m；地上钢筋混凝土框架结构；空心砖砌体外墙
抗震设防烈度（度）	Ⅶ
最低设计温度（℃）	−9.2

续表

指标编号			ZFT2-5-82
项目名称			辅机冷却循环水泵房
指标单位			m³
主要工程量	名称	单位	工程量
	混凝土基础	m³	0.01
	设备基础	m³	0.01
	浇制混凝土屋面板	m²	0.07
	砌体外墙	m³	0.05
	钢筋混凝土框架	m³	0.03
	钢筋混凝土吊车梁	m³	
	钢筋混凝土底板	m³	0.13
	地下钢筋混凝土墙	m³	0.06
	钢结构	t	

续表

指标编号				ZFT2-5-82
项目名称				辅机冷却循环水泵房
指标单位				m³
	名称	单位	单价（元）	数量
主要人工材料机械	建筑普通工	工日	34	0.771
	建筑技术工	工日	48	0.515
	型钢	t	3675.21	0.002
	水泥	t	337.61	0.117
	石子	m³	58.83	0.250
	砂子	m³	54.85	0.195
	钢筋	t	3504.27	0.047
	机械当量	台班	1000	0.036

十五、机力通风塔

指标编号	ZFT2-5-83	ZFT2-5-84	ZFT2-5-85	ZFT2-5-86
项目名称	干式机力通风塔 平面 11m×11m	湿式机力通风塔 平面 15m×15m	湿式机力通风塔 平面 18m×18m	湿式机力通风塔 平面 21m×21m
指标单位	段	段	段	段
基　价（元）	**301675.87**	**515008.23**	**1496210.66**	**2152511.93**
其中　人工费（元）	49039.87	76857.21	228339.14	300093.19
其中　材料费（元）	225244.82	397496.16	1162658.21	1697384.29
其中　机械费（元）	27391.18	40654.86	105213.31	155034.45
主要技术条件	钢筋混凝土框架结构；钢筋混凝土独立基础，基础底标高 -4.0m	上部钢筋混凝土框架结构，塔高10m，水池深2.m	上部钢筋混凝土框架结构，塔高23m，水池深2.5m	上部钢筋混凝土框架结构，塔高26m，水池深2.5m
抗震设防烈度（度）	Ⅶ	Ⅶ	Ⅶ	Ⅶ
最低设计温度（℃）	-7.9	-8.1	-6.5	-6.5

续表

指标编号		ZFT2-5-83	ZFT2-5-84	ZFT2-5-85	ZFT2-5-86
项目名称		干式机力通风塔 平面 11m×11m	湿式机力通风塔 平面 15m×15m	湿式机力通风塔 平面 18m×18m	湿式机力通风塔 平面 21m×21m
指标单位		段	段	段	段
	名称	单位	工程量			
主要工程量	钢筋混凝土基础	m³	90.59			29.09
	浇制混凝土屋面板	m²	130.00			460.75
	钢筋混凝土框架	m³	68.21	123.53	531.11	671.91
	钢筋混凝土底板上填混凝土	m³	31.82	83.31	133.78	321.58
	钢筋混凝土墙	m³	45.88	27.33	53.80	76.84
	钢结构	t	1.20	3.73	6.22	1.89

指标编号			ZFT2-5-83	ZFT2-5-84	ZFT2-5-85	ZFT2-5-86
项目名称			干式机力通风塔 平面11m×11m	湿式机力通风塔 平面15m×15m	湿式机力通风塔 平面18m×18m	湿式机力通风塔 平面21m×21m
指标单位			段	段	段	段
主要工程量	名称	单位	工程量			
	冷却塔　水池	m³		211.43	266.22	365.83
	挡风板	m²		95.00	120.00	148.83
主要人工材料机械	名称	单位	单价(元)	数量		
	建筑普通工	工日	34	758.053	1124.199	3237.339	4271.433
	建筑技术工	工日	48	484.721	804.873	2463.942	3226.346
	型钢	t	3675.21	1.928	4.622	8.499	7.406
	水泥	t	337.61	95.704	151.530	382.750	657.436
	石子	m³	58.83	221.423	350.385	825.279	1407.873
	砂子	m³	54.85	150.422	717.599	517.635	922.690
	钢筋	t	3504.27	35.438	60.054	209.944	292.714
	机械当量	台班	1000	27.391	40.655	105.213	155.034

十六、间冷塔

指标编号	ZFT2-5-87	ZFT2-5-88	ZFT2-5-89
项目名称	间冷塔 1000MW 级机组	烟塔合一间冷塔 1000MW 级机组	1000MW 空冷机组 辅机间冷塔
指标单位	座	座	座
基　　价（元）	**69736365.74**	**71413864.94**	**22169119.11**
其中 人工费（元）	12205342.98	12494566.98	4041048.11
材料费（元）	49602939.86	50984787.86	15458779.33
机械费（元）	7928082.90	7934510.10	2669291.67
主要技术条件	钢筋混凝土结构双曲线间冷塔；塔高 196m，零米直径 147.5m，出口直径 94.06m	钢筋混凝土结构双曲线间冷塔；塔高 196m，零米直径 147.5m，出口直径 94.06m	钢筋混凝土结构双曲线间冷塔；塔高 149.5m，零米直径 94m，出口直径 55.1m
抗震设防烈度（度）	Ⅶ	Ⅶ	Ⅷ
最低设计温度（℃）	−8.2	−8.2	−8.1

续表

指标编号			ZFT2-5-87	ZFT2-5-88	ZFT2-5-89
项目名称			间冷塔 1000MW级机组	烟塔合一间冷塔 1000MW级机组	1000MW空冷机组 辅机间冷塔
指标单位			座	座	座
	名称	单位	工程量		
主要工程量	钢筋混凝土基础	m³			753.89
	浇制混凝土板	m²			1627.50
	压型钢板屋面板	m²	5560.00	5560.00	
	钢筋混凝土框架	m³	500.00	500.00	1414.11
	钢筋混凝土底板	m³	300.00	300.00	
	钢结构	t	475.00	475.00	
	冷却塔 基础	m³	15230.25	15230.25	3685.80
	冷却塔筒壁	m³	19149.90	19149.90	7423.85
	筒身防腐	m²		52000.00	

指标编号			ZFT2-5-87	ZFT2-5-88	ZFT2-5-89
项目名称			间冷塔 1000MW级机组	烟塔合一间冷塔 1000MW级机组	1000MW空冷机组 辅机间冷塔
指标单位			座	座	座
主要工程量	名称	单位	工程量		
	钢筋混凝土X形柱	m³	5447.40	5447.40	848.55
	水塔钢结构附件	t	138.00	138.00	12.80
	钢筋混凝土池（容积）	m³	140.50	140.50	73.50
主要人工材料机械	名称	单位	单价(元)	数量	
	建筑普通工	工日	34	182159.641	187408.521	63313.966
	建筑技术工	工日	48	125245.233	127559.025	39340.784
	型钢	t	3675.21	815.188	815.188	50.814
	水泥	t	337.61	19275.463	19275.463	6763.390
	石子	m³	58.83	36630.059	36630.059	12884.012
	砂子	m³	54.85	31377.996	31377.996	9480.153
	钢筋	t	3504.27	7853.725	7853.725	2535.933
	机械当量	台班	1000	7928.083	7934.510	2669.292

指标编号	ZFT2-5-90	ZFT2-5-91	ZFT2-5-92
项目名称	间冷塔 600MW 级机组	烟塔合一间冷塔 600MW 级机组	600MW 空冷机组 辅机间冷塔
指标单位	座	座	座
基　价（元）	**55517522.79**	**57184417.42**	**17418745.82**
其中 人工费（元）	9750930.64	10038485.20	3236601.30
材料费（元）	39374924.97	40877734.46	11986965.16
机械费（元）	6391667.18	6268197.76	2195179.36
主要技术条件	钢筋混凝土结构双曲线间冷塔；塔高 170m，零米直径 152m，出口直径 84.47m	钢筋混凝土结构双曲线间冷塔；塔高 179.8m，零米直径 128.2m，出口直径 84.61m	钢筋混凝土结构双曲线间冷塔；塔高 142m，零米直径 82m，出口直径 51.67m
抗震设防烈度（度）	Ⅶ	Ⅷ	Ⅶ
最低设计温度（℃）	-17	-17	-14

主要工程量	名称	单位	工程量		
	钢筋混凝土基础	m³			435.59
	浇制混凝土板	m²			1084.50

续表

指标编号			ZFT2-5-90	ZFT2-5-91	ZFT2-5-92
项目名称			间冷塔 600MW级机组	烟塔合一间冷塔 600MW级机组	600MW空冷机组 辅机间冷塔
指标单位			座	座	座
	名称	单位	工程量		
主要 工程 量	预制混凝土板	m²	4481.40	3490.20	
	钢筋混凝土框架	m³		329.70	757.64
	钢结构	t	231.53		
	冷却塔 基础	m³	13444.20	14178.46	2940.00
	冷却塔筒壁	m³	16028.15	16551.00	7283.00
	筒身防腐	m²		26217.70	
	钢筋混凝土X形柱	m³	3966.15	4130.28	309.64
	水塔钢结构附件	t	13.00	22.00	2.20
	钢筋混凝土池（容积）	m³	110.40	196.77	35.00

续表

指标编号				ZFT2-5-90	ZFT2-5-91	ZFT2-5-92
项目名称				间冷塔 600MW级机组	烟塔合一间冷塔 600MW级机组	600MW空冷机组 辅机间冷塔
指标单位				座	座	座
	名称	单位	单价(元)	数量		
主要人工材料机械	建筑普通工	工日	34	148781.324	154618.507	51356.612
	建筑技术工	工日	48	97755.168	99614.482	31051.416
	型钢	t	3675.21	330.087	91.608	30.750
	水泥	t	337.61	16175.522	16970.633	5636.275
	石子	m³	58.83	30745.705	32313.224	10519.133
	砂子	m³	54.85	23377.904	24573.870	7893.878
	钢筋	t	3504.27	6519.926	6848.000	1863.630
	机械当量	台班	1000	6391.667	6268.198	2195.179

指标编号			ZFT2-5-93	ZFT2-5-94	ZFT2-5-95
项目名称			间冷塔　300MW 级机组（一机一塔）	间冷塔　300MW 级机组（二机一塔）	烟塔合一间冷塔300MW 级机组（二机一塔）
指标单位			座	座	座
基　　价（元）			**29615141.00**	**56715088.66**	**58561558.42**
其中	人工费（元）		5120796.36	10119574.72	10343739.01
	材料费（元）		21170528.64	40078089.70	41501610.81
	机械费（元）		3323816.00	6517424.24	6716208.60
主要技术条件			钢筋混凝土结构双曲线间冷塔；塔高 146m，零米直径 109.25m，出口直径 66.34m	钢筋混凝土结构双曲线间冷塔；塔高 170m，零米直径 156.4m，出口直径 95.63m	钢筋混凝土结构双曲线间冷塔；塔高165m，零米直径 167m，出口直径 95.132m
抗震设防烈度（度）			Ⅷ	Ⅷ	Ⅶ
最低设计温度（℃）			－6.8	－6.8	－9.8
主要工程量	名称	单位	工程量		
	预制混凝土板	m²	2862.00	4122.00	
	钢筋混凝土框架	m³	230.40	460.00	

续表

指标编号			ZFT2-5-93	ZFT2-5-94	ZFT2-5-95
项目名称			间冷塔 300MW级机组（一机一塔）	间冷塔 300MW级机组（二机一塔）	烟塔合一间冷塔300MW级机组（二机一塔）
指标单位			座	座	座
	名称	单位	工程量		
主要工程量	浇制钢筋混凝土板	m²			4088.90
	钢结构	t	143.00	206.00	278.50
	冷却塔 基础	m³	8728.00	14183.54	16030.92
	冷却塔筒壁	m³	7677.00	15968.12	15420.45
	筒身防腐	m²			18821.00
	钢筋混凝土X形柱	m³	1980.00	4509.96	4708.10
	水塔钢结构附件	t	12.00	20.00	14.83
	钢筋混凝土池（容积）	m³	112.80	162.00	119.56

指标编号			ZFT2-5-93	ZFT2-5-94	ZFT2-5-95
项目名称			间冷塔 300MW级机组（一机一塔）	间冷塔 300MW级机组（二机一塔）	烟塔合一间冷塔 300MW级机组（二机一塔）
指标单位			座	座	座
	名称	单位	单价(元)	数量		
主要人工材料机械	建筑普通工	工日	34	78308.523	154762.531	158663.792
	建筑技术工	工日	48	51213.432	101198.589	103107.674
	型钢	t	3675.21	207.443	316.107	393.047
	水泥	t	337.61	9061.339	16957.660	17524.921
	石子	m³	58.83	17516.254	32375.315	33683.803
	砂子	m³	54.85	13333.448	24561.400	25577.658
	钢筋	t	3504.27	3422.841	6528.990	6603.039
	机械当量	台班	1000	3323.816	6517.424	6716.209

十七、补给水建筑

指标编号	ZFT2-5-96	ZFT2-5-97	ZFT2-5-98	ZFT2-5-99	ZFT2-5-100
项目名称	补给水泵房	深井 直径 180mm 以内	深井 直径 250mm 以内	深井 直径 400mm 以内	水井泵房
指标单位	m³	m	m	m	m³
基 价（元）	**331.01**	**900.62**	**1171.69**	**1888.70**	**631.07**
其中 人工费（元）	47.29	115.61	150.41	242.45	123.98
其中 材料费（元）	262.04	415.64	540.74	871.64	378.82
其中 机械费（元）	21.68	369.37	480.54	774.61	128.27
主要技术条件	建筑体积967m³；地下钢筋混凝土箱型结构，底板700mm，侧壁600mm，底板底标高－3.6m；地上钢筋混凝土框架结构，空心砖砌体外墙	机械钻井，回填滤料，抽水试验	机械钻井，回填滤料，抽水试验	机械钻井，回填滤料，抽水试验	建筑体积967m³，砖混结构；钢筋混凝土条型基础，基础底标高－1.8m
抗震设防烈度（度）	Ⅶ	Ⅷ	Ⅷ	Ⅷ	Ⅷ
最低设计温度（℃）	－7.9	－10.8	－10.8	－10.8	－10.8

指标编号		ZFT2-5-96	ZFT2-5-97	ZFT2-5-98	ZFT2-5-99	ZFT2-5-100
项目名称		补给水泵房	深井 直径180mm 以内	深井 直径250mm 以内	深井 直径400mm 以内	水井泵房
指标单位		m³	m	m	m	m³
	名称	单位	工程量				
主要工程量	钢筋混凝土基础	m³					0.10
	砌体基础	m³					0.08
	浇制混凝土板	m²	0.10				
	浇制混凝土屋面板	m²					0.22
	砌体外墙	m³	0.08				0.33
	钢筋混凝土框架	m³	0.03				
	钢筋混凝土底板	m³	0.07				
	钢筋混凝土墙	m³	0.08				

续表

指标编号			ZFT2-5-96	ZFT2-5-97	ZFT2-5-98	ZFT2-5-99	ZFT2-5-100
项目名称			补给水泵房	深井　直径 180mm 以内	深井　直径 250mm 以内	深井　直径 400mm 以内	水井泵房
指标单位			m³	m	m	m	m³
	名称	单位	工程量				
主要工程量	钢结构	t					
	深井	m		1.00	1.00	1.00	
	名称	单位	单价(元)	数量			
主要人工材料机械	建筑普通工	工日	34	0.637	1.797	2.338	3.769	2.274
	建筑技术工	工日	48	0.534	1.136	1.478	2.382	0.972
	型钢	t	3675.21	0.002	0.044	0.058	0.093	0.006
	水泥	t	337.61	0.099	0.001	0.001	0.002	0.150
	石子	m³	58.83	0.201	0.002	0.002	0.004	0.278
	砂子	m³	54.85	0.166	0.931	1.211	1.953	0.340
	钢筋	t	3504.27	0.034				0.024
	机械当量	台班	1000	0.022	0.369	0.481	0.775	0.128

十八、补给水管道

（一）混凝土管道

指标编号		ZFT2-5-101	ZFT2-5-102	ZFT2-5-103	ZFT2-5-104	ZFT2-5-105
项目名称		混凝土管道 直径400mm以内	混凝土管道 直径600mm以内	混凝土管道 直径1000mm以内	混凝土管道 直径1600mm以内	混凝土管道 直径2000mm以内
指标单位		m	m	m	m	m
基　价（元）		**72.19**	**140.21**	**865.90**	**1158.27**	**1728.34**
其中	人工费（元）	6.20	6.75	48.33	64.65	86.99
	材料费（元）	62.69	128.33	786.65	1052.27	1566.08
	机械费（元）	3.30	5.13	30.92	41.35	75.27
主要技术条件		明挖敷设	明挖敷设	明挖敷设	明挖敷设	明挖敷设
抗震设防烈度（度）		Ⅶ	Ⅶ	Ⅶ	Ⅶ	Ⅷ
最低设计温度（℃）		−7.9	−8.1	−6.5	−6.5	−9.2
主要工程量	名称 单位	工程量				
	预应力钢筋混凝土管道安装　m	1.00	1.00	1.00	1.00	1.00

指标编号			ZFT2-5-101	ZFT2-5-102	ZFT2-5-103	ZFT2-5-104	ZFT2-5-105
项目名称			混凝土管道直径400mm以内	混凝土管道直径600mm以内	混凝土管道直径1000mm以内	混凝土管道直径1600mm以内	混凝土管道直径2000mm以内
指标单位			m	m	m	m	m
	名称	单位	单价(元)	数量			
主要人工材料机械	建筑普通工	工日	34	0.071	0.072	0.611	0.818	1.105
	建筑技术工	工日	48	0.079	0.090	0.574	0.768	1.030
	水泥	t	337.61	0.001	0.001			
	砂子	m³	54.85	0.001	0.003			
	机械当量	台班	1000	0.003	0.005	0.031	0.041	0.075

（二）钢套筒混凝土管道

指标编号			ZFT2-5-106	ZFT2-5-107	ZFT2-5-108	ZFT2-5-109	ZFT2-5-110
项目名称			钢套筒混凝土管道 直径400mm以内	钢套筒混凝土管道 直径600mm以内	钢套筒混凝土管道 直径1000mm以内	钢套筒混凝土管道 直径1600mm以内	钢套筒混凝土管道 直径2000mm以内
指标单位			m	m	m	m	m
基　价（元）			**548.44**	**620.04**	**1095.91**	**2035.58**	**2656.28**
其中	人工费（元）		28.54	28.86	30.47	32.06	60.24
	材料费（元）		514.36	585.63	1049.47	1965.12	2528.14
	机械费（元）		5.54	5.55	15.97	38.40	67.90
主要技术条件			明挖敷设	明挖敷设	明挖敷设	明挖敷设	明挖敷设
抗震设防烈度（度）			Ⅶ	Ⅶ	Ⅶ	Ⅶ	Ⅷ
最低设计温度（℃）			-7.9	-8.1	-6.5	-6.5	-9.2
主要工程量	名称	单位	工程量				
	钢套筒混凝土管道安装	m	1.00	1.00	1.00	1.00	1.00

续表

指标编号			ZFT2-5-106	ZFT2-5-107	ZFT2-5-108	ZFT2-5-109	ZFT2-5-110
项目名称			钢套筒混凝土管道 直径400mm以内	钢套筒混凝土管道 直径600mm以内	钢套筒混凝土管道 直径1000mm以内	钢套筒混凝土管道 直径1600mm以内	钢套筒混凝土管道 直径2000mm以内
指标单位			m	m	m	m	m
名称	单位	单价(元)	数量				
主要人工材料机械 建筑普通工	工日	34	0.621	0.627	0.662	0.697	1.310
建筑技术工	工日	48	0.155	0.157	0.166	0.174	0.327
机械当量	台班	1000	0.006	0.006	0.016	0.038	0.068

（三）管道建筑

指标编号		ZFT2-5-111	ZFT2-5-112	ZFT2-5-113	ZFT2-5-114
项目名称		混凝土管道建筑 直径＜500mm	混凝土管道建筑 直径＜800mm	混凝土管道建筑 直径＜1200mm	混凝土管道建筑 直径＜1600mm
指标单位		m	m	m	m
基　价（元）		**71.62**	**127.70**	**227.70**	**469.16**
其中	人工费（元）	27.49	42.73	81.64	104.14
	材料费（元）	25.84	54.55	102.04	201.94
	机械费（元）	18.29	30.42	44.02	163.08
主要技术条件		综合覆土 1m 厚；砂垫层，混凝土支墩	综合覆土 1m 厚；砂垫层，混凝土支墩	综合覆土 1m 厚；砂垫层，混凝土支墩	综合覆土 1m 厚；砂垫层，混凝土支墩
抗震设防烈度（度）		Ⅵ	Ⅵ	Ⅶ	Ⅶ
最低设计温度（℃）		-7.9	-8.1	-6.5	-6.5
主要工程量	名称	单位	工程量		
	混凝土管管道建筑	m	1.00	1.00	1.00	1.00

576

指标编号				ZFT2-5-111	ZFT2-5-112	ZFT2-5-113	ZFT2-5-114
项目名称				混凝土管道建筑直径＜500mm	混凝土管道建筑直径＜800mm	混凝土管道建筑直径＜1200mm	混凝土管道建筑直径＜1600mm
指标单位				m	m	m	m
	名称	单位	单价(元)	数量			
主要人工材料机械	建筑普通工	工日	34	0.748	1.129	2.125	2.517
	建筑技术工	工日	48	0.043	0.091	0.196	0.387
	水泥	t	337.61	0.028	0.058	0.104	0.204
	石子	m³	58.83	0.077	0.163	0.289	0.569
	砂子	m³	54.85	0.045	0.094	0.167	0.329
	机械当量	台班	1000	0.018	0.030	0.044	0.163

指标编号			ZFT2-5-115	ZFT2-5-116	ZFT2-5-117
项目名称			其他材质管道建筑 直径＜800mm	其他材质管道建筑 直径＜1200mm	其他材质管道建筑 直径＜2000mm
指标单位			m	m	m
基　　价（元）			**113.86**	**218.49**	**416.10**
其中	人工费（元）		38.94	93.49	118.36
	材料费（元）		54.52	85.10	57.48
	机械费（元）		20.40	39.90	240.26
主要技术条件			综合覆土 1m 厚；砂垫层，混凝土支墩	综合覆土 1m 厚；砂垫层，混凝土支墩	综合覆土 1m 厚；砂垫层，混凝土支墩
抗震设防烈度（度）			Ⅷ	Ⅵ	Ⅵ
最低设计温度（℃）			−9.2	−9.2	−9.2
主要工程量	名称	单位	工程量		
	钢管管道建筑	m	1.00	1.00	1.00

指标编号			ZFT2-5-115	ZFT2-5-116	ZFT2-5-117
项目名称			其他材质管道建筑 直径＜800mm	其他材质管道建筑 直径＜1200mm	其他材质管道建筑 直径＜2000mm
指标单位			m	m	m
	名称	单位	单价(元)	数量	
主要人工材料机械	建筑普通工	工日	34	0.979	2.486	3.292
	建筑技术工	工日	48	0.118	0.187	0.134
	砂子	m³	54.85	0.976	1.494	0.924
	机械当量	台班	1000	0.020	0.040	0.240

第六章 电 气 系 统

说明

一、本章内容包括共箱母线支架、主变压器基础与构架、厂用变压器基础与构架、启动备用变压器基础与构架、防火墙、进出线构架、屋内配电装置室、屋外配电装置建筑、独立避雷针塔、网络继电器室、保护室等电气系统单位工程指标。

二、使用说明

1. 变压器基础与构架指标包括变压器进线构架、变压器基础、变压器油池、油篦子、滤油填料、检修格栅平台等项目。

2. 进出线构架指标适用于母线、导线进出配电装置室或进出开关场前后独立构架以及封闭式组合电气基础间的中间构架,指标综合考虑了爬梯、地线支架、避雷针等构架附件,执行指标时不做调整。设计采用转角塔构架时执行钢结构相应的指标。

3. 屋内配电装置室指标适用于封闭式组合电器室内布置设计方案。指标包括设备基础、沟道、支架等项目,指标综合考虑了不同结构形式及电压等级,执行指标时不做调整。敞开式电器屋内配电装置室参照执行。

4. 敞开式屋外配电装置指标包括设备支架、设备基础、配电构架、构架附件、支架附件等项目,不包括开关场内沟道、地坪、道路、围栅、大门等项目。

5. A排外电气区域建筑、敞开式配电装置区域建筑、变压器事故油池等执行第九章"附属工程"相应指标。

6. 依附在空冷平台柱上的出线构架梁、支撑等钢结构执行独立子项工程指标估算投资。

工程量计算规则

一、共箱母线支架指标按照设计长度以"m"为计量单位计算工程量。

二、主变压器基础与构架、厂用变压器基础与构架、启动备用变压器基础与构架、独立避雷针塔等指标按照设计数量以"座"为计量单位计算工程量。

三、防火墙指标按照设计面积以"m²"为计量单位计算工程量，防火墙高度从室外地坪标高计算至防火墙顶标高。

四、进出线构架指标按照设计数量以"组"为计量单位计算工程量。多跨连续构架按照构架梁根数计算构架组数，第二跨及以上构架执行指标时乘以 0.63 系数。

五、屋内配电装置室、网络继电器室、保护室等指标按照设计建筑体积以"m³"为计量单位计算工程量。

六、屋外敞开式配电装置指标按照设计围栅（围墙）内占地面积以"m²"为计量单位计算工程量。

七、屋外封闭式配电装置指标按照设计间隔数量以"间隔"为计量单位计算工程量，进线、出线、母联等计算间隔数量。

一、共箱母线支架

指标编号			ZFT2-6-1	ZFT2-6-2	ZFT2-6-3
项目名称			1000MW级机组共箱母线支架	600MW级机组共箱母线支架	300MW级机组共箱母线支架
指标单位			m	m	m
基　价（元）			**9383.13**	**7562.44**	**4716.42**
其中	人工费（元）		609.35	491.11	306.29
	材料费（元）		8332.83	6715.94	4188.49
	机械费（元）		440.95	355.39	221.64
主要技术条件			钢管桁架结构；钢筋混凝土独立基础，基础埋深3.0m	钢管桁架结构；钢筋混凝土独立基础，基础埋深2.7m	钢管桁架结构；钢筋混凝土独立基础，基础埋深2.3m
抗震设防烈度（度）			Ⅶ	Ⅶ	Ⅶ
最低设计温度（℃）			-9.6	-3.2	-3.8
主要工程量	名称	单位	工程量		
	钢支架	t	0.84	0.67	0.42

续表

指标编号				ZFT2-6-1	ZFT2-6-2	ZFT2-6-3
项目名称				1000MW级机组共箱母线支架	600MW级机组共箱母线支架	300MW级机组共箱母线支架
指标单位				m	m	m
	名称	单位	单价(元)	数量		
主要人工材料机械	建筑普通工	工日	34	12.486	10.063	6.276
	建筑技术工	工日	48	3.850	3.103	1.935
	型钢	t	3675.21	0.861	0.694	0.433
	水泥	t	337.61	1.701	1.371	0.855
	石子	m³	58.83	4.233	3.412	2.128
	砂子	m³	54.85	2.465	1.987	1.239
	钢筋	t	3504.27	0.328	0.264	0.165
	机械当量	台班	1000	0.441	0.355	0.222

指标编号			ZFT2-6-4	ZFT2-6-5
项目名称			F 级燃机（260MW 级）发电共箱母线支架	E 级燃机（120MW 级）发电共箱母线支架
指标单位			m	m
基　　价（元）			**4448.91**	**3770.90**
其中	人工费（元）		495.00	44.95
	材料费（元）		3694.12	3480.18
	机械费（元）		259.79	245.77
主要技术条件			混凝土结构支架；钢筋混凝土独立基础，基础埋深2.5m	钢结构支架；钢筋混凝土独立基础，基础埋深1.8m
抗震设防烈度（度）			Ⅶ	Ⅶ
最低设计温度（℃）			−12.5	−8.2
主要工程量	名称	单位	工程量	
	钢梁	t	0.31	
	钢管支架	t		0.46
	混凝土支架	m³	0.71	

续表

指标编号				ZFT2-6-4	ZFT2-6-5
项目名称				F级燃机（260MW级）发电共箱母线支架	E级燃机（120MW级）发电共箱母线支架
指标单位				m	m
	名称	单位	单价(元)	数量	
主要人工材料机械	建筑普通工	工日	34	9.830	0.845
	建筑技术工	工日	48	3.349	0.338
	型钢	t	3675.21	0.327	0.479
	水泥	t	337.61	0.785	
	石子	m³	58.83	1.867	
	砂子	m³	54.85	1.093	
	钢筋	t	3504.27	0.166	
	机械当量	台班	1000	0.260	0.246

二、主变压器基础与构架

指标编号		ZFT2-6-6	ZFT2-6-7	ZFT2-6-8	ZFT2-6-9
项目名称		100MVA 主变压器基础与构架三相单台	180MVA 主变压器基础与构架三相单台	370MVA 主变压器基础与构架三相单台	420MVA 主变压器基础与构架三相单台
指标单位		座	座	座	座
基　　价（元）		**113886.14**	**136504.77**	**185862.27**	**176321.91**
其中	人工费（元）	15208.87	17708.77	16471.89	15379.05
	材料费（元）	90195.27	109115.75	158312.51	148847.53
	机械费（元）	8482.00	9680.25	11077.87	12095.33
主要技术条件		钢筋混凝土基础，埋深 1.5m	钢筋混凝土基础，埋深 1.8m	钢筋混凝土基础，埋深 2.1m	钢筋混凝土基础，埋深 1.8m
抗震设防烈度（度）		Ⅶ	Ⅶ	Ⅶ	Ⅶ
最低设计温度（℃）		-8.2	-8.2	-6.5	-3.8
主要工程量	名称	单位	工程量			
	变压器基础	m³	23.43	65.00	60.00	92.00
	变压器油池(容积)	m³	73.01	75.00	61.51	23.59

续表

指标编号			ZFT2-6-6	ZFT2-6-7	ZFT2-6-8	ZFT2-6-9
项目名称			100MVA 主变压器基础与构架三相单台	180MVA 主变压器基础与构架三相单台	370MVA 主变压器基础与构架三相单台	420MVA 主变压器基础与构架三相单台
指标单位			座	座	座	座
主要工程量	名称	单位	工程量			
	钢格栅板	t	2.80	2.10	1.80	1.60
	钢管构架	t			9.22	7.57
	离心杆构架	m³	9.00	10.00		
主要人工材料机械	名称	单位	单价(元)		数量	
	建筑普通工	工日	34	266.040	308.045	300.363	275.732
	建筑技术工	工日	48	128.410	150.734	130.405	125.081
	型钢	t	3675.21	3.241	2.675	11.647	9.803

续表

指标编号			ZFT2-6-6	ZFT2-6-7	ZFT2-6-8	ZFT2-6-9
项目名称			100MVA 主变压器基础与构架三相单台	180MVA 主变压器基础与构架三相单台	370MVA 主变压器基础与构架三相单台	420MVA 主变压器基础与构架三相单台
指标单位			座	座	座	座
名称	单位	单价(元)	数量			
主要人工材料机械	水泥	t	337.61	34.815	48.342	49.029	51.355
	石子	m³	58.83	143.561	176.372	168.756	153.982
	砂子	m³	54.85	66.489	78.211	76.714	81.549
	钢筋	t	3504.27	8.021	11.316	8.707	10.771
	机械当量	台班	1000	8.482	9.680	11.078	12.095

指标编号		ZFT2-6-10	ZFT2-6-11	ZFT2-6-12	ZFT2-6-13
项目名称		720MVA 主变压器基础与构架三相单台	750MVA 主变压器基础与构架三相单台	780MVA 主变压器基础与构架三相单台	1020MVA 主变压器基础与构架三相单台
指标单位		座	座	座	座
基　价（元）		**299005.68**	**438331.41**	**482844.43**	**565277.96**
其中	人工费（元）	28307.31	41015.44	46394.91	60141.14
	材料费（元）	248751.85	366743.04	400288.00	465043.73
	机械费（元）	21946.52	30572.93	36161.52	40093.09
主要技术条件		钢筋混凝土基础，埋深 3m	钢筋混凝土基础，埋深 2.2m	钢筋混凝土基础，埋深 2.3m	钢筋混凝土基础，埋深 2.6m
抗震设防烈度（度）		Ⅶ	Ⅶ	Ⅶ	Ⅶ
最低设计温度（℃）		−3.2	−9.6	−12.8	−2.6
主要工程量	名称	单位	工程量			
	变压器基础	m³	200.00	260.00	300.00	275.00
	变压器油池（容积）	m³	62.90	143.00	158.00	280.50
	钢格栅板	t	3.65	8.30	9.20	6.00
	钢管构架	t	8.50	11.40	11.30	13.00

指标编号			ZFT2-6-10	ZFT2-6-11	ZFT2-6-12	ZFT2-6-13
项目名称			720MVA 主变压器基础与构架三相单台	750MVA 主变压器基础与构架三相单台	780MVA 主变压器基础与构架三相单台	1020MVA 主变压器基础与构架三相单台
指标单位			座	座	座	座
	名称	单位	单价(元)	数量		
主要人工材料机械	建筑普通工	工日	34	490.139	699.611	798.663	1028.859
	建筑技术工	工日	48	242.542	358.916	400.826	524.160
	型钢	t	3675.21	13.300	21.406	22.389	20.882
	水泥	t	337.61	97.159	136.068	152.192	164.935
	石子	m³	58.83	306.173	461.691	516.249	623.749
	砂子	m³	54.85	156.544	218.995	245.563	264.921
	钢筋	t	3504.27	20.289	26.513	29.864	41.125
	机械当量	台班	1000	21.947	30.573	36.162	40.093

指标编号		ZFT2-6-14	ZFT2-6-15	ZFT2-6-16	ZFT2-6-17
项目名称		3×260MVA 主变压器基础与构架单相三台	3×380MVA 主变压器基础与构架单相三台	260MVA 主变压器基础与构架单相单台	380MVA 主变压器基础与构架单相单台
指标单位		套	套	座	座
基　价（元）		**433462.93**	**530514.88**	**144487.64**	**176838.29**
其中	人工费（元）	42236.97	51544.87	14078.99	17181.62
	材料费（元）	359123.79	439732.60	119707.93	146577.53
	机械费（元）	32102.17	39237.41	10700.72	13079.14
主要技术条件		钢筋混凝土基础，埋深2.5m	钢筋混凝土基础，埋深2.81m	钢筋混凝土基础，埋深2.5m	钢筋混凝土基础，埋深2.8m
抗震设防烈度（度）		Ⅶ	Ⅶ	Ⅶ	Ⅶ
最低设计温度（℃）		－6.3	－9.6	－6.3	－9.6
主要工程量	名称	单位	工程量		
	变压器基础	m³	318.00	354.80	106.00	118.27
	变压器油池(容积)	m³	113.40	179.40	37.80	59.80
	钢格栅板	t	6.57	10.41	2.19	3.47
	钢管构架	t	9.00	10.50	3.00	3.50

续表

指标编号			ZFT2-6-14	ZFT2-6-15	ZFT2-6-16	ZFT2-6-17
项目名称			3×260MVA 主变压器基础与构架单相三台	3×380MVA 主变压器基础与构架单相三台	260MVA 主变压器基础与构架单相单台	380MVA 主变压器基础与构架单相单台
指标单位			套	套	座	座
	名称	单位	单价（元）	数量			
主要人工材料机械	建筑普通工	工日	34	714.242	872.730	238.081	290.910
	建筑技术工	工日	48	373.996	455.649	124.666	151.883
	型钢	t	3675.21	17.301	23.029	5.767	7.677
	水泥	t	337.61	147.269	173.057	49.090	57.686
	石子	m³	58.83	477.467	588.489	159.156	196.163
	砂子	m³	54.85	238.741	280.201	79.580	93.401
	钢筋	t	3504.27	30.486	34.190	10.162	11.397
	机械当量	台班	1000	32.102	39.237	10.701	13.079

三、厂用变压器基础与构架

指标编号			ZFT2-6-18	ZFT2-6-19	ZFT2-6-20
项目名称			1000MW级机组厂用变压器基础与构架	600MW级机组厂用变压器基础与构架	300MW级机组厂用变压器基础与构架
指标单位			座	座	座
基 价（元）			**252757.47**	**209661.49**	**164075.09**
其中	人工费（元）		21737.16	17844.56	13953.14
	材料费（元）		215246.38	177504.56	139287.93
	机械费（元）		15773.93	14312.37	10834.02
主要技术条件			钢筋混凝土基础，埋深1.8m	钢筋混凝土基础，埋深2.5m	钢筋混凝土基础，埋深1.8m
抗震设防烈度（度）			Ⅶ	Ⅶ	Ⅶ
最低设计温度（℃）			－12.8	－3.2	－3.8
主要工程量	名称	单位	工程量		
	变压器基础	m³	95.00	100.00	54.00
	变压器油池(容积)	m³	76.00	39.03	47.26
	钢格栅板	t	4.01	3.23	2.74
	钢管构架	t	11.00	8.50	7.55

指标编号			ZFT2-6-18	ZFT2-6-19	ZFT2-6-20
项目名称			1000MW级机组厂用变压器基础与构架	600MW级机组厂用变压器基础与构架	300MW级机组厂用变压器基础与构架
指标单位			座	座	座
	名称	单位	单价(元)	数量		
主要人工材料机械	建筑普通工	工日	34	387.453	316.814	254.419
	建筑技术工	工日	48	178.407	147.345	110.475
	型钢	t	3675.21	15.909	12.497	10.863
	水泥	t	337.61	67.142	58.353	41.406
	石子	m³	58.83	227.339	182.288	139.903
	砂子	m³	54.85	105.795	92.604	64.923
	钢筋	t	3504.27	12.373	11.814	7.543
	机械当量	台班	1000	15.774	14.312	10.834

指标编号	ZFT2-6-21	ZFT2-6-22
项目名称	F 级　燃机机组厂用 变压器基础	E 级　燃机机组厂用 变压器基础
指标单位	座	座
基　价（元）	**86555.35**	**56488.84**
其中　人工费（元）	8920.17	6173.43
材料费（元）	71195.69	44728.23
机械费（元）	6439.49	5587.18
主要技术条件	钢筋混凝土基础，埋深1.8m	钢筋混凝土基础，埋深1.5m
抗震设防烈度（度）	Ⅶ	Ⅶ
最低设计温度（℃）	－12.5	－8.2

主要工程量	名称	单位	工程量	
	变压器基础	m³	35.00	17.60
	变压器油池(容积)	m³	50.00	41.60
	钢格栅板	t	2.50	2.25

续表

指标编号				ZFT2-6-21	ZFT2-6-22
项目名称				F级 燃机机组厂用变压器基础	E级 燃机机组厂用变压器基础
指标单位				座	座
	名称	单位	单价（元）	数量	
主要人工材料机械	建筑普通工	工日	34	135.415	105.828
	建筑技术工	工日	48	89.918	53.654
	型钢	t	3675.21	2.768	2.440
	水泥	t	337.61	19.736	12.355
	石子	m³	58.83	85.456	59.602
	砂子	m³	54.85	32.210	20.079
	钢筋	t	3504.27	8.448	3.683
	机械当量	台班	1000	6.439	5.587

596

四、启动/备用变压器基础与构架

指标编号			ZFT2-6-23	ZFT2-6-24	ZFT2-6-25
项目名称			1000MW级机组启动/备用变压器基础与构架	600MW级机组启动/备用变压器基础与构架	300MW级机组启动/备用变压器基础与构架
指标单位			座	座	座
基 价（元）			**429230.22**	**332476.68**	**178152.96**
其中	人工费（元）		33396.26	26169.92	15135.38
	材料费（元）		370011.27	285971.54	152030.71
	机械费（元）		25822.69	20335.22	10986.87
主要技术条件			钢筋混凝土基础，埋深1.8m	钢筋混凝土基础，埋深3m	钢筋混凝土基础，埋深1.8m
抗震设防烈度（度）			Ⅶ	Ⅶ	Ⅶ
最低设计温度（℃）			-12.8	-3.2	-3.8
主要工程量	名称	单位	工程量		
	变压器基础	m³	90.00	80.00	65.00
	变压器油池（容积）	m³	129.00	89.00	59.32
	钢格栅板	t	9.35	6.45	3.51
	钢管构架	t	22.00	17.00	7.32

续表

指标编号			ZFT2-6-23	ZFT2-6-24	ZFT2-6-25
项目名称			1000MW级机组启动/备用变压器基础与构架	600MW级机组启动/备用变压器基础与构架	300MW级机组启动/备用变压器基础与构架
指标单位			座	座	座
	名称	单位	单价(元)		数量	
主要人工材料机械	建筑普通工	工日	34	608.863	476.924	266.436
	建筑技术工	工日	48	264.473	207.381	126.591
	型钢	t	3675.21	32.829	24.588	11.475
	水泥	t	337.61	95.605	75.987	46.601
	石子	m³	58.83	331.672	255.924	161.901
	砂子	m³	54.85	147.855	117.825	73.505
	钢筋	t	3504.27	16.271	13.882	8.384
	机械当量	台班	1000	25.823	20.335	10.987

指标编号			ZFT2-6-26	ZFT2-6-27
项目名称			F 级 启动变压器基础	E 级 启动变压器基础
指标单位			座	座
基　　价（元）			**101363.59**	**73579.58**
其中	人工费（元）		11238.14	7104.86
	材料费（元）		82603.60	60226.63
	机械费（元）		7521.85	6248.09
主要技术条件			钢筋混凝土基础，埋深1.8m	钢筋混凝土基础，埋深1.5m
抗震设防烈度（度）			Ⅶ	Ⅶ
最低设计温度（℃）			-12.5	-8.2
主要工程量	名称	单位	工程量	
	变压器基础	m³	55.00	41.62
	变压器油池(容积)	m³	71.50	38.09
	钢格栅板	t	2.75	3.09

续表

指标编号			ZFT2-6-26	ZFT2-6-27
项目名称			F级 启动变压器基础	E级 启动变压器基础
指标单位			座	座
名称	单位	单价(元)	数量	
建筑普通工	工日	34	180.121	114.151
建筑技术工	工日	48	106.542	67.160
型钢	t	3675.21	3.120	3.393
水泥	t	337.61	29.969	20.311
石子	m³	58.83	127.140	80.019
砂子	m³	54.85	48.946	33.257
钢筋	t	3504.27	7.644	4.798
机械当量	台班	1000	7.522	6.248

主要人工材料机械

五、防火墙

指标编号	ZFT2-6-28
项目名称	混凝土结构防火墙
指标单位	m²
基　　价（元）	**582.11**

其中	人工费（元）	96.65
	材料费（元）	449.29
	机械费（元）	36.17

主要技术条件	钢筋混凝土墙；钢筋混凝土条形基础，基础埋深1.8m
抗震设防烈度（度）	Ⅶ
最低设计温度（℃）	-3.2

主要工程量	名称	单位	工程量
	钢筋混凝土墙	m³	0.40

续表

指标编号				ZFT2-6-28
项目名称				混凝土结构防火墙
指标单位				m²
	名称	单位	单价(元)	数量
主要人工材料机械	建筑普通工	工日	34	1.623
	建筑技术工	工日	48	0.864
	型钢	t	3675.21	0.004
	水泥	t	337.61	0.236
	石子	m³	58.83	0.545
	砂子	m³	54.85	0.329
	钢筋	t	3504.27	0.056
	机械当量	台班	1000	0.036

602

六、进出线构架

指标编号	ZFT2-6-29	ZFT2-6-30	ZFT2-6-31	ZFT2-6-32
项目名称	110kV 构架　钢结构	220kV 构架　钢结构	330kV 构架　钢结构	500kV 构架　钢结构
指标单位	组	组	组	组
基　价（元）	**75192.82**	**114634.54**	**202429.69**	**226515.95**
其中　人工费（元）	4495.20	6171.54	11402.67	11894.49
材料费（元）	65925.35	102780.98	180802.30	203182.91
机械费（元）	4772.27	5682.02	10224.72	11438.55
主要技术条件	钢管桁架结构；钢筋混凝土杯形基础，基础埋深2.5m	钢管桁架结构；钢筋混凝土杯形基础，基础埋深2.5m	钢管桁架结构；钢筋混凝土杯形基础，基础埋深2.5m	钢管桁架结构；钢筋混凝土杯形基础，基础埋深3.6m
抗震设防烈度（度）	Ⅶ	Ⅶ	Ⅶ	Ⅶ
最低设计温度（℃）	-8.2	-3.8	-7.3	-25.7

指标编号			ZFT2-6-29	ZFT2-6-30	ZFT2-6-31	ZFT2-6-32
项目名称			110kV 构架 钢结构	220kV 构架 钢结构	330kV 构架 钢结构	500kV 构架 钢结构
指标单位			组	组	组	组
主要工程量	名称	单位	工程量			
	钢管构架	t	5.00	8.00	14.82	15.25
	钢管构架梁	t	2.25		3.43	
	型钢构架梁	t		2.62		6.90
	钢结构附件	t	0.50	1.30	1.50	1.80
主要人工材料机械	名称	单位	单价(元)	数量		
	建筑普通工	工日	34	90.388	125.706	232.313	242.044
	建筑技术工	工日	48	29.625	39.531	72.998	76.352

604

续表

指标编号			ZFT2-6-29	ZFT2-6-30	ZFT2-6-31	ZFT2-6-32
项目名称			110kV 构架　钢结构	220kV 构架　钢结构	330kV 构架　钢结构	500kV 构架　钢结构
指标单位			组	组	组	组
	名称	单位	单价(元)	数量		
主要人工材料机械	型钢	t	3675.21	7.991	12.290	20.365	24.693
	水泥	t	337.61	10.675	16.288	30.165	31.049
	石子	m³	58.83	26.494	40.544	75.087	77.287
	砂子	m³	54.85	15.424	23.610	43.726	45.007
	钢筋	t	3504.27	2.164	3.143	5.821	5.991
	机械当量	台班	1000	4.772	5.682	10.225	11.439

指标编号			ZFT2-6-33	ZFT2-6-34
项目名称			750kV 构架　格构式钢结构	1000kV 构架　格构式钢结构
指标单位			组	组
基　　价（元）			**621121.87**	**1196228.74**
其中	人工费（元）		40009.07	74093.56
	材料费（元）		542241.79	1048219.31
	机械费（元）		38871.01	73915.87
主要技术条件			钢管格构式构架；钢筋混凝土杯形基础，基础埋深4m	钢管格构式构架；钢筋混凝土杯形基础，基础埋深3m
抗震设防烈度（度）			Ⅶ	Ⅶ
最低设计温度（℃）			−9.2	−8.2
主要工程量	名称	单位	工程量	
	格构式钢管构架	t	45.84	84.16
	钢管构架梁	t	12.68	23.37
	钢结构附件	t	3.55	15.46

续表

指标编号				ZFT2-6-33	ZFT2-6-34
项目名称				750kV 构架　格构式钢结构	1000kV 构架　格构式钢结构
指标单位				组	组
	名称	单位	单价(元)	数量	
主要人工材料机械	建筑普通工	工日	34	806.670	1492.406
	建筑技术工	工日	48	262.125	486.485
	型钢	t	3675.21	63.992	126.803
	水泥	t	337.61	97.864	179.674
	石子	m³	58.83	242.901	445.954
	砂子	m³	54.85	141.408	259.618
	钢筋	t	3504.27	19.842	36.428
	机械当量	台班	1000	38.871	73.916

七、屋内配电装置室

指标编号	ZFT2-6-35	ZFT2-6-36
项目名称	330kV 及以下屋内封闭式组合电器配电装置室	500kV 及以上屋内封闭式组合电器配电装置室
指标单位	m³	m³
基　　价（元）	**243.92**	**211.44**
其中 人工费（元）	40.24	30.45
材料费（元）	187.87	154.61
机械费（元）	15.81	26.38
主要技术条件	建筑体积 14300m³，钢筋混凝土框架结构；钢筋混凝土承台基础，基础埋深 3.5m；加气混凝土砌体外墙	建筑体积 74898m³，钢筋混凝土排架结构；钢筋混凝土独立基础，基础埋深 3m；1.2m 高以上金属保温墙板外墙
抗震设防烈度（度）	Ⅶ	Ⅶ
最低设计温度（℃）	－12.8	－9.3

指标编号			ZFT2-6-35	ZFT2-6-36
项目名称			330kV 及以下屋内封闭式组合电器配电装置室	500kV 及以上屋内封闭式组合电器配电装置室
指标单位			m^3	m^3
	名称	单位	工程量	
主要工程量	钢筋混凝土基础	m^3	0.03	0.01
	设备基础	m^3		0.05
	浇制混凝土板	m^2	0.09	
	压型钢板屋面板　有保温	m^2		0.05
	浇制混凝土屋面板	m^2	0.09	
	保温金属外墙板	m^2		0.09
	砌体外墙	m^3	0.03	
	砌体内墙	m^3	0.02	

指标编号			ZFT2-6-35	ZFT2-6-36
项目名称			330kV 及以下屋内封闭式组合电器配电装置室	500kV 及以上屋内封闭式组合电器配电装置室
指标单位			m³	m³
主要工程量	钢筋混凝土基础梁	m³	0.01	
	钢筋混凝土框架	m³	0.04	0.02
	钢筋混凝土吊车梁	m³	0.01	
	钢筋混凝土底板	m³	0.01	
	钢筋混凝土墙	m³	0.01	
	钢屋架	t		0.01
	钢吊车梁	t		
	其他钢结构	t		
主要人工材料机械	名称	单位	单价（元）	数量
	建筑普通工	工日	34	0.566 / 0.373
	建筑技术工	工日	48	0.438 / 0.370
	型钢	t	3675.21	0.001 / 0.016

续表

指标编号				ZFT2-6-35	ZFT2-6-36
项目名称				330kV 及以下屋内封闭式组合电器配电装置室	500kV 及以上屋内封闭式组合电器配电装置室
指标单位				m³	m³
	名称	单位	单价(元)	数量	
主要人工材料机械	水泥	t	337.61	0.077	0.043
	石子	m³	58.83	0.159	0.112
	砂子	m³	54.85	0.136	0.075
	钢筋	t	3504.27	0.020	0.010
	机械当量	台班	1000	0.016	0.026

八、屋外配电装置

(一)敞开式配电装置

指标编号		ZFT2-6-37	ZFT2-6-38	ZFT2-6-39
项目名称		220kV 屋外配电装置 钢结构	330kV 屋外配电装置 钢结构	500kV 屋外配电装置 钢结构
指标单位		m²	m²	m²
基 价 (元)		**305.93**	**296.69**	**306.42**
其中	人工费 (元)	20.68	20.03	19.01
	材料费 (元)	269.67	261.66	272.71
	机械费 (元)	15.58	15.00	14.70
主要技术条件		钢管桁架结构;钢筋混凝土杯形基础,基础埋深4m;占地面积:69m×112m	钢管桁架结构;钢筋混凝土杯形基础,基础埋深 2.5m;占地面积:205m×60m	钢管桁架结构;钢筋混凝土杯形基础,基础埋深3m;占地面积:56m×200.5m
抗震设防烈度 (度)		Ⅵ	Ⅶ	Ⅶ
最低设计温度 (℃)		-5.9	-7.3	-25.7

续表

指标编号			ZFT2-6-37	ZFT2-6-38	ZFT2-6-39
项目名称			220kV 屋外配电装置 钢结构	330kV 屋外配电装置 钢结构	500kV 屋外配电装置 钢结构
指标单位			m²	m²	m²
主要 工程 量	名称	单位	工程量		
	设备基础	m³	0.06	0.02	0.02
	钢管构架	t	0.01	0.02	0.01
	钢管设备支架	t	0.01		0.01
	构支架钢结构附件	t			
	型钢构架梁	t	0.01		0.01
主要 人工 材料 机械	名称	单位	单价(元)	数量		
	建筑普通工	工日	34	0.407	0.420	0.392
	建筑技术工	工日	48	0.143	0.120	0.118

续表

指标编号			ZFT2-6-37	ZFT2-6-38	ZFT2-6-39
项目名称			220kV 屋外配电装置钢结构	330kV 屋外配电装置钢结构	500kV 屋外配电装置钢结构
指标单位			m^2	m^2	m^2
	名称	单位	单价(元)	数量		
主要人工材料机械	型钢	t	3675.21	0.028	0.029	0.031
	水泥	t	337.61	0.061	0.051	0.051
	石子	m^3	58.83	0.160	0.128	0.130
	砂子	m^3	54.85	0.094	0.075	0.076
	钢筋	t	3504.27	0.012	0.009	0.010
	机械当量	台班	1000	0.016	0.015	0.015

指标编号	ZFT2-6-40	ZFT2-6-41
项目名称	750kV 屋外配电装置 格构式钢结构	1000kV 屋外配电装置 格构式钢结构
指标单位	m²	m²
基　价（元）	**221.14**	**131.22**

其中	人工费（元）	19.50	7.44
	材料费（元）	194.74	115.71
	机械费（元）	6.90	8.07

主要技术条件	钢管格构式构架；钢筋混凝土杯形基础，基础埋深 3m；占地面积：210m×150m	钢管格构式构架；钢筋混凝土杯形基础，基础埋深 3m；占地面积：236m×137m
抗震设防烈度（度）	Ⅶ	Ⅶ
最低设计温度（℃）	−8.1	−8.2

主要工程量	名称	单位	工程量	
	格构式钢管构架	t		
	型钢设备支架	t		0.01
	构支架钢结构附件	t		
	型钢构架梁	t		

续表

指标编号				ZFT2-6-40	ZFT2-6-41
项目名称				750kV屋外配电装置格构式钢结构	1000kV屋外配电装置格构式钢结构
指标单位				m²	m²
	名称	单位	单价(元)	数量	
主要人工材料机械	建筑普通工	工日	34	0.406	0.150
	建筑技术工	工日	48	0.119	0.049
	型钢	t	3675.21	0.018	0.015
	水泥	t	337.61	0.057	0.018
	石子	m³	58.83	0.143	0.044
	砂子	m³	54.85	0.083	0.026
	钢筋	t	3504.27	0.010	0.004
	机械当量	台班	1000	0.007	0.008

（二）封闭式配电装置

指标编号			ZFT2-6-42	ZFT2-6-43	ZFT2-6-44
项目名称			220kV 屋外封闭式组合电器配电装置基础	330kV 屋外封闭式组合电器配电装置基础	500kV 屋外封闭式组合电器配电装置基础
指标单位			间隔	间隔	间隔
基　　价（元）			**25379.44**	**192441.58**	**225045.74**
其中	人工费（元）		2227.68	23035.87	19788.28
	材料费（元）		21327.98	148992.55	188981.20
	机械费（元）		1823.78	20413.16	16276.26
主要技术条件			钢筋混凝土大板基础，基础埋深 2.5m	钢筋混凝土筏形基础，基础埋深 2.5m	钢筋混凝土大板基础，基础埋深 4m
抗震设防烈度（度）			Ⅶ	Ⅶ	Ⅶ
最低设计温度（℃）			−3.8	−12.8	−12.6
主要工程量	名称	单位	工程量		
	设备基础	m³	33.29	176.90	294.93

指标编号				ZFT2-6-42	ZFT2-6-43	ZFT2-6-44
项目名称				220kV 屋外封闭式组合电器配电装置基础	330kV 屋外封闭式组合电器配电装置基础	500kV 屋外封闭式组合电器配电装置基础
指标单位				间隔	间隔	间隔
	名称	单位	单价(元)	数量		
主要人工材料机械	建筑普通工	工日	34	34.768	388.976	309.527
	建筑技术工	工日	48	21.779	204.414	192.979
	型钢	t	3675.21	0.309	0.802	2.740
	水泥	t	337.61	14.278	72.835	126.511
	石子	m³	58.83	32.951	185.613	291.967
	砂子	m³	54.85	19.901	108.366	176.331
	钢筋	t	3504.27	2.468	26.361	21.871
	机械当量	台班	1000	1.824	20.413	16.276

指标编号	ZFT2-6-45	ZFT2-6-46
项目名称	750kV 屋外封闭式组合电器配电装置基础	1000kV 屋外封闭式组合电器配电装置基础
指标单位	间隔	间隔
基　价（元）	**803365.20**	**1292105.06**

其中	人工费（元）	111460.46	122811.95
	材料费（元）	578467.53	1048654.12
	机械费（元）	113437.21	120638.99
	主要技术条件	钢筋混凝土筏形基础，基础埋深2.5m	钢筋混凝土筏形基础，基础埋深2.5m
	抗震设防烈度（度）	Ⅶ	Ⅶ
	最低设计温度（℃）	−9.2	−8.2

主要工程量	名称	单位	工程量	
	设备基础	m³	1120.81	1614.00

续表

指标编号				ZFT2-6-45	ZFT2-6-46
项目名称				750kV 屋外封闭式组合电器 配电装置基础	1000kV 屋外封闭式组合电器 配电装置基础
指标单位				间隔	间隔
主要 人工 材料 机械	名称	单位	单价(元)	数量	
	建筑普通工	工日	34	2193.109	2091.599
	建筑技术工	工日	48	768.796	1076.899
	型钢	t	3675.21	5.079	14.995
	水泥	t	337.61	461.460	692.323
	石子	m³	58.83	1175.992	1597.772
	砂子	m³	54.85	686.576	964.962
	钢筋	t	3504.27	64.409	123.750
	机械当量	台班	1000	113.437	120.639

九、独立避雷针塔

指标编号			ZFT2-6-47	ZFT2-6-48
项目名称			独立避雷针塔 高35m	独立避雷针塔 高50m
指标单位			座	座
基 价（元）			**54076.20**	**78403.34**
其中	人工费（元）		5215.95	7562.44
	材料费（元）		46340.94	67188.24
	机械费（元）		2519.31	3652.66
主要技术条件			钢管结构；钢筋混凝土杯形基础，基础埋深2.5m	角钢结构；钢筋混凝土独立基础，基础埋深3.2m
抗震设防烈度（度）			Ⅶ	Ⅶ
最低设计温度（℃）			-3.2	-12.8
主要工程量	名称	单位	工程量	
	避雷针塔	t	4.16	6.03

621

指标编号			ZFT2-6-47	ZFT2-6-48
项目名称			独立避雷针塔 高35m	独立避雷针塔 高50m
指标单位			座	座
	名称	单位	单价(元)	数量	
主要人工材料机械	建筑普通工	工日	34	110.438	160.120
	建筑技术工	工日	48	30.438	44.132
	型钢	t	3675.21	4.288	6.217
	水泥	t	337.61	17.163	24.884
	石子	m³	58.83	42.488	61.602
	砂子	m³	54.85	24.752	35.888
	钢筋	t	3504.27	2.454	3.558
	机械当量	台班	1000	2.519	3.653

十、电气控制系统建筑

指标编号		ZFT2-6-49	ZFT2-6-50
项目名称		网络继电器室	保护室
指标单位		m³	m³
基　价（元）		**314.20**	**287.66**
其中	人工费（元）	55.42	46.92
	材料费（元）	241.54	230.01
	机械费（元）	17.24	10.73
主要技术条件		建筑体积5855m³；钢筋混凝土框架结构；钢筋混凝土独立基础，基础埋深2.5m；空心砖砌体外墙	建筑体积1838m³；钢筋混凝土框架结构；钢筋混凝土独立基础，基础埋深2m；烧结砖砌体外墙
抗震设防烈度（度）		Ⅶ	Ⅶ
最低设计温度（℃）		-12.8	-5.9

续表

指标编号			ZFT2-6-49	ZFT2-6-50
项目名称			网络继电器室	保护室
指标单位			m³	m³
	名称	单位	工程量	
主要工程量	钢筋混凝土基础	m³	0.03	0.02
	浇制混凝土屋面板	m²	0.24	0.18
	砌体外墙	m³	0.07	0.06
	砌体内墙	m³		0.02
	钢筋混凝土基础梁	m³	0.01	0.01
	钢筋混凝土框架	m³	0.05	0.03
	钢结构　梁	t		

624

续表

指标编号				ZFT2-6-49	ZFT2-6-50
项目名称				网络继电器室	保护室
指标单位				m^3	m^3
	名称	单位	单价(元)	数量	
主要人工材料机械	建筑普通工	工日	34	0.743	0.589
	建筑技术工	工日	48	0.629	0.560
	型钢	t	3675.21	0.005	0.002
	水泥	t	337.61	0.107	0.078
	石子	m^3	58.83	0.214	0.141
	砂子	m^3	54.85	0.205	0.165
	钢筋	t	3504.27	0.021	0.013
	机械当量	台班	1000	0.017	0.011

第七章　脱　硫　系　统

说明

一、本章内容包括石灰石块储仓、石灰石粉制备间、钢结构石灰石粉仓基础、吸收塔基础、循环浆液泵房、氧化风机房、脱硫主要设备基础、石膏脱水楼、石膏库、浆液回收泵房、废水处理车间、废水缓冲池等脱硫系统单位工程指标。

二、使用说明

1. 脱硫主要设备基础指标包括事故浆液箱基础、工艺水箱基础、浆液循环泵基础及检修支架等项目。

2. 本章指标未编制脱硫综合管架、脱硫区域地面，工程设计需要时，执行其他章节相应指标估算投资。

工程量计算规则

一、石灰石块储仓、钢结构石灰石粉仓基础、吸收塔基础、石膏库、废水缓冲池等指标按照设计数量以"座"为计量单位计算工程量。

二、石灰石粉制备间、循环浆液泵房、氧化风机房、石膏脱水楼、浆液回收泵房、废水处理车间等指标按照设计建筑体积以"m³"为计量单位计算工程量。

三、脱硫主要设备基础指标按照设计锅炉数量以"台炉"为计量单位计算工程量。

一、石灰石块储仓

指标编号	ZFT2-7-1	ZFT2-7-2	ZFT2-7-3
项目名称	石灰石块储仓 容积 1000m³	石灰石块储仓 容积 2000m³	石灰石块储仓 容积 3000m³
指标单位	座	座	座
基　价（元）	**734180.07**	**1280430.31**	**1717042.16**
其中　人工费（元）	132633.20	220065.37	298945.79
其中　材料费（元）	495571.38	918111.76	1195150.38
其中　机械费（元）	105975.49	142253.18	222945.99
主要技术条件	筒仓直径 8m，高 20m，筒仓壁厚 350mm；钢筋混凝土筏板基础，基础埋深 5.3m；钢筋混凝土现浇梁板结构仓顶	筒仓直径 10m，高 25m，筒仓壁厚 400mm；钢筋混凝土筏板基础，基础埋深 6m；钢筋混凝土现浇梁板结构仓顶	筒仓直径 12m，高 28m，筒仓壁厚 400mm；钢筋混凝土筏板基础，基础埋深 7m；钢筋混凝土现浇梁板结构仓顶
抗震设防烈度（度）	Ⅶ	Ⅶ	Ⅶ
最低设计温度（℃）	-3.8	-6.5	-12.8

续表

指标编号			ZFT2-7-1	ZFT2-7-2	ZFT2-7-3
项目名称			石灰石块储仓 容积1000m³	石灰石块储仓 容积2000m³	石灰石块储仓 容积3000m³
指标单位			座	座	座
主要工程量	名称	单位	工程量		
	钢结构	t	2.00	2.00	5.00
	石灰石筒仓 基础	m³	50.00	120.00	180.00
	石灰石筒仓 筒壁	m³	293.10	558.00	671.50
	微晶板内衬	m²	425.60	680.00	975.60
主要人工材料机械	名称	单位	单价(元)	数量		
	建筑普通工	工日	34	2376.311	3583.945	5153.871
	建筑技术工	工日	48	1079.887	2046.015	2577.225

续表

指标编号				ZFT2-7-1	ZFT2-7-2	ZFT2-7-3
项目名称				石灰石块储仓 容积1000m³	石灰石块储仓 容积2000m³	石灰石块储仓 容积3000m³
指标单位				座	座	座
	名称	单位	单价(元)	数量		
主要 人工 材料 机械	型钢	t	3675.21	2.255	2.640	5.630
	水泥	t	337.61	190.212	373.138	464.836
	石子	m³	58.83	400.058	790.977	993.971
	砂子	m³	54.85	237.457	468.657	588.085
	钢筋	t	3504.27	50.396	99.338	124.778
	机械当量	台班	1000	105.975	142.253	222.946

二、石灰石粉制备间

指标编号		ZFT2-7-4
项目名称		石灰石粉制备间
指标单位		m³
基　价（元）		**157.60**
其中	人工费（元）	31.51
	材料费（元）	112.20
	机械费（元）	13.89
主要技术条件		建筑体积12058m³，钢筋混凝土框架结构；钢筋混凝土承台基础，基础埋深4m；烧结砖砌体外墙
抗震设防烈度（度）		Ⅶ
最低设计温度（℃）		−7.6

主要工程量	名称	单位	工程量
	钢筋混凝土基础	m³	0.01
	浇制混凝土板	m²	0.10

续表

指标编号			ZFT2-7-4
项目名称			石灰石粉制备间
指标单位			m^3
主要工程量	名称	单位	工程量
	浇制混凝土屋面板	m^2	0.03
	砌体外墙	m^3	0.06
	砌体内墙	m^3	
	钢筋混凝土基础梁	m^3	
	钢筋混凝土框架	m^3	0.03
	钢筋混凝土底板	m^3	
	地下钢筋混凝土墙	m^3	0.01
	钢结构	t	

续表

指标编号				ZFT2-7-4
项目名称				石灰石粉制备间
指标单位				m³
主要 人工 材料 机械	名称	单位	单价(元)	数量
	建筑普通工	工日	34	0.437
	建筑技术工	工日	48	0.347
	型钢	t	3675.21	0.001
	水泥	t	337.61	0.049
	石子	m³	58.83	0.077
	砂子	m³	54.85	0.093
	钢筋	t	3504.27	0.010
	机械当量	台班	1000	0.014

三、石灰石粉储仓

指标编号	ZFT2-7-5
项目名称	钢结构石灰石粉仓基础
指标单位	座
基 价（元）	**32766.80**

其中	人工费（元）	4548.89
	材料费（元）	23170.65
	机械费（元）	5047.26

主要技术条件	钢仓容积1600m³；钢筋混凝土独立基础，基础埋深2.3m
抗震设防烈度（度）	Ⅶ
最低设计温度（℃）	－12.8

主要工程量	名称	单位	工程量
	钢筋混凝土基础	m³	32.40

续表

指标编号				ZFT2-7-5
项目名称				钢结构石灰石粉仓基础
指标单位				座
	名称	单位	单价(元)	数量
主要人工材料机械	建筑普通工	工日	34	87.817
	建筑技术工	工日	48	32.569
	型钢	t	3675.21	0.184
	水泥	t	337.61	13.903
	石子	m³	58.83	35.833
	砂子	m³	54.85	20.954
	钢筋	t	3504.27	3.404
	机械当量	台班	1000	5.047

四、吸收塔基础

指标编号		ZFT2-7-6	ZFT2-7-7	ZFT2-7-8
项目名称		1000MW级锅炉吸收塔基础	600MW级锅炉吸收塔基础	300MW级锅炉吸收塔基础
指标单位		座	座	座
基　价　（元）		**543297.77**	**380021.42**	**228803.19**
其中	人工费（元）	49868.45	36707.84	23254.99
	材料费（元）	455597.31	312828.64	184639.17
	机械费（元）	37832.01	30484.94	20909.03
主要技术条件		圆形基础，直径21.5m；钢筋混凝土筏板基础，基础埋深2.2m	圆形基础，直径18m；钢筋混凝土筏板基础，基础埋深2.2m	圆形基础，直径16m；钢筋混凝土筏板基础，基础埋深1.8m
抗震设防烈度（度）		Ⅶ	Ⅶ	Ⅶ
最低设计温度（℃）		−12.8	−8.2	−3.6
主要工程量	名称	单位	工程量	
	设备基础	m³	743.40	508.68	301.44

续表

指标编号			ZFT2-7-6	ZFT2-7-7	ZFT2-7-8
项目名称			1000MW级锅炉吸收塔基础	600MW级锅炉吸收塔基础	300MW级锅炉吸收塔基础
指标单位			座	座	座
	名称	单位	单价(元)	数量	
主要人工材料机械	建筑普通工	工日	34	779.498	607.195	405.500
	建筑技术工	工日	48	486.776	334.639	197.238
	型钢	t	3675.21	1.685	1.153	0.683
	水泥	t	337.61	261.965	179.252	106.224
	石子	m³	58.83	738.869	505.579	299.603
	砂子	m³	54.85	433.920	296.914	175.949
	钢筋	t	3504.27	63.032	43.434	25.530
	机械当量	台班	1000	37.832	30.485	20.909

636

五、循环浆液泵房

指标编号	ZFT2-7-9
项目名称	循环浆液泵房
指标单位	m³
基　价（元）	**259.55**

其中	人工费（元）	45.65
	材料费（元）	196.12
	机械费（元）	17.78

主要技术条件	建筑体积4620m³，钢筋混凝土框架结构；钢筋混凝土独立基础，基础埋深4m；烧结砖砌体外墙
抗震设防烈度（度）	Ⅶ
最低设计温度（℃）	-1.2

主要工程量	名称	单位	工程量
	钢筋混凝土基础	m³	0.03
	设备基础	m³	0.03

续表

指标编号			ZFT2-7-9
项目名称			循环浆液泵房
指标单位			m³
名称		单位	工程量
主要工程量	浇制混凝土板	m²	0.09
	浇制混凝土屋面板	m²	0.09
	砌体外墙	m³	0.07
	钢筋混凝土基础梁	m³	
	钢筋混凝土框架	m³	0.03
	钢结构	t	

续表

指标编号				ZFT2-7-9
项目名称				循环浆液泵房
指标单位				m³
	名称	单位	单价(元)	数量
主要人工材料机械	建筑普通工	工日	34	0.590
	建筑技术工	工日	48	0.533
	型钢	t	3675.21	0.006
	水泥	t	337.61	0.086
	石子	m³	58.83	0.167
	砂子	m³	54.85	0.157
	钢筋	t	3504.27	0.017
	机械当量	台班	1000	0.018

六、氧化风机房

指标编号	ZFT2-7-10
项目名称	氧化风机房
指标单位	m^3
基　价（元）	**233.20**

其中	人工费（元）	40.64
	材料费（元）	177.25
	机械费（元）	15.31

主要技术条件	建筑体积4620m^3，钢筋混凝土框架结构；钢筋混凝土独立基础，基础埋深4m；烧结砖砌体外墙
抗震设防烈度（度）	Ⅶ
最低设计温度（℃）	－12.8

主要工程量	名称	单位	工程量
	钢筋混凝土基础	m^3	0.03
	设备基础	m^3	0.03

续表

指标编号			ZFT2-7-10
项目名称			氧化风机房
指标单位			m³
主要工程量	名称	单位	工程量
	浇制混凝土屋面板	m²	0.09
	砌体外墙	m³	0.07
	钢筋混凝土基础梁	m³	
	钢筋混凝土框架	m³	0.03
	钢结构	t	
主要人工材料机械	名称	单位	单价(元)	数量
	建筑普通工	工日	34	0.516
	建筑技术工	工日	48	0.481

续表

指标编号			ZFT2-7-10	
项目名称			氧化风机房	
指标单位			m³	
主要人工材料机械	名称	单位	单价(元)	数量
	型钢	t	3675.21	0.006
	水泥	t	337.61	0.077
	石子	m³	58.83	0.150
	砂子	m³	54.85	0.145
	钢筋	t	3504.27	0.014
	机械当量	台班	1000	0.015

642

七、脱硫主要设备基础

指标编号			ZFT2-7-11	ZFT2-7-12	ZFT2-7-13
项目名称			石灰石系统 出力≤20t/h	石灰石系统 出力≤30t/h	石灰石系统 出力≤40t/h
指标单位			台炉	台炉	台炉
基 价（元）			**161971.58**	**410266.56**	**639156.60**
其中	人工费（元）		15951.54	43947.20	56326.09
	材料费（元）		130201.74	315547.75	540413.81
	机械费（元）		15818.30	50771.61	42416.70
主要技术条件			钢筋混凝土基础，基础埋深1.5m	钢筋混凝土基础，基础埋深1.8m	钢筋混凝土基础，基础埋深2m
抗震设防烈度（度）			Ⅶ	Ⅶ	Ⅶ
最低设计温度（℃）			-3.6	-8.2	-12.8
主要工程量	名称	单位	工程量		
	设备基础	m³	212.50	515.00	882.00

续表

指标编号				ZFT2-7-11	ZFT2-7-12	ZFT2-7-13
项目名称				石灰石系统 出力≤20t/h	石灰石系统 出力≤30t/h	石灰石系统 出力≤40t/h
指标单位				台炉	台炉	台炉
	名称	单位	单价(元)	数量		
主要人工材料机械	建筑普通工	工日	34	272.800	816.686	841.606
	建筑技术工	工日	48	139.101	337.115	577.351
	型钢	t	3675.21	0.482	1.167	1.999
	水泥	t	337.61	74.882	181.479	310.806
	石子	m³	58.83	211.205	511.861	876.624
	砂子	m³	54.85	124.035	300.603	514.820
	钢筋	t	3504.27	18.009	43.645	74.748
	机械当量	台班	1000	15.818	50.772	42.417

八、石膏脱水及废水处理建筑

指标编号		ZFT2-7-14	ZFT2-7-15	ZFT2-7-16
项目名称		石膏库	浆液回收泵房	石膏脱水楼及废水处理车间
指标单位		座	m³	m³
基　价（元）		**815505.87**	**298.85**	**162.76**
其中	人工费（元）	151850.30	48.96	29.73
	材料费（元）	570616.57	231.06	123.82
	机械费（元）	93039.00	18.83	9.21
主要技术条件		钢筋混凝土筒仓，内径10m，容积1800m³；钢筋混凝土环形基础，基础埋深2.5m；壁厚700～320mm；钢筋混凝土现浇梁板结构仓顶	建筑体积15345m³，钢筋混凝土框架结构；钢筋混凝土独立基础，基础埋深2.5m；烧结砖砌体外墙	建筑体积29666m³，钢筋混凝土框架结构；钢筋混凝土承台基础，基础埋深2.8m，烧结砖砌体外墙
抗震设防烈度（度）		Ⅶ	Ⅶ	Ⅶ
最低设计温度（℃）		-12.8	-5.9	-8.2

续表

指标编号		ZFT2-7-14	ZFT2-7-15	ZFT2-7-16
项目名称		石膏库	浆液回收泵房	石膏脱水楼及废水处理车间
指标单位		座	m³	m³
	名称	单位	工程量		
主要工程量	钢筋混凝土基础	m³		0.03	0.01
	设备基础	m³		0.03	0.01
	浇制混凝土板	m²		0.12	0.13
	浇制混凝土屋面板	m²	83.60	0.06	0.03
	砌体外墙	m³		0.03	0.04
	砌体内墙	m³		0.01	0.02
	钢筋混凝土基础梁	m³			

指标编号			ZFT2-7-14	ZFT2-7-15	ZFT2-7-16
项目名称			石膏库	浆液回收泵房	石膏脱水楼及废水处理车间
指标单位			座	m³	m³
主要工程量	名称	单位	工程量		
	钢筋混凝土框架	m³		0.06	0.03
	钢筋混凝土底板	m³		0.03	
	钢筋混凝土墙	m³		0.03	
	钢结构	t	8.94		
	石灰石筒仓 基础	m³	100.86		
	石灰石筒仓 筒壁	m³	354.02		
	不锈钢内衬	t	1.57		
主要人工材料机械	名称	单位	单价(元)	数量		
	建筑普通工	工日	34	2312.324	0.667	0.379
	建筑技术工	工日	48	1525.661	0.547	0.351
	型钢	t	3675.21	10.584	0.004	0.002
	水泥	t	337.61	254.784	0.103	0.045

续表

指标编号			ZFT2-7-14	ZFT2-7-15	ZFT2-7-16
项目名称			石膏库	浆液回收泵房	石膏脱水楼及废水处理车间
指标单位			座	m^3	m^3
	名称	单位	单价(元)	数量	
主要人工材料机械	石子	m^3	58.83	543.599	0.227	0.082
	砂子	m^3	54.85	326.365	0.179	0.087
	钢筋	t	3504.27	72.568	0.022	0.010
	机械当量	台班	1000	93.039	0.019	0.009

指标编号	ZFT2-7-17	ZFT2-7-18
项目名称	废水缓冲池 容积500m³	废水缓冲池 容积1000m³
指标单位	座	座
基 价（元）	**221240.50**	**287506.40**

其中	人工费（元）	36667.88	42414.40
	材料费（元）	162329.61	204102.71
	机械费（元）	22243.01	40989.29

主要技术条件	地下式钢筋混凝土水池，埋深4.8m	地下式钢筋混凝土水池，埋深6.8m
抗震设防烈度（度）	Ⅶ	Ⅶ
最低设计温度（℃）	−8.2	−8.2

主要工程量	名称	单位	工程量	
	钢筋混凝土池(容积)	m³	500.00	1000.00

续表

指标编号			ZFT2-7-17	ZFT2-7-18
项目名称			废水缓冲池　容积500m³	废水缓冲池　容积1000m³
指标单位			座	座
	名称	单位	单价(元)	数量	
主要人工材料机械	建筑普通工	工日	34	702.199	756.988
	建筑技术工	工日	48	266.532	347.468
	型钢	t	3675.21	0.966	0.316
	水泥	t	337.61	67.313	102.362
	石子	m³	58.83	159.925	236.656
	砂子	m³	54.85	185.419	140.724
	钢筋	t	3504.27	25.374	30.637
	机械当量	台班	1000	22.243	40.989

650

第八章 脱 硝 系 统

说明

一、本章内容包括脱硝剂制备库、氨气加工车间、氨区建筑等脱硝系统单位工程指标。

二、使用说明

1. 脱硝独立设置的建筑物、构筑物执行本章指标，脱硝与其他系统联合建设的建筑物、构筑物执行相应的主体指标。

2. 氨区建筑指标适用于露天布置的氨区工程项目，指标包括围墙、棚库、露天布置设备厂房、地坪等项目，执行指标时不做调整。

工程量计算规则

一、脱硝剂制备库、氨气加工车间等指标按照设计建筑体积以"m^3"为计量单位计算工程量。

二、氨区建筑指标按照氨区围栏（围堤）外边线占地面积以"m^2"为计量单位计算工程量。

指标编号	ZFT2-8-1	ZFT2-8-2	ZFT2-8-3
项目名称	脱硝剂储备库	氨气加工车间	氨区建筑
指标单位	m³	m³	m²
基　价（元）	**220.54**	**184.43**	**330.31**

其中	人工费（元）	35.84	32.69	52.08
	材料费（元）	172.22	140.23	242.28
	机械费（元）	12.48	11.51	35.95
主要技术条件		建筑体积 3375m³，钢筋混凝土框架结构；钢筋混凝土独立基础，基础埋深 2.5m，空心砖砌体外墙	建筑体积 3311m³，钢筋混凝土框架结构；钢筋混凝土独立基础，基础埋深 2m；烧结砖砌体外墙	场地占地：50m×70m。围墙高 2m。室外设备基础 90m³。氨罐遮阳棚轻钢结构，建筑尺寸：19m×14.6m×7m。氨区泵房钢筋混凝土框架结构，建筑尺寸：20m×10m×4m
抗震设防烈度（度）		Ⅶ	Ⅶ	Ⅶ
最低设计温度（℃）		−5.9	−8.2	−12.8

续表

指标编号			ZFT2-8-1	ZFT2-8-2	ZFT2-8-3
项目名称			脱硝剂储备库	氨气加工车间	氨区建筑
指标单位			m³	m³	m²
	名称	单位	工程量		
主要工程量	砖基础	m³			
	钢筋混凝土基础	m³	0.01	0.04	0.01
	设备基础	m³	0.04		0.03
	浇制混凝土板	m²	0.10	0.03	
	浇制混凝土屋面板	m²	0.10	0.09	0.07
	砌体外墙	m³	0.05	0.06	0.02
	砌体内墙	m³		0.01	
	钢筋混凝土基础梁	m³	0.01		
	钢筋混凝土框架	m³	0.03	0.02	0.01

指标编号			ZFT2-8-1	ZFT2-8-2	ZFT2-8-3
项目名称			脱硝剂储备库	氨气加工车间	氨区建筑
指标单位			m³	m³	m²
主要工程量	名称	单位	工程量		
	钢结构柱	t			
	钢结构梁	t			
	其他钢结构	t			
	钢结构支架	t			0.01
	混凝土地坪	m³			0.10
	玻璃钢遮阳板	m²			0.09
	砖围墙	m²			0.14
	地面防腐处理	m³			0.10
主要人工材料机械	名称	单位	单价(元)	数量	
	建筑普通工	工日	34	0.474	0.422	0.774
	建筑技术工	工日	48	0.411	0.382	0.537

续表

指标编号			ZFT2-8-1	ZFT2-8-2	ZFT2-8-3
项目名称			脱硝剂储备库	氨气加工车间	氨区建筑
指标单位			m^3	m^3	m^2
名称	单位	单价(元)	数量		
型钢	t	3675.21	0.002	0.002	0.015
水泥	t	337.61	0.072	0.058	0.092
石子	m^3	58.83	0.157	0.110	0.217
砂子	m^3	54.85	0.141	0.123	0.174
钢筋	t	3504.27	0.016	0.009	0.010
机械当量	台班	1000	0.012	0.012	0.036

主要人工材料机械

第九章 附属工程

说明

一、本章内容包括辅助生产建筑、附属生产建筑、环境保护设施建筑、绿化、消防系统建筑、特殊消防系统、厂区道路与地坪、厂区围墙与大门、厂区管道支架、厂区沟道及隧道、厂区给排水及消防水管道、厂区各类井、厂区挡土墙及护坡、厂区护岸、厂区采暖制冷管道、厂前公共福利建筑等附属单位工程指标。

二、使用说明

1. 制氢站指标不包括室外沟道、设备基础、区域附属建筑等项目。

2. 启动锅炉房指标包括烟道、设备基础、区域附属建筑等项目，不包括启动锅炉烟囱。

3. 机组排水池指标为地下布置，指标综合考虑了防腐。

4. 含油污水处理站、工业废水处理站、生活污水处理站指标均包括处理室、控制室、澄清池等项目。

5. 特殊消防系统指标包括特殊消防的设备费与设备运杂费、特殊消防设备的安装费、单体调试费与系统调试费。其中，输煤系统特殊消防指标是按照封闭煤场标准编制，包括了煤斗低压 CO_2 消防。

6. 围墙指标综合考虑了钢围栅大门。除入厂电动大门外，其他围墙大门均不单独计算费用。

7. 厂区给水、排水、消防水管道指标包括管道、管道建筑、消防栓等项目。指标综合了管道直径、埋深、压力，执行指标时不做调整。

8. 厂区管道支架指标适用于室外电缆、除灰管道、油管道、启动蒸汽管道、采暖管道等单层或多层综合支架，指标综合了支架高度，执行指标时不做调整。

9. 绿化指标为综合指标，不再计算取费。指标是按照设计新建安装两台机组为1项编制。当工程设计新建安装一台机组时，执行指标乘以 0.75 系数，当工程设计扩建安装一台机组时，执行指标乘以 0.35 系数，当工程设计新建安装四台机组时，执行指标乘以 1.65 系数。

工程量计算规则

一、空压机房、制氢站、储罐间、启动锅炉房、综合水泵房、柴油发电机室、制氧站、消防水泵房、泡沫消防室等指标按照设计建筑体积以"m^3"为计量单位计算工程量。

二、生产检修楼、生产行政综合楼、材料库、汽车库、警卫传达室、消防车库、厂前公共福利建筑等指标按照设计建筑面积以"m^2"为计量单位计算工程量。

三、室外储气罐基础、启动锅炉烟囱、机组排水池、厂区各类井池等指标按照设计数量以"座"为计量单位计算工程量。

四、煤水处理室指标按照设计出力以"t/h"为计量单位计算工程量。

五、含油污水处理站、工业废水处理站、生活污水处理站等指标按照设计出力以"m^3/h"为计量单位计算工程量。

六、厂区围墙与大门、厂区管道支架、厂区沟道及隧道、厂区给排水及消防水管道等指标按照设计长度以"m"为计量单位计算工程量。厂区管道与房屋内的管道以房屋外墙轴线外 1m 分界。

七、厂区道路与地坪、厂区护坡、土工格栅挡土墙等指标按照设计面积以"m^2"为计量单位计算工程量；厂区护岸指标按照混凝土体积以"m^3"为计量单位计算工程量。

八、厂区挡土墙（除土工格栅挡土墙外）指标按照设计体积以"m^3"为计量单位计算工程量。

九、厂区采暖、制冷管道指标按照设计管道重量以"t"为计量单位计算工程量。厂区管道与房屋内的管道以房屋外墙轴线外 1m 分界；直埋管道与沟道内管道以沟道外壁分界。

一、辅助生产建筑

指标编号	ZFT2-9-1	ZFT2-9-2	ZFT2-9-3
项目名称	空压机房	室外储气罐基础 出力 $<25\mathrm{m}^3/\mathrm{min}$ 混凝土基础	室外储气罐基础 出力 $<50\mathrm{m}^3/\mathrm{min}$ 混凝土基础
指标单位	m^3	座	座
基　价（元）	**227.81**	**5857.17**	**7735.45**
其中　人工费（元）	38.83	660.12	881.36
其中　材料费（元）	172.37	4708.11	6176.53
其中　机械费（元）	16.61	488.94	677.56
主要技术条件	建筑体积5832m³，钢筋混凝土框架结构；钢筋混凝土承台基础，基础埋深1.5m；加气混凝土砌体外墙	钢筋混凝土基础，基础埋深1.5m	钢筋混凝土基础，基础埋深1.8m
抗震设防烈度（度）	Ⅶ	Ⅷ	Ⅶ
最低设计温度（℃）	-8.2	-5.5	-8.2

续表

指标编号		ZFT2-9-1	ZFT2-9-2	ZFT2-9-3
项目名称		空压机房	室外储气罐基础 出力 $<25m^3/min$ 混凝土基础	室外储气罐基础 出力 $<50m^3/min$ 混凝土基础
指标单位		m^3	座	座
名称	单位	工程量		
钢筋混凝土基础	m^3	0.04		
设备基础	m^3		7.09	9.30
浇制混凝土屋面板	m^2	0.11		
砌体外墙	m^3	0.04		
钢筋混凝土基础梁	m^3	0.01		
钢筋混凝土框架	m^3	0.04		
钢筋混凝土吊车梁	m^3	0.01		

主要工程量

续表

指标编号			ZFT2-9-1	ZFT2-9-2	ZFT2-9-3
项目名称			空压机房	室外储气罐基础 出力<25m³/min 混凝土基础	室外储气罐基础 出力<50m³/min 混凝土基础
指标单位			m³	座	座
	名称	单位	单价(元)	数量		
主要人工材料机械	建筑普通工	工日	34	0.545	10.576	14.326
	建筑技术工	工日	48	0.423	6.261	8.214
	型钢	t	3675.21	0.002	0.024	0.032
	水泥	t	337.61	0.074	2.542	3.334
	石子	m³	58.83	0.154	7.185	9.427
	砂子	m³	54.85	0.128	4.244	5.568
	钢筋	t	3504.27	0.020	0.649	0.852
	机械当量	台班	1000	0.017	0.489	0.678

指标编号			ZFT2-9-4	ZFT2-9-5	ZFT2-9-6
项目名称			制氢站	储氢罐间	生产检修楼
指标单位			m³	m³	m²
基　价（元）			**243.50**	**229.00**	**1239.66**
其中	人工费（元）		40.79	37.17	251.87
	材料费（元）		185.02	175.99	872.01
	机械费（元）		17.69	15.84	115.78
主要技术条件			建筑体积1926m³，钢筋混凝土框架结构；钢筋混凝土独立基础，基础埋深2.0m；加气混凝土砌体外墙	建筑体积1926m³，钢筋混凝土框架结构；钢筋混凝土独立基础，基础埋深1.8m；加气混凝土砌体外墙	建筑面积902m²，钢筋混凝土框架结构；钢筋混凝土独立基础，基础埋深2.5m；加气混凝土砌体外墙
抗震设防烈度（度）			Ⅶ	Ⅶ	Ⅶ
最低设计温度（℃）			-20.7	-8.2	-20.8
主要工程量	名称	单位	工程量		
	钢筋混凝土基础	m³	0.06	0.06	0.37
	压型钢板屋面板　有保温	m²	0.12	0.13	

指标编号			ZFT2-9-4	ZFT2-9-5	ZFT2-9-6
项目名称			制氢站	储氢罐间	生产检修楼
指标单位			m³	m³	m²
主要工程量	名称	单位	工程量		
	浇制混凝土屋面板	m²	0.01		0.94
	砌体外墙	m³	0.06	0.06	0.43
	砌体内墙	m³	0.02		0.09
	钢筋混凝土基础梁	m³	0.01	0.01	
	钢筋混凝土框架	m³	0.03	0.03	0.27
	钢结构	t			0.01
主要人工材料机械	名称	单位	单价(元)	数量		
	建筑普通工	工日	34	0.540	0.482	3.754
	建筑技术工	工日	48	0.467	0.433	2.589

续表

指标编号			ZFT2-9-4	ZFT2-9-5	ZFT2-9-6
项目名称			制氢站	储氢罐间	生产检修楼
指标单位			m³	m³	m²
名称	单位	单价(元)	数量		
主要人工材料机械 型钢	t	3675.21	0.005	0.005	0.016
水泥	t	337.61	0.074	0.067	0.533
石子	m³	58.83	0.158	0.153	0.995
砂子	m³	54.85	0.144	0.129	0.948
钢筋	t	3504.27	0.016	0.017	0.018
机械当量	台班	1000	0.018	0.016	0.116

指标编号	ZFT2-9-7	ZFT2-9-8	ZFT2-9-9	ZFT2-9-10
项目名称	燃油启动锅炉房	燃煤启动锅炉房	启动锅炉 钢结构烟囱 高＜60m	启动锅炉 混凝土结构烟囱 高＜60m
指标单位	m³	m³	座	座
基　价（元）	**220.14**	**236.10**	**399559.96**	**566286.51**
其中 人工费（元）	32.31	38.30	44001.33	93644.23
其中 材料费（元）	163.64	178.58	291904.91	422267.55
其中 机械费（元）	24.19	19.22	63653.72	50374.73
主要技术条件	建筑面积3344m³，钢筋混凝土框架结构；屋面金属复合保温板；钢筋混凝土独立基础，基础埋深2.80m；加气混凝土砌体外墙	建筑面积11507m³，钢筋混凝土框架结构；屋面金属复合保温板；钢筋混凝土独立基础，基础埋深3.0m；加气混凝土砌体外墙	单筒烟囱，高度42m，复合钢板筒身；钢筋混凝土基础，基础埋深3.0m	单筒烟囱，高度60m，钢筋混凝土筒身，钢筋混凝土基础，基础埋深3.5m
抗震设防烈度（度）	Ⅶ	Ⅶ	Ⅶ	Ⅶ
最低设计温度（℃）	－20.8	－30	－30	－30

续表

指标编号			ZFT2-9-7	ZFT2-9-8	ZFT2-9-9	ZFT2-9-10
项目名称			燃油启动锅炉房	燃煤启动锅炉房	启动锅炉钢结构烟囱高＜60m	启动锅炉混凝土结构烟囱高＜60m
指标单位			m³	m³	座	座
主要工程量	名称	单位	工程量			
	毛石基础	m³				
	钢筋混凝土基础	m³	0.01	0.04		
	设备基础	m³	0.02	0.04		
	浇制混凝土板	m²		0.02		
	压型钢板屋面板有保温	m²	0.10	0.06		
	浇制混凝土屋面板	m²	0.01	0.02		
	砌体外墙	m³	0.06	0.08		
	砌体内墙	m³		0.01		

指标编号		ZFT2-9-7	ZFT2-9-8	ZFT2-9-9	ZFT2-9-10
项目名称		燃油启动锅炉房	燃煤启动锅炉房	启动锅炉 钢结构烟囱 高＜60m	启动锅炉 混凝土结构烟囱 高＜60m
指标单位		m³	m³	座	座
	名称	单位	工程量			
主要工程量	钢筋混凝土基础梁	m³				
	钢筋混凝土框架	m³	0.02	0.03		
	烟囱 基础	m³			58.89	181.00
	烟囱 混凝土筒身	m³				172.00
	烟囱 不锈钢内筒	t			4.00	
	烟囱 钢内筒	t			25.10	
	钢结构	t	0.01			
	烟囱 照明接地	m			42.00	60.00
	烟囱 钢内筒刷耐高温防腐漆	m²			310.00	950.00

续表

指标编号			ZFT2-9-7	ZFT2-9-8	ZFT2-9-9	ZFT2-9-10
项目名称			燃油启动锅炉房	燃煤启动锅炉房	启动锅炉 钢结构烟囱 高<60m	启动锅炉 混凝土结构烟囱 高<60m
指标单位			m^3	m^3	座	座
	名称	单位	单价(元)		数量	
主要 人工 材料 机械	建筑普通工	工日	34	0.435	0.520	770.174	1604.523
	建筑技术工	工日	48	0.365	0.430	371.169	814.365
	型钢	t	3675.21	0.010	0.006	32.822	1.276
	水泥	t	337.61	0.043	0.071	26.119	155.864
	石子	m^3	58.83	0.094	0.152	62.034	350.326
	砂子	m^3	54.85	0.085	0.123	38.167	205.599
	钢筋	t	3504.27	0.011	0.018	6.675	44.193
	机械当量	台班	1000	0.024	0.019	63.654	50.375

指标编号			ZFT2-9-11	ZFT2-9-12
项目名称			综合水泵房	柴油发电机室
指标单位			m³	m³
基　　价（元）			**236.37**	**205.16**
其中	人工费（元）		35.30	38.57
	材料费（元）		179.84	150.32
	机械费（元）		21.23	16.27
主要技术条件			建筑体积8419m³；地下钢筋混凝土结构，底板700mm，侧壁400mm；地上钢筋混凝土结构，基础埋深4.4m，烧结多孔砖砌体外墙	建筑体积1183m³，钢筋混凝土框架结构；钢筋混凝土独立基础，基础埋深3.5m；加气混凝土砌体外墙
抗震设防烈度（度）			Ⅶ	Ⅶ
最低设计温度（℃）			−16.5	−30
主要工程量	名称	单位	工程量	
	回填砂	m³	0.11	
	钢筋混凝土基础	m³		0.03

指标编号			ZFT2-9-11	ZFT2-9-12
项目名称			综合水泵房	柴油发电机室
指标单位			m³	m³
	名称	单位	工程量	
主要工程量	浇制混凝土屋面板	m²	0.06	0.13
	砌体外墙	m³	0.03	0.11
	贴砌聚乙烯苯板外墙	m³	0.01	
	钢筋混凝土框架	m³	0.01	0.05
	钢筋混凝土悬臂板	m³	0.01	
	钢筋混凝土底板	m³	0.07	
	钢筋混凝土墙	m³		
	地下钢筋混凝土墙	m³	0.05	
	钢结构	t		

续表

指标编号			ZFT2-9-11	ZFT2-9-12
项目名称			综合水泵房	柴油发电机室
指标单位			m³	m³
	名称	单位	单价(元)	数量	
主要人工材料机械	建筑普通工	工日	34	0.545	0.559
	建筑技术工	工日	48	0.350	0.407
	型钢	t	3675.21	0.001	0.001
	水泥	t	337.61	0.071	0.074
	石子	m³	58.83	0.148	0.135
	砂子	m³	54.85	0.251	0.131
	钢筋	t	3504.27	0.024	0.010
	机械当量	台班	1000	0.021	0.016

670

二、附属生产建筑

指标编号		ZFT2-9-13	ZFT2-9-14	ZFT2-9-15	ZFT2-9-16
项目名称		生产行政综合楼	材料库	汽车库	警卫传达室
指标单位		m²	m²	m²	m²
基　价（元）		**2096.38**	**1581.90**	**1420.42**	**2360.59**
其中	人工费（元）	336.46	251.15	243.93	414.74
	材料费（元）	1664.32	1244.10	1078.70	1794.40
	机械费（元）	95.60	86.65	97.79	151.45
主要技术条件		建筑面积 7380m²，钢筋混凝土框架结构；钢筋混凝土独立基础，基础埋深2.5m；加气混凝土砌体外墙	建筑面积 6278m²，钢筋混凝土框架结构；钢筋混凝土独立基础，基础埋深2.4m；加气混凝土砖砌体外墙	建筑面积 871m²，砖混结构；钢筋混凝土基础，基础埋深2.0m；加气混凝土砌体外墙	建筑面积 21m²，钢筋混凝土框架结构；钢筋混凝土独立基础，基础埋深1.8m；加气混凝土砌体外墙
抗震设防烈度（度）		Ⅶ	Ⅶ	Ⅶ	Ⅶ
最低设计温度（℃）		−8.2	−8.2	−8.2	−8.2

续表

指标编号		ZFT2-9-13	ZFT2-9-14	ZFT2-9-15	ZFT2-9-16
项目名称		生产行政综合楼	材料库	汽车库	警卫传达室
指标单位		m^2	m^2	m^2	m^2
	名称	单位	工程量			
主要工程量	钢筋混凝土基础	m^3	0.06	0.08	0.25	0.22
	浇制混凝土板	m^2	1.30	1.31		
	浇制混凝土屋面板	m^2	0.26	0.32	1.46	0.85
	砌体外墙	m^3	0.14	0.12	0.26	0.76
	砌体内墙	m^3	0.35	0.17	0.32	0.11
	钢筋混凝土基础梁	m^3	0.02	0.02		0.10
	钢筋混凝土框架	m^3	0.20	0.25	0.03	0.44

续表

指标编号			ZFT2-9-13	ZFT2-9-14	ZFT2-9-15	ZFT2-9-16
项目名称			生产行政综合楼	材料库	汽车库	警卫传达室
指标单位			m²	m²	m²	m²
	名称	单位	单价(元)	数量		
主要人工材料机械	建筑普通工	工日	34	3.859	3.333	3.368	5.400
	建筑技术工	工日	48	4.276	2.872	2.697	4.816
	型钢	t	3675.21	0.004	0.004	0.004	0.007
	水泥	t	337.61	0.411	0.376	0.404	0.624
	石子	m³	58.83	0.608	0.674	0.903	1.134
	砂子	m³	54.85	0.665	0.654	0.993	1.133
	钢筋	t	3504.27	0.086	0.092	0.071	0.132
	机械当量	台班	1000	0.096	0.087	0.098	0.151

三、环境保护设施建筑

指标编号		ZFT2-9-17	ZFT2-9-18
项目名称		煤水处理室	机组排水池 容量1000m³
指标单位		t/h	座
基　价（元）		**11901.81**	**812019.13**
其中	人工费（元）	1720.40	122001.77
	材料费（元）	9319.82	611075.34
	机械费（元）	861.59	78942.02
主要技术条件		处理能力10t/h；建筑体积2600m³；地下钢筋混凝土结构，底板700mm，侧壁400mm；地上钢筋混凝土框架结构，基础埋深4.0m；烧结砖砌体外墙	地下钢筋混凝土结构水池，容积866m³；底板600mm，侧壁500mm；地上钢筋混凝土结构雨棚
抗震设防烈度（度）		Ⅶ	Ⅶ
最低设计温度（℃）		−30	−3.4

续表

指标编号		ZFT2-9-17	ZFT2-9-18
项目名称		煤水处理室	机组排水池　容量1000m³
指标单位		t/h	座
名称	单位	工程量	
钢筋混凝土基础	m³	5.70	
浇制混凝土屋面板	m²	3.42	296.36
砌体外墙	m³	2.78	
钢筋混凝土框架	m³	0.49	39.75
钢结构	t	0.08	
钢筋混凝土水池	m³		437.60

主要工程量

675

续表

指标编号				ZFT2-9-17	ZFT2-9-18
项目名称				煤水处理室	机组排水池 容量1000m³
指标单位				t/h	座
	名称	单位	单价(元)	数量	
主要人工材料机械	建筑普通工	工日	34	24.013	1978.934
	建筑技术工	工日	48	18.834	1139.962
	型钢	t	3675.21	0.103	0.753
	水泥	t	337.61	3.510	231.621
	石子	m³	58.83	7.180	523.973
	砂子	m³	54.85	6.034	335.444
	钢筋	t	3504.27	1.368	104.216
	机械当量	台班	1000	0.862	78.942

676

指标编号	ZFT2-9-19	ZFT2-9-20	ZFT2-9-21
项目名称	含油污水处理站	工业废水处理站	生活污水处理站
指标单位	m^3/h	m^3/h	m^3/h
基　价（元）	**18067.38**	**20696.73**	**19099.39**

其中	人工费（元）	3378.36	2946.13	3139.37
	材料费（元）	13165.67	15779.76	14315.40
	机械费（元）	1523.35	1970.84	1644.62

主要技术条件	处理能力 10m^3/h；地下钢筋混凝土结构隔油池，容积 31m^3，底板 350mm，侧壁 350mm，隔油板 200mm；地上钢筋混凝土框架结构，建筑体积 371m^3，独立基础埋深 5m	处理能力 2×75m^3/h；地下钢筋混凝土结构水池；地上钢筋混凝土框架结构	处理能力 2×50m^3/h；地下钢筋混凝土结构水池，容积 404m^3；地上钢筋混凝土框架结构，建筑体积 8677m^3；独立基础埋深 6m
抗震设防烈度（度）	Ⅶ	Ⅶ	Ⅶ
最低设计温度（℃）	－36.5	－8.2	－36.5

指标编号		ZFT2-9-19	ZFT2-9-20	ZFT2-9-21
项目名称		含油污水处理站	工业废水处理站	生活污水处理站
指标单位		m^3/h	m^3/h	m^3/h
名称	单位	工程量		
钢筋混凝土基础	m^3	1.70		2.10
浇制混凝土屋面板	m^2	5.40	3.89	7.56
砌体外墙	m^3	7.49	2.31	5.19
砌体内墙	m^3			0.49
钢筋混凝土框架	m^3	2.80	0.93	2.91
钢结构	t	0.05	0.04	0.32
钢筋混凝土水池	m^3	3.14	11.01	4.04

主要工程量

续表

指标编号			ZFT2-9-19	ZFT2-9-20	ZFT2-9-21
项目名称			含油污水处理站	工业废水处理站	生活污水处理站
指标单位			m^3/h	m^3/h	m^3/h
	名称	单位	单价(元)	数量		
主要人工材料机械	建筑普通工	工日	34	54.897	44.236	46.461
	建筑技术工	工日	48	31.501	30.046	32.496
	型钢	t	3675.21	0.154	0.081	0.561
	水泥	t	337.61	5.005	6.181	5.063
	石子	m^3	58.83	10.363	13.685	11.240
	砂子	m^3	54.85	11.170	9.678	10.778
	钢筋	t	3504.27	1.368	2.441	1.341
	机械当量	台班	1000	1.523	1.971	1.645

四、绿化

指标编号			ZFT2-9-22	ZFT2-9-23	ZFT2-9-24	ZFT2-9-25	ZFT2-9-26	ZFT2-9-27
项目名称			1000MW级机组厂区绿化	600MW级机组厂区绿化	300MW级机组厂区绿化	F级燃机机组厂区绿化	E级燃机机组厂区绿化	灰场绿化
指标单位			项	项	项	项	项	项
基　价（元）			**2000000.00**	**1600000.00**	**1200000.00**	**1200000.00**	**1000000.00**	**800000.00**
其中	人工费（元）		800000.00	640000.00	480000.00	480000.00	400000.00	320000.00
	材料费（元）		1000000.00	800000.00	600000.00	600000.00	500000.00	400000.00
	机械费（元）		200000.00	160000.00	120000.00	120000.00	100000.00	80000.00
主要技术条件			更换耕植土，栽树、种植草坪，建设园艺小品	更换耕植土，栽树、种植草坪，建设园艺小品	更换耕植土，栽树、种植草坪，建设园艺小品	更换耕植土，栽树、种植草坪，建设园艺小品	更换耕植土，栽树、种植草坪，建设园艺小品	防风，植被覆盖
主要工程量	名称	单位	工程量					
	1000MW级机组厂区绿化	项	1.00					
	600MW级机组厂区绿化	项		1.00				
	300MW级机组厂区绿化	项			1.00			
	F级燃机机组厂区绿化	项				1.00		

指标编号			ZFT2-9-22	ZFT2-9-23	ZFT2-9-24	ZFT2-9-25	ZFT2-9-26	ZFT2-9-27
项目名称			1000MW级机组厂区绿化	600MW级机组厂区绿化	300MW级机组厂区绿化	F级燃机机组厂区绿化	E级燃机机组厂区绿化	灰场绿化
指标单位			项	项	项	项	项	项
主要工程量	名称	单位	工程量					
	E级燃机机组厂区绿化	项					1.00	
	灰场绿化	项						1.00
主要人工材料机械	名称	单位	单价(元)	数量				
	建筑普通工	工日	34	14117.647	11294.118	8470.588	8470.588	7058.824	5647.059
	建筑技术工	工日	48	6666.667	5333.333	4000.000	4000.000	3333.333	2666.667
	机械当量	台班	1000	200.000	160.000	120.000	120.000	100.000	80.000

五、消防系统建筑

指标编号		ZFT2-9-28	ZFT2-9-29	ZFT2-9-30
项目名称		消防水泵房	泡沫消防室	消防车库
指标单位		m³	m³	m²
基　价（元）		**333.62**	**476.04**	**1059.11**
其中	人工费（元）	49.34	73.06	192.29
	材料费（元）	259.08	371.87	810.34
	机械费（元）	25.20	31.11	56.48
主要技术条件		建筑体积2726m³；地下钢筋混凝土结构水池，容积699m³，底板600mm，侧壁500mm，埋深3.78m；地上钢筋混凝土框架结构，建筑体积2027m³；钢筋混凝土条形基础，基础埋深2.6m；粉煤灰砖砌体外墙	建筑体积203m³，钢筋混凝土框架结构；钢筋混凝土条形基础，基础埋深2.3m；加气混凝土砌体外墙	建筑面积442m²，砖混结构；钢筋混凝土独立基础，基础埋深2.0m；加气混凝土砌体外墙
抗震设防烈度（度）		Ⅶ	Ⅶ	Ⅶ
最低设计温度（℃）		−13.2	−3.4	−3.4

续表

指标编号		ZFT2-9-28	ZFT2-9-29	ZFT2-9-30
项目名称		消防水泵房	泡沫消防室	消防车库
指标单位		m³	m³	m²
名称	单位	工程量		
钢筋混凝土基础	m³	0.01	0.12	0.17
浇制混凝土板	m²			0.42
浇制混凝土屋面板	m²	0.09	0.17	0.52
砌体外墙	m³	0.09	0.13	0.30
砌体内墙	m³			0.20
钢筋混凝土基础梁	m³		0.01	0.02
钢筋混凝土框架	m³	0.03	0.06	0.04
钢筋混凝土水池	m³	0.11		

主要工程量（行标题）

续表

指标编号			ZFT2-9-28	ZFT2-9-29	ZFT2-9-30
项目名称			消防水泵房	泡沫消防室	消防车库
指标单位			m³	m³	m²
	名称	单位	单价(元)	数量		
主要人工材料机械	建筑普通工	工日	34	0.700	0.996	2.368
	建筑技术工	工日	48	0.532	0.817	2.329
	型钢	t	3675.21	0.001	0.001	0.003
	水泥	t	337.61	0.081	0.122	0.300
	石子	m³	58.83	0.159	0.261	0.547
	砂子	m³	54.85	0.131	0.233	0.610
	钢筋	t	3504.27	0.037	0.047	0.046
	机械当量	台班	1000	0.025	0.031	0.056

六、特殊消防系统

指标编号			ZFT2-9-31	ZFT2-9-32	ZFT2-9-33
项目名称			2×1000MW级机组特殊消防	2×600MW级机组特殊消防	2×300MW级机组特殊消防
指标单位			项	项	项
基　价（元）			**15854004.86**	**12601043.70**	**9694981.28**
其中	建筑设备购置费（元）		12460000.00	9654750.00	7598200.00
	直接工程费（元）		3394004.86	2946293.70	2096781.28
直接工程费其中	人工费（元）		635860.98	545610.23	394572.88
	材料费（元）		2688745.64	2345124.59	1662247.36
	机械费（元）		69398.24	55558.88	39961.04
主要技术条件			全厂探测、报警、灭火、移动消防设备安装、调试	全厂探测、报警、灭火、移动消防设备安装、调试	全厂探测、报警、灭火、移动消防设备安装、调试
主要设备	名称	单位	单价(元)	设备数量	
	主厂房特殊消防设备 2×1000MW级机组	套	5816000	1.00		
	主厂房特殊消防设备 2×600MW级机组	套	4957000		1.00	
	主厂房特殊消防设备 2×300MW级机组	套	4228700			1.00

续表

指标编号				ZFT2-9-31	ZFT2-9-32	ZFT2-9-33
项目名称				2×1000MW级机组特殊消防	2×600MW级机组特殊消防	2×300MW级机组特殊消防
指标单位				项	项	项
	名称	单位	单价(元)	\multicolumn{3}{c} 设备数量
主要设备	消防炮设备 1000MW级机组	套	2900000	1.00		
	消防炮设备 600MW级机组	套	1142900		1.00	
	消防炮设备 300MW级机组	套	1224000			1.00
	输煤系统消防设备 1000MW级机组	套	801000	1.00		
	输煤系统消防设备 600MW级机组	套	704000		1.00	
	输煤系统特殊消防 300MW级机组	套	135200			1.00
	全厂移动消防设备 2×1000MW级机组	套	600000	1.00		
	全厂移动消防设备 2×600MW级机组	套	100000		1.00	
	全厂移动消防设备 2×300MW级机组	套	429000			1.00
	变压器系统消防设备 2×1000MW级机组	套	458000	1.00		
	变压器系统消防设备 2×600MW级机组	套	387000		1.00	
	变压器系统消防设备 2×300MW级机组	套	217000			1.00

续表

指标编号				ZFT2-9-31	ZFT2-9-32	ZFT2-9-33
项目名称				2×1000MW级机组特殊消防	2×600MW级机组特殊消防	2×300MW级机组特殊消防
指标单位				项	项	项
主要设备	名称	单位	单价(元)	设备数量		
	燃油系统消防设备 1000MW级机组	套	205000	1.00		
	燃油系统消防设备 600MW级机组	套	152000		1.00	
	燃油系统特殊消防 300MW级机组	套	129000			1.00
	煤斗低压二氧化碳消防	t	120000	14.00	11.80	9.50
主要人工材料机械	名称	单位	单价(元)	数量		
	建筑普通工	工日	34	6175.278	5307.932	3840.694
	建筑技术工	工日	48	8872.846	7606.854	5499.613
	型钢	t	3675.21	307.273	261.430	183.644
	水泥	t	337.61	149.222	124.553	93.435
	砂子	m³	54.85	16.077	13.958	11.684
	机械当量	台班	1000	69.398	55.559	39.961

687

指标编号			ZFT2-9-34	ZFT2-9-35
项目名称			F级燃机 特殊消防	E级燃机 特殊消防
指标单位			项	项
基　价（元）			**5662748.68**	**2244270.46**
其中	建筑设备购置费（元）		4443250.00	1541250.00
	直接工程费（元）		1219498.68	703020.46
直接工程费其中	人工费（元）		227091.99	131444.36
	材料费（元）		969596.87	558551.77
	机械费（元）		22809.82	13024.33
主要技术条件			全厂探测、报警、灭火、移动消防设备安装、调试	全厂探测、报警、灭火、移动消防设备安装、调试
	名称	单位	单价(元)	设备数量	
主要设备	主厂房特殊消防设备　2套F级燃机	套	3718000	1.00	
	主厂房特殊消防设备　2套E级燃机	套	1055000		1.00
	变压器系统消防设备　2套F级燃机	套	217000	1.00	
	变压器系统消防设备　2套E级燃机	套	150000		1.00
	全厂移动消防设备　2套F级燃机	套	360000	1.00	
	全厂移动消防设备　2套E级燃机	套	220000		1.00

续表

指标编号				ZFT2-9-34	ZFT2-9-35
项目名称				F级燃机　特殊消防	E级燃机　特殊消防
指标单位				项	项
主要设备	名称	单位	单价(元)	设备数量	
	燃气消防设备　F级燃机	套	129000	1.00	
	燃气消防设备　E级燃机	套	97000		1.00
主要人工材料机械	名称	单位	单价(元)	数量	
	建筑普通工	工日	34	2213.547	1285.480
	建筑技术工	工日	48	3163.120	1827.842
	型钢	t	3675.21	103.673	56.232
	水泥	t	337.61	67.879	41.975
	砂子	m³	54.85	7.678	4.799
	机械当量	台班	1000	22.810	13.024

689

七、厂区道路与地坪

指标编号			ZFT2-9-36	ZFT2-9-37	ZFT2-9-38	ZFT2-9-39
项目名称			混凝土路面	沥青混凝土路面	泥结石路面	预制块地坪
指标单位			m²	m²	m²	m²
基　价（元）			**141.85**	**163.42**	**74.33**	**81.98**
其中	人工费（元）		27.24	23.22	15.51	10.25
	材料费（元）		98.25	131.92	48.44	66.71
	机械费（元）		16.36	8.28	10.38	5.02
主要技术条件			结构层厚度0.7m	结构层厚度0.7m	结构层厚度0.5m	结构层厚0.15m
抗震设防烈度（度）			Ⅶ	Ⅶ	Ⅶ	Ⅶ
最低设计温度（℃）			－6	－6	－6	－6
主要工程量	名称	单位	工程量			
	混凝土路	m³	0.70			
	沥青混凝土路	m³		0.70		
	泥结石路	m³			0.50	
	预制块地坪	m²				1.00

续表

指标编号			ZFT2-9-36	ZFT2-9-37	ZFT2-9-38	ZFT2-9-39
项目名称			混凝土路面	沥青混凝土路面	泥结石路面	预制块地坪
指标单位			m²	m²	m²	m²
	名称	单位	单价(元)		数量	
主要人工材料机械	建筑普通工	工日	34	0.521	0.423	0.309	0.204
	建筑技术工	工日	48	0.198	0.184	0.104	0.070
	型钢	t	3675.21				
	水泥	t	337.61	0.064	0.008	0.007	0.024
	石子	m³	58.83	0.630	0.577	0.449	0.087
	砂子	m³	54.85	0.100	0.024	0.250	0.171
	钢筋	t	3504.27	0.001			
	机械当量	台班	1000	0.016	0.008	0.010	0.005

指标编号			ZFT2-9-40	ZFT2-9-41	ZFT2-9-42
项目名称			广场砖地坪	植被地坪	地面硬化
指标单位			m²	m²	m²
基　价（元）			**62.27**	**39.25**	**36.48**
其中	人工费（元）		13.12	6.87	7.01
	材料费（元）		45.42	32.38	25.26
	机械费（元）		3.73		4.21
主要技术条件			结构层厚0.1m	铺设草皮	混凝土地面硬化
抗震设防烈度（度）			Ⅶ	Ⅶ	Ⅶ
最低设计温度（℃）			-6	-6	-6
主要工程量	名称	单位	工程量		
	广场砖地坪	m²	1.00		
	植被地坪（植草）	m²		1.00	
	混凝土面层	m²			1.00

续表

指标编号				ZFT2-9-40	ZFT2-9-41	ZFT2-9-42
项目名称				广场砖地坪	植被地坪	地面硬化
指标单位				m²	m²	m²
主要人工材料机械	名称	单位	单价(元)	数量		
	建筑普通工	工日	34	0.214	0.121	0.134
	建筑技术工	工日	48	0.122	0.057	0.051
	型钢	t	3675.21			
	水泥	t	337.61			0.017
	石子	m³	58.83			0.162
	砂子	m³	54.85	0.192		0.026
	钢筋	t	3504.27			
	机械当量	台班	1000	0.004		0.004

八、厂区围墙与大门

指标编号			ZFT2-9-43	ZFT2-9-44	ZFT2-9-45	ZFT2-9-46	ZFT2-9-47
项目名称			砖围墙	钢格栅围墙	砌石围墙	铁艺围栅	钢丝网围墙
指标单位			m	m	m	m	m
基 价（元）			**407.88**	**409.19**	**346.98**	**148.78**	**306.48**
其中	人工费（元）		107.08	127.31	143.78	41.13	97.64
	材料费（元）		290.31	236.67	202.70	79.41	171.18
	机械费（元）		10.49	45.21	0.50	28.24	37.66
主要技术条件			围墙高度2.2m	围墙高度1.8m	围墙高度1.8m	围墙高度1.5m	围墙高度1.6m
抗震设防烈度（度）			Ⅶ	Ⅶ	Ⅶ	Ⅶ	Ⅶ
最低设计温度（℃）			−6	−6	−6	−6	−6
主要工程量	名称	单位	工程量				
	砖围墙	m²	2.20				
	钢柱围栅	m²		1.80			

694

续表

指标编号			ZFT2-9-43	ZFT2-9-44	ZFT2-9-45	ZFT2-9-46	ZFT2-9-47
项目名称			砖围墙	钢格栅围墙	砌石围墙	铁艺围栅	钢丝网围墙
指标单位			m	m	m	m	m
主要工程量	名称	单位	工程量				
	砌石围墙	m²			1.80		
	铁艺围栏	m²				1.50	
	钢柱钢丝网围栅	m²					1.60
主要人工材料机械	名称	单位	单价(元)	数量			
	建筑普通工	工日	34	1.375	2.737	1.893	0.882	2.123
	建筑技术工	工日	48	1.257	0.714	1.655	0.232	0.531
	型钢	t	3675.21	0.002	0.099		0.005	0.088

指标编号			ZFT2-9-43	ZFT2-9-44	ZFT2-9-45	ZFT2-9-46	ZFT2-9-47
项目名称			砖围墙	钢格栅围墙	砌石围墙	铁艺围栅	钢丝网围墙
指标单位			m	m	m	m	m
	名称	单位	单价(元)	数量			
主要人工材料机械	水泥	t	337.61	0.136	0.054	0.103	0.024	
	石子	m³	58.83	0.295	0.132	1.700	0.109	
	砂子	m³	54.85	0.443	0.076	0.503	0.050	
	钢筋	t	3504.27	0.012				
	机械当量	台班	1000	0.010	0.045	0.001	0.028	0.038

指标编号	ZFT2-9-48
项目名称	入厂电动大门
指标单位	m
基　价（元）	**3199.59**

其中	人工费（元）	210.72
	材料费（元）	2946.20
	机械费（元）	42.67

主要技术条件	大门高度1.8m
抗震设防烈度（度）	Ⅶ
最低设计温度（℃）	−6

主要工程量	名称	单位	工程量
	电动自动伸缩门	m²	1.80

指标编号	ZFT2-9-48
项目名称	入厂电动大门
指标单位	m

	名称	单位	单价(元)	数量
主要人工材料机械	建筑普通工	工日	34	3.526
	建筑技术工	工日	48	1.892
	型钢	t	3675.21	0.062
	水泥	t	337.61	0.145
	石子	m³	58.83	0.439
	砂子	m³	54.85	0.697
	钢筋	t	3504.27	0.002
	机械当量	台班	1000	0.043

九、厂区管道支架

指标编号	ZFT2-9-49	ZFT2-9-50	ZFT2-9-51
项目名称	钢结构门形支架	混凝土结构门形支架	支墩
指标单位	m	m	m
基　价（元）	5985.18	5293.06	515.66
其中　人工费（元）	908.67	1305.29	76.25
其中　材料费（元）	4110.84	3695.16	413.02
其中　机械费（元）	965.67	292.61	26.39
主要技术条件	钢结构支架；钢筋混凝土独立基础，基础埋深2.5m；支架平均高度7.44m	钢筋混凝土支架；钢筋混凝土独立基础，基础埋深3.0m；支架平均高度8.3m	混凝土结构支墩
抗震设防烈度（度）	Ⅶ	Ⅶ	Ⅶ
最低设计温度（℃）	−12.6	−12.6	−8.2

指标编号			ZFT2-9-49	ZFT2-9-50	ZFT2-9-51
项目名称			钢结构门形支架	混凝土结构门形支架	支墩
指标单位			m	m	m
主要工程量	名称	单位	工程量		
	钢筋混凝土基础	m³			0.29
	钢结构支架	t	0.71		
	混凝土支架	m³		1.91	
	钢筋混凝土矩形柱	m³			0.15
主要人工材料机械	名称	单位	单价(元)	数量	
	建筑普通工	工日	34	14.237	26.726	1.178
	建筑技术工	工日	48	8.846	8.263	0.755
	型钢	t	3675.21	0.778	0.019	0.002

指标编号			ZFT2-9-49	ZFT2-9-50	ZFT2-9-51
项目名称			钢结构门形支架	混凝土结构门形支架	支墩
指标单位			m	m	m
	名称	单位	单价(元)	数量		
主要人工材料机械	水泥	t	337.61	0.616	1.827	0.186
	石子	m³	58.83	1.575	4.304	0.441
	砂子	m³	54.85	0.964	2.521	0.264
	钢筋	t	3504.27	0.045	0.514	0.066
	机械当量	台班	1000	0.966	0.293	0.026

十、厂区沟道、隧道

指标编号			ZFT2-9-52	ZFT2-9-53	ZFT2-9-54	ZFT2-9-55
项目名称			钢筋混凝土隧道断面≤2m²	钢筋混凝土隧道断面≤5m²	混凝土沟道	砌体沟道
指标单位			m	m	m	m
基 价（元）			**1836.26**	**4590.65**	**1267.23**	**331.86**
其中	人工费（元）		336.92	842.31	291.31	93.88
	材料费（元）		1379.25	3448.12	905.78	222.04
	机械费（元）		120.09	300.22	70.14	15.94
主要技术条件			钢筋混凝土结构，内断面：2.0m×2.0m	钢筋混凝土结构，内断面：1.4m×1.5m	混凝土结构，内断面：1.0m×1.2m	砖结构，内断面：0.6m×0.8m
抗震设防烈度（度）			Ⅶ	Ⅶ	Ⅶ	Ⅶ
最低设计温度（℃）			−6	−6	−12.6	−12.6
主要工程量	名称	单位	工程量			
	钢筋混凝土沟道（容积）	m³			1.14	
	钢筋混凝土隧道（容积）	m³	1.96	4.00		
	砌体沟道（容积）	m³				0.50

续表

指标编号			ZFT2-9-52	ZFT2-9-53	ZFT2-9-54	ZFT2-9-55
项目名称			钢筋混凝土隧道 断面≤2m²	钢筋混凝土隧道 断面≤5m²	混凝土沟道	砌体沟道
指标单位			m	m	m	m
	名称	单位	单价(元)	数量		
主要人工材料机械	建筑普通工	工日	34	5.747	14.367	4.937	1.544
	建筑技术工	工日	48	2.949	7.371	2.572	0.862
	型钢	t	3675.21	0.023	0.057	0.045	0.018
	水泥	t	337.61	0.389	0.973	0.317	0.088
	石子	m³	58.83	1.126	2.816	0.895	0.231
	砂子	m³	54.85	0.655	1.639	0.522	0.210
	钢筋	t	3504.27	0.231	0.577	0.112	0.003
	机械当量	台班	1000	0.120	0.300	0.070	0.016

十一、厂区给水、排水、消防水管道

指标编号		ZFT2-9-56	ZFT2-9-57	ZFT2-9-58
项目名称		钢管给、排水及消防水管道	塑料管给、排水及消防水管道	混凝土排水管道
指标单位		t	m	m
基　　价（元）		**10801.57**	**137.36**	**301.77**
其中	人工费（元）	4171.88	35.69	152.26
	材料费（元）	6185.34	94.32	140.29
	机械费（元）	444.35	7.35	9.22
主要技术条件		明挖敷设，综合埋深3.5m	明挖敷设，综合埋深2.5m，直径80~250mm	明挖敷设，综合埋深4.0m，直径300~1000mm
抗震设防烈度（度）		Ⅶ	Ⅶ	Ⅶ
最低设计温度（℃）		-6	-6	-12.6
主要工程量	名称	单位	工程量	
	室外给水钢管道	t	1.00	
	室外给水PVC管道	m		1.00	
	室外排水、雨水管道	m			1.00

704

续表

指标编号			ZFT2-9-56	ZFT2-9-57	ZFT2-9-58
项目名称			钢管给、排水及消防水管道	塑料管给、排水及消防水管道	混凝土排水管道
指标单位			t	m	m
	名称	单位	单价(元)	数量		
主要人工材料机械	建筑普通工	工日	34	107.879	0.948	4.315
	建筑技术工	工日	48	10.500	0.072	0.116
	型钢	t	3675.21	1.067	0.001	
	水泥	t	337.61			0.008
	石子	m³	58.83			0.017
	砂子	m³	54.85	8.373	0.107	0.252
	机械当量	台班	1000	0.444	0.007	0.009

指标编号			ZFT2-9-59	ZFT2-9-60	ZFT2-9-61
项目名称			钢丝网骨架塑料管给、排水及消防水管道	HDPE双壁波纹管给、排水及消防水管道	玻璃钢给、排水及消防水管道
指标单位			m	m	m
基　价（元）			**807.17**	**520.26**	**233.98**
其中	人工费（元）		72.40	35.69	35.69
	材料费（元）		704.15	477.22	190.94
	机械费（元）		30.62	7.35	7.35
主要技术条件			明挖敷设，综合埋深3.0m，直径150~400mm	明挖敷设，综合埋深3.0m，直径200~1000mm	明挖敷设，综合埋深2.8m，直径200~600mm
抗震设防烈度（度）			Ⅶ	Ⅶ	Ⅶ
最低设计温度（℃）			-12.6	-12.6	-6
主要工程量	名称	单位	工程量		
	钢丝网骨架塑料管	m	1.00		
	HDPE双壁波纹管	m		1.00	
	玻璃钢管排水管	m			1.00

续表

指标编号			ZFT2-9-59	ZFT2-9-60	ZFT2-9-61
项目名称			钢丝网骨架塑料管给、排水及消防水管道	HDPE 双壁波纹管给、排水及消防水管道	玻璃钢给、排水及消防水管道
指标单位			m	m	m
	名称	单位	单价(元)	数量		
主要人工材料机械	建筑普通工	工日	34	1.029	0.948	0.948
	建筑技术工	工日	48	0.779	0.072	0.072
	型钢	t	3675.21		0.001	0.001
	砂子	m³	54.85	1.059	0.107	0.107
	机械当量	台班	1000	0.031	0.007	0.007

十二、厂区各类井

指标编号			ZFT2-9-62	ZFT2-9-63	ZFT2-9-64
项目名称			砌体井 建筑体积≤10m³	砌体井 建筑体积≤20m³	砌体井 建筑体积≤50m³
指标单位			座	座	座
基　价（元）			**3921.10**	**7311.08**	**18277.69**
其中	人工费（元）		1784.69	3292.33	8230.83
	材料费（元）		2040.75	3778.29	9445.72
	机械费（元）		95.66	240.46	601.14
主要技术条件			砖砌体，成品井盖	砖砌体，成品井盖	砖砌体，成品井盖
抗震设防烈度（度）			Ⅶ	Ⅶ	Ⅶ
最低设计温度（℃）			−6	−6	−6
主要工程量	名称	单位	工程量		
	砖砌井(容积)	m³	6.00	12.00	30.00

续表

指标编号			ZFT2-9-62	ZFT2-9-63	ZFT2-9-64
项目名称			砌体井 建筑体积≤10m³	砌体井 建筑体积≤20m³	砌体井 建筑体积≤50m³
指标单位			座	座	座
名称	单位	单价(元)	数量		
建筑普通工	工日	34	41.617	68.547	171.368
建筑技术工	工日	48	7.702	20.036	50.089
型钢	t	3675.21	0.031	0.042	0.106
水泥	t	337.61	0.765	1.169	2.922
石子	m³	58.83	1.445	2.079	5.198
砂子	m³	54.85	2.263	3.522	8.805
钢筋	t	3504.27	0.057	0.129	0.323
机械当量	台班	1000	0.096	0.240	0.601

主要人工材料机械

指标编号	ZFT2-9-65	ZFT2-9-66	ZFT2-9-67	ZFT2-9-68
项目名称	混凝土井 建筑体积≤3m³	混凝土井 建筑体积≤10m³	混凝土井 建筑体积≤40m³	混凝土井 建筑体积≤100m³
指标单位	座	座	座	座
基　价（元）	**3322.79**	**7054.78**	**24796.11**	**63416.53**
其中　人工费（元）	1188.67	2523.73	6200.68	17124.29
材料费（元）	1976.99	4197.44	16853.22	42106.61
机械费（元）	157.13	333.61	1742.21	4185.63
主要技术条件	现浇混凝土结构，成品井盖	现浇混凝土结构，成品井盖	现浇混凝土结构，成品井盖	现浇混凝土结构，成品井盖
抗震设防烈度（度）	Ⅶ	Ⅶ	Ⅶ	Ⅶ
最低设计温度（℃）	-6	-6	-6	-6

主要工程量	名称	单位	工程量			
	钢筋混凝土井（容积）	m³	2.83	6.00	24.00	60.00

续表

指标编号				ZFT2-9-65	ZFT2-9-66	ZFT2-9-67	ZFT2-9-68
项目名称				混凝土井 建筑体积≤3m³	混凝土井 建筑体积≤10m³	混凝土井 建筑体积≤40m³	混凝土井 建筑体积≤100m³
指标单位				座	座	座	座
	名称	单位	单价(元)	数量			
主要 人工 材料 机械	建筑普通工	工日	34	27.722	58.857	137.604	384.770
	建筑技术工	工日	48	5.128	10.887	31.712	84.213
	型钢	t	3675.21	0.021	0.044	0.147	0.379
	水泥	t	337.61	1.052	2.233	7.722	19.808
	石子	m³	58.83	3.097	6.576	18.692	49.902
	砂子	m³	54.85	1.810	3.842	26.443	61.493
	钢筋	t	3504.27	0.227	0.483	2.135	5.252
	机械当量	台班	1000	0.157	0.334	1.742	4.186

指标编号	ZFT2-9-69
项目名称	室外消火栓井
指标单位	座

基　价（元）		**6535.17**
其中	人工费（元）	2974.48
	材料费（元）	3401.25
	机械费（元）	159.44

主要技术条件	现浇混凝土结构，成品井盖
抗震设防烈度（度）	Ⅶ
最低设计温度（℃）	－6

主要工程量	名称	单位	工程量
	砖砌体井(容积)	m³	10.00

指标编号				ZFT2-9-69
项目名称				室外消火栓井
指标单位				座
主要人工材料机械	名称	单位	单价(元)	数量
	建筑普通工	工日	34	69.362
	建筑技术工	工日	48	12.837
	型钢	t	3675.21	0.051
	水泥	t	337.61	1.276
	石子	m³	58.83	2.409
	砂子	m³	54.85	3.771
	钢筋	t	3504.27	0.095
	机械当量	台班	1000	0.159

十三、厂区各类水池

指标编号		ZFT2-9-70	ZFT2-9-71	ZFT2-9-72	ZFT2-9-73	ZFT2-9-74
项目名称		水池 容量 150m³ 以内	水池 容量 300m³ 以内	水池 容量 500m³ 以内	水池 容量 1000m³ 以内	水池 容量 2000m³ 以内
指标单位		座	座	座	座	座
基　价（元）		**91588. 35**	**173111. 84**	**199116. 45**	**307245. 40**	**792290. 88**
其中	人工费（元）	17406. 89	28691. 15	33001. 09	46034. 08	108206. 30
	材料费（元）	65809. 90	127016. 42	146096. 65	219982. 95	596446. 12
	机械费（元）	8371. 56	17404. 27	20018. 71	41228. 37	87638. 46
主要技术条件		钢筋混凝土结构地下水池	钢筋混凝土结构地下水池	钢筋混凝土结构地下水池	钢筋混凝土结构地下水池	钢筋混凝土结构地下水池
抗震设防烈度（度）		Ⅶ	Ⅶ	Ⅶ	Ⅶ	Ⅶ
最低设计温度（℃）		− 25. 5	− 8. 2	− 25. 5	− 8. 2	− 3. 4
主要工程量	名称　单位			工程量		
	钢筋混凝土池（容积）　m³	126. 00	391. 23	450. 00		
	水池钢筋混凝土　m³				300. 00	652. 40

续表

指标编号			ZFT2-9-70	ZFT2-9-71	ZFT2-9-72	ZFT2-9-73	ZFT2-9-74
项目名称			水池 容量150m³以内	水池 容量300m³以内	水池 容量500m³以内	水池 容量1000m³以内	水池 容量2000m³以内
指标单位			座	座	座	座	座
	名称	单位	单价(元)	数量			
主要人工材料机械	建筑普通工	工日	34	348.979	549.442	631.979	812.754	1765.632
	建筑技术工	工日	48	115.448	208.551	239.879	383.379	1003.719
	型钢	t	3675.21	0.243	0.756	0.869	0.393	0.854
	水泥	t	337.61	27.895	52.670	60.582	127.288	276.809
	石子	m³	58.83	66.102	125.135	143.932	294.285	639.972
	砂子	m³	54.85	85.552	145.083	166.877	174.993	380.551
	钢筋	t	3504.27	9.975	19.854	22.837	28.603	95.342
	机械当量	台班	1000	8.372	17.404	20.019	41.228	87.638

指标编号			ZFT2-9-75	ZFT2-9-76	ZFT2-9-77	ZFT2-9-78
项目名称			水池 容量 3000m³ 以内	水池 容量 4000m³ 以内	水池 容量 5000m³ 以内	水池 容量 7000m³ 以内
指标单位			座	座	座	座
基　价（元）			**1169172.42**	**1416293.22**	**1710773.46**	**3108808.26**
其中	人工费（元）		159713.31	196545.27	236406.79	421166.67
	材料费（元）		884224.63	1057295.85	1275651.52	2357061.12
	机械费（元）		125234.48	162452.10	198715.15	330580.47
主要技术条件			钢筋混凝土结构地下水池	钢筋混凝土结构地下水池	钢筋混凝土结构地下水池	钢筋混凝土结构地下水池
抗震设防烈度（度）			Ⅶ	Ⅶ	Ⅶ	Ⅶ
最低设计温度（℃）			– 3.4	– 12.3	– 25.5	– 12.3
主要工程量	名称	单位	工程量			
	水池钢筋混凝土	m³	1060.50	1230.70	1480.20	2584.57

续表

指标编号			ZFT2-9-75	ZFT2-9-76	ZFT2-9-77	ZFT2-9-78
项目名称			水池 容量3000m³以内	水池 容量4000m³以内	水池 容量5000m³以内	水池 容量7000m³以内
指标单位			座	座	座	座
	名称	单位	单价(元)	数量		
主要人工材料机械	建筑普通工	工日	34	2586.611	3255.419	3921.272	6785.849
	建筑技术工	工日	48	1495.290	1788.914	2147.746	3967.956
	型钢	t	3675.21	1.310	1.572	1.834	3.385
	水泥	t	337.61	424.293	509.152	594.010	1096.613
	石子	m³	58.83	980.950	1177.140	1373.331	2535.330
	砂子	m³	54.85	583.309	699.970	816.632	1507.599
	钢筋	t	3504.27	137.716	164.200	203.396	376.071
	机械当量	台班	1000	125.234	162.452	198.715	330.580

十四、厂区挡土墙、护坡

指标编号			ZFT2-9-79	ZFT2-9-80	ZFT2-9-81	ZFT2-9-82	ZFT2-9-83
项目名称			毛石结构挡土墙	砌体结构挡土墙	素混凝土结构挡土墙	钢筋混凝土结构挡土墙	土工格栅挡土墙
指标单位			m³	m³	m³	m³	m²
基　　价（元）			**412.48**	**263.85**	**540.77**	**834.27**	**823.67**
其中	人工费（元）		124.74	88.15	148.60	156.43	65.42
	材料费（元）		275.27	174.09	366.96	638.35	694.41
	机械费（元）		12.47	1.61	25.21	39.49	63.84
主要技术条件			重力式结构	重力式结构	重力式结构	悬地式结构	整体现浇面板式土工格栅挡土墙，$H=8$m
抗震设防烈度（度）			Ⅶ	Ⅶ	Ⅶ	Ⅶ	Ⅶ
最低设计温度（℃）			-6	-12.6	-6	-25.7	-6
主要工程量	名称	单位	工程量				
	毛石混凝土挡土墙	m³	1.00				
	砌体挡土墙	m³		1.00			

续表

指标编号			ZFT2-9-79	ZFT2-9-80	ZFT2-9-81	ZFT2-9-82	ZFT2-9-83
项目名称			毛石结构挡土墙	砌体结构挡土墙	素混凝土结构挡土墙	钢筋混凝土结构挡土墙	土工格栅挡土墙
指标单位			m³	m³	m³	m³	m²
主要工程量	名称	单位			工程量		
	混凝土挡土墙	m³			1.00		
	钢筋混凝土挡土墙	m³				1.00	
	土工格栅挡土墙	m²					1.00
主要人工材料机械	名称	单位	单价(元)			数量	
	建筑普通工	工日	34	2.950	1.397	3.179	2.847	1.154
	建筑技术工	工日	48	0.509	0.847	0.844	1.243	0.545
	型钢	t	3675.21	0.001		0.001	0.001	
	水泥	t	337.61	0.257	0.128	0.378	0.386	
	石子	m³	58.83	1.138	1.383	0.879	0.904	
	砂子	m³	54.85	0.621	0.591	0.670	0.669	
	钢筋	t	3504.27				0.074	
	机械当量	台班	1000	0.012	0.002	0.025	0.039	0.064

指标编号			ZFT2-9-84	ZFT2-9-85	ZFT2-9-86	ZFT2-9-87	ZFT2-9-88
项目名称			砌体护坡	植被护坡	预制空格护坡	锚杆支护边坡	土钉支护边坡
指标单位			m²	m²	m²	m²	m²
基 价（元）			**83.01**	**33.17**	**39.07**	**346.83**	**130.59**
其中	人工费（元）		30.76	8.08	11.23	65.39	18.38
	材料费（元）		52.04	21.76	25.08	168.88	70.43
	机械费（元）		0.21	3.33	2.76	112.56	41.78
主要技术条件			浆砌块石，碎石基层	铺设草皮，耕植土基层	预制块，砂石基层	钢筋、钢管锚杆，喷射混凝土面层	钢筋嵌固钢筋网，喷射混凝土面层
抗震设防烈度（度）			Ⅶ	Ⅶ	Ⅶ	Ⅶ	Ⅶ
最低设计温度（℃）			-6	-3.4	-12.8	-8.2	-6
主要工程量	名称	单位	工程量				
	砌体护坡	m³	0.40				
	植被边坡	m²		1.00			

续表

指标编号			ZFT2-9-84	ZFT2-9-85	ZFT2-9-86	ZFT2-9-87	ZFT2-9-88
项目名称			砌体护坡	植被护坡	预制空格护坡	锚杆支护边坡	土钉支护边坡
指标单位			m²	m²	m²	m²	m²
主要工程量	名称	单位	工程量				
	预制混凝土块护坡	m²			1.00		
	喷射混凝土支护	m²				1.00	1.00
	锚杆支护	m				2.00	
	土钉支护	t					
主要人工材料机械	名称	单位	单价(元)	数量			
	建筑普通工	工日	34	0.464	0.126	0.228	1.390	0.369
	建筑技术工	工日	48	0.312	0.079	0.072	0.378	0.122
	型钢	t	3675.21				0.001	

续表

指标编号			ZFT2-9-84	ZFT2-9-85	ZFT2-9-86	ZFT2-9-87	ZFT2-9-88
项目名称			砌体护坡	植被护坡	预制空格护坡	锚杆支护边坡	土钉支护边坡
指标单位			m²	m²	m²	m²	m²
	名称	单位	单价(元)	数量			
主要人工材料机械	水泥	t	337.61	0.032	0.007	0.018	0.045	0.001
	石子	m³	58.83	0.476	0.010	0.049		
	砂子	m³	54.85	0.193	0.012	0.081		0.001
	钢筋	t	3504.27				0.017	0.005
	机械当量	台班	1000		0.003	0.003	0.113	0.042

十五、厂区护岸

指标编号		ZFT2-9-89	ZFT2-9-90	ZFT2-9-91
项目名称		扭工字体块结构	栅栏板结构	混凝土防浪墙
指标单位		m³	m³	m³
基　价（元）		**553.00**	**818.13**	**840.63**
其中	人工费（元）	86.14	105.38	119.28
	材料费（元）	341.20	545.03	680.78
	机械费（元）	125.66	167.72	40.57
主要技术条件		扭工字体块，陆地安放	栅栏板，陆地安放	混凝土墙，陆地浇筑
抗震设防烈度（度）		Ⅶ	Ⅶ	Ⅶ
最低设计温度（℃）		−8.2	−3.4	−3.4
主要工程量	名称	单位		工程量
	混凝土扭工字体块	m³	1.00	
	混凝土栅栏板	m³		1.00
	混凝土防浪墙	m³		1.00

723

续表

指标编号			ZFT2-9-89	ZFT2-9-90	ZFT2-9-91
项目名称			扭工字体块结构	栅栏板结构	混凝土防浪墙
指标单位			m³	m³	m³
	名称	单位	单价(元)	数量		
主要人工材料机械	建筑普通工	工日	34	2.040	2.201	2.278
	建筑技术工	工日	48	0.350	0.636	0.871
	型钢	t	3675.21		0.001	0.001
	水泥	t	337.61	0.348	0.349	0.338
	石子	m³	58.83	0.996	1.008	0.946
	砂子	m³	54.85	0.568	0.573	0.546
	钢筋	t	3504.27	0.011	0.063	0.106
	机械当量	台班	1000	0.126	0.168	0.041

十六、厂区采暖、制冷管道

指标编号				ZFT2-9-92	
项目名称				采暖管道敷设	
指标单位				t	
基 价（元）				**9897.92**	
其中	人工费（元）			1944.52	
	材料费（元）			7240.11	
	机械费（元）			713.29	
主要技术条件				复合保温管道，综合沟内敷设、直埋敷设	
抗震设防烈度（度）				Ⅶ	
最低设计温度（℃）				-25.6	
主要工程量	名称		单位		工程量
	室外沟道内敷设采暖管道		t		0.50
	室外直埋采暖管道		t		0.50
主要人工材料机械	名称	单位	单价(元)		数量
	建筑普通工	工日	34		36.356
	建筑技术工	工日	48		14.759
	型钢	t	3675.21		1.079
	石子	m³	58.83		0.023
	砂子	m³	54.85		2.208
	机械当量	台班	1000		0.713

十七、厂前公共福利建筑

指标编号			ZFT2-9-93	ZFT2-9-94	ZFT2-9-95
项目名称			招待所、检修夜班宿舍	职工食堂	浴室
指标单位			m²	m²	m²
基　价（元）			**2250.55**	**2250.55**	**2250.55**
其中	人工费（元）		450.11	450.11	450.11
	材料费（元）		1463.63	1463.63	1463.63
	机械费（元）		336.81	336.81	336.81
主要技术条件			钢筋混凝土框架结构，外墙石材、幕墙，室内吊顶，地面地砖	钢筋混凝土框架结构，外墙石材、幕墙，室内吊顶，地面地砖	钢筋混凝土框架结构，外墙石材、幕墙，室内吊顶，地面地砖，淋浴喷头
抗震设防烈度（度）			Ⅶ	Ⅶ	Ⅶ
最低设计温度（℃）			−25.6	−25.6	−25.6
主要工程量	名称	单位	工程量		
	招待所、倒班宿舍	m²	1.00		
	食堂	m²		1.00	
	浴池	m²			1.00
主要人工材料机械	名称	单位	单价（元）	数量	
	建筑普通工	工日	34	7.943	7.943	7.943
	建筑技术工	工日	48	3.751	3.751	3.751
	机械当量	台班	1000	0.337	0.337	0.337

第十章　建　筑　安　装　工　程

说明

一、本章内容包括主厂房、集中控制楼、烟囱、卸煤沟、翻车机、封闭煤场、储煤筒仓、输煤栈桥、转运站及碎煤机室、灰库、化学水处理室、循环水泵房、冷却塔、电气建筑、生产综合办公楼、启动锅炉房等主要建筑物与构筑物、其他生活与生产建筑物、集中采暖与制冷站建筑安装工程及设备安装工程指标。

二、使用说明

1. 本章指标为单位建筑安装工程、集中采暖与制冷站建筑设备安装工程指标。指标包括建筑安装、建筑设备。

2. 本章指标分建筑项目，按照地区类别执行。地区类别划分执行 2013 年版《火力发电工程建设预算编制与计算规定》表 3.3.1.1—2 "地区分类表" 规定。

3. 本章没有编制建筑安装指标的项目，根据其作用执行其他生活或生产建筑物建筑安装工程指标。

4. 单位建筑安装工程指标包括给水、排水、采暖、通风、空调、照明、建（构）筑物防雷接地等项目。指标综合考虑了各地区自然条件及工程设计特点，执行指标时，不得因工程设计有无建筑安装专业而调整。

5. 集中采暖、制冷站建筑设备安装工程指标包括各类集中采暖与制冷项目。指标综合考虑了各地区自然条件及工艺设备设计特点，执行指标时，不得因工艺设计流程而调整。

6. 燃煤机组集中采暖、制冷站建筑设备安装工程指标是按照设计新建安装两台机组为 1 套进行编制的。当工程设计新建安装一台机组时，执行指标乘以 0.75 系数，当工程设计扩建安装一台机组时，执行指标乘以 0.35 系数，当工程设计新建安装四台机组时，执行指标乘以 1.65 系数。

7. 燃机机组集中采暖、制冷站建筑设备安装工程指标是按照设计新建安装两套 "1＋1" 组合为 1 套进行编制的。当工程设计新建安装一套"1+1"组合时，执行指标乘以0.75系数，当工程设计新建安装一套"2+1"组合时，执行指标乘以0.88系数，当工程设计扩建安装一套"1+1"组合时，执行指标乘以0.35系数，当工程设计扩建安装一套"2+1"组合时，执行指标乘以0.5系数。

工程量计算规则

一、单位工程建筑安装工程指标根据项目作用，分别按照设计建筑体积、建筑面积、建筑长度、建筑座数、建筑套数等计量单位计算工程量。

二、燃煤机组集中采暖、制冷站建筑设备安装工程指标按照设计安装两台机组为1套计算工程量；燃机机组集中采暖、制冷站建筑设备安装工程指标按照设计安装两套"1+1"组合机组为1套计算工程量。

一、主厂房建筑安装

指标编号			ZFT2-10-1	ZFT2-10-2	ZFT2-10-3	ZFT2-10-4	ZFT2-10-5
项目名称			1000MW 级机组 I 类地区	1000MW 级机组 II 类地区	1000MW 级机组 III 类地区	1000MW 级机组 IV 类地区	1000MW 级机组 V 类地区
指标单位			m³	m³	m³	m³	m³
基　　价（元）			**30.32**	**28.82**	**29.39**	**32.62**	**28.20**
其中	建筑设备购置费（元）		20.81	18.09	18.09	20.81	16.28
	直接工程费（元）		9.51	10.73	11.30	11.81	11.92
直接工程费其中	人工费（元）		2.05	2.25	2.32	2.39	2.38
	材料费（元）		7.07	8.05	8.54	8.96	9.08
	机械费（元）		0.39	0.43	0.44	0.46	0.46
主要技术条件			综合主厂房建筑配套安装专业设备、安装、调试	综合主厂房建筑配套安装专业设备、安装、调试	综合主厂房建筑配套安装专业设备、安装、调试	综合主厂房建筑配套安装专业设备、安装、调试	综合主厂房建筑配套安装专业设备、安装、调试
主要设备（项）	名称	单位	单价(元)	设备数量			
	1000MW 级机组 I、IV 类地区主厂房建筑设备	项	11855350	1.00			1.00
	1000MW 级机组 II、III 类地区主厂房建筑设备	项	10309000		1.00	1.00	

续表

指标编号			ZFT2-10-1	ZFT2-10-2	ZFT2-10-3	ZFT2-10-4	ZFT2-10-5
项目名称			1000MW 级机组 Ⅰ 类地区	1000MW 级机组 Ⅱ 类地区	1000MW 级机组 Ⅲ 类地区	1000MW 级机组 Ⅳ 类地区	1000MW 级机组 Ⅴ 类地区
指标单位			m^3	m^3	m^3	m^3	m^3
主要设备（项）	名称	单位	单价(元)	设备数量			
	1000MW 级机组 Ⅴ类地区主厂房建筑设备	项	9278100				1.00
主要人工材料机械（每1000 m^3）	名称	单位	单价(元)	数量			
	建筑普通工	工日	34	19.300	21.300	22.100	22.900	22.900
	建筑技术工	工日	48	29.200	31.900	32.800	33.700	33.500
	型钢	t	3675.21	0.859	0.948	0.987	1.022	1.025
	钢筋	t	3504.27	0.001	0.001	0.001	0.001	0.001
	机械当量	台班	1000	0.390	0.430	0.440	0.460	0.460

指标编号			ZFT2-10-6	ZFT2-10-7	ZFT2-10-8	ZFT2-10-9	ZFT2-10-10
项目名称			600MW 级机组 I 类地区	600MW 级机组 II 类地区	600MW 级机组 III 类地区	600MW 级机组 IV 类地区	600MW 级机组 V 类地区
指标单位			m³	m³	m³	m³	m³
基 价（元）			**29.02**	**28.06**	**28.82**	**31.99**	**28.02**
其中	建筑设备购置费（元）		19.14	16.64	16.64	19.14	14.98
	直接工程费（元）		9.88	11.42	12.18	12.85	13.04
直接工程费其中	人工费（元）		2.16	2.52	2.69	2.84	2.86
	材料费（元）		7.34	8.48	9.06	9.56	9.73
	机械费（元）		0.38	0.42	0.43	0.45	0.45
主要技术条件			综合主厂房建筑配套安装专业设备、安装、调试	综合主厂房建筑配套安装专业设备、安装、调试	综合主厂房建筑配套安装专业设备、安装、调试	综合主厂房建筑配套安装专业设备、安装、调试	综合主厂房建筑配套安装专业设备、安装、调试
名称	单位	单价(元)	设备数量				
主要设备（项）	600MW 级机组 I、IV 类地区建筑设备	项 8050000	1.00			1.00	
	600MW 级机组 II、III 类地区建筑设备	项 7000000		1.00	1.00		
	600MW 级机组 V 类地区建筑设备	项 6300000					1.00

指标编号			ZFT2-10-6	ZFT2-10-7	ZFT2-10-8	ZFT2-10-9	ZFT2-10-10
项目名称			600MW 级机组 Ⅰ 类地区	600MW 级机组 Ⅱ 类地区	600MW 级机组 Ⅲ 类地区	600MW 级机组 Ⅳ 类地区	600MW 级机组 Ⅴ 类地区
指标单位			m^3	m^3	m^3	m^3	m^3
名称	单位	单价(元)	数量				
建筑普通工	工日	34	20.400	23.900	25.600	27.100	27.500
建筑技术工	工日	48	30.500	35.500	37.800	39.800	40.200
型钢	t	3675.21	0.850	0.924	0.955	0.983	0.985
钢筋	t	3504.27	0.001	0.001	0.001	0.001	0.001
机械当量	台班	1000	0.380	0.420	0.430	0.450	0.450

主要人工材料机械（每1000 m^3）

指标编号			ZFT2-10-11	ZFT2-10-12	ZFT2-10-13	ZFT2-10-14	ZFT2-10-15
项目名称			300MW 级机组主厂房Ⅰ类地区	300MW 级机组主厂房Ⅱ类地区	300MW 级机组主厂房Ⅲ类地区	300MW 级机组主厂房Ⅳ类地区	300MW 级机组主厂房Ⅴ类地区
指标单位			m³	m³	m³	m³	m³
基　价（元）			**34.66**	**33.12**	**33.94**	**37.79**	**32.73**
其中	建筑设备购置费（元）		24.22	21.06	21.06	24.22	18.95
	直接工程费（元）		10.44	12.06	12.88	13.57	13.78
直接工程费其中	人工费（元）		2.21	2.47	2.58	2.67	2.68
	材料费（元）		7.77	9.08	9.76	10.34	10.54
	机械费（元）		0.46	0.51	0.54	0.56	0.56
主要技术条件			综合主厂房建筑配套安装专业设备、安装、调试	综合主厂房建筑配套安装专业设备、安装、调试	综合主厂房建筑配套安装专业设备、安装、调试	综合主厂房建筑配套安装专业设备、安装、调试	综合主厂房建筑配套安装专业设备、安装、调试
主要设备（项）	名称	单位 单价（元）	设备数量				
	300MW 级机组主厂房Ⅰ、Ⅳ类地区建筑设备	项 4949025	1.00			1.00	
	300MW 级机组主厂房Ⅱ、Ⅲ类地区建筑设备	项 4303500		1.00	1.00		
	300MW 级机组主厂房Ⅴ类地区建筑设备	项 3873150					1.00

续表

指标编号				ZFT2-10-11	ZFT2-10-12	ZFT2-10-13	ZFT2-10-14	ZFT2-10-15
项目名称				300MW 级机组 主厂房 I 类地区	300MW 级机组 主厂房 II 类地区	300MW 级机组 主厂房 III 类地区	300MW 级机组 主厂房 IV 类地区	300MW 级机组 主厂房 V 类地区
指标单位				m³	m³	m³	m³	m³
	名称	单位	单价(元)	数量				
主要人工材料机械（每1000 m³）	建筑普通工	工日	34	20.800	23.400	24.500	25.500	25.700
	建筑技术工	工日	48	31.300	34.800	36.200	37.500	37.400
	型钢	t	3675.21	0.808	0.924	0.977	1.024	1.032
	水泥	t	337.61	0.100	0.100	0.100	0.100	0.100
	钢筋	t	3504.27	0.001	0.001	0.001	0.001	0.001
	机械当量	台班	1000	0.460	0.510	0.540	0.560	0.560

734

指标编号			ZFT2-10-16	ZFT2-10-17	ZFT2-10-18	ZFT2-10-19	ZFT2-10-20
项目名称			F 级燃机 Ⅰ 类地区	F 级燃机 Ⅱ 类地区	F 级燃机 Ⅲ 类地区	F 级燃机 Ⅳ 类地区	F 级燃机 Ⅴ 类地区
指标单位			m^3	m^3	m^3	m^3	m^3
基 价（元）			**27.84**	**27.77**	**28.57**	**32.26**	**26.56**
其中	建筑设备购置费（元）		20.00	17.00	17.00	20.00	14.09
	直接工程费（元）		7.84	10.77	11.57	12.26	12.47
直接工程费其中	人工费（元）		1.78	2.29	2.39	2.49	2.49
	材料费（元）		5.77	8.09	8.77	9.34	9.54
	机械费（元）		0.29	0.39	0.41	0.43	0.44
主要技术条件			综合主厂房建筑配套安装专业设备、安装、调试	综合主厂房建筑配套安装专业设备、安装、调试	综合主厂房建筑配套安装专业设备、安装、调试	综合主厂房建筑配套安装专业设备、安装、调试	综合主厂房建筑配套安装专业设备、安装、调试
主要设备（项）	名称	单位	单价(元)	设备数量			
	F 级燃机 Ⅰ、Ⅳ 类建筑设备	项	4816000	1.00			1.00	
	F 级燃机 Ⅱ、Ⅲ 类建筑设备	项	4094000		1.00	1.00		
	F 级燃机 Ⅴ类建筑设备	项	3393000					1.00

指标编号			ZFT2-10-16	ZFT2-10-17	ZFT2-10-18	ZFT2-10-19	ZFT2-10-20
项目名称			F级燃机 I类地区	F级燃机 II类地区	F级燃机 III类地区	F级燃机 IV类地区	F级燃机 V类地区
指标单位			m³	m³	m³	m³	m³
	名称	单位	单价(元)	数量				
主要人工材料机械(每1000 m³)	建筑普通工	工日	34	16.600	21.600	22.700	23.700	23.800
	建筑技术工	工日	48	25.300	32.300	33.700	35.000	35.000
	型钢	t	3675.21	0.552	0.770	0.822	0.869	0.878
	水泥	t	337.61	0.100	0.100	0.100	0.100	0.100
	钢筋	t	3504.27	0.001	0.001	0.001	0.001	0.001
	机械当量	台班	1000	0.290	0.390	0.410	0.430	0.440

指标编号			ZFT2-10-21	ZFT2-10-22	ZFT2-10-23	ZFT2-10-24	ZFT2-10-25
项目名称			E级燃机 I 类地区	E级燃机 II 类地区	E级燃机 III 类地区	E级燃机 IV 类地区	E级燃机 V 类地区
指标单位			m³	m³	m³	m³	m³
基 价（元）			**26.04**	**27.18**	**28.11**	**30.91**	**26.68**
其中	建筑设备购置费（元）		18.01	16.00	16.00	18.01	14.00
	直接工程费（元）		8.03	11.18	12.11	12.90	12.68
直接工程费其中	人工费（元）		1.77	2.33	2.47	2.60	2.53
	材料费（元）		5.90	8.37	9.14	9.77	9.70
	机械费（元）		0.36	0.48	0.50	0.53	0.45
主要技术条件			综合主厂房建筑配套安装专业设备、安装、调试	综合主厂房建筑配套安装专业设备、安装、调试	综合主厂房建筑配套安装专业设备、安装、调试	综合主厂房建筑配套安装专业设备、安装、调试	综合主厂房建筑配套安装专业设备、安装、调试
主要设备（项）	名称	单位	单价（元）	设备数量			
	E级燃机 I 、IV类建筑设备	项	935000	1.00			1.00
	E级燃机 II 、III类建筑设备	项	830600		1.00	1.00	
	E级燃机 V 类建筑设备	项	726800					1.00

指标编号			ZFT2-10-21	ZFT2-10-22	ZFT2-10-23	ZFT2-10-24	ZFT2-10-25
项目名称			E级燃机 I类地区	E级燃机 II类地区	E级燃机 III类地区	E级燃机 IV类地区	E级燃机 V类地区
指标单位			m^3	m^3	m^3	m^3	m^3
主要人工材料机械（每1000 m^3）	名称	单位	单价(元)	数量				
	建筑普通工	工日	34	17.100	22.500	23.900	25.100	24.200
	建筑技术工	工日	48	24.800	32.700	34.600	36.300	35.600
	型钢	t	3675.21	0.644	0.895	0.971	1.034	0.895
	水泥	t	337.61					0.100
	钢筋	t	3504.27	0.001	0.002	0.002	0.002	0.001
	机械当量	台班	1000	0.360	0.480	0.500	0.530	0.450

二、集中控制楼建筑安装

指标编号			ZFT2-10-26	ZFT2-10-27	ZFT2-10-28	ZFT2-10-29	ZFT2-10-30
项目名称			Ⅰ类地区	Ⅱ类地区	Ⅲ类地区	Ⅳ类地区	Ⅴ类地区
指标单位			m³	m³	m³	m³	m³
基　价（元）			**114.29**	**106.84**	**108.59**	**121.53**	**102.84**
其中	建筑设备购置费（元）		87.21	75.84	75.84	87.21	68.25
	直接工程费（元）		27.08	31.00	32.75	34.32	34.59
直接工程费其中	人工费（元）		8.15	8.92	9.13	9.37	9.26
	材料费（元）		18.43	21.46	22.93	24.20	24.56
	机械费（元）		0.50	0.62	0.69	0.75	0.77
主要技术条件			综合主厂房建筑配套安装专业设备、安装、调试	综合主厂房建筑配套安装专业设备、安装、调试	综合主厂房建筑配套安装专业设备、安装、调试	综合主厂房建筑配套安装专业设备、安装、调试	综合主厂房建筑配套安装专业设备、安装、调试
主要设备（项）	名称	单位	单价(元)		设备数量		
	集控楼建筑设备 Ⅰ、Ⅳ类地区	项	2351750	1.00		1.00	
	集控楼建筑设备 Ⅱ、Ⅲ类地区	项	2045000		1.00	1.00	
	集控楼建筑设备 Ⅴ类地区	项	1840500				1.00

指标编号			ZFT2-10-26	ZFT2-10-27	ZFT2-10-28	ZFT2-10-29	ZFT2-10-30
项目名称			Ⅰ类地区	Ⅱ类地区	Ⅲ类地区	Ⅳ类地区	Ⅴ类地区
指标单位			m³	m³	m³	m³	m³
	名称	单位	单价(元)	数量			
主要人工材料机械（每1000 m³）	建筑普通工	工日	34	76.300	84.000	86.400	89.100	88.300
	建筑技术工	工日	48	115.700	126.200	128.900	132.200	130.300
	型钢	t	3675.21	1.860	2.124	2.230	2.331	2.333
	水泥	t	337.61	0.100	0.200	0.300	0.400	0.400
	砂子	m³	54.85	0.200	0.300	0.300	0.300	0.400
	钢筋	t	3504.27	0.018	0.016	0.014	0.013	0.012
	机械当量	台班	1000	0.500	0.620	0.690	0.750	0.770

三、烟囱照明、接地

指标编号	ZFT2-10-31
项目名称	烟囱 照明、接地
指标单位	m
基　　价（元）	**399.34**

其中	建筑设备购置费（元）	28.57
	直接工程费（元）	370.77

直接工程费 其中	人工费（元）	38.45
	材料费（元）	324.75
	机械费（元）	7.57

主要技术条件	综合烟囱照明、接地安装专业设备、安装、调试

主要设备 （座）	名称	单位	单价(元)	设备数量
	烟囱照明设备	项	3000	1.00

主要人工 材料机械 （每100m）	名称	单位	单价(元)	数量
	建筑普通工	工日	34	42.560

续表

指标编号				ZFT2-10-31
项目名称				烟囱 照明、接地
指标单位				m
	名称	单位	单价(元)	数量
主要人工 材料机械 (每100m)	建筑技术工	工日	48	49.960
	型钢	t	3675.21	0.729
	钢筋	t	3504.27	0.007
	机械当量	台班	1000	0.757

742

四、火车卸煤沟建筑安装

指标编号			ZFT2-10-32	ZFT2-10-33	ZFT2-10-34	ZFT2-10-35	ZFT2-10-36
项目名称			Ⅰ类地区单线卸煤沟	Ⅱ类地区单线卸煤沟	Ⅲ类地区单线卸煤沟	Ⅳ类地区卸单线卸煤沟	Ⅴ类地区卸单线卸煤沟
指标单位			m	m	m	m	m
基 价（元）			**7868.9**	**7164.91**	**7135.77**	**7789.24**	**6646.36**
其中	建筑设备购置费（元）		5158.90	4486.00	4486.00	5158.90	4037.4
	直接工程费（元）		2710.00	2678.91	2649.77	2630.34	2608.96
直接工程费其中	人工费（元）		450.61	442.50	434.90	429.83	424.25
	材料费（元）		2177.53	2155.85	2135.52	2121.97	2107.06
	机械费（元）		81.86	80.56	79.35	78.54	77.65
主要技术条件			综合火车卸煤沟建筑配套安装专业设备、安装、调试	综合火车卸煤沟建筑配套安装专业设备、安装、调试	综合火车卸煤沟建筑配套安装专业设备、安装、调试	综合火车卸煤沟建筑配套安装专业设备、安装、调试	综合火车卸煤沟建筑配套安装专业设备、安装、调试
主要设备（项）	名称	单位	单价（元）		设备数量		
	单线卸煤沟Ⅰ、Ⅳ类地区建筑设备	项	552000	1.00			1.00
	单线卸煤沟Ⅱ、Ⅲ类地区建筑设备	项	480000		1.00	1.00	

指标编号				ZFT2-10-32	ZFT2-10-33	ZFT2-10-34	ZFT2-10-35	ZFT2-10-36
项目名称				Ⅰ类地区单线卸煤沟	Ⅱ类地区单线卸煤沟	Ⅲ类地区单线卸煤沟	Ⅳ类地区卸单线卸煤沟	Ⅴ类地区卸单线卸煤沟
指标单位				m	m	m	m	m
主要设备（项）	名称	单位	单价（元）	设备数量				
	单线卸煤沟Ⅴ类地区建筑设备	项	432000					1.00
主要人工材料机械（每100m）	名称	单位	单价（元）	数量				
	建筑普通工	工日	34	435.880	429.280	423.100	418.980	414.450
	建筑技术工	工日	48	630.020	617.800	606.340	598.700	590.300
	型钢	t	3675.21	19.693	19.151	18.642	18.303	17.930
	水泥	t	337.61	0.610	0.610	0.610	0.610	0.610
	砂子	m³	54.85	1.110	1.110	1.110	1.110	1.110
	钢筋	t	3504.27	0.028	0.026	0.023	0.021	0.020
	机械当量	台班	1000	8.186	8.056	7.935	7.854	7.765

指标编号			ZFT2-10-37	ZFT2-10-38	ZFT2-10-39	ZFT2-10-40	ZFT2-10-41
项目名称			I 类地区双线卸煤沟	II 类地区双线卸煤沟	III 类地区双线卸煤沟	IV 类地区双线卸煤沟	V 类地区双线卸煤沟
指标单位			m	m	m	m	m
基 价（元）			**8942.33**	**8174.17**	**8137.29**	**8841.53**	**7599.76**
其中	建筑设备购置费（元）		5587.73	4858.90	4858.90	5587.73	4373.00
	直接工程费（元）		3354.60	3315.27	3278.39	3253.80	3226.76
直接工程费其中	人工费（元）		585.58	575.19	565.45	558.96	551.81
	材料费（元）		2647.11	2619.82	2594.23	2577.17	2558.41
	机械费（元）		121.91	120.26	118.71	117.67	116.54
主要技术条件			综合火车卸煤沟建筑配套安装专业设备、安装、调试	综合火车卸煤沟建筑配套安装专业设备、安装、调试	综合火车卸煤沟建筑配套安装专业设备、安装、调试	综合火车卸煤沟建筑配套安装专业设备、安装、调试	综合火车卸煤沟建筑配套安装专业设备、安装、调试
主要设备（项）	名称	单位	单价(元)	设备数量			
	双线卸煤沟 I、IV 类地区建筑设备	项	910800	1.00			1.00
	双线卸煤沟 II、III 类地区建筑设备	项	792000		1.00	1.00	
	双线卸煤沟 V 类地区建筑设备	项	712800					1.00

指标编号			ZFT2-10-37	ZFT2-10-38	ZFT2-10-39	ZFT2-10-40	ZFT2-10-41
项目名称			Ⅰ类地区双线卸煤沟	Ⅱ类地区双线卸煤沟	Ⅲ类地区双线卸煤沟	Ⅳ类地区双线卸煤沟	Ⅴ类地区双线卸煤沟
指标单位			m	m	m	m	m
	名称	单位	单价(元)	数量			
主要人工材料机械（每100m）	建筑普通工	工日	34	568.720	560.270	552.350	547.070	541.260
	建筑技术工	工日	48	817.120	801.460	786.780	776.990	766.220
	型钢	t	3675.21	25.448	24.766	24.127	23.701	23.232
	水泥	t	337.61	0.460	0.460	0.460	0.460	0.460
	砂子	m³	54.85	1.090	1.090	1.090	1.090	1.090
	钢筋	t	3504.27	0.035	0.032	0.029	0.027	0.025
	机械当量	台班	1000	12.191	12.026	11.871	11.767	11.654

五、汽车卸煤沟建筑安装

指标编号			ZFT2-10-42	ZFT2-10-43	ZFT2-10-44	ZFT2-10-45	ZFT2-10-46
项目名称			Ⅰ类地区卸煤沟	Ⅱ类地区卸煤沟	Ⅲ类地区卸煤沟	Ⅳ类地区卸煤沟	Ⅴ类地区卸煤沟
指标单位			m	m	m	m	m
基　价（元）			**17837.06**	**16274.68**	**16475.06**	**18578.42**	**15416.33**
其中	建筑设备购置费（元）		14853.40	12916.00	12916.00	14853.40	11624.40
	直接工程费（元）		2983.66	3358.68	3559.06	3725.02	3791.93
直接工程费其中	人工费（元）		517.81	609.43	658.19	698.65	714.75
	材料费（元）		2377.73	2653.12	2800.70	2922.77	2972.45
	机械费（元）		88.12	96.13	100.17	103.60	104.73
主要技术条件			综合汽车卸煤沟建筑配套安装专业设备、安装、调试	综合汽车卸煤沟建筑配套安装专业设备、安装、调试	综合汽车卸煤沟建筑配套安装专业设备、安装、调试	综合汽车卸煤沟建筑配套安装专业设备、安装、调试	综合汽车卸煤沟建筑配套安装专业设备、安装、调试
主要设备（项）	名称	单位	单价（元）		设备数量		
	汽车卸煤沟Ⅰ、Ⅳ类地区设备	项	1696258	1.00			1.00
	汽车卸煤沟Ⅱ、Ⅲ类地区设备	项	1475007		1.00	1.00	
	汽车卸煤沟Ⅴ类地区设备	项	1327506					1.00

指标编号			ZFT2-10-42	ZFT2-10-43	ZFT2-10-44	ZFT2-10-45	ZFT2-10-46
项目名称			Ⅰ类地区卸煤沟	Ⅱ类地区卸煤沟	Ⅲ类地区卸煤沟	Ⅳ类地区卸煤沟	Ⅴ类地区卸煤沟
指标单位			m	m	m	m	m
	名称	单位	单价(元)	数量			
主要人工材料机械（每100m）	建筑普通工	工日	34	499.280	586.770	633.760	672.590	688.510
	建筑技术工	工日	48	725.130	854.020	922.320	979.110	1001.380
	型钢	t	3675.21	22.139	25.227	26.769	28.087	28.503
	水泥	t	337.61	1.000	1.580	1.910	2.170	2.300
	砂子	m³	54.85	1.520	2.120	2.460	2.740	2.870
	钢筋	t	3504.27	0.028	0.026	0.023	0.021	0.020
	机械当量	台班	1000	8.812	9.613	10.017	10.360	10.473

六、翻车机室建筑安装

指标编号			ZFT2-10-47	ZFT2-10-48	ZFT2-10-49	ZFT2-10-50	ZFT2-10-51
项目名称			Ⅰ类地区	Ⅱ类地区	Ⅲ类地区	Ⅳ类地区	Ⅴ类地区
指标单位			m³	m³	m³	m³	m³
基　价（元）			**43.71**	**43.54**	**45.03**	**49.39**	**44.62**
其中	建筑设备购置费（元）		23.85	20.74	20.74	23.85	18.66
	直接工程费（元）		19.86	22.80	24.29	25.54	25.96
直接工程费其中	人工费（元）		4.31	5.00	5.33	5.61	5.69
	材料费（元）		14.76	16.95	18.08	19.03	19.37
	机械费（元）		0.79	0.85	0.88	0.90	0.90
主要技术条件			综合翻车机室建筑配套安装专业设备、安装、调试	综合翻车机室建筑配套安装专业设备、安装、调试	综合翻车机室建筑配套安装专业设备、安装、调试	综合翻车机室建筑配套安装专业设备、安装、调试	综合翻车机室建筑配套安装专业设备、安装、调试
	名称	单位	单价（元）	设备数量			
主要设备（项）	翻车机室Ⅰ、Ⅳ类地区建筑设备	项	622150	1.00			1.00
	翻车机室Ⅱ、Ⅲ类地区建筑设备	项	541000		1.00	1.00	
	翻车机室Ⅴ类地区建筑设备	项	486900					1.00

续表

指标编号			ZFT2-10-47	ZFT2-10-48	ZFT2-10-49	ZFT2-10-50	ZFT2-10-51
项目名称			Ⅰ类地区	Ⅱ类地区	Ⅲ类地区	Ⅳ类地区	Ⅴ类地区
指标单位			m³	m³	m³	m³	m³
主要人工材料机械（每1000 m³）	名称	单位	单价(元)	数量			
	建筑普通工	工日	34	40.100	46.900	50.200	53.000	53.900
	建筑技术工	工日	48	61.400	71.000	75.500	79.500	80.400
	型钢	t	3675.21	1.994	2.064	2.077	2.097	2.080
	水泥	t	337.61	0.100	0.200	0.200	0.200	0.300
	砂子	m³	54.85	0.100	0.200	0.200	0.200	0.200
	钢筋	t	3504.27	0.009	0.008	0.007	0.007	0.006
	机械当量	台班	1000	0.790	0.850	0.880	0.900	0.900

七、输煤地道建筑安装

指标编号			ZFT2-10-52	ZFT2-10-53	ZFT2-10-54	ZFT2-10-55	ZFT2-10-56
项目名称			Ⅰ类地区	Ⅱ类地区	Ⅲ类地区	Ⅳ类地区	Ⅴ类地区
指标单位			m	m	m	m	m
基　价（元）			**1025. 27**	**1152. 57**	**1212. 66**	**1265. 43**	**1278. 14**
其中	建筑设备购置费（元）						
	直接工程费（元）		1025. 27	1152. 57	1212. 66	1265. 43	1278. 14
直接工程费其中	人工费（元）		184. 76	221. 28	238. 78	254. 04	258. 02
	材料费（元）		782. 48	870. 92	912. 69	949. 35	958. 20
	机械费（元）		58. 03	60. 37	61. 19	62. 04	61. 92
主要技术条件			综合输煤地道建筑配套安装专业安装、调试	综合输煤地道建筑配套安装专业安装、调试	综合输煤地道建筑配套安装专业安装、调试	综合输煤地道建筑配套安装专业安装、调试	综合输煤地道建筑配套安装专业安装、调试
主要人工材料机械（每100m）	名称	单位	单价(元)	数量			
	建筑普通工	工日	34	164. 620	200. 180	217. 720	232. 800	237. 310
	建筑技术工	工日	48	268. 310	319. 210	343. 260	364. 360	369. 450
	型钢	t	3675. 21	8. 301	8. 651	8. 644	8. 711	8. 528

续表

指标编号			ZFT2-10-52	ZFT2-10-53	ZFT2-10-54	ZFT2-10-55	ZFT2-10-56
项目名称			Ⅰ类地区	Ⅱ类地区	Ⅲ类地区	Ⅳ类地区	Ⅴ类地区
指标单位			m	m	m	m	m
名称	单位	单价(元)	数量				
主要人工材料机械（每100m）	水泥	t	337.61	0.540	1.310	1.740	2.090	2.260
	砂子	m³	54.85	0.220	0.530	0.700	0.840	0.910
	钢筋	t	3504.27	0.024	0.021	0.019	0.017	0.015
	机械当量	台班	1000	5.803	6.037	6.119	6.204	6.192

八、干煤棚照明、接地

指标编号				ZFT2-10-57
项目名称				干煤棚照明、接地
指标单位				m²
基 价（元）				**25.48**
其中	建筑设备购置费（元）			0.73
	直接工程费（元）			24.75
直接工程费其中	人工费（元）			4.47
	材料费（元）			16.03
	机械费（元）			4.25
主要技术条件				综合干煤棚照明、接地安装专业设备、安装、调试
主要设备（项）	名称	单位	单价(元)	设备数量
	照明箱	项	3000	1.00
主要人工材料机械（每100m²）	名称	单位	单价(元)	数量
	建筑普通工	工日	34	3.590

指标编号				ZFT2-10-57
项目名称				干煤棚照明、接地
指标单位				m²
	名称	单位	单价(元)	数量
主要人工材料机械（每100m²）	建筑技术工	工日	48	6.770
	型钢	t	3675.21	0.074
	钢筋	t	3504.27	
	机械当量	台班	1000	0.425

九、封闭煤场照明、接地

指标编号				ZFT2-10-58
项目名称				封闭煤场照明、接地
指标单位				m²
基 价（元）				**64.75**
其中	建筑设备购置费（元）			40.00
	直接工程费（元）			24.75
直接工程费 其中	人工费（元）			4.47
	材料费（元）			16.03
	机械费（元）			4.25
主要技术条件				综合封闭煤场照明、接地安装专业设备、安装、调试
主要 设备 （项）	名称	单位	单价（元）	设备数量
	封闭煤场建筑设备	项	480000	1.00
主要人工 材料机械 （每100m²）	名称	单位	单价（元）	数量
	建筑普通工	工日	34	3.590

指标编号				ZFT2-10-58
项目名称				封闭煤场照明、接地
指标单位				m²
	名称	单位	单价(元)	数量
主要人工 材料机械 (每100m²)	建筑技术工	工日	48	6.770
	型钢	t	3675.21	0.074
	钢筋	t	3504.27	
	机械当量	台班	1000	0.425

十、储煤筒仓照明、接地

指标编号			ZFT2-10-59	ZFT2-10-60	ZFT2-10-61	ZFT2-10-62	ZFT2-10-63
项目名称			储煤筒仓Ⅰ类地区	储煤筒仓Ⅱ类地区	储煤筒仓Ⅲ类地区	储煤筒仓Ⅳ类地区	储煤筒仓Ⅴ类地区
指标单位			座	座	座	座	座
基 价（元）			**674223.78**	**739294.34**	**787264.67**	**845809.92**	**831260.05**
其中	建筑设备购置费（元）		151800.00	132000.00	132000.00	151800.00	118800.00
	直接工程费（元）		522423.78	607294.34	655264.67	694009.92	712460.05
直接工程费其中	人工费（元）		133012.07	155410.90	168071.11	178296.66	183165.97
	材料费（元）		364642.90	425364.72	459685.76	487406.59	500606.99
	机械费（元）		24768.81	26518.72	27507.80	28306.67	28687.09
主要技术条件			综合储煤筒仓照明、接地安装专业设备、安装、调试	综合储煤筒仓照明、接地安装专业设备、安装、调试	综合储煤筒仓照明、接地安装专业设备、安装、调试	综合储煤筒仓照明、接地安装专业设备、安装、调试	综合储煤筒仓照明、接地安装专业设备、安装、调试
主要设备（项）	名称	单位	单价（元）	设备数量			
	储煤筒仓Ⅰ、Ⅳ类地区建筑设备	项	151800	1.00			1.00	
	储煤筒仓Ⅱ、Ⅲ类地区建筑设备	项	132000		1.00	1.00		
	储煤筒仓Ⅴ类地区建筑设备	项	118800					1.00

指标编号			ZFT2-10-59	ZFT2-10-60	ZFT2-10-61	ZFT2-10-62	ZFT2-10-63
项目名称			储煤筒仓 I 类地区	储煤筒仓 II 类地区	储煤筒仓 III 类地区	储煤筒仓 IV 类地区	储煤筒仓 V 类地区
指标单位			座	座	座	座	座
	名称	单位	单价(元)	数量			
主要人工材料机械	建筑普通工	工日	34	1255.331	1465.320	1584.010	1679.874	1725.524
	建筑技术工	工日	48	1878.299	2195.032	2374.055	2518.651	2587.506
	型钢	t	3675.21	49.459	57.024	61.299	64.753	66.398
	水泥	t	337.61	1.560	3.310	4.299	5.098	5.478
	砂子	m³	54.85	5.478	7.228	8.217	9.016	9.396
	钢筋	t	3504.27	0.121	0.121	0.121	0.121	0.121
	机械当量	台班	1000	24.769	26.519	27.508	28.307	28.687

十一、输煤栈桥建筑安装

指标编号			ZFT2-10-64	ZFT2-10-65	ZFT2-10-66	ZFT2-10-67	ZFT2-10-68
项目名称			Ⅰ类地区	Ⅱ类地区	Ⅲ类地区	Ⅳ类地区	Ⅴ类地区
指标单位			m	m	m	m	m
基 价（元）			**1099.25**	**1258.10**	**1355.13**	**1457.94**	**1452.96**
其中	建筑设备购置费（元）		172.50	150.00	150.00	172.50	135.00
	直接工程费（元）		926.75	1108.10	1205.13	1285.44	1317.96
直接工程费其中	人工费（元）		175.42	231.56	261.57	286.42	296.44
	材料费（元）		705.00	813.97	872.06	920.22	939.49
	机械费（元）		46.33	62.57	71.50	78.80	82.03
主要技术条件			综合输煤栈桥建筑配套安装专业安装、调试	综合输煤栈桥建筑配套安装专业安装、调试	综合输煤栈桥建筑配套安装专业安装、调试	综合输煤栈桥建筑配套安装专业安装、调试	综合输煤栈桥建筑配套安装专业安装、调试
主要设备（项）	名称	单位	单价(元)	设备数量			
	输煤栈桥Ⅰ、Ⅳ类地区建筑设备	项	3450	1.00			1.00
	输煤栈桥Ⅱ、Ⅲ类地区建筑设备	项	3000		1.00	1.00	
	输煤栈桥Ⅴ类地区建筑设备	项	2700					1.00

续表

指标编号			ZFT2-10-64	ZFT2-10-65	ZFT2-10-66	ZFT2-10-67	ZFT2-10-68
项目名称			Ⅰ类地区	Ⅱ类地区	Ⅲ类地区	Ⅳ类地区	Ⅴ类地区
指标单位			m	m	m	m	m
	名称	单位	单价(元)	数量			
主要人工材料机械（每100m）	建筑普通工	工日	34	164.310	217.880	246.760	270.580	280.450
	建筑技术工	工日	48	249.080	328.100	370.150	405.040	418.930
	型钢	t	3675.21	5.006	5.450	5.615	5.779	5.767
	水泥	t	337.61	0.270	0.560	0.730	0.870	0.930
	砂子	m³	54.85	0.310	0.510	0.630	0.720	0.760
	钢筋	t	3504.27	0.008	0.008	0.007	0.006	0.006
	机械当量	台班	1000	4.633	6.257	7.150	7.880	8.203

十二、转运站、碎煤机室建筑安装

指标编号			ZFT2-10-69	ZFT2-10-70	ZFT2-10-71	ZFT2-10-72	ZFT2-10-73
项目名称			I 类地区 地下	II 类地区 地下	III 类地区 地下	IV 类地区 地下	V 类地区 地下
指标单位			m³	m³	m³	m³	m³
基 价（元）			**75.50**	**74.12**	**75.81**	**82.39**	**74.24**
其中	建筑设备购置费（元）		38.88	33.81	33.81	38.88	30.43
	直接工程费（元）		36.62	40.31	42.00	43.51	43.81
直接工程费其中	人工费（元）		9.35	10.52	11.05	11.53	11.62
	材料费（元）		25.69	28.05	29.14	30.10	30.30
	机械费（元）		1.58	1.74	1.81	1.88	1.89
主要技术条件			综合转运站、碎煤机室建筑配套安装专业设备、安装、调试	综合转运站、碎煤机室建筑配套安装专业设备、安装、调试	综合转运站、碎煤机室建筑配套安装专业设备、安装、调试	综合转运站、碎煤机室建筑配套安装专业设备、安装、调试	综合转运站、碎煤机室建筑配套安装专业设备、安装、调试
主要设备（项）	名称	单位	单价(元)	设备数量			
	地下转运站 I、IV 类地区建筑设备	项	192050	1.00			1.00
	地下转运站 II、III 类地区建筑设备	项	167000		1.00	1.00	

指标编号			ZFT2-10-69	ZFT2-10-70	ZFT2-10-71	ZFT2-10-72	ZFT2-10-73
项目名称			I类地区　地下	II类地区　地下	III类地区　地下	IV类地区　地下	V类地区　地下
指标单位			m³	m³	m³	m³	m³
主要设备（项）	名称	单位	单价(元)	设备数量			
	地下转运站V类地区建筑设备	项	150300					1.00
主要人工材料机械（每1000m³）	名称	单位	单价(元)	数量			
	建筑普通工	工日	34	86.700	98.200	103.600	108.400	109.600
	建筑技术工	工日	48	133.100	149.400	156.700	163.200	164.300
	型钢	t	3675.21	2.796	2.896	2.893	2.911	2.856
	水泥	t	337.61	0.100	0.300	0.400	0.500	0.500
	砂子	m³	54.85	0.100	0.200	0.200	0.200	0.300
	钢筋	t	3504.27	0.030	0.027	0.025	0.023	0.021
	机械当量	台班	1000	1.580	1.740	1.810	1.880	1.890

指标编号			ZFT2-10-74	ZFT2-10-75	ZFT2-10-76	ZFT2-10-77	ZFT2-10-78
项目名称			Ⅰ类地区半地下	Ⅱ类地区半地下	Ⅲ类地区半地下	Ⅳ类地区半地下	Ⅴ类地区半地下
指标单位			m³	m³	m³	m³	m³
基 价（元）			**61.44**	**61.89**	**63.58**	**68.33**	**63.23**
其中	建筑设备购置费（元）		24.82	21.58	21.58	24.82	19.42
	直接工程费（元）		36.62	40.31	42.00	43.51	43.81
直接工程费其中	人工费（元）		9.35	10.52	11.05	11.53	11.62
	材料费（元）		25.69	28.05	29.14	30.10	30.30
	机械费（元）		1.58	1.74	1.81	1.88	1.89
主要技术条件			综合转运站、碎煤机室建筑配套安装专业设备、安装、调试	综合转运站、碎煤机室建筑配套安装专业设备、安装、调试	综合转运站、碎煤机室建筑配套安装专业设备、安装、调试	综合转运站、碎煤机室建筑配套安装专业设备、安装、调试	综合转运站、碎煤机室建筑配套安装专业设备、安装、调试
	名称	单位	单价(元)	设备数量			
主要设备（项）	半地下转运站Ⅰ、Ⅳ类地区建筑设备	项	192050	1.00			1.00
	半地下转运站Ⅱ、Ⅲ类地区建筑设备	项	167000		1.00	1.00	
	半地下转运站Ⅴ类地区建筑设备	项	150300					1.00

763

指标编号			ZFT2-10-74	ZFT2-10-75	ZFT2-10-76	ZFT2-10-77	ZFT2-10-78
项目名称			Ⅰ类地区半地下	Ⅱ类地区半地下	Ⅲ类地区半地下	Ⅳ类地区半地下	Ⅴ类地区半地下
指标单位			m³	m³	m³	m³	m³
	名称	单位	单价(元)	数量			
主要人工材料机械（每1000m³）	建筑普通工	工日	34	86.700	98.200	103.600	108.400	109.600
	建筑技术工	工日	48	133.100	149.400	156.700	163.200	164.300
	型钢	t	3675.21	2.796	2.896	2.893	2.911	2.856
	水泥	t	337.61	0.100	0.300	0.400	0.500	0.500
	砂子	m³	54.85	0.100	0.200	0.200	0.200	0.300
	钢筋	t	3504.27	0.030	0.027	0.025	0.023	0.021
	机械当量	台班	1000	1.580	1.740	1.810	1.880	1.890

指标编号			ZFT2-10-79	ZFT2-10-80	ZFT2-10-81	ZFT2-10-82	ZFT2-10-83
项目名称			I 类地区　地上	II 类地区　地上	III 类地区　地上	IV 类地区　地上	V 类地区　地上
指标单位			m³	m³	m³	m³	m³
基　　价（元）			**59.69**	**60.37**	**62.06**	**66.58**	**61.86**
其中	建筑设备购置费（元）		23.07	20.06	20.06	23.07	18.05
	直接工程费（元）		36.62	40.31	42.00	43.51	43.81
直接工程费其中	人工费（元）		9.35	10.52	11.05	11.53	11.62
	材料费（元）		25.69	28.05	29.14	30.10	30.30
	机械费（元）		1.58	1.74	1.81	1.88	1.89
主要技术条件			综合转运站、碎煤机室建筑配套安装专业设备、安装、调试	综合转运站、碎煤机室建筑配套安装专业设备、安装、调试	综合转运站、碎煤机室建筑配套安装专业设备、安装、调试	综合转运站、碎煤机室建筑配套安装专业设备、安装、调试	综合转运站、碎煤机室建筑配套安装专业设备、安装、调试
	名称	单位	单价(元)	设备数量			
主要设备（项）	地上转运站 I、IV 类地区建筑设备	项	238050	1.00			1.00
	地上转运站 II、III 类地区建筑设备	项	207000		1.00	1.00	
	地上转运站 V 类地区建筑设备	项	186300					1.00

续表

指标编号			ZFT2-10-79	ZFT2-10-80	ZFT2-10-81	ZFT2-10-82	ZFT2-10-83
项目名称			Ⅰ类地区　地上	Ⅱ类地区　地上	Ⅲ类地区　地上	Ⅳ类地区　地上	Ⅴ类地区　地上
指标单位			m³	m³	m³	m³	m³
主要人工材料机械（每1000 m³）	名称	单位	单价(元)	数量				
	建筑普通工	工日	34	86.700	98.200	103.600	108.400	109.600
	建筑技术工	工日	48	133.100	149.400	156.700	163.200	164.300
	型钢	t	3675.21	2.796	2.896	2.893	2.911	2.856
	水泥	t	337.61	0.100	0.300	0.400	0.500	0.500
	砂子	m³	54.85	0.100	0.200	0.200	0.200	0.300
	钢筋	t	3504.27	0.030	0.027	0.025	0.023	0.021
	机械当量	台班	1000	1.580	1.740	1.810	1.880	1.890

十三、灰库照明、接地

指标编号			ZFT2-10-84	ZFT2-10-85	ZFT2-10-86	ZFT2-10-87	ZFT2-10-88
项目名称			I 类地区灰库	II 类地区灰库	III 类地区灰库	IV 类地区灰库	V 类地区灰库
指标单位			座	座	座	座	座
基 价 （元）			**22836.01**	**47212.50**	**51561.15**	**55073.52**	**56746.09**
其中	建筑设备购置费（元）						
	直接工程费（元）		22836.01	47212.50	51561.15	55073.52	56746.09
直接工程费其中	人工费（元）		2733.65	6458.42	7434.96	8223.70	8599.30
	材料费（元）		19578.08	39576.83	42796.36	45396.75	46635.03
	机械费（元）		524.28	1177.25	1329.83	1453.07	1511.76
主要技术条件			综合灰库照明、接地安装专业安装、调试	综合灰库照明、接地安装专业安装、调试	综合灰库照明、接地安装专业安装、调试	综合灰库照明、接地安装专业安装、调试	综合灰库照明、接地安装专业安装、调试
	名称	单位	单价(元)	数量			
主要人工材料机械	建筑普通工	工日	34	30.060	68.217	77.372	84.766	88.288
	建筑技术工	工日	48	35.414	85.852	99.737	110.952	116.293
	型钢	t	3675.21	0.620	1.276	1.391	1.485	1.529

指标编号			ZFT2-10-84	ZFT2-10-85	ZFT2-10-86	ZFT2-10-87	ZFT2-10-88
项目名称			Ⅰ类地区灰库	Ⅱ类地区灰库	Ⅲ类地区灰库	Ⅳ类地区灰库	Ⅴ类地区灰库
指标单位			座	座	座	座	座
	名称	单位	单价(元)	数量			
主要人工材料机械	水泥	t	337.61	0.105	0.452	0.605	0.728	0.786
	钢筋	t	3504.27	0.002	0.003	0.003	0.003	0.003
	机械当量	台班	1000	0.524	1.177	1.330	1.453	1.512

十四、化学水处理室建筑安装

指标编号			ZFT2-10-89	ZFT2-10-90	ZFT2-10-91	ZFT2-10-92	ZFT2-10-93
项目名称			化学水处理室 I 类地区	化学水处理室 II 类地区	化学水处理室 III 类地区	化学水处理室 IV 类地区	化学水处理室 V 类地区
指标单位			m³	m³	m³	m³	m³
基　价（元）			**33.35**	**36.41**	**38.90**	**42.74**	**40.60**
其中	建筑设备购置费（元）		13.37	11.63	11.63	13.37	10.47
	直接工程费（元）		19.98	24.78	27.27	29.37	30.13
直接工程费其中	人工费（元）		6.08	7.31	7.88	8.38	8.49
	材料费（元）		13.39	16.84	18.69	20.23	20.86
	机械费（元）		0.51	0.63	0.70	0.76	0.78
主要技术条件			综合化学水处理室建筑配套安装专业设备、安装、调试	综合化学水处理室建筑配套安装专业设备、安装、调试	综合化学水处理室建筑配套安装专业设备、安装、调试	综合化学水处理室建筑配套安装专业设备、安装、调试	综合化学水处理室建筑配套安装专业设备、安装、调试
主要设备（项）	名称	单位	单价（元）		设备数量		
	化学水处理室 I、IV 类地区建筑设备	项	323150	1.00			1.00
	化学水处理室 II、III 类地区建筑设备	项	281000		1.00	1.00	

指标编号				ZFT2-10-89	ZFT2-10-90	ZFT2-10-91	ZFT2-10-92	ZFT2-10-93
项目名称				化学水处理室Ⅰ类地区	化学水处理室Ⅱ类地区	化学水处理室Ⅲ类地区	化学水处理室Ⅳ类地区	化学水处理室Ⅴ类地区
指标单位				m³	m³	m³	m³	m³
主要设备（项）	名称	单位	单价(元)	设备数量				
	化学水处理室Ⅴ类地区建筑设备	项	252900					1.00
主要人工材料机械（每1000 m³）	名称	单位	单价(元)	数量				
	建筑普通工	工日	34	55.200	67.300	73.100	78.200	79.500
	建筑技术工	工日	48	87.300	104.500	112.300	119.200	120.500
	型钢	t	3675.21	1.223	1.522	1.671	1.798	1.838
	水泥	t	337.61	0.300	0.500	0.600	0.700	0.700
	砂子	m³	54.85	0.200	0.300	0.300	0.400	0.400
	钢筋	t	3504.27	0.005	0.005	0.004	0.004	0.004
	机械当量	台班	1000	0.510	0.630	0.700	0.760	0.780

十五、循环水泵房建筑安装

指标编号		ZFT2-10-94	ZFT2-10-95	ZFT2-10-96	ZFT2-10-97	ZFT2-10-98
项目名称		Ⅰ类地区	Ⅱ类地区	Ⅲ类地区	Ⅳ类地区	Ⅴ类地区
指标单位		m³	m³	m³	m³	m³
基　价（元）		**29.56**	**28.55**	**28.95**	**31.50**	**27.94**
其中	建筑设备购置费（元）	16.41	14.27	14.27	16.41	12.84
	直接工程费（元）	13.15	14.28	14.68	15.09	15.10
直接工程费其中	人工费（元）	3.26	3.43	3.45	3.49	3.45
	材料费（元）	9.36	10.33	10.73	11.10	11.17
	机械费（元）	0.53	0.52	0.50	0.50	0.48
主要技术条件		综合循环水泵房建筑配套安装专业设备、安装、调试	综合循环水泵房建筑配套安装专业设备、安装、调试	综合循环水泵房建筑配套安装专业设备、安装、调试	综合循环水泵房建筑配套安装专业设备、安装、调试	综合循环水泵房建筑配套安装专业设备、安装、调试

主要设备（项）	名称	单位	单价(元)	设备数量				
	循环水泵房Ⅰ、Ⅳ类地区设备	项	279175	1.00			1.00	
	循环水泵房Ⅱ、Ⅲ类地区设备	项	242761		1.00	1.00		
	循环水泵房Ⅴ类地区设备	项	218485					1.00

指标编号			ZFT2-10-94	ZFT2-10-95	ZFT2-10-96	ZFT2-10-97	ZFT2-10-98
项目名称			Ⅰ类地区	Ⅱ类地区	Ⅲ类地区	Ⅳ类地区	Ⅴ类地区
指标单位			m³	m³	m³	m³	m³
	名称	单位	单价(元)	数量			
主要人工材料机械（每1000m³）	建筑普通工	工日	34	30.300	32.100	32.400	32.900	32.700
	建筑技术工	工日	48	46.600	48.800	48.900	49.300	48.700
	型钢	t	3675.21	0.962	0.958	0.925	0.908	0.876
	水泥	t	337.61	0.200	0.300	0.300	0.300	0.300
	砂子	m³	54.85	0.100	0.100	0.100	0.100	0.100
	钢筋	t	3504.27	0.004	0.004	0.004	0.004	0.003
	机械当量	台班	1000	0.530	0.520	0.500	0.500	0.480

十六、冷却塔照明、接地

指标编号				ZFT2-10-99	ZFT2-10-100	ZFT2-10-101	ZFT2-10-102	ZFT2-10-103	ZFT2-10-104
项目名称				水塔淋水面积 7000m² 以内	水塔淋水面积 7000m² 以外	间冷塔零米外 直径 100m 以内	间冷塔零米外 直径 100m 以外	机力通风塔 平面 15m×15m 以内	机力通风塔 平面 20m×20m 以内
指标单位				座	座	座	座	段	段
基 价（元）				**96469.80**	**165376.80**	**206721.00**	**248065.20**	**3100.83**	**5512.56**
其中	建筑设备购置费（元）								
	直接工程费（元）			96469.80	165376.80	206721.00	248065.20	3100.83	5512.56
直接工程费其中	人工费（元）			9373.00	16068.00	20085.00	24102.00	301.28	535.60
	材料费（元）			84068.60	144117.60	180147.00	216176.40	2702.21	4803.92
	机械费（元）			3028.20	5191.20	6489.00	7786.80	97.34	173.04
主要技术条件				综合冷却塔照明、接地安装专业安装、调试	综合冷却塔照明、接地安装专业安装、调试	综合冷却塔照明、接地安装专业安装、调试	综合冷却塔照明、接地安装专业安装、调试	综合冷却塔照明、接地安装专业安装、调试	综合冷却塔照明、接地安装专业安装、调试
主要人工材料机械	名称	单位	单价(元)	数量					
	建筑普通工	工日	34	98.056	168.096	210.120	252.144	3.152	5.603
	建筑技术工	工日	48	126.175	216.300	270.375	324.450	4.056	7.210

指标编号			ZFT2-10-99	ZFT2-10-100	ZFT2-10-101	ZFT2-10-102	ZFT2-10-103	ZFT2-10-104
项目名称			水塔淋水面积7000m² 以内	水塔淋水面积7000m² 以外	间冷塔零米外直径100m 以内	间冷塔零米外直径100m 以外	机力通风塔平面15m×15m以内	机力通风塔平面20m×20m以内
指标单位			座	座	座	座	段	段
	名称	单位	单价(元)	数量				
主要人工材料机械	型钢	t	3675.21	2.160	3.703	4.629	5.555	0.069	0.123
	钢筋	t	3504.27	0.070	0.120	0.150	0.180	0.002	0.004
	机械当量	台班	1000	3.028	5.191	6.489	7.787	0.097	0.173

十七、保护室建筑安装

指标编号			ZFT2-10-105	ZFT2-10-106	ZFT2-10-107	ZFT2-10-108	ZFT2-10-109
项目名称			Ⅰ类地区	Ⅱ类地区	Ⅲ类地区	Ⅳ类地区	Ⅴ类地区
指标单位			m³	m³	m³	m³	m³
基　价（元）			**303.27**	**269.32**	**270.43**	**307.99**	**247.19**
其中	建筑设备购置费（元）		280.14	243.60	243.60	280.14	219.24
	直接工程费（元）		23.13	25.72	26.83	27.85	27.95
直接工程费其中	人工费（元）		7.01	7.67	7.86	8.08	7.99
	材料费（元）		15.35	17.20	18.08	18.85	19.04
	机械费（元）		0.77	0.85	0.89	0.92	0.92
主要技术条件			综合保护室建筑配套安装专业设备、安装、调试	综合保护室建筑配套安装专业设备、安装、调试	综合保护室建筑配套安装专业设备、安装、调试	综合保护室建筑配套安装专业设备、安装、调试	综合保护室建筑配套安装专业设备、安装、调试
主要设备（项）	名称	单位	单价(元)	设备数量			
	保护室Ⅰ、Ⅳ类地区建筑设备	项	1640220	1.00			1.00
	保护室Ⅱ、Ⅲ类地区建筑设备	项	1426278		1.00	1.00	
	保护室Ⅴ类地区建筑设备	项	1283650				1.00

指标编号			ZFT2-10-105	ZFT2-10-106	ZFT2-10-107	ZFT2-10-108	ZFT2-10-109
项目名称			Ⅰ类地区	Ⅱ类地区	Ⅲ类地区	Ⅳ类地区	Ⅴ类地区
指标单位			m^3	m^3	m^3	m^3	m^3
	名称	单位	单价(元)	数量			
主要人工材料机械（每1000 m^3）	建筑普通工	工日	34	64.700	71.500	73.900	76.300	75.900
	建筑技术工	工日	48	100.100	109.000	111.200	114.000	112.500
	型钢	t	3675.21	1.487	1.637	1.686	1.739	1.727
	水泥	t	337.61	0.100	0.200	0.300	0.400	0.400
	砂子	m^3	54.85		0.100	0.100	0.100	0.100
	钢筋	t	3504.27	0.004	0.004	0.004	0.003	0.003
	机械当量	台班	1000	0.770	0.850	0.890	0.920	0.920

十八、网络继电器楼建筑安装

指标编号			ZFT2-10-110	ZFT2-10-111	ZFT2-10-112	ZFT2-10-113	ZFT2-10-114
项目名称			Ⅰ类地区	Ⅱ类地区	Ⅲ类地区	Ⅳ类地区	Ⅴ类地区
指标单位			m³	m³	m³	m³	m³
基　价（元）			**89.03**	**82.94**	**82.29**	**88.41**	**76.87**
其中	建筑设备购置费（元）		48.76	42.40	42.40	48.76	38.16
	直接工程费（元）		40.27	40.54	39.89	39.65	38.71
直接工程费其中	人工费（元）		11.75	11.48	10.99	10.71	10.23
	材料费（元）		27.42	27.95	27.81	27.85	27.42
	机械费（元）		1.10	1.11	1.09	1.09	1.06
主要技术条件			综合网络继电器楼建筑配套安装专业设备、安装、调试	综合网络继电器楼建筑配套安装专业设备、安装、调试	综合网络继电器楼建筑配套安装专业设备、安装、调试	综合网络继电器楼建筑配套安装专业设备、安装、调试	综合网络继电器楼建筑配套安装专业设备、安装、调试
	名称	单位	单价(元)	设备数量			
主要设备（项）	网络继电器楼Ⅰ、Ⅳ类地区建筑设备	项	395931	1.00			1.00
	网络继电器楼Ⅱ、Ⅲ类地区建筑设备	项	344288		1.00	1.00	

指标编号			ZFT2-10-110	ZFT2-10-111	ZFT2-10-112	ZFT2-10-113	ZFT2-10-114
项目名称			Ⅰ类地区	Ⅱ类地区	Ⅲ类地区	Ⅳ类地区	Ⅴ类地区
指标单位			m³	m³	m³	m³	m³
主要设备（项）	名称	单位	单价(元)	设备数量			
	网络继电器楼Ⅴ类地区建筑设备	项	309859				1.00
主要人工材料机械（每1000 m³）	名称	单位	单价(元)	数量			
	建筑普通工	工日	34	109.100	107.400	103.500	101.400	97.400
	建筑技术工	工日	48	167.400	163.100	155.600	151.400	144.100
	型钢	t	3675.21	3.179	3.112	2.988	2.917	2.793
	水泥	t	337.61	0.700	0.700	0.700	0.700	0.700
	砂子	m³	54.85	0.300	0.300	0.300	0.300	0.300
	钢筋	t	3504.27	0.020	0.018	0.016	0.015	0.013
	机械当量	台班	1000	1.100	1.110	1.090	1.090	1.060

十九、配电装置室建筑安装

指标编号			ZFT2-10-115	ZFT2-10-116	ZFT2-10-117	ZFT2-10-118	ZFT2-10-119
项目名称			Ⅰ类地区	Ⅱ类地区	Ⅲ类地区	Ⅳ类地区	Ⅴ类地区
指标单位			m³	m³	m³	m³	m³
基 价（元）			**188.26**	**168.08**	**168.92**	**191.65**	**155.21**
其中	建筑设备购置费（元）		168.48	146.50	146.50	168.48	131.85
	直接工程费（元）		19.78	21.58	22.42	23.17	23.36
直接工程费其中	人工费（元）		4.63	4.87	4.88	4.94	4.84
	材料费（元）		14.67	16.17	16.97	17.64	17.92
	机械费（元）		0.48	0.54	0.57	0.59	0.60
主要技术条件			综合配电装置室建筑配套安装专业设备、安装、调试	综合配电装置室建筑配套安装专业设备、安装、调试	综合配电装置室建筑配套安装专业设备、安装、调试	综合配电装置室建筑配套安装专业设备、安装、调试	综合配电装置室建筑配套安装专业设备、安装、调试
主要设备（项）	名称	单位	单价(元)	设备数量			
	配电装置室Ⅰ、Ⅳ类地区建筑设备	项	2736789	1.00			1.00
	配电装置室Ⅱ、Ⅲ类地区建筑设备	项	2379746		1.00	1.00	

779

指标编号			ZFT2-10-115	ZFT2-10-116	ZFT2-10-117	ZFT2-10-118	ZFT2-10-119
项目名称			Ⅰ类地区	Ⅱ类地区	Ⅲ类地区	Ⅳ类地区	Ⅴ类地区
指标单位			m³	m³	m³	m³	m³
主要设备（项）	名称	单位	单价(元)	设备数量			
	配电装置室Ⅴ类地区建筑设备	项	2141771				1.00
主要人工材料机械（每1000 m³）	名称	单位	单价(元)	数量			
	建筑普通工	工日	34	42.700	45.400	45.900	46.700	46.100
	建筑技术工	工日	48	66.300	69.400	69.300	69.900	68.300
	型钢	t	3675.21	0.708	0.821	0.877	0.925	0.941
	钢筋	t	3504.27	0.004	0.004	0.003	0.003	0.003
	机械当量	台班	1000	0.480	0.540	0.570	0.590	0.600

二十、电缆隧道照明、接地

指标编号			ZFT2-10-120	
项目名称			半通行隧道	
指标单位			m	
基　价（元）			**119.53**	
其中	建筑设备购置费（元）			
	直接工程费（元）		119.53	
直接工程费 其中	人工费（元）		14.08	
	材料费（元）		103.19	
	机械费（元）		2.26	
主要技术条件			综合隧道照明、接地安装专业安装、 调试	
主要人工 材料机械 （每100m）	名称	单位	单价(元)	数量
	建筑普通工	工日	34	16.880
	建筑技术工	工日	48	17.380
	型钢	t	3675.21	0.267

续表

指标编号				ZFT2-10-120
项目名称				半通行隧道
指标单位				m
	名称	单位	单价(元)	数量
主要人工材料机械（每100m）	钢筋	t	3504.27	0.001
	机械当量	台班	1000	0.226

二十一、启动锅炉房建筑安装

指标编号			ZFT2-10-121	ZFT2-10-122	ZFT2-10-123	ZFT2-10-124	ZFT2-10-125
项目名称			燃油启动锅炉房Ⅰ类地区	燃油启动锅炉房Ⅱ类地区	燃油启动锅炉房Ⅲ类地区	燃油启动锅炉房Ⅳ类地区	燃油启动锅炉房Ⅴ类地区
指标单位			m^3	m^3	m^3	m^3	m^3
基　　价（元）			**26.86**	**28.98**	**30.65**	**33.11**	**31.84**
其中	建筑设备购置费（元）		8.19	7.12	7.12	8.19	6.41
	直接工程费（元）		18.67	21.86	23.53	24.92	25.43
直接工程费其中	人工费（元）		4.53	5.97	6.72	7.34	7.56
	材料费（元）		12.54	13.93	14.65	15.25	15.47
	机械费（元）		1.60	1.96	2.16	2.33	2.40
主要技术条件			综合启动锅炉房建筑配套安装专业设备、安装、调试	综合启动锅炉房建筑配套安装专业设备、安装、调试	综合启动锅炉房建筑配套安装专业设备、安装、调试	综合启动锅炉房建筑配套安装专业设备、安装、调试	综合启动锅炉房建筑配套安装专业设备、安装、调试
主要设备（项）	名称	单位	单价（元）	设备数量			
	燃油启动锅炉房Ⅰ、Ⅳ类地区设备	项	27384	1.00			1.00
	燃油启动锅炉房Ⅱ、Ⅲ类地区设备	项	23812		1.00	1.00	

续表

指标编号			ZFT2-10-121	ZFT2-10-122	ZFT2-10-123	ZFT2-10-124	ZFT2-10-125
项目名称			燃油启动锅炉房 I类地区	燃油启动锅炉房 II类地区	燃油启动锅炉房 III类地区	燃油启动锅炉房 IV类地区	燃油启动锅炉房 V类地区
指标单位			m^3	m^3	m^3	m^3	m^3
主要设备（项）	名称	单位	单价（元）	设备数量			
	燃油启动锅炉房 V类地区设备	项	21431				1.00
主要人工材料机械（每1000 m^3）	名称	单位	单价（元）	数量			
	建筑普通工	工日	34	39.200	53.000	60.300	66.300	68.600
	建筑技术工	工日	48	66.700	86.900	97.200	106.000	109.000
	型钢	t	3675.21	0.593	0.578	0.552	0.538	0.514
	水泥	t	337.61		0.100	0.100	0.100	0.100
	钢筋	t	3504.27	0.004	0.004	0.004	0.004	0.003
	机械当量	台班	1000	1.600	1.960	2.160	2.330	2.400

指标编号	ZFT2-10-126	ZFT2-10-127	ZFT2-10-128	ZFT2-10-129	ZFT2-10-130
项目名称	燃煤启动锅炉房 I 类地区	燃煤启动锅炉房 II 类地区	燃煤启动锅炉房 III 类地区	燃煤启动锅炉房 IV 类地区	燃煤启动锅炉房 V 类地区
指标单位	m³	m³	m³	m³	m³
基　　价（元）	**21.72**	**24.13**	**26.18**	**27.97**	**27.82**

其中	建筑设备购置费（元）	3.05	2.65	2.65	3.05	2.39
	直接工程费（元）	18.67	21.48	23.53	24.92	25.43
直接工程费其中	人工费（元）	4.53	5.80	6.72	7.34	7.56
	材料费（元）	12.54	13.76	14.65	15.25	15.47
	机械费（元）	1.60	1.92	2.16	2.33	2.40

主要技术条件	综合启动锅炉房建筑配套安装专业设备、安装、调试	综合启动锅炉房建筑配套安装专业设备、安装、调试	综合启动锅炉房建筑配套安装专业设备、安装、调试	综合启动锅炉房建筑配套安装专业设备、安装、调试	综合启动锅炉房建筑配套安装专业设备、安装、调试

主要设备（项）	名称	单位	单价(元)	设备数量				
	燃煤启动锅炉房 I、IV 类地区设备	项	45658	1.00			1.00	
	燃煤启动锅炉房 II、III 类地区设备	项	39703		1.00	1.00		
	燃煤启动锅炉房 V 类地区设备	项	35733					1.00

指标编号			ZFT2-10-126	ZFT2-10-127	ZFT2-10-128	ZFT2-10-129	ZFT2-10-130
项目名称			燃煤启动锅炉房Ⅰ类地区	燃煤启动锅炉房Ⅱ类地区	燃煤启动锅炉房Ⅲ类地区	燃煤启动锅炉房Ⅳ类地区	燃煤启动锅炉房Ⅴ类地区
指标单位			m³	m³	m³	m³	m³
	名称	单位	单价(元)	数量				
主要人工材料机械（每1000 m³）	建筑普通工	工日	34	39.200	51.300	60.300	66.300	68.600
	建筑技术工	工日	48	66.700	84.400	97.200	106.000	109.000
	型钢	t	3675.21	0.593	0.574	0.552	0.538	0.514
	水泥	t	337.61		0.100	0.100	0.100	0.100
	钢筋	t	3504.27	0.004	0.004	0.004	0.004	0.003
	机械当量	台班	1000	1.600	1.920	2.160	2.330	2.400

二十二、生产综合楼建筑安装

指标编号	ZFT2-10-131	ZFT2-10-132	ZFT2-10-133	ZFT2-10-134	ZFT2-10-135
项目名称	Ⅰ类地区	Ⅱ类地区	Ⅲ类地区	Ⅳ类地区	Ⅴ类地区
指标单位	m²	m²	m²	m²	m²
基 价 （元）	592.30	550.92	553.95	617.07	516.56
其中 建筑设备购置费（元）	460.00	400.00	400.00	460.00	360.00
其中 直接工程费（元）	132.30	150.92	153.95	157.07	156.56
直接工程费其中 人工费（元）	27.33	32.93	32.86	33.09	32.34
直接工程费其中 材料费（元）	101.59	113.93	117.08	119.97	120.33
直接工程费其中 机械费（元）	3.38	4.06	4.01	4.01	3.89
主要技术条件	综合生产综合楼建筑配套安装专业设备、安装、调试	综合生产综合楼建筑配套安装专业设备、安装、调试	综合生产综合楼建筑配套安装专业设备、安装、调试	综合生产综合楼建筑配套安装专业设备、安装、调试	综合生产综合楼建筑配套安装专业设备、安装、调试

主要设备（m²）	名称	单位	单价（元）	设备数量				
	办公楼Ⅰ、Ⅳ类地区建设设备	m²	460	1.00			1.00	
	办公楼Ⅱ、Ⅲ类地区建设设备	m²	400		1.00	1.00		
	办公楼Ⅴ类地区建设设备	m²	360					1.00

续表

指标编号			ZFT2-10-131	ZFT2-10-132	ZFT2-10-133	ZFT2-10-134	ZFT2-10-135
项目名称			Ⅰ类地区	Ⅱ类地区	Ⅲ类地区	Ⅳ类地区	Ⅴ类地区
指标单位			m^2	m^2	m^2	m^2	m^2
名称	单位	单价(元)			数量		
主要人工材料机械（每1000 m^2） 建筑普通工	工日	34	25.380	30.390	30.590	30.990	30.480
建筑技术工	工日	48	38.980	47.100	46.800	47.010	45.810
型钢	t	3675.21	0.755	0.892	0.874	0.868	0.840
水泥	t	337.61	0.080	0.110	0.130	0.150	0.160
砂子	m^3	54.85	0.030	0.050	0.060	0.070	0.070
钢筋	t	3504.27	0.004	0.004	0.004	0.004	0.003
机械当量	台班	1000	0.338	0.406	0.401	0.401	0.389

二十三、其他生活建筑物建筑安装

指标编号			ZFT2-10-136	ZFT2-10-137	ZFT2-10-138	ZFT2-10-139	ZFT2-10-140
项目名称			其他生活建筑物 I 类地区	其他生活建筑物 II 类地区	其他生活建筑物 III 类地区	其他生活建筑物 IV 类地区	其他生活建筑物 V 类地区
指标单位			m^2	m^2	m^2	m^2	m^2
基　价（元）			**480.39**	**446.65**	**452.03**	**501.71**	**392.91**
其中	建筑设备购置费（元）		320.00	275.00	275.00	320.00	210.00
	直接工程费（元）		160.39	171.65	177.03	181.71	182.91
直接工程费其中	人工费（元）		32.92	35.54	36.67	37.70	37.83
	材料费（元）		124.47	133.10	137.38	141.05	142.17
	机械费（元）		3.00	3.01	2.98	2.96	2.91
主要技术条件			综合其他生活建筑物配套安装专业设备、安装、调试	综合其他生活建筑物配套安装专业设备、安装、调试	综合其他生活建筑物配套安装专业设备、安装、调试	综合其他生活建筑物配套安装专业设备、安装、调试	综合其他生活建筑物配套安装专业设备、安装、调试
主要设备（m^2）	名称	单位	单价(元)	设备数量			
	其他生活建筑物 I 、IV 类地区建筑设备	m^2	320	1.00			1.00
	其他生活建筑物 II 、III 类地区建筑设备	m^2	275		1.00	1.00	

续表

指标编号				ZFT2-10-136	ZFT2-10-137	ZFT2-10-138	ZFT2-10-139	ZFT2-10-140
项目名称				其他生活建筑物Ⅰ类地区	其他生活建筑物Ⅱ类地区	其他生活建筑物Ⅲ类地区	其他生活建筑物Ⅳ类地区	其他生活建筑物Ⅴ类地区
指标单位				m²	m²	m²	m²	m²
主要设备（m²）	名称	单位	单价(元)	设备数量				
	其他生活建筑物Ⅴ类地区建筑设备	m²	210					1.00
主要人工材料机械（每1000 m²）	名称	单位	单价(元)	数量				
	建筑普通工	工日	34	34.220	36.810	38.000	39.050	39.260
	建筑技术工	工日	48	44.320	47.940	49.460	50.870	51.000
	型钢	t	3675.21	0.869	0.867	0.852	0.845	0.826
	水泥	t	337.61	0.060	0.090	0.110	0.130	0.140
	砂子	m³	54.85	0.030	0.040	0.050	0.060	0.060
	钢筋	t	3504.27	0.003	0.003	0.003	0.003	0.002
	机械当量	台班	1000	0.300	0.301	0.298	0.296	0.291

二十四、其他生产建筑物建筑安装

指标编号			ZFT2-10-141	ZFT2-10-142	ZFT2-10-143	ZFT2-10-144	ZFT2-10-145
项目名称			其他生产建筑物 Ⅰ类地区	其他生产建筑物 Ⅱ类地区	其他生产建筑物 Ⅲ类地区	其他生产建筑物 Ⅳ类地区	其他生产建筑物 Ⅴ类地区
指标单位			m³	m³	m³	m³	m³
基　价（元）			**37.09**	**37.15**	**38.35**	**41.87**	**38.02**
其中	建筑设备购置费（元）		18.91	16.44	16.44	18.91	14.80
	直接工程费（元）		18.18	20.71	21.91	22.96	23.22
直接工程费其中	人工费（元）		4.98	5.58	5.81	6.03	6.03
	材料费（元）		12.47	14.36	15.32	16.13	16.40
	机械费（元）		0.73	0.77	0.78	0.80	0.79
主要技术条件			综合其他生产建筑物配套安装专业设备、安装、调试	综合其他生产建筑物配套安装专业设备、安装、调试	综合其他生产建筑物配套安装专业设备、安装、调试	综合其他生产建筑物配套安装专业设备、安装、调试	综合其他生产建筑物配套安装专业设备、安装、调试
主要设备（项）	名称	单位	单价(元)	设备数量			
	其他生产建筑物Ⅰ、Ⅳ类地区建筑设备	项	60950	1.00			1.00
	其他生产建筑物Ⅱ、Ⅲ类地区建筑设备	项	53000		1.00	1.00	

791

续表

指标编号				ZFT2-10-141	ZFT2-10-142	ZFT2-10-143	ZFT2-10-144	ZFT2-10-145
项目名称				其他生产建筑物Ⅰ类地区	其他生产建筑物Ⅱ类地区	其他生产建筑物Ⅲ类地区	其他生产建筑物Ⅳ类地区	其他生产建筑物Ⅴ类地区
指标单位				m³	m³	m³	m³	m³
主要设备（项）	名称	单位	单价(元)	设备数量				
	其他生产建筑物Ⅴ类地区建筑设备	项	47700					1.00
主要人工材料机械（每1000 m³）	名称	单位	单价(元)	数量				
	建筑普通工	工日	34	45.100	51.100	53.700	56.000	56.300
	建筑技术工	工日	48	71.500	79.700	82.700	85.700	85.500
	型钢	t	3675.21	1.196	1.268	1.284	1.305	1.290
	水泥	t	337.61	0.100	0.200	0.200	0.200	0.200
	砂子	m³	54.85		0.100	0.100	0.100	0.100
	钢筋	t	3504.27	0.008	0.007	0.006	0.006	0.005
	机械当量	台班	1000	0.730	0.770	0.780	0.800	0.790

二十五、集中采暖、制冷站建筑设备安装

指标编号			ZFT2-10-146	ZFT2-10-147	ZFT2-10-148	ZFT2-10-149	ZFT2-10-150
项目名称			1000MW 机组 I 类地区	1000MW 机组 II 类地区	1000MW 机组 III 类地区	1000MW 机组 IV 类地区	1000MW 机组 V 类地区
指标单位			套	套	套	套	套
基 价（元）			**7133490.94**	**6203035.60**	**6203035.60**	**7133490.94**	**5582732.04**
其中	建筑设备购置费（元）		6718300.00	5842000.00	5842000.00	6718300.00	5257800.00
	直接工程费（元）		415190.94	361035.60	361035.60	415190.94	324932.04
直接工程费其中	人工费（元）		166076.17	144414.24	144414.24	166076.17	129972.61
	材料费（元）		186835.82	162466.02	162466.02	186835.82	146219.83
	机械费（元）		62278.95	54155.34	54155.34	62278.95	48739.60
主要技术条件			采暖设备、制冷设备安装、调试	采暖设备、制冷设备安装、调试	采暖设备、制冷设备安装、调试	采暖设备、制冷设备安装、调试	采暖设备、制冷设备安装、调试
主要设备	名称	单位	单价（元）	设备数量			
	1000MW 级机组 I、IV 类地区集中采暖、制冷加热站设备	项	6718300	1.00			1.00
	1000MW 级机组 II、III 类地区集中采暖、制冷加热站设备	项	5842000		1.00	1.00	

续表

指标编号				ZFT2-10-146	ZFT2-10-147	ZFT2-10-148	ZFT2-10-149	ZFT2-10-150
项目名称				1000MW 机组 Ⅰ类地区	1000MW 机组 Ⅱ类地区	1000MW 机组 Ⅲ类地区	1000MW 机组 Ⅳ类地区	1000MW 机组 Ⅴ类地区
指标单位				套	套	套	套	套
	名称	单位	单价(元)	设备数量				
主要设备	1000MW 级机组 Ⅴ类地区集中采暖、制冷加热站设备	项	5257800					1.00
	名称	单位	单价(元)	数量				
主要人工材料机械	建筑普通工	工日	34	2930.756	2548.487	2548.487	2930.756	2293.634
	建筑技术工	工日	48	1383.968	1203.452	1203.452	1383.968	1083.105
	机械当量	台班	1000	62.279	54.155	54.155	62.279	48.740

指标编号			ZFT2-10-151	ZFT2-10-152	ZFT2-10-153	ZFT2-10-154	ZFT2-10-155
项目名称			600MW 机组 I 类地区	600MW 机组 II 类地区	600MW 机组 III 类地区	600MW 机组 IV 类地区	600MW 机组 V 类地区
指标单位			套	套	套	套	套
基　价（元）			**2606984.45**	**2266943.00**	**2266943.00**	**2606984.45**	**2040248.71**
其中	建筑设备购置费（元）		2455250.00	2135000.00	2135000.00	2455250.00	1921500.00
	直接工程费（元）		151734.45	131943.00	131943.00	151734.45	118748.71
直接工程费其中	人工费（元）		60693.78	52777.20	52777.20	60693.78	47499.48
	材料费（元）		68280.50	59374.35	59374.35	68280.50	53436.92
	机械费（元）		22760.17	19791.45	19791.45	22760.17	17812.31
主要技术条件			采暖设备、制冷设备安装、调试	采暖设备、制冷设备安装、调试	采暖设备、制冷设备安装、调试	采暖设备、制冷设备安装、调试	采暖设备、制冷设备安装、调试
	名称	单位	单价(元)	设备数量			
主要设备	600MW 级机组集中采暖、制冷站 I 、IV 类地区建筑设备	项	2455250	1.00			1.00
	600MW 级机组集中采暖、制冷站 II 、III 类地区建筑设备	项	2135000		1.00	1.00	

续表

指标编号				ZFT2-10-151	ZFT2-10-152	ZFT2-10-153	ZFT2-10-154	ZFT2-10-155
项目名称				600MW 机组 I 类地区	600MW 机组 II 类地区	600MW 机组 III 类地区	600MW 机组 IV 类地区	600MW 机组 V 类地区
指标单位				套	套	套	套	套
主要设备	名称	单位	单价(元)	设备数量				
	600MW 级机组集中采暖、制冷站 V 类地区建筑设备	项	1921500					1.00
主要人工材料机械	名称	单位	单价(元)	数量				
	建筑普通工	工日	34	1071.067	931.362	931.362	1071.067	838.226
	建筑技术工	工日	48	505.781	439.810	439.810	505.781	395.829
	机械当量	台班	1000	22.760	19.791	19.791	22.760	17.812

指标编号			ZFT2-10-156	ZFT2-10-157	ZFT2-10-158	ZFT2-10-159	ZFT2-10-160
项目名称			300MW 机组 I 类地区	300MW 机组 II 类地区	300MW 机组 III 类地区	300MW 机组 IV 类地区	300MW 机组 V 类地区
指标单位			套	套	套	套	套
基 价（元）			**4454098.91**	**3873129.48**	**3873129.48**	**4454098.91**	**3485816.53**
其中	建筑设备购置费（元）		4161390.00	3618600.00	3618600.00	4161390.00	3256740.00
	直接工程费（元）		292708.91	254529.48	254529.48	292708.91	229076.53
直接工程费其中	人工费（元）		117083.56	101811.79	101811.79	117083.56	91630.61
	材料费（元）		131719.01	114538.27	114538.27	131719.01	103084.44
	机械费（元）		43906.34	38179.42	38179.42	43906.34	34361.48
主要技术条件			采暖设备、制冷设备安装、调试	采暖设备、制冷设备安装、调试	采暖设备、制冷设备安装、调试	采暖设备、制冷设备安装、调试	采暖设备、制冷设备安装、调试
	名称	单位	单价(元)	设备数量			
主要设备	300MW 级机组集中采暖、制冷站 I、IV 类地区建筑设备	项	4161390	1.00			1.00
	300MW 级机组集中采暖、制冷站 II、III 类地区建筑设备	项	3618600		1.00	1.00	

续表

指标编号			ZFT2-10-156	ZFT2-10-157	ZFT2-10-158	ZFT2-10-159	ZFT2-10-160
项目名称			300MW 机组 I 类地区	300MW 机组 II 类地区	300MW 机组 III 类地区	300MW 机组 IV 类地区	300MW 机组 V 类地区
指标单位			套	套	套	套	套
主要设备	名称	单位	单价(元)	设备数量			
	300MW 级机组集中采暖、制冷站 V 类地区建筑设备	项	3256740				1.00
主要人工材料机械	名称	单位	单价(元)	数量			
	建筑普通工	工日	34	2066.180	1796.679	1796.679	2066.180	1617.011
	建筑技术工	工日	48	975.696	848.432	848.432	975.696	763.588
	机械当量	台班	1000	43.906	38.179	38.179	43.906	34.361

指标编号			ZFT2-10-161	ZFT2-10-162	ZFT2-10-163	ZFT2-10-164	ZFT2-10-165
项目名称			F级燃机 Ⅰ类地区	F级燃机 Ⅱ类地区	F级燃机 Ⅲ类地区	F级燃机 Ⅳ类地区	F级燃机 Ⅴ类地区
指标单位			套	套	套	套	套
基 价（元）			**3716300.00**	**3227872.00**	**3227872.00**	**3716300.00**	**2905632.00**
其中	建筑设备购置费（元）		3500000.00	3040000.00	3040000.00	3500000.00	2736000.00
	直接工程费（元）		216300.00	187872.00	187872.00	216300.00	169632.00
直接工程费其中	人工费（元）		86520.00	75148.80	75148.80	86520.00	67852.80
	材料费（元）		97335.00	84542.40	84542.40	97335.00	76334.40
	机械费（元）		32445.00	28180.80	28180.80	32445.00	25444.80
主要技术条件			采暖设备、制冷设备安装、调试	采暖设备、制冷设备安装、调试	采暖设备、制冷设备安装、调试	采暖设备、制冷设备安装、调试	采暖设备、制冷设备安装、调试
	名称	单位	单价(元)	设备数量			
主要设备	F级燃机Ⅰ、Ⅳ类地区集中采暖、制冷站建筑设备	项	3500000	1.00			1.00	
	F级燃机Ⅱ、Ⅲ类地区集中采暖、制冷站建筑设备	项	3040000		1.00	1.00		
	F级燃机Ⅴ类地区集中采暖、制冷站建筑设备	项	2736000					1.00

指标编号				ZFT2-10-161	ZFT2-10-162	ZFT2-10-163	ZFT2-10-164	ZFT2-10-165
项目名称				F级燃机 Ⅰ类地区	F级燃机 Ⅱ类地区	F级燃机 Ⅲ类地区	F级燃机 Ⅳ类地区	F级燃机 Ⅴ类地区
指标单位				套	套	套	套	套
主要人工材料机械	名称	单位	单价(元)	数量				
	建筑普通工	工日	34	1526.824	1326.155	1326.155	1526.824	1197.402
	建筑技术工	工日	48	721.000	626.240	626.240	721.000	565.440
	机械当量	台班	1000	32.445	28.181	28.181	32.445	25.445

指标编号			ZFT2-10-166	ZFT2-10-167	ZFT2-10-168	ZFT2-10-169	ZFT2-10-170
项目名称			E级燃机I类地区	E级燃机II类地区	E级燃机III类地区	E级燃机IV类地区	E级燃机V类地区
指标单位			套	套	套	套	套
基 价（元）			**1805060.00**	**1571464.00**	**1571464.00**	**1805060.00**	**1414317.60**
其中	建筑设备购置费（元）		1700000.00	1480000.00	1480000.00	1700000.00	1332000.00
	直接工程费（元）		105060.00	91464.00	91464.00	105060.00	82317.60
直接工程费其中	人工费（元）		42024.00	36585.60	36585.60	42024.00	32927.04
	材料费（元）		47277.00	41158.80	41158.80	47277.00	37042.92
	机械费（元）		15759.00	13719.60	13719.60	15759.00	12347.64
主要技术条件			采暖设备、制冷设备安装、调试	采暖设备、制冷设备安装、调试	采暖设备、制冷设备安装、调试	采暖设备、制冷设备安装、调试	采暖设备、制冷设备安装、调试
	名称	单位	单价(元)	设备数量			
主要设备	E级燃机I、IV类地区集中采暖、制冷站建筑设备	项	1700000	1.00			1.00
	E级燃机II、III类地区集中采暖、制冷站建筑设备	项	1480000		1.00	1.00	
	E级燃机V类地区集中采暖、制冷站建筑设备	项	1332000					1.00

指标编号			ZFT2-10-166	ZFT2-10-167	ZFT2-10-168	ZFT2-10-169	ZFT2-10-170
项目名称			E级燃机 I类地区	E级燃机 II类地区	E级燃机 III类地区	E级燃机 IV类地区	E级燃机 V类地区
指标单位			套	套	套	套	套
主要人工材料机械	名称	单位	单价(元)	数量				
	建筑普通工	工日	34	741.600	645.628	645.628	741.600	581.065
	建筑技术工	工日	48	350.200	304.880	304.880	350.200	274.392
	机械当量	台班	1000	15.759	13.720	13.720	15.759	12.348

第十一章 临 时 工 程

说明

一、本章内容包括施工用电、施工用水、施工道路、施工通信等大型临时设施工程指标。

二、使用说明

1. 本章指标按照临时工程考虑，项目建设完成后临时设施回收利用。指标综合考虑了设备与装置性材料的折旧或租赁、项目建设完成后拆除与清理，执行指标时不做调整。指标为综合指标，不再计算取费。

2. 施工电源线路指标包括输电线路本体及调试项目。

3. 施工电源扩建间隔指标包括设备、安装、建筑、调试等项目。

4. 施工变压器指标包括设备、安装、建筑、调试等项目，按照电压等级及变压器容量执行指标。

5. 施工水管路指标包括管道敷设、管路建筑等项目。

6. 施工水源水井指标包括深井、深井泵、井台、取水用电设施等项目。

7. 施工水源水池指标包括水池、阀门等项目。

8. 施工道路指标包括路边排水沟等项目。指标综合考虑了不同材质、不同宽度等因素，执行指标时不做调整。永临结合的施工道路按照第九章"附属工程"相应的指标执行。

9. 施工通信指标是按照设计新建安装两台机组为 1 项进行编制的。当工程设计新建安装一台机组时，执行指标乘以 0.75 系数，当工程设计扩建安装一台机组时，执行指标乘以 0.35 系数，当工程设计新建安装四台机组时，执行指标乘以 1.65 系数。

工程量计算规则

一、施工电源线路按照施工组织设计线路长度以"km"为计量单位计算工程量。

二、施工电源扩建间隔按照施工组织设计扩建间隔数量以"间隔"为计量单位计算工程量。

三、施工变压器按照施工组织设计施工负荷以"台"为计量单位计算工程量。

四、施工水管路按照施工组织设计水源至施工现场集中水池间供水管路长度以"m"为计量单位计算工程量。

五、施工水源水井、施工水源水池按照施工组织设计数量以"座"为计量单位计算工程量。施工水源水池只计算施工水源进厂后集中水池，不计算从集中水池分配水源的水池。

六、施工道路按照施工组织设计长度以"m"为计量单位计算工程量，不计算厂外施工道路、大件运输道路长度。

七、施工通信按照机组容量以"项"为计量单位计算工程量。

一、施工用电

指标编号			ZFT2-11-1	ZFT2-11-2	ZFT2-11-3
项目名称			10kV 施工电源线路	35kV 施工电源线路	66kV 施工电源线路
指标单位			km	km	km
基　价（元）			**67401.97**	**328611.67**	**573813.70**
其中	人工费（元）		11482.79	171108.36	363209.92
	材料费（元）		52987.47	66482.90	188156.76
	机械费（元）		2931.71	91020.41	22447.02
主要技术条件			平地地形，钢芯铝绞线 LGJ240，混凝土杆	平地地形，钢芯铝绞线 LGJ95/20，钢管杆	平地地形，钢芯铝绞线 LGJ300/25，角钢塔
抗震设防烈度（度）			Ⅶ	Ⅶ	Ⅶ
最低设计温度（℃）			-6.7	-12.8	-25.8
主要工程量	名称	单位	工程量		
	角钢塔	t			16.02
	钢芯铝绞线	t	0.52	1.28	3.33
	钢管杆	t		1.95	
	混凝土杆组立　整根式 13m 以上	基	11.11		
主要人工材料机械	名称	单位	单价（元）	数量	
	建筑普通工	工日	34	201.468	1577.061	6301.883
	建筑技术工	工日	48	96.538	2447.662	3102.726
	机械当量	台班	1000	2.932	91.020	22.447

指标编号			ZFT2-11-4	ZFT2-11-5	ZFT2-11-6
项目名称			10kV 施工电源扩建间隔	35kV 施工电源扩建间隔	66kV 施工电源扩建间隔
指标单位			间隔	间隔	间隔
基　价（元）			**36941.84**	**77439.89**	**303554.58**
其中	人工费（元）		783.37	3331.22	5628.93
	材料费（元）		36063.30	72104.15	294091.90
	机械费（元）		95.17	2004.52	3833.75
主要技术条件			10kV 开关柜进线柜 1 面	35kV 开关柜进线柜 1 面	一台断路器；一组隔离开关及其配套设备
抗震设防烈度（度）			Ⅶ	Ⅶ	Ⅶ
最低设计温度（℃）			-6.7	-12.8	-25.8
主要工程量	名称	单位	工程量		
	六氟化硫罐式断路器 72.5kV　2000A	台			1.00
	35kV 以下成套高压配电柜	面		1.00	
	双柱水平旋转式隔离开关　72.5kV　单接地 2000A	组			1.00
	10kV 高压成套配电柜	面	1.00		
	氧化锌避雷器 5kA, 96/250kV	台			3.00

指标编号			ZFT2-11-4	ZFT2-11-5	ZFT2-11-6
项目名称			10kV 施工电源扩建间隔	35kV 施工电源扩建间隔	66kV 施工电源扩建间隔
指标单位			间隔	间隔	间隔
	名称	单位	单价(元)	数量		
主要人工材料机械	建筑普通工	工日	34	6.902	7.073	27.120
	建筑技术工	工日	48	11.431	64.391	98.059
	型钢	t	3675.21	0.005	0.001	0.011
	钢筋	t	3504.27		0.002	
	机械当量	台班	1000	0.095	2.005	3.834

指标编号			ZFT2-11-7	ZFT2-11-8	ZFT2-11-9
项目名称			10kV 以下施工变压器 2000kVA	35kV 以下施工变压器 2000kVA	35kV 以下施工变压器 4000kVA
指标单位			台	台	台
基 价（元）			**34158.76**	**86332.51**	**113035.25**
其中	人工费（元）		7977.56	11177.32	12975.34
	材料费（元）		24506.19	71811.00	95410.28
	机械费（元）		1675.01	3344.19	4649.63
主要技术条件			变压器安装、拆除，浇制、拆除变压器基础	变压器安装、拆除，浇制、拆除变压器基础	变压器安装、拆除，浇制、拆除变压器基础
抗震设防烈度（度）			Ⅶ	Ⅶ	Ⅶ
最低设计温度（℃）			-6.7	-12.8	-12.8
主要工程量	名称	单位	工程量		
	变压器基础	m³	35.00	50.00	50.00
	35kV 施工变压器 容量 4000kVA	台			1.00
	35kV 施工变压器 容量 2000kVA	台		1.00	
	10kV 施工变压器 容量 2000kVA	台	1.00		

指标编号			ZFT2-11-7	ZFT2-11-8	ZFT2-11-9
项目名称			10kV 以下施工变压器 2000kVA	35kV 以下施工变压器 2000kVA	35kV 以下施工变压器 4000kVA
指标单位			台	台	台
	名称	单位	工程量		
主要 工程 量	35kV 三相变压器 容量 4000kVA	台			1.00
	35kV 三相变压器 容量 2000kVA	台		1.00	
	10kV 油浸变压器 容量 2000kVA	台	1.00		
	钢筋制作、绑扎及铁件 安装 预埋铁件	t	0.50	0.70	0.70
	名称	单位	单价(元)	数量		
主要 人工 材料 机械	建筑普通工	工日	34	146.263	193.638	202.758
	建筑技术工	工日	48	62.600	95.707	126.705
	型钢	t	3675.21	0.005	0.051	0.086
	水泥	t	337.61	33.202	47.432	47.432
	机械当量	台班	1000	1.675	3.344	4.650

指标编号	ZFT2-11-10	ZFT2-11-11
项目名称	66kV 以下施工变压器 2000kVA	66kV 以下施工变压器 4000kVA
指标单位	台	台
基　　价（元）	**147614.64**	**176098.37**

		ZFT2-11-10	ZFT2-11-11
其中	人工费（元）	15885.30	18591.05
	材料费（元）	126875.37	150688.85
	机械费（元）	4853.97	6818.47

主要技术条件	变压器安装、拆除，浇制、拆除变压器基础	变压器安装、拆除，浇制、拆除变压器基础
抗震设防烈度（度）	Ⅶ	Ⅶ
最低设计温度（℃）	−25.8	−25.8

	名称	单位	工程量	
主要工程量	变压器基础	m³	70.00	70.00
	66kV 施工变压器　容量 4000kVA	台		1.00
	66kV 施工变压器　容量 2000kVA	台	1.00	
	35kV 三相变压器　容量 4000kVA	台		1.00
	35kV 三相变压器　容量 2000kVA	台	1.00	
	钢筋制作、绑扎及铁件安装预埋铁件	t	1.00	1.00

续表

指标编号			ZFT2-11-10	ZFT2-11-11
项目名称			66kV 以下施工变压器 2000kVA	66kV 以下施工变压器 4000kVA
指标单位			台	台
	名称	单位	单价(元)	数量	
主要人工材料机械	建筑普通工	工日	34	268.949	282.674
	建筑技术工	工日	48	140.446	187.094
	型钢	t	3675.21	0.077	0.130
	水泥	t	337.61	66.404	66.404
	机械当量	台班	1000	4.854	6.818

二、施工用水

指标编号				ZFT2-11-12	ZFT2-11-13
项目名称				水源施工水管路　钢管	水源施工水管路　PVC 管
指标单位				m	m
基　　价（元）				**432.06**	**178.70**
其中	人工费（元）			166.88	46.43
	材料费（元）			247.41	122.70
	机械费（元）			17.77	9.57
主要技术条件				明挖敷设，局部保护明敷设，拆除	明挖敷设，局部保护明敷设，拆除
抗震设防烈度（度）				Ⅶ	Ⅶ
最低设计温度（℃）				−12.8	−6.7
主要工程量	名称	单位		工程量	
	室外给水钢管道	t		0.04	
	室外给水 PVC 管道	m			1.00
主要人工材料机械	名称	单位	单价（元）	数量	
	建筑普通工	工日	34	4.315	1.233
	建筑技术工	工日	48	0.420	0.094
	型钢	t	3675.21	0.043	0.001
	砂子	m³	54.85	0.335	0.139
	机械当量	台班	1000	0.018	0.010

指标编号			ZFT2-11-14	ZFT2-11-15	ZFT2-11-16	ZFT2-11-17
项目名称			施工水源水井 30m 以内	施工水源水井 80m 以内	施工水源水池 500m³ 以内	施工水源水池 800m³ 以内
指标单位			座	座	座	座
基　价（元）			**27018.81**	**90237.58**	**123894.68**	**238732.88**
其中	人工费（元）		3468.32	11583.52	20534.01	34833.95
	材料费（元）		12469.27	41644.94	90904.58	171125.17
	机械费（元）		11081.22	37009.12	12456.09	32773.76
主要技术条件			机械钻井，回填滤料，抽水试验，填埋	机械钻井，回填滤料，抽水试验，填埋	钢筋混凝土水池浇制、拆除	钢筋混凝土水池浇制、拆除
抗震设防烈度（度）			Ⅶ	Ⅶ	Ⅶ	Ⅶ
最低设计温度（℃）			−6.7	−12.8	−25.8	−6.7
主要工程量	名称	单位	工程量			
	深井	m	30.00	80.00		
	浇制钢筋混凝土池（容积）	m³			280.00	
	钢筋混凝土水池	m³				201.00
主要人工材料机械	名称	单位	单价(元)	数量		
	建筑普通工	工日	34	53.911	180.054	393.231	613.682
	建筑技术工	工日	48	34.072	113.795	149.258	291.044

续表

指标编号			ZFT2-11-14	ZFT2-11-15	ZFT2-11-16	ZFT2-11-17
项目名称			施工水源水井 30m 以内	施工水源水井 80m 以内	施工水源水池 500m³ 以内	施工水源水池 800m³ 以内
指标单位			座	座	座	座
主要人工材料机械	名称	单位	单价(元)	数 量			
	型钢	t	3675.21	1.329	4.437	0.541	0.263
	水泥	t	337.61	0.022	0.075	37.696	85.283
	石子	m³	58.83	0.054	0.182	89.558	197.171
	砂子	m³	54.85	27.931	93.285	103.834	117.245
	钢筋	t	3504.27			14.210	25.827
	机械当量	台班	1000	11.081	37.009	12.456	32.774

三、施工道路

指标编号	ZFT2-11-18
项目名称	临时施工道路
指标单位	m
基　价（元）	**925.85**

其中	人工费（元）	181.17
	材料费（元）	643.24
	机械费（元）	101.44

主要技术条件	混凝土路面，结构层厚度0.59m
抗震设防烈度（度）	Ⅶ
最低设计温度（℃）	-6

主要工程量	名称	单位	工程量
	浇制钢筋混凝土沟道	m³	0.08
	混凝土路面	m³	4.13

主要人工材料机械	名称	单位	单价(元)	数量
	建筑普通工	工日	34	3.423
	建筑技术工	工日	48	1.350

指标编号				ZFT2-11-18
项目名称				临时施工道路
指标单位				m
	名称	单位	单价(元)	数量
主要人工材料机械	型钢	t	3675.21	0.004
	水泥	t	337.61	0.401
	石子	m³	58.83	3.781
	砂子	m³	54.85	0.628
	钢筋	t	3504.27	0.012
	机械当量	台班	1000	0.101

四、施工通信

指标编号			ZFT2-11-19	ZFT2-11-20	ZFT2-11-21
项目名称			施工通信 1000MW 级机组	施工通信 600MW 级机组	施工通信 300MW 级机组
指标单位			项	项	项
基　　价（元）			**200000.00**	**150000.00**	**100000.00**
其中	人工费（元）		50000.00	37500.00	25000.00
	材料费（元）		120000.00	90000.00	60000.00
	机械费（元）		30000.00	22500.00	15000.00
主要技术条件			通信方式不限，满足通信功能	通信方式不限，满足通信功能	通信方式不限，满足通信功能
抗震设防烈度（度）			Ⅶ	Ⅶ	Ⅶ
最低设计温度（℃）			－6.7	－12.8	－25.8
主要工程量	名称	单位	工程量		
	施工通信	项	1.00	1.00	1.00
主要人工材料机械	名称	单位	单价（元）	数量		
	建筑普通工	工日	34	882.353	661.765	441.177
	建筑技术工	工日	48	416.667	312.500	208.333
	机械当量	台班	1000	30.000	22.500	15.000

指标编号	ZFT2-11-22	ZFT2-11-23
项目名称	施工通信 F级燃机机组	施工通信 E级燃机机组
指标单位	项	项
基 价（元）	**80000.00**	**50000.00**

		ZFT2-11-22	ZFT2-11-23
其中	人工费（元）	24000.00	15000.00
	材料费（元）	40000.00	25000.00
	机械费（元）	16000.00	10000.00
主要技术条件		通信方式不限，满足通信功能	通信方式不限，满足通信功能
抗震设防烈度（度）		Ⅶ	Ⅶ
最低设计温度（℃）		-6	-3.4

主要工程量	名称	单位	工程量	
	施工通信	项	1.00	1.00

主要人工材料机械	名称	单位	单价(元)	数量	
	建筑普通工	工日	34	423.529	264.706
	建筑技术工	工日	48	200.000	125.000
	机械当量	台班	1000	16.000	10.000

第三部分 独立子项建筑工程

说明

一、本部分内容包括土石方工程、钢筋混凝土工程、屏蔽工程、耐磨工程、防腐工程、防潮工程、防水工程、降噪工程、淋水装置工程、坝体工程、地基处理工程、施工措施工程等独立子项建筑工程指标。

二、使用说明

1. 本部分指标为土建独立子项工程指标，不能独立编制工程投资估算，作为利用前两级估算指标编制投资估算的补充、调整。

2. 土石方工程指标包括挖、填、运、平整场地、修整边坡等工序。指标综合了土质类别、施工方法、开挖深度、工程规模等要素，执行指标时不做调整。超过 1km 运输费用单独计算。

（1）竖向布置亏方碾压指标不包括外来土方费用及土方运输费用，工程设计需要时，根据土方来源及运输距离单独计算费用。

（2）挖淤泥流沙指标综合考虑了机械施工与人工施工，执行指标时不做调整。

（3）回填砂石指标适用于特殊土质条件下基础回填。指标包括砂石材料费，并综合考虑了回填砂石后土方核减费用。

3. 主要建筑物、构筑物划分同 2013 年版建筑工程概算定额第一章说明。

4. 混凝土工程指标不包括钢筋、铁件费用。指标综合了混凝土施工位置、构件尺寸、材料强度等要素，执行指标时不做调整。

5. 构造混凝土是指非结构构件混凝土，包括回填混凝土、道路与地坪混凝土、挡土墙及护坡混凝土、素混凝土等；水工混凝土一般指水工构筑物混凝土、抗渗等级 "S_8" 及以上混凝土、常年位于地下水位以下混凝土等。

6. 钢筋工程指标综合考虑了钢筋直径、连接方法、材料强度等要素，执行指标时不做调整。

7. 铁件工程指综合了现场制作、购置、铁件组成等要素，执行指标时不做调整。

8. 屏蔽、耐磨、防腐、防潮、防水工程指标综合考虑了不同的施工部位、工程构件，执行指标时不做调整。

9. 钢结构加强防腐工程指标是为特殊工程项目钢结构防腐等级加大编制的，是正常防腐补充。一般工程项目不执行此项指标。

10. 钢结构镀锌、喷锌工程指标包括 30km 双程运输，指标综合考虑了应核减的油漆费用。

11. 降噪工程指标按照 GB 3096—2008 标准中三类环境噪声标准编制。执行隔声门、隔声窗指标时，应扣除原建筑门窗费用。有结构降噪设施指标是指降噪设施单独设置结构部分，无结构降噪设施指标是指降噪设施利用原建筑结构设施。

12. 灰坝护面工程指标综合考虑了不同的厚度、灰坝高度，执行指标时不做调整。

13. 地基处理工程指标综合考虑了不同的施工方法，强夯指标包括连续夯击与低锤满拍，执行指标时不做调整。

14. 施工降水工程指标按照运行时间编制，指标综合考虑了降水设施的安装与拆除。

15. 顶管工程前作业井、后作业井指标综合考虑了作业井开挖与回填、顶管设施安装与拆除。

16. 盾构法施工项目指标用于循环水取排水隧道工程。隧道标准段为衬砌混凝土管片的输水段，隧道特殊段为复合衬砌混凝土管片和钢管片的立管段。根据隧道直径和标准执行指标。

17. 水下施工项目指标用于取水泵房、岸头采用沉井、沉箱方案工程。指标按照现场岸边制作、浮运下沉编制，综合全沉、半沉方案，综合考虑水力充泥、机械抓土、浮吊起重等不同下沉施工方法，执行指标时不做调整。沉井、沉箱工程中的钢结构（不含刃脚）、地上建筑、内部混凝土构件（梁、柱、板）执行本部分相应指标。

18. 施工围堰指标按照土石装袋砌筑编制，不包括施工排水费用。

工程量计算规则

一、土石方工程指标按照挖掘前自然方体积以"m^3"为计量单位计算工程量。

1. 土石方以场地平整（设计室外）标高为开挖起点。

2. 竖向布置平衡土石方按照回填方量计算工程量，超出回填的工程量，应根据项目总体需求另行估算投资。

3. 竖向布置亏方碾压指标按照设计亏方区压实后体积以"m^3"为计量单位计算工程量。

4. 主厂房、建筑物、构筑物土石方按照单位工程挖方量计算工程量。

5. 回填砂石指标按照设计回填量以"m^3"为计量单位计算工程量。

二、混凝土工程指标按照混凝土体积以"m^3"为计量单位计算工程量。钢筋、铁件工程指标按照设计用量以"t"为计量单位计算工程量，不计算损耗率、搭接量、施工措施量。

三、屏蔽工程指标按照屏蔽面积以"m^2"为计量单位计算工程量，不计算搭接、收头量。

四、铸石、微晶板内衬工程指标按照耐磨内衬面积以"m^2"为计量单位计算工程量；不锈钢内衬工程指标按照耐磨内衬重量以"t"为计量单位计算工程量。

五、建筑物、构筑物防腐工程指标按照防腐面积以"m^2"为计量单位计算工程量；烟囱内筒工程指标根据防腐设计标准，按照指标规定的计量单位计算工程量。

六、防潮、防水工程指标按照防潮、防水面积以"m^2"为计量单位计算工程量，不计算搭接、附加层、收头量。

七、降噪工程指标按照设计降噪措施面积以"m^2"为计量单位计算工程量。

1. 隔声门窗按照门窗洞口面积计算工程量。

2. 隔声墙、吸音板按照垂直投影面积计算工程量。

八、淋水装置工程指标根据设计标准，按照指标规定的计量单位计算工程量。

1. 填料按照填料顶标高处冷却塔筒壁内径水平投影面积计算工程量，不扣除中央竖井、淋水构架所占面积。

2. 塑料配水管按照安装长度计算工程量。

3. 喷溅装置按照安装套数计算工程量。

4. 除水器按照安装面积计算工程量。

九、坝体清基工程指标按照清理土石方自然方量体积以"m^3"为计量单位计算工程量；筑坝、垫层工程指标按照成品体积以"m^3"为计量单位计算工程量；坝体护面工程指标按照成品面积以"m^2"为计量单位计算工程量。

十、地基处理工程指标根据设计标准，按照指标规定的计量单位计算工程量。

1. 换填按照成品体积计算工程量。

2. 预制混凝土桩按照预制桩体积计算工程量，桩长包括桩尖长度。

3. 浇制混凝土桩、灌注砂石桩、灰土挤密桩、水泥搅拌桩按照成品桩体积计算工程量，桩长包括桩尖长度；不计算设计超灌量、充盈量、桩底扩孔量。桩底入岩工程量不单独计算。

4. 钢管桩按照钢管桩制作成品重量计算工程量，桩靴或桩尖计算工程量。

5. 强夯按照单位工程边缘夯点外边线围成的面积计算工程量，扣除夯点间面积大于$64m^2$空地面积。填方区土层分两次回填强夯时，工程量乘以2.0系数。

十一、施工措施工程指标根据项目需要，按照指标规定的计量单位计算工程量。

1. 施工降水按照降水运行时间计算工程量，一般抽水一昼夜为1套天，零星抽水累计运行16h为1套天。明排水指标按照一台排水泵运行为一套计算工程量，轻型井点降水指标按照50根井点为一套计算工程量，喷射井点降水指标按照30根井点为一套计算工程量，大口径井点降水指标按照1根井点为一套计算工程量。

2. 施工支护按照支护垂直投影面积计算工程量。

3. 顶管作业井按照作业井数量计算工程量；顶管按照顶管作业长度计算工程量，计算前井、后井预留接口管道长度。

十二、盾构法施工项目指标根据项目需要，按照指标规定的计量单位计算工程量。

1. 取排水隧道长度从泵房内盾构壁内侧计算至取排水口结构外壁，特殊段根据立管需要的结构长度计算。

2. 取排水隧道垂直顶升长度按照竖井高度计算。

3. 取水隧道取水头重量按照取水头钢结构成品重量计算。

十三、水下施工项目指标根据项目需要，按照指标规定的计量单位计算工程量。

1. 沉井、沉箱容积按照内壁尺寸乘以高度计算，高度从刃脚底标高计算至沉井、沉箱顶标高（含浇制高度）。

计算容积时，不扣除内部构件、封底所占体积。

2. 沉井、沉箱混凝土体积按照实体积计算，包括预制混凝土、现浇混凝土、封底混凝土体积，不计算内部混凝土构件体积。

3. 围堰体积按照成品体积计算。

第一章 土 石 方 工 程

指标编号			ZFT3-1-1	ZFT3-1-2	ZFT3-1-3
项目名称			竖向布置平衡土方	竖向布置平衡石方	竖向布置亏方碾压
指标单位			m³	m³	m³
基　价（元）			**10.76**	**41.06**	**2.21**
其中	人工费（元）		0.38	4.49	0.36
	材料费（元）		0.03	5.16	0.01
	机械费（元）		10.35	31.41	1.84
项目特征			机械施工土方，运距1km	机械施工石方，运距1km	机械施工土石方，推平碾压
	名称	单位	单价(元)	数量	
主要人工材料机械	建筑普通工	工日	34	0.011	0.132	0.011
	机械当量	台班	1000	0.010	0.031	0.002

指标编号				ZFT3-1-4	ZFT3-1-5
项目名称				主厂房土方	主厂房石方
指标单位				m³	m³
基　价（元）				**24.37**	**45.77**
其中	人工费（元）			11.55	7.16
	材料费（元）			0.01	7.47
	机械费（元）			12.81	31.14
项目特征				机械施工土方，运距1km，土方二次施工	机械施工石方，运距1km
主要人工材料机械	名称	单位	单价(元)	数量	
	建筑普通工	工日	34	0.340	0.211
	机械当量	台班	1000	0.013	0.031

指标编号			ZFT3-1-6	ZFT3-1-7	ZFT3-1-8	ZFT3-1-9
项目名称			主要建筑物、构筑物土方	主要建筑物、构筑物石方	其他建筑物、构筑物土方	其他建筑物、构筑物石方
指标单位			m^3	m^3	m^3	m^3
基　价（元）			**18.63**	**47.67**	**17.16**	**49.22**
其中	人工费（元）		6.58	8.08	5.12	9.56
	材料费（元）			8.25		9.20
	机械费（元）		12.05	31.34	12.04	30.46
项目特征			机械施工土方，运距1km，局部土方二次施工	机械施工石方，运距1km	人工、机械施工土方，运距1km	人工、机械施工石方，运距1km
	名称	单位	单价(元)	数量		
主要人工材料机械	建筑普通工	工日	34	0.194	0.238	0.151	0.281
	机械当量	台班	1000	0.012	0.031	0.012	0.030

指标编号	ZFT3-1-10	ZFT3-1-11	ZFT3-1-12
项目名称	挖淤泥流沙	回填砂石	土石方运距每增加1km
指标单位	m³	m³	m³
基 价（元）	**24.44**	**89.28**	**1.40**

其中	人工费（元）	13.68	15.81	
	材料费（元）		64.66	
	机械费（元）	10.76	8.81	1.40

项目特征	人工、机械施工淤泥，运距1km	人工回填砂石，人工密实、夯实	自卸汽车运输

	名称	单位	单价(元)	数量		
主要人工材料机械	建筑普通工	工日	34	0.402	0.165	
	建筑技术工	工日	48		0.213	
	砂子	m³	54.85		1.167	
	机械当量	台班	1000	0.011	0.009	0.001

827

第二章 钢筋混凝土工程

指标编号			ZFT3-2-1	ZFT3-2-2	ZFT3-2-3
项目名称			主厂房结构混凝土	烟囱、冷却塔结构混凝土	其他建筑结构混凝土
指标单位			m³	m³	m³
基　价（元）			**507.08**	**671.90**	**545.15**
其中	人工费（元）		140.37	201.31	170.19
	材料费（元）		349.42	380.74	355.63
	机械费（元）		17.29	89.85	19.33
项目特征			现浇结构，混凝土标号 C40 以内	现浇结构，混凝土标号 C40 以内	现浇结构，混凝土标号 C40 以内
	名称	单位	单价（元）	数量	
主要人工材料机械	建筑普通工	工日	34	2.305	3.358	2.774
	建筑技术工	工日	48	1.292	1.816	1.580
	水泥	t	337.61	0.407	0.437	0.405
	石子	m³	58.83	0.861	0.801	0.869
	砂子	m³	54.85	0.508	0.566	0.509
	机械当量	台班	1000	0.017	0.090	0.019

指标编号			ZFT3-2-4	ZFT3-2-5	ZFT3-2-6	ZFT3-2-7
项目名称			构造混凝土	水工混凝土	钢筋	铁件
指标单位			m³	m³	t	t
基 价（元）			**340.17**	**415.11**	**4303.28**	**5070.10**
其中	人工费（元）		83.57	89.84	376.84	1202.30
	材料费（元）		250.66	308.87	3700.43	3412.00
	机械费（元）		5.94	16.40	226.01	455.80
项目特征			现浇结构，混凝土标号 C25 以内	现浇结构，混凝土标号 C30 以内	φ10mm 以内、φ10mm 以外钢筋，Ⅰ～Ⅲ钢筋	制作铁件、购置铁件
	名称	单位	单价（元）	数量		
主要人工材料机械	建筑普通工	工日	34	1.351	1.540	3.561	14.606
	建筑技术工	工日	48	0.784	0.781	5.329	14.702
	型钢	t	3675.21				1.111
	水泥	t	337.61	0.273	0.391		
	石子	m³	58.83	0.924	0.864		
	砂子	m³	54.85	0.553	0.517		
	钢筋	t	3504.27			1.039	
	机械当量	台班	1000	0.006	0.016	0.226	0.456

第三章 屏 蔽 工 程

指标编号				ZFT3-3-1	ZFT3-3-2
项目名称				钢板网	钢丝网
指标单位				m²	m²
基 价（元）				**38.31**	**36.78**
其中	人工费（元）			10.91	10.91
	材料费（元）			25.96	24.43
	机械费（元）			1.44	1.44
项目特征				钢丝网下料、铺设	钢板网下料、铺设
主要人工材料机械	名称	单位	单价(元)	数量	
	建筑普通工	工日	34	0.165	0.165
	建筑技术工	工日	48	0.110	0.110
	型钢	t	3675.21	0.004	0.004
	机械当量	台班	1000	0.001	0.001

第四章 耐 磨 工 程

指标编号			ZFT3-4-1	ZFT3-4-2	ZFT3-4-3
项目名称			铸石内衬	微晶板内衬	不锈钢内衬
指标单位			m²	m²	t
基　价（元）			**232.20**	**318.18**	**23873.96**
其中	人工费（元）		50.68	13.50	2791.30
	材料费（元）		180.82	297.21	20147.68
	机械费（元）		0.70	7.47	934.98
项目特征			20mm 厚铸石板	压延微晶板	1mm 厚不锈钢板
主要人工材料机械	名称	单位	单价(元)	数量	
	建筑普通工	工日	34	0.768	0.205	26.331
	建筑技术工	工日	48	0.512	0.137	39.501
	型钢	t	3675.21			1.091
	机械当量	台班	1000	0.001	0.007	0.935

第五章 防 腐 工 程

指标编号			ZFT3-5-1	ZFT3-5-2	ZFT3-5-3	ZFT3-5-4
项目名称			钢结构加强防腐	钢结构镀锌、喷锌	耐酸磁板	耐酸砖
指标单位			t	t	m²	m²
基 价（元）			**352.88**	**1570.70**	**162.08**	**195.85**
其中	人工费（元）		71.43	11.82	49.98	48.35
	材料费（元）		266.78	1446.39	111.41	146.81
	机械费（元）		14.67	112.49	0.69	0.69
项目特征			加厚环氧富锌漆，加厚环氧云铁漆	厂外镀锌，局部冷喷锌	20mm 厚耐酸磁板	65mm 厚耐酸砖
主要人工材料机械	名称	单位	单价(元)	数量		
	建筑普通工	工日	34	0.489	0.172	0.757	0.733
	建筑技术工	工日	48	1.142	0.124	0.505	0.488
	机械当量	台班	1000	0.015	0.112	0.001	0.001

832

指标编号				ZFT3-5-5	ZFT3-5-6	ZFT3-5-7
项目名称				花岗岩板	环氧玻璃钢	防腐砂浆
指标单位				m²	m²	m²
基　价（元）				**338.93**	**89.45**	**82.16**
其中	人工费（元）			48.12	48.77	8.92
	材料费（元）			290.12	32.51	73.24
	机械费（元）			0.69	8.17	
项目特征				20mm厚花岗岩板	三布玻璃钢	30mm厚耐酸砂浆
主要人工材料机械	名称	单位	单价（元）	数量		
	建筑普通工	工日	34	0.729	0.739	0.135
	建筑技术工	工日	48	0.486	0.493	0.090
	砂子	m³	54.85	0.014		0.024
	机械当量	台班	1000	0.001	0.008	

指标编号				ZFT3-5-8	ZFT3-5-9	ZFT3-5-10
项目名称				烟囱耐酸砖内筒	烟囱浇筑料内筒	烟囱钢内筒贴泡沫玻化砖
指标单位				m³	m³	m²
基 价（元）				**2477.58**	**1904.71**	**845.37**
其中	人工费（元）			315.94	256.76	34.49
	材料费（元）			1938.65	1569.07	749.15
	机械费（元）			222.99	78.88	61.73
项目特征				轻质耐酸砖，耐酸胶泥砌筑	耐酸浇注料	泡沫玻化砖贴砌
	名称	单位	单价(元)	数量		
主要人工材料机械	建筑普通工	工日	34	5.209	4.290	0.577
	建筑技术工	工日	48	2.892	2.310	0.310
	型钢	t	3675.21	0.039		
	砂子	m³	54.85	0.046		
	钢筋	t	3504.27	0.010		
	机械当量	台班	1000	0.223	0.079	0.062

指标编号			ZFT3-5-11	ZFT3-5-12	ZFT3-5-13	ZFT3-5-14
项目名称			烟囱钢内筒刷防腐漆	烟囱复合钛钢板内筒	烟囱玻璃钢内筒	间冷塔刷防腐涂料
指标单位			m²	t	m²	m²
基　价（元）			**130.87**	**20270.42**	**845.37**	**52.30**
其中	人工费（元）		24.33	1000.88	34.49	11.53
	材料费（元）		96.86	17516.27	749.15	20.14
	机械费（元）		9.68	1753.27	61.73	20.63
项目特征			耐高温防腐漆，耐酸防腐漆	复合钛钢板内筒	成品玻璃钢内筒	沥青漆打底，刷抗渗防腐漆
	名称	单位	单价（元）		数量	
主要人工材料机械	建筑普通工	工日	34	0.529	16.699	0.577	0.218
	建筑技术工	工日	48	0.132	9.023	0.310	0.086
	型钢	t	3675.21		1.071		
	机械当量	台班	1000	0.010	1.753	0.062	0.021

第六章 防潮、防水工程

指标编号			ZFT3-6-1	ZFT3-6-2	ZFT3-6-3	ZFT3-6-4
项目名称			加防水剂水泥砂浆	聚氨酯	卷材	防渗防水涂料
指标单位			m²	m²	m²	m²
基　价（元）			**9.97**	**32.38**	**42.37**	**32.32**
其中	人工费（元）		3.62	2.11	7.11	7.25
	材料费（元）		6.35	30.27	35.26	11.59
	机械费（元）					13.48
项目特征			防水砂浆	两遍	改性沥青卷材	防腐防渗涂料
主要人工材料机械	名称	单位	单价（元）		数量	
	建筑普通工	工日	34	0.052	0.032	0.108	0.129
	建筑技术工	工日	48	0.039	0.021	0.072	0.060
	砂子	m³	54.85		0.002		
	机械当量	台班	1000				0.013

第七章 降 噪 工 程

指标编号			ZFT3-7-1	ZFT3-7-2
项目名称			隔声门	隔声窗
指标单位			m²	m²
基 价（元）			**377.31**	**327.09**
其中	人工费（元）		19.73	17.20
	材料费（元）		351.99	304.38
	机械费（元）		5.59	5.51
项目特征			双层玻璃隔声塑钢门	双层玻璃隔声塑钢窗
主要人工材料机械	名称	单位	单价(元)	数量	
	建筑普通工	工日	34	0.135	0.118
	建筑技术工	工日	48	0.315	0.275
	型钢	t	3675.21	0.002	
	机械当量	台班	1000	0.006	0.006

指标编号			ZFT3-7-3	ZFT3-7-4	ZFT3-7-5	ZFT3-7-6
项目名称			无结构隔声墙	有结构隔声墙	无结构吸音板	有结构吸音板
指标单位			m²	m²	m²	m²
基 价（元）			**239.44**	**655.67**	**98.77**	**441.77**
其中	人工费（元）		7.54	64.81	7.90	21.80
	材料费（元）		228.84	529.37	87.66	390.69
	机械费（元）		3.06	61.49	3.21	29.28
项目特征			隔声 60dB 隔声屏	隔声 60dB 隔声屏，独立基础，钢结构墙架	隔声 45dB 吸音板	隔声 45dB 吸音板，独立基础，钢结构墙架
	名称	单位	单价(元)	数量		
主要人工材料机械	建筑普通工	工日	34	0.092	1.041	0.096	0.224
	建筑技术工	工日	48	0.092	0.613	0.096	0.295
	型钢	t	3675.21		0.054		0.027
	水泥	t	337.61		0.032		
	石子	m³	58.83		0.075		
	砂子	m³	54.85		0.051		0.001
	钢筋	t	3504.27		0.010		
	机械当量	台班	1000	0.003	0.061	0.003	0.029

第八章 淋 水 装 置 工 程

指标编号				ZFT3-8-1	ZFT3-8-2	ZFT3-8-3
项目名称				填料	塑料配水管	喷溅装置
指标单位				m³	m	套
基 价（元）				**408.00**	**142.56**	**17.80**
其中	人工费（元）			23.97	10.75	2.43
	材料费（元）			375.71	126.95	15.37
	机械费（元）			8.32	4.86	
项目特征				玻璃钢托架，1.2m 高塑料填料	直径 300mm 以内塑料管	塑料喷嘴Ⅲ型
主要人工材料机械	名称	单位	单价(元)	数量		
	建筑普通工	工日	34	0.439	0.234	0.041
	建筑技术工	工日	48	0.188	0.058	0.022
	型钢	t	3675.21		0.001	
	机械当量	台班	1000	0.008	0.005	

指标编号				ZFT3-8-4	ZFT3-8-5
项目名称				除水器	水塔内钢管
指标单位				m²	t
基　价（元）				**124.69**	**5665.64**
其中	人工费（元）			10.07	530.40
	材料费（元）			110.42	4502.93
	机械费（元）			4.20	632.31
项目特征				塑料、蜂窝材质除水器	现场加工钢管
主要人工材料机械	名称	单位	单价(元)	数量	
	建筑普通工	工日	34	0.168	8.863
	建筑技术工	工日	48	0.091	4.772
	型钢	t	3675.21		1.064
	机械当量	台班	1000	0.004	0.632

第九章 坝 体 工 程

一、清理基层

指标编号				ZFT3-9-1	ZFT3-9-2	ZFT3-9-3
项目名称				清理土方	清理石方	清理根茎杂土
指标单位				m³	m³	m³
基　价（元）				**3.95**	**5.13**	**4.04**
其中	人工费（元）			0.10	0.13	0.14
	材料费（元）			0.01	0.01	0.02
	机械费（元）			3.84	4.99	3.88
项目特征				机械施工土方	机械施工石方	机械施工，人工配合
主要人工材料机械	名称	单位	单价(元)	数量		
	建筑普通工	工日	34	0.003	0.004	0.004
	机械当量	台班	1000	0.004	0.005	0.004

841

二、筑坝

指标编号			ZFT3-9-4	ZFT3-9-5	ZFT3-9-6	ZFT3-9-7
项目名称			土坝	灰渣坝	石渣坝	砌石坝
指标单位			m³	m³	m³	m³
基　价（元）			**17.51**	**11.30**	**32.30**	**117.16**
其中	人工费（元）		2.00	1.48	7.95	22.28
	材料费（元）		0.06	0.11	3.00	93.48
	机械费（元）		15.45	9.71	21.35	1.40
项目特征			就地取土，分层碾压	就地取灰渣，分层碾压	库区开采，2km运输，分层碾压	购置石料，干砌石坝，浆砌石坝
	名称	单位	单价(元)	数量		
主要人工材料机械	建筑普通工	工日	34	0.047	0.035	0.187	0.525
	建筑技术工	工日	48	0.008	0.006	0.033	0.093
	水泥	t	337.61				0.046
	石子	m³	58.83				1.080
	砂子	m³	54.85				0.196
	机械当量	台班	1000	0.015	0.010	0.021	0.001

三、垫层

指标编号			ZFT3-9-8	ZFT3-9-9	ZFT3-9-10
项目名称			砂垫层	碎石垫层	反滤料层
指标单位			m³	m³	m³
基　价（元）			**65.90**	**75.40**	**87.23**
其中	人工费（元）		8.00	13.40	11.61
	材料费（元）		56.53	60.63	71.93
	机械费（元）		1.37	1.37	3.69
项目特征			购置砂子，水密实	购置碎石，压实	购置砂石，人工级配，压实
	名称	单位	单价(元)	数量	
主要人工材料机械	建筑普通工	工日	34	0.188	0.316	0.273
	建筑技术工	工日	48	0.033	0.056	0.048
	石子	m³	58.83		1.020	1.020
	砂子	m³	54.85	1.020		0.204
	机械当量	台班	1000	0.001	0.001	0.004

四、护面

指标编号			ZFT3-9-11	ZFT3-9-12
项目名称			块石护面	混凝土板护面
指标单位			m²	m²
基　价（元）			**121.36**	**364.62**
其中	人工费（元）		25.35	82.43
	材料费（元）		94.15	237.93
	机械费（元）		1.86	44.26
项目特征			购置石料，干砌护面，浆砌护面	预制混凝土板，混凝土板护面
	名称	单位	单价(元)	数量	
主要人工材料机械	建筑普通工	工日	34	0.597	1.941
	建筑技术工	工日	48	0.105	0.343
	水泥	t	337.61	0.047	0.293
	石子	m³	58.83	1.077	0.948
	砂子	m³	54.85	0.203	0.614
	机械当量	台班	1000	0.002	0.044

844

第十章 地 基 处 理 工 程

指标编号			ZFT3-10-1	ZFT3-10-2	ZFT3-10-3	ZFT3-10-4	ZFT3-10-5
项目名称			换填灰土	换填砂、石	换填混凝土	打钢管桩	打预制钢筋混凝土方桩
指标单位			m³	m³	m³	t	m³
基 价（元）			**83.72**	**101.10**	**263.90**	**5709.97**	**1182.12**
其中	人工费（元）		24.17	21.30	33.05	87.97	54.52
	材料费（元）		52.52	73.69	224.26	5383.43	986.85
	机械费（元）		7.03	6.11	6.59	238.57	140.75
项目特征			人工、机械施工土方，换填灰土	人工、机械施工土方，换填砂石	人工、机械施工土方，换填混凝土	成品钢管桩	成品混凝土方桩
	名称	单位	单价(元)		数量		
主要人工材料机械	建筑普通工	工日	34	0.640	0.577	0.860	1.396	1.185
	建筑技术工	工日	48	0.051	0.035	0.079	0.844	0.296
	型钢	t	3675.21				0.020	0.012
	水泥	t	337.61			0.263		
	石子	m³	58.83		0.624	0.986		
	砂子	m³	54.85		0.646	0.542		
	钢筋	t	3504.27				0.005	
	机械当量	台班	1000	0.007	0.006	0.007	0.239	0.141

指标编号			ZFT3-10-6	ZFT3-10-7	ZFT3-10-8	ZFT3-10-9	ZFT3-10-10
项目名称			打预制钢筋混凝土管桩	机械形孔灌注混凝土桩	人工挖孔灌注混凝土桩	机械形孔灌注砂石桩	灰土挤密桩
指标单位			m³	m³	m³	m³	m³
基　价（元）			**1536.23**	**987.35**	**915.09**	**220.49**	**208.27**
其中	人工费（元）		81.11	163.69	260.30	44.63	47.31
	材料费（元）		1292.11	666.38	617.12	117.26	65.26
	机械费（元）		163.01	157.28	37.67	58.60	95.70
项目特征			成品混凝土管桩	桩径 1m 以内，桩长 18m 以内	桩径 1m 以内，桩长 12m 以内	桩径 800mm 以内，桩 长 15m 以内	桩径 800mm 以内，桩长 15m 以内，沉管挤密
	名称	单位	单价(元)		数量		
主要人工材料机械	建筑普通工	工日	34	1.482	2.933	4.242	0.970	1.028
	建筑技术工	工日	48	0.640	1.333	2.418	0.243	0.257
	型钢	t	3675.21	0.039	0.001	0.001		
	水泥	t	337.61		0.423	0.483		
	石子	m³	58.83		1.181	1.299	1.055	
	砂子	m³	54.85		0.683	0.800	0.802	
	钢筋	t	3504.27	0.004	0.106	0.071		
	机械当量	台班	1000	0.163	0.157	0.038	0.059	0.096

指标编号				ZFT3-10-11	ZFT3-10-12	ZFT3-10-13
项目名称				水泥搅拌桩	强夯 500t·m 以内	强夯 800t·m 以内
指标单位				m³	m²	m²
基　价（元）				**343.16**	**60.38**	**85.29**
其中	人工费（元）			58.12	7.63	9.99
	材料费（元）			107.40		
	机械费（元）			177.64	52.75	75.30
项目特征				多搅施工，多管施工，水泥含量12%	8击强夯，低锤满拍	8击强夯，低锤满拍
主要人工材料机械	名称	单位	单价(元)	数量		
	建筑普通工	工日	34	1.092	0.166	0.217
	建筑技术工	工日	48	0.437	0.042	0.054
	水泥	t	337.61	0.246		
	机械当量	台班	1000	0.178	0.053	0.075

第十一章 施 工 措 施 工 程

一、施工降水

指标编号			ZFT3-11-1	ZFT3-11-2	ZFT3-11-3	ZFT3-11-4
项目名称			明排水	轻型井点降水	喷射井点降水	大口径井点降水
指标单位			套天	套天	套天	套天
基 价（元）			**480.06**	**1044.42**	**2632.15**	**573.05**
其中	人工费（元）		133.23	147.51	307.96	32.19
	材料费（元）		19.00	96.07	568.26	199.27
	机械费（元）		327.83	800.84	1755.93	341.59
项目特征			浅沟集中，单泵排水，外排水管100m以内	水平布管，整套排水，外排水管100m以内	水平布管，整套排水，外排水管100m以内	单井布置，单套排水，汇总外排水管100m以内
主要人工材料机械	名称	单位	单价（元）	数量		
	建筑普通工	工日	34	3.827	2.680	5.626	0.418
	建筑技术工	工日	48	0.065	1.175	2.431	0.375
	型钢	t	3675.21	0.001	0.001	0.001	
	砂子	m³	54.85		0.211	1.242	0.173
	机械当量	台班	1000	0.328	0.801	1.756	0.342

二、施工支护

指标编号			ZFT3-11-5	ZFT3-11-6	ZFT3-11-7	ZFT3-11-8
项目名称			钢板桩	钢管桩	钢筋混凝土灌注桩	钢筋混凝土帷幕墙
指标单位			m²	m²	m²	m²
基　价（元）			**1461.34**	**1393.23**	**929.59**	**1362.31**
其中	人工费（元）		95.52	81.75	129.66	108.90
	材料费（元）		1085.08	1048.20	659.78	987.53
	机械费（元）		280.74	263.28	140.15	265.88
项目特征			打拔钢板桩，5 次折旧	打拔钢管桩，5 次折旧	桩径 800mm 以内，桩长 20m 以内，无回收	墙厚 600mm 以内，墙深 30m 以内，无回收
主要人工材料机械	名称	单位	单价(元)	数量		
	建筑普通工	工日	34	2.077	1.777	2.323	1.810
	建筑技术工	工日	48	0.519	0.444	1.056	0.987
	型钢	t	3675.21	0.001	0.001	0.001	
	水泥	t	337.61			0.419	0.441
	石子	m³	58.83			1.170	1.254

续表

指标编号			ZFT3-11-5	ZFT3-11-6	ZFT3-11-7	ZFT3-11-8
项目名称			钢板桩	钢管桩	钢筋混凝土灌注桩	钢筋混凝土帷幕墙
指标单位			m²	m²	m²	m²
	名称	单位	单价(元)	数量		
主要人工材料机械	砂子	m³	54.85			0.676	0.727
	钢筋	t	3504.27			0.105	0.162
	机械当量	台班	1000	0.281	0.263	0.140	0.266

850

三、顶管工程

指标编号	ZFT3-11-9	ZFT3-11-10	ZFT3-11-11	ZFT3-11-12	ZFT3-11-13	ZFT3-11-14
项目名称	前作业井	顶钢管直径500mm以内	顶钢管直径1200mm以内	顶混凝土管直径600mm以内	顶混凝土管直径1500mm以内	后作业井
指标单位	座	m	m	m	m	座
基　价（元）	30228.44	1845.97	3698.65	1321.60	2114.58	21873.90
其中 人工费（元）	4695.75	95.04	188.69	191.29	306.07	3607.58
其中 材料费（元）	15623.94	1494.37	2990.57	869.11	1390.58	11876.35
其中 机械费（元）	9908.75	256.56	519.39	261.20	417.93	6389.97
项目特征	机械施工土方，钢板桩支护，平台、梯子4次折旧	液压单向顶进，钢管为衬管	液压单向顶进，钢管为衬管	液压单向顶进，混凝土管为衬管	液压单向顶进，混凝土管为衬管	机械施工土方，钢板桩支护，平台、梯子4次折旧

主要人工材料机械	名称	单位	单价（元）	数量					
	建筑普通工	工日	34	66.285	0.866	1.721	2.333	3.733	48.852
	建筑技术工	工日	48	50.947	1.367	2.712	2.333	3.733	40.592
	型钢	t	3675.21	0.701	0.001	0.001	0.005	0.009	0.576
	水泥	t	337.61	4.549			0.006	0.009	3.249

指标编号			ZFT3-11-9	ZFT3-11-10	ZFT3-11-11	ZFT3-11-12	ZFT3-11-13	ZFT3-11-14
项目名称			前作业井	顶钢管 直径500mm 以内	顶钢管 直径1200mm 以内	顶混凝土管 直径600mm 以内	顶混凝土管 直径1500mm 以内	后作业井
指标单位			座	m	m	m	m	座
	名称	单位	单价(元)	数量				
主要人工材料机械	石子	m³	58.83	12.713					9.081
	砂子	m³	54.85	7.377					5.272
	钢筋	t	3504.27	0.567					0.455
	机械当量	台班	1000	9.909	0.257	0.519	0.261	0.418	6.390

四、盾构法施工项目

指标编号			ZFT3-11-15	ZFT3-11-16	ZFT3-11-17	ZFT3-11-18	ZFT3-11-19	ZFT3-11-20
项目名称			盾构法取排水隧道标准段，内径6.2m	盾构法取排水隧道特殊段，内径6.2m	盾构法取排水隧道标准段，内径4.84m	盾构法取排水隧道特殊段，内径4.84m	盾构法取排水隧道标准段，内径4.2m	盾构法取排水隧道特殊段，内径4.2m
指标单位			m	m	m	m	m	m
基　　价（元）			**43029.89**	**111294.41**	**23419.57**	**70828.18**	**20556.65**	**68509.93**
其中	人工费（元）		8781.38	21777.91	4852.04	14712.43	4419.25	13929.04
	材料费（元）		24697.36	58294.21	13206.38	35808.50	11070.63	34916.65
	机械费（元）		9551.15	31222.29	5361.15	20307.25	5066.77	19664.24
项目特征			掘进，注浆，排水，衬砌，浇筑	掘进，注浆，排水，衬砌，浇筑	掘进，注浆，排水，衬砌，浇筑	掘进，注浆，排水，衬砌，浇筑	掘进，注浆，排水，衬砌，浇筑	掘进，注浆，排水，衬砌，浇筑
	名称	单位	单价（元）	数量				
主要人工材料机械	建筑普通工	工日	34	106.709	254.961	59.210	171.826	53.568	162.111
	建筑技术工	工日	48	107.287	273.084	59.088	184.784	54.065	175.345
	预制管片钢筋	t	3458.12	2.378	1.953	1.349	1.019	0.975	0.998
	型钢	t	3675.21	0.269	8.434	0.187	5.715	0.202	5.572
	水泥	t	337.61	0.449	0.453	0.187	0.507	0.319	0.315
	钢筋	t	3504.27	0.027		0.003		0.003	
	机械当量	台班	1000	9.551	31.222	5.361	20.307	5.067	19.664

指标编号	ZFT3-11-21	ZFT3-11-22	ZFT3-11-23	ZFT3-11-24	ZFT3-11-25
项目名称	盾构法取排水隧道标准段，内径3.6m	盾构法取排水隧道特殊段，内径3.6m	盾构法取排水隧道 垂直顶升2.4m×2.4m	盾构法取排水隧道 垂直顶升1.79m×1.79m	盾构法取排水隧道 取水头
指标单位	m	m	m	m	t
基　价（元）	**16188.77**	**58962.07**	**38700.75**	**33259.03**	**18313.25**

其中		ZFT3-11-21	ZFT3-11-22	ZFT3-11-23	ZFT3-11-24	ZFT3-11-25
	人工费（元）	3461.88	11217.13	14230.54	12289.82	1677.40
	材料费（元）	8488.54	30825.36	14969.37	12985.84	4964.45
	机械费（元）	4238.35	16919.58	9500.84	7983.37	11671.40
项目特征		掘进，注浆，排水，衬砌，浇筑	掘进，注浆，排水，衬砌，浇筑	掘进，注浆，排水，衬砌，浇筑	掘进，注浆，排水，衬砌，浇筑	制作，安装，防腐

	名称	单位	单价（元）	数量				
主要人工材料机械	建筑普通工	工日	34	41.912	130.686			14.303
	建筑技术工	工日	48	42.358	141.109	296.470	256.038	24.815
	预制管片钢筋	t	3458.12	0.592	0.927			
	型钢	t	3675.21	0.201	4.577	1.883	1.606	0.904
	水泥	t	337.61	0.257	0.377	0.766	0.640	
	石子	m³	58.83			1.191	0.936	
	砂子	m³	54.85			0.646	0.507	0.057
	钢筋	t	3504.27	0.002		0.309	0.280	0.103
	机械当量	台班	1000	4.238	16.920	9.501	7.983	11.671

五、水下施工项目

指标编号			ZFT3-11-26	ZFT3-11-27	ZFT3-11-28
项目名称			混凝土沉井、沉箱施工（容积方案）	混凝土沉井、沉箱施工（体积方案）	围堰施工
指标单位			m³	m³	m³
基　价（元）			**992.09**	**742.98**	**69.42**
其中	人工费（元）		176.78	132.40	26.54
	材料费（元）		726.82	544.31	39.83
	机械费（元）		88.49	66.27	3.05
项目特征			就地预制，下沉	就地预制，下沉	就地取土；混石装袋，筑围堰；拆除围堰
	名称	单位	单价(元)	数量		
主要人工材料机械	建筑普通工	工日	34	3.195	2.393	0.625
	建筑技术工	工日	48	1.420	1.064	0.110
	型钢	t	3675.21	0.005	0.003	
	水泥	t	337.61	0.322	0.241	
	石子	m³	58.83	0.707	0.530	0.510
	砂子	m³	54.85	0.699	0.524	
	钢筋	t	3504.27	0.106	0.079	
	机械当量	台班	1000	0.088	0.066	0.003

附表　指标调整系数表

说明

一、指标调整系数是考虑由于自然条件的差异，导致工程设计技术条件与指标编制的技术条件不同，在编制投资估算时需要调整关联费用而设置的调整系数。应用系统与单项建筑工程指标、单位建筑工程指标编制投资估算时，根据系数进行调整；独立子项建筑工程指标不执行本调整系数。

二、设计最低温度调整系数综合考虑了墙厚、基础埋深、风荷载、雪荷载等因素对项目投资估算的影响。编制投资估算时，根据工程设计最低温度以系统、单项、单位工程直接工程费为基数进行调整。调整本系数后，原则上不再进行相应工程量调整。沿海地区项目按照增加2.2%估列抗台风设施投资估算。

（一）系统、单项建筑工程指标中，建筑设备费不作为调整系数的计算基数。

（二）系统、单项建筑工程指标中，消防系统工程、厂区性建筑工程、集中采暖加热制冷工程、地基处理工程、大型临时设施工程不执行设计最低温度调整系数。

（三）单位建筑工程指标中，绿化、特殊消防、厂区道路与地坪、厂区护岸、建筑安装、大型临时设施等工程不执行设计最低温度调整系数。

三、抗震设防烈度综合考虑了地区地震烈度、项目施工场地土质稳定性、建筑物与构筑物的重要性等因素。编制投资估算时，根据工程设计确定的抗震设防烈度以系统、单项、单位工程直接工程费为基数进行调整。调整本系数后，原则上不再进行钢筋、钢结构、混凝土结构等相应工程量调整。

（一）系统、单项工程指标中，建筑设备费不作为调整系数的计算基数。

（二）系统、单项工程指标中，消防系统工程、厂区性建筑工程、集中采暖加热制冷工程、地基处理工程、大型临时设施工程不执行抗震烈度设防调整系数。

（三）单位建筑工程指标中，绿化、特殊消防、厂区道路与地坪、厂区护岸、建筑安装、大型临时设施等工程不执行抗震设防烈度调整系数。

一、设计最低温度调整系数表

设计最低温度（℃）	工程指标直接费调整费率（%）				
	0	−10	−20	−30	−40
0	0.0	2.1	4.5	8.6	9.5
−10	−2.0	0.0	2.5	7.5	8.1
−20	−4.2	−2.3	0.0	4.7	5.4
−30	−8.0	−6.5	−4.4	0.0	1.1
−40	−8.7	−7.4	−5.0	−0.7	0.0

二、抗震设防烈度调整系数表

1. 系统（单项）工程调整系数表

项目	抗震设防烈度（度）	系统、单项工程指标直接费调整费率（%）			
		Ⅵ	Ⅶ	Ⅷ	Ⅸ
混凝土结构主厂房本体及设备基础工程	Ⅶ	−1.5	0.0	2.6	5.5
	Ⅷ	−3.5	−2.4	0.0	3.0
	Ⅸ	−6.2	−4.7	−2.6	0.0
钢结构主厂房本体及设备基础工程	Ⅶ	−1.8	0.0	3.1	6.5
	Ⅷ	−4.1	−2.8	0.0	3.5
	Ⅸ	−7.0	−5.6	−3.0	0.0

续表

项目	抗震设防烈度（度）	系统、单项工程指标直接费调整费率（%）			
		VI	VII	VIII	IX
除尘排烟系统工程	VII	-1.3	0.0	1.8	4.8
	VIII	-3.3	-1.1	0.0	3.5
	IX	-5.8	-4.1	-3.3	0.0
厂内燃料供应系统工程、厂内除灰渣系统工程	VI	0.0	1.8	3.8	7.0
	VII	-1.5	0.0	1.8	5.6
	VIII	-3.0	-1.7	0.0	4.1
	IX	-6.1	-4.9	-3.4	0.0
厂内供水系统工程	VI	0.0	1.9	3.7	7.2
	VII	-1.3	0.0	1.9	6.2
	VIII	-2.9	-1.4	0.0	4.3
	IX	-5.9	-4.8	-3.3	0.0
相关配套设施工程	VI	0.0	1.5	3.1	6.8
	VII	-1.4	0.0	1.5	5.1
	VIII	-3.0	-1.5	0.0	3.6
	IX	-6.4	-5.0	-3.5	0.0
其他系统、单项工程	VI	0.0	2.3	3.0	4.5
	VII	-2.0	0.0	0.7	2.8
	VIII	-2.8	-0.6	0.0	2.2
	IX	-4.2	-2.6	-2.0	0.0

858

2. 单位工程调整系数表

项目	抗震设防烈度（度）	单位工程指标直接费调整费率（％）			
		Ⅵ	Ⅶ	Ⅷ	Ⅸ
混凝土结构主厂房	Ⅶ	－1.6	0.0	2.8	5.8
	Ⅷ	－3.2	－2.6	0.0	3.2
	Ⅸ	－6.5	－4.9	－2.8	0.0
钢结构主厂房	Ⅶ	－2.0	0.0	3.4	6.9
	Ⅷ	－4.3	－3.0	0.0	3.8
	Ⅸ	－7.2	－5.8	－3.2	0.0
汽轮发电机基础	Ⅶ	0.0	0.0	0.7	0.8
	Ⅷ	－0.6	－0.6	0.0	0.0
	Ⅸ	－0.6	－0.6	0.0	0.0
简体结构	Ⅶ	－1.7	0.0	2.4	4.5
	Ⅷ	－3.6	－1.3	0.0	3.8
	Ⅸ	－5.2	－4.2	－3.3	0.0
钢结构其他建筑	Ⅵ	0.0	2.0	4.5	7.2
	Ⅶ	－1.8	0.0	3.2	6.7
	Ⅷ	－4.1	－2.7	0.0	3.5
	Ⅸ	－6.9	－5.5	－3.0	0.0
混凝土框架结构其他建筑	Ⅵ	0.0	1.8	3.9	6.8
	Ⅶ	－1.4	0.0	2.6	5.5
	Ⅷ	－3.5	－2.4	0.0	3.0
	Ⅸ	－6.0	－4.4	－2.3	0.0

859

项目	抗震设防烈度（度）	单位工程指标直接费调整费率（%）			
		VI	VII	VIII	IX
非混凝土框架结构其他建筑	VI	0.0	2.5	3.3	
	VII	−2.2	0.0	1.1	
	VIII	−2.8	−0.8	0.0	

附录 火力发电工程静态投资综合指标

说明

一、本指标根据发电建筑专业和发电安装专业系统（单项）指标，选取 1000MW 级、600MW 级、300MW 级燃煤机组和 F 级、E 级燃气-蒸汽联合循环机组工程实际案例，综合考虑建设场地征用与清理费、项目建设技术服务费、标准煤价、大件运输措施费等其他费用标准，按照发电厂和发电容量为计量单位编制。

二、本指标主要用于编制、管理项目前期规划投资，为火力发电项目核准投资提供依据，亦作为火力发电项目动态投资管理的基础。

三、本指标基价中包括建筑工程费、设备购置费、安装工程费、其他费用（含基本预备费），不包括特殊项目费用。指标按照《火力发电工程建设预算编制与计算规定（2013 年版）》中"Ⅳ地区"计算建安取费及编制基准期价差、征租地等其他费用，静态投资为 2016 年价格水平。

四、本指标原则上按照年度随电力行业概预算定额年度价格水平调整文件调整更新。

五、编制主要条件

（一）1000MW 级、600MW 级燃煤机组工程以煤源丰富地区为建设地点，合理确定运煤、机组冷却、出线电压等级、主厂房结构等形式。

（二）300MW 级燃煤机组工程以采暖地区为建设地点，合理确定运煤、机组冷却、煤场、灰场、补给水等形式。

（三）F 级、E 级燃气-蒸汽联合循环机组工程以供热、调峰地区为建设地点，合理确定机组选型与布置、机组冷却、出线电压等级、燃气供应等形式。

六、当建厂条件与指标编制条件不同时，可以根据单项工程、单位工程、独立子项工程指标进行调整。

（一）燃煤机组一座电厂按照两台新建机组编制。

（二）燃气-蒸汽联合循环机组一座电厂（电站）按照"1+1"配置新建两套机组编制。

（三）安装主要材料工程量、主要建筑工程量、建设场地的数量中，不包括厂外道路、铁路、码头、引堤工程的数量。

工程量计算规则

一、本指标按照规划单机容量以"厂"或"kW"为计量单位计算工程量。

二、燃煤机组规划装机容量按照汽轮机在纯凝运行工况下发电机的额定功率计算发电量。

三、燃气-蒸汽联合循环机组规划装机容量按照汽轮机在纯凝运行工况下联合循环发电机额定功率计算发电量。

附录 A 燃煤发电机组

附录 A-1 1000MW 级机组

指标编号	ZFZ1-1		ZFZ1-2		ZFZ1-3		ZFZ1-4	
项目名称	1000MW 级烟煤 π 型炉、二次再热、间接空冷机组		1000MW 级烟煤 π 型炉、二次再热、淡水二次循环冷却机组		1000MW 级烟煤 π 型炉、间接空冷机组		1000MW 级烟煤 π 型炉、淡水二次循环冷却机组	
指标单位	万元/厂	元/kW	万元/厂	元/kW	万元/厂	元/kW	万元/厂	元/kW
基　　价	**776742**	**3884**	**757440**	**3787**	**709029**	**3546**	**689727**	**3449**
其中　建筑工程费	163633	818	171973	860	163633	818	171973	860
其中　安装工程费	162331	812	168781	844	128709	644	135159	676
其中　设备购置费	357729	1789	323795	1619	329753	1649	295819	1479
其中　其他费用	93049	465	92891	464	86934	435	86776	434
项目概况　外部条件	铁路运输，厂外铁路 12km；取地表水，补给水管道（2 × DN500）15km；灰场距离厂址 10km，山谷灰场，储灰年限 3 年		铁路运输，厂外铁路 12km；取地表水，补给水管道（2 × DN1200）15km；灰场距离厂址 10km，山谷灰场，储灰年限 3 年		铁路运输，厂外铁路 12km；取地表水，补给水管道（2 × DN500）15km；灰场距离厂址 10km，山谷灰场，储灰年限 3 年		铁路运输，厂外铁路 12km；取地表水，补给水管道（2 × DN1200）15km；灰场距离厂址 10km，山谷灰场，储灰年限 3 年	

续表

指标编号			ZFZ1-1	ZFZ1-2	ZFZ1-3	ZFZ1-4
项目名称			1000MW级烟煤π型炉、二次再热、间接空冷机组	1000MW级烟煤π型炉、二次再热、淡水二次循环冷却机组	1000MW级烟煤π型炉、间接空冷机组	1000MW级烟煤π型炉、淡水二次循环冷却机组
项目概况	工艺系统		汽动给水泵组，双室五电场静电除尘器+双室一电场湿式除尘器，低温省煤器；翻车机卸煤，圆形封闭煤场；间接空冷；GIS布置，750kV出线两回；石灰石-石膏湿法烟气脱硫+废水零排放；SCR脱硝	汽动给水泵组，双室五电场静电除尘器+双室一电场湿式除尘器，低温省煤器；翻车机卸煤，圆形封闭煤场；淡水二次循环冷却；GIS布置，500kV出线两回；石灰石-石膏湿法烟气脱硫+废水零排放；SCR脱硝	汽动给水泵组，双室五电场静电除尘器+双室一电场湿式除尘器，低温省煤器；翻车机卸煤，圆形封闭煤场；间接空冷；GIS布置，750kV出线两回；石灰石-石膏湿法烟气脱硫+废水零排放；SCR脱硝	汽动给水泵组，双室五电场静电除尘器+双室一电场湿式除尘器，低温省煤器；翻车机卸煤，圆形封闭煤场；淡水二次循环冷却；GIS布置，500kV出线两回；石灰石-石膏湿法烟气脱硫+废水零排放；SCR脱硝
	主厂房结构形式		钢筋混凝土结构	钢结构	钢筋混凝土结构	钢结构
主要设备	名称	单位	综合单价（万元）	设备数量		
	π型炉（烟煤）2764t/h 33.5MPa 605/623/623℃	台	51500	2	2		
	π型炉（烟煤）2980t/h 26.25MPa 605/603℃	台	46000			2	2
	1000MW汽轮机 超超临界 二次再热	台	25000	2	2		

864

续表

指标编号			ZFZ1-1	ZFZ1-2	ZFZ1-3	ZFZ1-4
项目名称			1000MW级烟煤 π型炉、二次再热、间接空冷机组	1000MW级烟煤 π型炉、二次再热、淡水二次循环冷却机组	1000MW级烟煤 π型炉、间接空冷机组	1000MW级烟煤 π型炉、淡水二次循环冷却机组
	名称	单位	综合单价（万元）	设备数量		
主要设备	1000MW汽轮机 超超临界 一次再热	台	20000			2	2
	汽轮发电机 QFSN-1000-2型 配二次再热机组	台	12500	2	2		
	汽轮发电机 QFSN-1000-2型	台	11700			2	2
	主变压器 DFP-380MVA/750kV 800/$\sqrt{3}$ $-2\times2.5\%$/27kV	台	1480	6		6	
	主变压器 DFP-380MVA/500kV 525/$\sqrt{3}$ $\pm2\times2.5\%$/27kV	台	1050		6		6
	名称	单位		工程量		
安装主要工程量	高压管道	t		5647	5647	2763	2763
	热力系统中低压管道	t		4882	4882	3327	3327
	其他中低压管道	t		7105	20745	7105	20745
	烟风煤管道	t		7544	7544	7544	7544

865

指标编号			ZFZ1-1	ZFZ1-2	ZFZ1-3	ZFZ1-4
项目名称			1000MW级烟煤 π型炉、二次再热、间接空冷机组	1000MW级烟煤 π型炉、二次再热、淡水二次循环冷却机组	1000MW级烟煤 π型炉、间接空冷机组	1000MW级烟煤 π型炉、淡水二次循环冷却机组
安装主要工程量	名称	单位	工程量			
	保温、炉墙	m³	46397	46397	33522	33522
	电力电缆	km	542	542	542	542
	控制电缆	km	2658	2658	2658	2658
	电缆桥（支）架	t	2394	2394	2394	2394
建筑主要工程量	名称	单位	工程量			
	钢结构	t	21818	29399	21818	29399
	混凝土结构	m³	95350	96918	95350	96918
用地	名称	单位	数量			
	征地	hm²	92	92	92	92
	租地	hm²	27	27	27	27
用工	名称	单位	数量			
	建筑用工	工日	3726623	3734839	3726623	3734839
	安装用工	工日	2024525	2002282	1897997	1875754

指标编号		ZFZ1-1		ZFZ1-2		ZFZ1-3		ZFZ1-4	
项目名称		1000MW 级烟煤 π 型炉、二次再热、间接空冷机组		1000MW 级烟煤 π 型炉、二次再热、淡水二次循环冷却机组		1000MW 级烟煤 π 型炉、间接空冷机组		1000MW 级烟煤 π 型炉、淡水二次循环冷却机组	
	名称	万元/厂	元/kW	万元/厂	元/kW	万元/厂	元/kW	万元/厂	元/kW
相关费用	建设场地征用及清理费	15964	80	15964	80	15964	80	15964	80
	厂外补给水费用	3793	19	13390	67	3793	19	13390	67
	铁路费用	23233.5	116	23233.5	116	23233.5	116	23233.5	116
	地基处理费用	15672	78	15672	78	15672	78	15672	78
	竖向布置土石方费用	1424	7	1424	7	1424	7	1424	7

指标编号	ZFZ1-5		ZFZ1-6	
项目名称	1000MW 级烟煤塔式炉、二次再热、淡水二次循环冷却机组		1000MW 级烟煤塔式炉、二次再热、间接空冷机组	
指标单位	万元/厂	元/kW	万元/厂	元/kW
基　价	**778023**	**3891**	**797056**	**3985**
其中 建筑工程费	174165	871	165587	828
安装工程费	180101	901	173651	868
设备购置费	328795	1644	362729	1814
其他费用	94962	475	95089	475
项目概况 外部条件	铁路运输，厂外铁路 12km；取地表水，补给水管道（2×DN1200）15km；灰场距离厂址 10km，山谷灰场，储灰年限 3 年		铁路运输，厂外铁路 12km；取地表水，补给水管道（2×DN500）15km；灰场距离厂址 10km，山谷灰场，储灰年限 3 年	
工艺系统	汽动给水泵组，双室五电场静电除尘器 + 双室一电场湿式除尘器，低温省煤器；翻车机卸煤，圆形封闭煤场；淡水二次循环冷却；GIS 布置，500kV 出线两回；石灰石-石膏湿法烟气脱硫 + 废水零排放；SCR 脱硝		汽动给水泵组，双室五电场静电除尘器 + 双室一电场湿式除尘器，低温省煤器；翻车机卸煤，圆形封闭煤场；间接空冷；GIS 编制，750kV 出线两回；石灰石-石膏湿法烟气脱硫 + 废水零排放；SCR 脱硝	
主厂房结构形式	钢结构		钢筋混凝土结构	

指标编号				ZFZ1-5	ZFZ1-6
项目名称				1000MW 级烟煤塔式炉、二次再热、淡水二次循环冷却机组	1000MW 级烟煤塔式炉、二次再热、间接空冷机组
主要设备	名称	单位	综合单价（万元）	设备数量	
	塔式炉（烟煤）　2702t/h 33.11MPa　605/613/613℃	台	54000	2	2
	1000MW 汽轮机　超超临界二次再热	台	25000	2	2
	汽轮发电机　QFSN-1000-2 型配二次再热机组	台	12500	2	2
	主变压器　DFP-380MVA/750kV 800/$\sqrt{3}$ $-2\times2.5\%$/27kV	台	1480		6
	主变压器　DFP-380MVA/500kV 525/$\sqrt{3}$ $\pm2\times2.5\%$/27kV	台	1050	6	
安装主要工程量	名称	单位		工程量	
	高压管道	t		6741	6741
	热力系统中低压管道	t		4882	4882
	其他中低压管道	t		20745	7105
	烟风煤管道	t		7544	7544
	保温、炉墙	m³		49384	49384

续表

指标编号			ZFZ1-5		ZFZ1-6	
项目名称			1000MW 级烟煤塔式炉、二次再热、淡水二次循环冷却机组		1000MW 级烟煤塔式炉、二次再热、间接空冷机组	
安装主要工程量	名称	单位	工程量			
	电力电缆	km	542		542	
	控制电缆	km	2658		2658	
	电缆桥（支）架	t	2394		2394	
建筑主要工程量	名称	单位	工程量			
	钢结构	t	30120		22107	
	混凝土结构	m³	98199		96741	
用地	名称	单位	数量			
	征地	hm²	92		92	
	租地	hm²	27		27	
用工	名称	单位	数量			
	建筑用工	工日	3772939		3768517	
	安装用工	工日	2054074		2076317	
相关费用	名称		万元/厂	元/kW	万元/厂	元/kW
	建设场地征用及清理费		15964	80	15964	80

续表

指标编号			ZFZ1-5		ZFZ1-6	
项目名称			1000MW 级烟煤塔式炉、二次再热、淡水二次循环冷却机组		1000MW 级烟煤塔式炉、二次再热、间接空冷机组	
	名称		万元/厂	元/kW	万元/厂	元/kW
相关费用	厂外补给水费用		13390	67	3793	19
	铁路费用		23233.5	116	23233.5	116
	地基处理费用		15672	78	15672	78
	竖向布置土石方费用		1424	7	1424	7

指标编号	ZFZ1-7		ZFZ1-8		ZFZ1-9	
项目名称	1000MW级烟煤塔式炉、间接空冷机组		1000MW级烟煤塔式炉、厂外胶带机运煤、间接空冷机组		1000MW级烟煤塔式炉、淡水二次循环冷却机组	
指标单位	万元/厂	元/kW	万元/厂	元/kW	万元/厂	元/kW
基　　价	**726033**	**3631**	**694089**	**3470**	**707000**	**3535**
其中　建筑工程费	165587	828	136894	684	174165	871
安装工程费	137102	686	137437	687	143553	718
设备购置费	334753	1674	331995	1660	300819	1504
其他费用	88591	443	87763	439	88463	442
项目概况　外部条件	铁路运输，厂外铁路12km；取地表水，补给水管道（2×DN500）15km；灰场距离厂址10km，山谷灰场，储灰年限3年		厂外管状胶带机运煤（2×φ450mm）1km；取地表水，补给水管道（2×DN500）15km；灰场距离厂址10km，山谷灰场，储灰年限3年		铁路运输，厂外铁路12km；取地表水，补给水管道（2×DN1200）15km；灰场距离厂址10km，山谷灰场，储灰年限3年	
工艺系统	汽动给水泵组，双室五电场静电除尘器＋双室一电场湿式除尘器，低温省煤器；翻车机卸煤，圆形封闭煤场；间接空冷；GIS布置，750kV出线两回；石灰石-石膏湿法烟气脱硫＋废水零排放；SCR脱硝		汽动给水泵组，双室五电场静电除尘器＋双室一电场湿式除尘器，低温省煤器；圆形封闭煤场；间接空冷；GIS布置，750kV出线两回；石灰石-石膏湿法烟气脱硫＋废水零排放；SCR脱硝		汽动给水泵组，双室五电场静电除尘器＋双室一电场湿式除尘器，低温省煤器；翻车机卸煤，圆形封闭煤场；淡水二次循环冷却；GIS布置，500kV出线两回；石灰石-石膏湿法烟气脱硫＋废水零排放；SCR脱硝	
主厂房结构形式	钢筋混凝土结构		钢筋混凝土结构		钢结构	

续表

指标编号				ZFZ1-7	ZFZ1-8	ZFZ1-9
项目名称				1000MW 级烟煤塔式炉、间接空冷机组	1000MW 级烟煤塔式炉、厂外胶带机运煤、间接空冷机组	1000MW 级烟煤塔式炉、淡水二次循环冷却机组
	名称	单位	综合单价（万元）	设备数量		
主要设备	塔式炉（烟煤） 3097t/h 27.46MPa 605/603℃	台	48500	2	2	2
	1000MW 汽轮机 超超临界 一次再热	台	20000	2	2	2
	汽轮发电机 QFSN-1000-2 型	台	11700	2	2	2
	主变压器 DFP-380MVA/750kV $800/\sqrt{3} - 2 \times 2.5\%/27kV$	台	1480	6	6	
	主变压器 DFP-380MVA/500kV $525/\sqrt{3} \pm 2 \times 2.5\%/27kV$	台	1050			6
	名称	单位		工程量		
安装主要工程量	高压管道	t		3585	3585	3585
	热力系统中低压管道	t		3327	3327	3327
	其他中低压管道	t		7105	7105	20745
	烟风煤管道	t		7544	7544	7544
	保温、炉墙	m³		37210	37210	37210

指标编号			ZFZ1-7	ZFZ1-8	ZFZ1-9
项目名称			1000MW级烟煤塔式炉、间接空冷机组	1000MW级烟煤塔式炉、厂外胶带机运煤、间接空冷机组	1000MW级烟煤塔式炉、淡水二次循环冷却机组
安装主要工程量	名称	单位	工程量		
	电力电缆	km	542	542	542
	控制电缆	km	2658	2658	2658
	电缆桥（支）架	t	2394	2394	2394
建筑主要工程量	名称	单位	工程量		
	钢结构	t	22107	21564	30120
	混凝土结构	m³	96741	92951	98199
用地	名称	单位	数量		
	征地	hm²	92	92	92
	租地	hm²	27	27	27
用工	名称	单位	数量		
	建筑用工	工日	3768517	3623486	3772939
	安装用工	工日	1940571	1940310	1918328

续表

指标编号		ZFZ1-7		ZFZ1-8		ZFZ1-9	
项目名称		1000MW级烟煤塔式炉、间接空冷机组		1000MW级烟煤塔式炉、厂外胶带机运煤、间接空冷机组		1000MW级烟煤塔式炉、淡水二次循环冷却机组	
	名称	万元/厂	元/kW	万元/厂	元/kW	万元/厂	元/kW
相关费用	建设场地征用及清理费	15964	80	15964	80	15964	80
	厂外补给水费用	3793	19	3793	19	13390	67
	铁路费用	23233.5	116			23233.5	116
	地基处理费用	15672	78	15672	78	15672	78
	竖向布置土石方费用	1424	7	1424	7	1424	7
	厂外管状胶带机运煤费用			3799	19		

附录 A-2 600MW 级机组

指标编号	ZFZ1-10		ZFZ1-11		ZFZ1-12	
项目名称	600MW 级烟煤 π 型炉、二次再热、间接空冷机组		600MW 级烟煤 π 型炉、二次再热、淡水二次循环冷却机组		600MW 级烟煤 π 型炉、间接空冷机组	
指标单位	万元/厂	元/kW	万元/厂	元/kW	万元/厂	元/kW
基　价	**584693**	**4429**	**551499**	**4178**	**522793**	**3960**
其中 建筑工程费	127816	968	125382	950	127816	968
其中 安装工程费	105444	799	105634	800	91335	692
其中 设备购置费	280390	2124	251557	1906	237229	1797
其中 其他费用	71043	538	68926	522	66413	503
项目概况　外部条件	铁路运输，厂外铁路 10km；取地表水，补给水管道（2×DN500）15km；灰场距离厂址 2km，山谷灰场，储灰年限 5 年		铁路运输，厂外铁路 10km；取地表水，补给水管道（2×DN900）15km；灰场距离厂址 2km，山谷灰场，储灰年限 5 年		铁路运输，厂外铁路 10km；取地表水，补给水管道（2×DN500）15km；灰场距离厂址 2km，山谷灰场，储灰年限 5 年	

续表

指标编号			ZFZ1-10	ZFZ1-11	ZFZ1-12
项目名称			600MW 级烟煤 π 型炉、二次再热、间接空冷机组	600MW 级烟煤 π 型炉、二次再热、淡水二次循环冷却机组	600MW 级烟煤 π 型炉、间接空冷机组
项目概况	工艺系统		汽动给水泵组，双室五电场静电除尘器＋双室一电场湿式除尘器，低温省煤器；翻车机卸煤，条形封闭煤场；间接空冷；GIS 布置，750kV 出线两回；石灰石-石膏湿法烟气脱硫＋废水零排放；SCR 脱硝	汽动给水泵组，双室五电场静电除尘器＋双室一电场湿式除尘器，低温省煤器；翻车机卸煤，条形封闭煤场；淡水二次循环冷却；GIS 布置、500kV 出线两回；石灰石-石膏湿法烟气脱硫＋废水零排放；SCR 脱硝	汽动给水泵组，双室五电场静电除尘器＋双室一电场湿式除尘器，低温省煤器；翻车机卸煤，条形封闭煤场；间接空冷；GIS 布置，750kV 出线两回；石灰石-石膏湿法烟气脱硫＋废水零排放；SCR 脱硝
	主厂房结构形式		钢筋混凝土结构	钢筋混凝土结构	钢筋混凝土结构
主要设备	名称	单位	综合单价（万元）	设备数量	
	π 型炉（烟煤） 1918t/h 32.55MPa 605/622/622℃	台	39000	2	2	
	π 型锅炉（烟煤） 1970t/h 29.40MPa 605/623℃	台	29500			2
	660MW 汽轮机 超超临界二次再热	台	23000	2	2	
	660MW 汽轮机 提高参数的超超临界	台	16000			2

续表

指标编号			ZFZ1-10	ZFZ1-11	ZFZ1-12
项目名称			600MW级烟煤π型炉、二次再热、间接空冷机组	600MW级烟煤π型炉、二次再热、淡水二次循环冷却机组	600MW级烟煤π型炉、间接空冷机组
	名称	单位	综合单价（万元）	设备数量	
主要设备	汽轮发电机 QFSN-660-2型	台	7500	2	2	2
	主变压器 SFP-780MVA/750kV 800±2×2.5%/20kV	台	2490	2		2
	主变压器 SFP-780MVA/500kV 525±2×2.5%/20kV	台	2100		2	
	名称	单位		工程量	
安装主要工程量	高压管道	t		2541	2541	1762
	热力系统中低压管道	t		2117	2117	1700
	其他中低压管道	t		8311	12902	8311
	烟风煤管道	t		4702	4702	4748
	保温、炉墙	m³		24439	24439	22085
	电力电缆	km		398	398	398
	控制电缆	km		2064	2064	2064
	电缆桥（支）架	t		1574	1574	1574

指标编号			ZFZ1-10		ZFZ1-11		ZFZ1-12	
项目名称			600MW级烟煤π型炉、二次再热、间接空冷机组		600MW级烟煤π型炉、二次再热、淡水二次循环冷却机组		600MW级烟煤π型炉、二次再热、间接空冷机组	
建筑主要工程量	名称	单位	工程量					
	钢结构	t	16671		16390		16671	
	混凝土结构	m³	57505		53034		57505	
用地	名称	单位	数量					
	征地	hm²	81		81		81	
	租地	hm²	25		25		25	
用工	名称	单位	数量					
	建筑用工	工日	2656218		2591887		2656218	
	安装用工	工日	1558134		1508823		1417643	
相关费用	名称		万元/厂	元/kW	万元/厂	元/kW	万元/厂	元/kW
	建设场地征用及清理费		13210	100	13210	100	13210	100
	厂外补给水费用		4283	32	8876	67	4283	32
	铁路费用		23233.5	176	23233.5	176	23233.5	176
	地基处理费用		12046	91	12046	91	12046	91
	竖向布置土石方费用		2226	17	2226	17	2226	17

指标编号	ZFZ1-13		ZFZ1-14		ZFZ1-15	
项目名称	600MW级烟煤π型炉、淡水二次循环冷却机组		600MW级烟煤π型炉、直接空冷机组		600MW级褐煤π型炉、间接空冷机组	
指标单位	万元/厂	元/kW	万元/厂	元/kW	万元/厂	元/kW
基　价	**489598**	**3709**	**505680**	**3832**	**520211**	**3940**
其中 建筑工程费	125382	950	124428	943	129557	981
安装工程费	91525	693	87256	661	92721	702
设备购置费	208396	1579	229090	1736	231472	1754
其他费用	64295	487	64906	492	66461	503
项目概况 外部条件	铁路运输，厂外铁路10km；取地表水，补给水管道（2×DN900）15km；灰场距离厂址2km，山谷灰场，储灰年限5年		铁路运输，厂外铁路10km；取地表水，补给水管道（2×DN500）15km；灰场距离厂址2km，山谷灰场，储灰年限5年		铁路运输，厂外铁路10km；取地表水，补给水管道（2×DN500）15km；灰场距离厂址2km，山谷灰场，储灰年限5年	
工艺系统	汽动给水泵组，双室五电场静电除尘器＋双室一电场湿式除尘器，低温省煤器；翻车机卸煤，条形封闭煤场；淡水二次循环冷却；GIS布置、500kV出线两回；石灰石-石膏湿法烟气脱硫＋废水零排放；SCR脱硝		汽动给水泵组，双室五电场静电除尘器＋双室一电场湿式除尘器，低温省煤器；翻车机卸煤，条形封闭煤场；直接空冷；GIS布置、500kV出线两回；石灰石-石膏湿法烟气脱硫＋废水零排放；SCR脱硝		汽动给水泵组，双室五电场静电除尘器＋双室一电场湿式除尘器，低温省煤器；翻车机卸煤，条形封闭煤场；间接空冷；GIS布置、500kV出线两回；石灰石-石膏湿法烟气脱硫＋废水零排放；SCR脱硝	
主厂房结构形式	钢筋混凝土结构		钢筋混凝土结构		钢筋混凝土结构	

续表

指标编号				ZFZ1-13	ZFZ1-14	ZFZ1-15
项目名称				600MW级烟煤π型炉、淡水二次循环冷却机组	600MW级烟煤π型炉、直接空冷机组	600MW级褐煤π型炉、间接空冷机组
	名称	单位	综合单价（万元）	设备数量		
主要设备	π型锅炉（烟煤）　1970t/h　29.40MPa　605/623℃	台	29500	2	2	
	π型锅炉（褐煤）　2000t/h　28.25MPa　605/613℃	台	31500			2
	660MW　汽轮机　提高参数的超超临界	台	16000	2	2	2
	汽轮发电机　QFSN-660-2型	台	7500	2	2	2
	主变压器　SFP-780MVA/500kV　525±2×2.5%/20kV	台	2100	2	2	2
	名称	单位		工程量		
安装主要工程量	高压管道	t		1762	1762	1762
	热力系统中低压管道	t		1700	1700	1700
	其他中低压管道	t		12902	5765	8311
	烟风煤管道	t		4748	4748	4748
	保温、炉墙	m³		22085	22085	23085

指标编号				ZFZ1-13		ZFZ1-14		ZFZ1-15	
项目名称				600MW 级烟煤 π 型炉、淡水二次循环冷却机组		600MW 级烟煤 π 型炉、直接空冷机组		600MW 级褐煤 π 型炉、间接空冷机组	
安装主要工程量	名称		单位	工程量					
	电力电缆		km	398		398		398	
	控制电缆		km	2064		2064		2064	
	电缆桥（支）架		t	1574		1574		1574	
建筑主要工程量	名称		单位	工程量					
	钢结构		t	16390		23996		17041	
	混凝土结构		m³	53034		47922		58461	
用地	名称		单位	数量					
	征地		hm²	81		81		81	
	租地		hm²	25		25		25	
用工	名称		单位	数量					
	建筑用工		工日	2591887		2500203		2692013	
	安装用工		工日	1368333		1356725		1450113	
相关费用	名称			万元/厂	元/kW	万元/厂	元/kW	万元/厂	元/kW
	建设场地征用及清理费			13210	100	13210	100	13210	100

指标编号		ZFZ1-13		ZFZ1-14		ZFZ1-15	
项目名称		600MW级烟煤π型炉、淡水二次循环冷却机组		600MW级烟煤π型炉、直接空冷机组		600MW级褐煤π型炉、间接空冷机组	
	名称	万元/厂	元/kW	万元/厂	元/kW	万元/厂	元/kW
相关费用	厂外补给水费用	8876	67	4283	32	4283	32
	铁路费用	23233.5	176	23233.5	176	23233.5	176
	地基处理费用	12046	91	12046	91	12046	91
	竖向布置土石方费用	2226	17	2226	17	2226	17

指标编号		ZFZ1-16		ZFZ1-17	
项目名称		600MW级烟煤塔式炉、间接空冷机组		600MW级烟煤塔式炉、淡水二次循环冷却机组	
指标单位		万元/厂	元/kW	万元/厂	元/kW
基　价		**539038**	**4084**	**505844**	**3832**
其中	建筑工程费	129388	980	126954	962
	安装工程费	96592	732	96782	733
	设备购置费	245229	1858	216396	1639
	其他费用	67829	514	65712	498
项目概况	外部条件	铁路运输，厂外铁路10km；取地表水，补给水管道（2×DN500）15km；灰场距离厂址2km，山谷灰场，储灰年限5年		铁路运输，厂外铁路10km；取地表水，补给水管道（2×DN900）15km；灰场距离厂址2km，山谷灰场，储灰年限5年	
	工艺系统	汽动给水泵组，双室五电场静电除尘器＋双室一电场湿式除尘器，低温省煤器；翻车机卸煤，条形封闭煤场；间接空冷；GIS布置、750kV出线两回；石灰石-石膏湿法烟气脱硫＋废水零排放；SCR脱硝		汽动给水泵组，双室五电场静电除尘器＋双室一电场湿式除尘器，低温省煤器；翻车机卸煤，条形封闭煤场；淡水二次循环冷却；GIS布置、500kV出线两回；石灰石-石膏湿法烟气脱硫＋废水零排放；SCR脱硝	
	主厂房结构形式	钢筋混凝土结构		钢筋混凝土结构	

续表

指标编号				ZFZ1-16	ZFZ1-17
项目名称				600MW 级烟煤塔式炉、间接空冷机组	600MW 级烟煤塔式炉、淡水二次循环冷却机组
	名称	单位	综合单价（万元）	设备数量	
主要设备	塔式锅炉（烟煤）　1948t/h　28MPa　605/603℃	台	33500	2	2
	660MW　汽轮机　提高参数的超超临界	台	16000	2	2
	汽轮发电机　QFSN-660-2 型	台	7500	2	2
	主变压器　SFP-780MVA/500kV　525±2×2.5%/20kV	台	2100		2
	主变压器　SFP-780MVA/750kV　800±2×2.5%/20kV	台	2490	2	
	名称	单位		工程量	
安装主要工程量	高压管道	t		2089	2089
	热力系统中低压管道	t		1700	1700
	其他中低压管道	t		8311	12902
	烟风煤管道	t		4748	4748
	保温、炉墙	m³		23085	23085
	电力电缆	km		398	398
	控制电缆	km		2064	2064
	电缆桥（支）架	t		1574	1574

续表

指标编号			ZFZ1-16		ZFZ1-17	
项目名称			600MW 级烟煤塔式炉、间接空冷机组		600MW 级烟煤塔式炉、淡水二次循环冷却机组	
建筑主要工程量	名称	单位	工程量			
	钢结构	t	16955		16674	
	混凝土结构	m³	58793		54322	
用地	名称	单位	数量			
	征地	hm²	81		81	
	租地	hm²	25		25	
用工	名称	单位	数量			
	建筑用工	工日	2691456		2627125	
	安装用工	工日	1489685		1440375	
相关费用	名称		万元/厂	元/kW	万元/厂	元/kW
	建设场地征用及清理费		13210	100	13210	100

续表

指标编号			ZFZ1-16		ZFZ1-17	
项目名称			600MW级烟煤塔式炉、间接空冷机组		600MW级烟煤塔式炉、淡水二次循环冷却机组	
	名称		万元/厂	元/kW	万元/厂	元/kW
相关费用	厂外补给水费用		4283	32	8876	67
	铁路费用		23233.5	176	23233.5	176
	地基处理费用		12046	91	12046	91
	竖向布置土石方费用		2226	17	2226	17

指标编号	ZFZ1-18		ZFZ1-19		ZFZ1-20	
项目名称	600MW 级褐煤塔式炉、间接空冷机组		600MW 级褐煤塔式炉、厂外胶带机运煤、间接空冷机组		600MW 级褐煤塔式炉、间接空冷机组	
指标单位	万元/厂	元/kW	万元/厂	元/kW	万元/厂	元/kW
基　价	**559738**	**4240**	**532224**	**4031**	**565108**	**4281**
其中 建筑工程费	129557	981	105090	796	134301	1017
其中 安装工程费	117913	893	117786	892	117913	893
其中 设备购置费	241771	1832	239194	1812	241771	1832
其中 其他费用	70497	534	70154	531	71123	539
项目概况 外部条件	铁路运输，厂外铁路10km；取地表水，补给水管道（2×DN500）15km；灰场距离厂址2km，山谷灰场，储灰年限5年		厂外胶带机运煤（2×1400mm），输煤廊道长度1km；取地表水，补给水管道（2×DN500）15km；灰场距离厂址2km，山谷灰场，储灰年限5年		铁路运输，厂外铁路10km；取地表水，补给水管道（2×DN500）15km；灰场距离厂址2km，山谷灰场，储灰年限5年	
项目概况 工艺系统	汽动给水泵组，双室五电场静电除尘器＋双室一电场湿式除尘器，低温省煤器；翻车机卸煤，条形封闭煤场；间接空冷；GIS 布置、500kV 出线两回；石灰石-石膏湿法烟气脱硫＋废水零排放；SCR 脱硝		汽动给水泵组，双室五电场静电除尘器＋双室一电场湿式除尘器，低温省煤器；条形封闭煤场；间接空冷；GIS 布置、500kV 出线两回；石灰石-石膏湿法烟气脱硫＋废水零排放；SCR 脱硝		汽动给水泵组，双室五电场静电除尘器＋双室一电场湿式除尘器，低温省煤器；翻车机卸煤，条形封闭煤场；间接空冷；GIS 布置、500kV 出线两回；石灰石-石膏湿法烟气脱硫＋废水零排放；SCR 脱硝	
项目概况 主厂房结构形式	钢筋混凝土结构		钢筋混凝土结构		钢结构	

指标编号			ZFZ1-18	ZFZ1-19	ZFZ1-20
项目名称			600MW 级褐煤塔式炉、间接空冷机组	600MW 级褐煤塔式炉、厂外胶带机运煤、间接空冷机组	600MW 级褐煤塔式炉、间接空冷机组
	名称	单位	综合单价（万元）	设备数量		
主要设备	塔式锅炉（褐煤）2117t/h 29.3MPa 605/613℃	台	36000	2	2	2
	660MW 汽轮机 提高参数的超超临界	台	16000	2	2	2
	汽轮发电机 QFSN-660-2 型	台	7500		2	2
	主变压器 SFP-780MVA/500kV 525±2×2.5%/20kV	台	2100	2	2	2
	名称	单位		工程量		
安装主要工程量	高压管道	t		2089	2089	2089
	热力系统中低压管道	t		1700	1700	1700
	其他中低压管道	t		8311	8311	8311
	烟风煤管道	t		6293	6293	6293
	保温、炉墙	m³		24184	24184	24184
	电力电缆	km		398	398	398

指标编号			ZFZ1-18	ZFZ1-19	ZFZ1-20
项目名称			600MW级褐煤塔式炉、间接空冷机组	600MW级褐煤塔式炉、厂外胶带机运煤、间接空冷机组	600MW级褐煤塔式炉、间接空冷机组
安装主要工程量	名称	单位	工程量		
	控制电缆	km	2064	2064	2064
	电缆桥（支）架	t	1574	1574	1574
建筑主要工程量	名称	单位	工程量		
	钢结构	t	17041	17085	25494
	混凝土结构	m³	58461	57782	55936
用地	名称	单位	数量		
	征地	hm²	81	81	81
	租地	hm²	25	25	25
用工	名称	单位	数量		
	建筑用工	工日	2692013	2677890	2661406
	安装用工	工日	1534446	1528900	1534446

指标编号		ZFZ1-18		ZFZ1-19		ZFZ1-20	
项目名称		600MW 级褐煤塔式炉、间接空冷机组		600MW 级褐煤塔式炉、厂外胶带机运煤、间接空冷机组		600MW 级褐煤塔式炉、间接空冷机组	
	名称	万元/厂	元/kW	万元/厂	元/kW	万元/厂	元/kW
相关费用	建设场地征用及清理费	13210	100	13210	100	13210	100
	厂外补给水费用	4283	32	4283	32	4283	32
	铁路费用	23233.5	176			23233.5	176
	地基处理费用	12046	91	12046	91	12046	91
	竖向布置土石方费用	2226	17	2226	17	2226	17
	厂外胶带机运煤费用			3873	29		

附录 A-3　300MW 级机组

指标编号	ZFZ1-21		ZFZ1-22		ZFZ1-23		ZFZ1-24	
项目名称	300MW 级烟煤 π 型炉、淡水二次循环冷却供热机组		300MW 级褐煤 π 型炉、淡水二次循环冷却供热机组		300MW 级烟煤 π 型炉、间接空冷供热机组		300MW 级褐煤 π 型炉、直接空冷供热机组	
指标单位	万元/厂	元/kW	万元/厂	元/kW	万元/厂	元/kW	万元/厂	元/kW
基　　价	**290644**	**4152**	**297968**	**4257**	**304726**	**4353**	**303775**	**4341**
其中 建筑工程费	80380	1148	82130	1173	82135	1173	79984	1143
安装工程费	55324	790	56157	802	55186	788	53253	761
设备购置费	114792	1640	118898	1699	126274	1804	129758	1854
其他费用	40148	574	40783	583	41131	588	40780	583
项目概况　外部条件	铁路运输，厂外铁路 8km；取地表水，补给水管道（1×DN700）20km；灰场距离厂址 5km，事故备用灰场，储灰年限 0.5 年		铁路运输，厂外铁路 8km；取地表水，补给水管道（1×DN700）20km；灰场距离厂址 5km，事故备用灰场，储灰年限 0.5 年		铁路运输，厂外铁路 8km；取地表水，补给水管道（2×DN400）15km；灰场距离厂址 5km，事故备用灰场，储灰年限 0.5 年		铁路运输，厂外铁路 8km；取地表水，补给水管道（2×DN400）15km；灰场距离厂址 5km，事故备用灰场，储灰年限 0.5 年	

续表

指标编号			ZFZ1-21	ZFZ1-22	ZFZ1-23	ZFZ1-24
项目名称			300MW级烟煤π型炉、淡水二次循环冷却供热机组	300MW级褐煤π型炉、淡水二次循环冷却供热机组	300MW级烟煤π型炉、间接空冷供热机组	300MW级褐煤π型炉、直接空冷供热机组
项目概况	工艺系统		汽动给水泵组,双室五电场静电除尘器+双室一电场湿式除尘器,低温省煤器;翻车机卸煤,条形封闭煤场;淡水二次循环冷却;GIS布置、220kV出线两回;石灰石-石膏湿法烟气脱硫+废水零排放;SCR脱硝	汽动给水泵组,双室五电场静电除尘器+双室一电场湿式除尘器,低温省煤器;翻车机卸煤,条形封闭煤场;淡水二次循环冷却;GIS布置、220kV出线两回;石灰石-石膏湿法烟气脱硫+废水零排放;SCR脱硝	汽动给水泵组,双室五电场静电除尘器+双室一电场湿式除尘器,低温省煤器;翻车机卸煤,条形封闭煤场;间接空冷;GIS布置、330kV出线两回;石灰石-石膏湿法烟气脱硫+废水零排放;SCR脱硝	汽动给水泵组,双室五电场静电除尘器+双室一电场湿式除尘器,低温省煤器;翻车机卸煤,条形封闭煤场;直接空冷;GIS布置、220kV出线两回;石灰石-石膏湿法烟气脱硫+废水零排放;SCR脱硝
	主厂房结构形式		钢筋混凝土结构	钢筋混凝土结构	钢筋混凝土结构	钢筋混凝土结构
主要设备	名称	单位	综合单价(万元)	设备数量		
	π型锅炉(烟煤)1200t/h 25.4MPa 571/569℃	台	13500	2		2	
	π型锅炉(褐煤)1200t/h 25.4MPa 571/569℃	台	14700		2		2
	汽轮机 350-24.2/566/566(含DEH)供热	台	6500	2	2	2	2

指标编号			ZFZ1-21	ZFZ1-22	ZFZ1-23	ZFZ1-24
项目名称			300MW 级烟煤 π 型炉、淡水二次循环冷却供热机组	300MW 级褐煤 π 型炉、淡水二次循环冷却供热机组	300MW 级烟煤 π 型炉、间接空冷供热机组	300MW 级褐煤 π 型炉、直接空冷供热机组
主要设备	名称	单位	综合单价（万元）	设备数量		
	汽轮发电机 QFSN-350-2 型	台	4300	2	2	2	2
	主变压器 SFP-420MVA/220kV 242 ±2×2.5%/20kV	台	1120	2	2		2
	主变压器 SFP-420MVA/330kV 363 ±2×2.5%/20kV	台	1400			2	
安装主要工程量	名称	单位		工程量		
	高压管道	t		834	834	834	834
	热力系统中低压管道	t		1040	1040	1040	1040
	其他中低压管道	t		7191	7191	4667	3055
	烟风煤管道	t		2533	2533	2533	2533
	保温、炉墙	m³		13282	13879	13282	13879
	电力电缆	km		282	282	282	282
	控制电缆	km		1325	1325	1325	1325
	电缆桥（支）架	t		758	758	758	758

指标编号			ZFZ1-21		ZFZ1-22		ZFZ1-23		ZFZ1-24	
项目名称			300MW 级烟煤 π 型炉、淡水二次循环冷却供热机组		300MW 级褐煤 π 型炉、淡水二次循环冷却供热机组		300MW 级烟煤 π 型炉、间接空冷供热机组		300MW 级褐煤 π 型炉、直接空冷供热机组	
建筑主要工程量	名称	单位	工程量							
	钢结构	t	10106		10550		9831		13896	
	混凝土结构	m³	35123		36444		38812		33395	
用地	名称	单位	数量							
	征地	hm²	27		27		27		27	
	租地	hm²	20		20		20		20	
用工	名称	单位	数量							
	建筑用工	工日	1580318		1622894		1642638		1529796	
	安装用工	工日	908775		928745		930633		909379	
相关费用	名称		万元/厂	元/kW	万元/厂	元/kW	万元/厂	元/kW	万元/厂	元/kW
	建设场地征用及清理费		7920	113	7920	113	7920	113	7920	113
	厂外补给水费用		4295	61	4295	61	2976	43	2976	43
	铁路费用		18837.3	269	18837.3	269	18837.3	269	18837.3	269
	地基处理费用		3445	49	3445	49	3445	49	3445	49
	竖向布置土石方费用		285	4	285	4	285	4	285	4

指标编号	ZFZ1-25		ZFZ1-26	
项目名称	300MW级循环流化床锅炉、淡水二次循环冷却机组		300MW级循环流化床锅炉、直接空冷机组	
指标单位	万元/厂	元/kW	万元/厂	元/kW
基　价	**305047**	**4359**	**310646**	**4438**
其中 建筑工程费	83272	1190	80935	1156
安装工程费	59631	852	56735	811
设备购置费	120592	1723	131453	1878
其他费用	41552	594	41523	593
项目概况 外部条件	铁路运输，厂外铁路8km；取地表水，补给水管道（1×DN700）20km；灰场距离厂址5km，事故备用灰场，储灰年限0.5年		铁路运输，厂外铁路8km；取地表水，补给水管道（2×DN400）15km；灰场距离厂址5km，事故备用灰场，储灰年限0.5年	
工艺系统	汽动给水泵组，双室五电场静电除尘器＋双室一电场湿式除尘器，低温省煤器；翻车机卸煤，条形封闭煤场；淡水二次循环冷却；GIS布置、220kV出线两回；石灰石-石膏湿法烟气脱硫＋废水零排放；SCR脱硝		汽动给水泵组，双室五电场静电除尘器＋双室一电场湿式除尘器，低温省煤器；翻车机卸煤，条形封闭煤场；直接空冷；GIS布置、220kV出线两回；石灰石-石膏湿法烟气脱硫＋废水零排放；SCR脱硝	
主厂房结构形式	钢筋混凝土结构		钢筋混凝土结构	

续表

指标编号				ZFZ1-25	ZFZ1-26
项目名称				300MW 级循环流化床锅炉、淡水二次循环冷却机组	300MW 级循环流化床锅炉、直接空冷机组
名称		单位	综合单价（万元）	设备数量	
主要设备	循环流化床锅炉 1119t/h 571℃ 25.4MPa 571/569℃	台	16000	2	2
	汽轮机 350-24.2/566/566（含 DEH），供热	台	6500	2	2
	汽轮发电机 QFSN-350-2 型	台	4300	2	2
	主变压器 SFP-420MVA/220kV 242±2×2.5%/20kV	台	1120	2	2
	名称	单位		工程量	
安装主要工程量	高压管道	t		829	829
	热力系统中低压管道	t		1040	1040
	其他中低压管道	t		7232	3096
	烟风煤管道	t		2259	2259
	保温、炉墙	m³		15377	15377
	电力电缆	km		282	282
	控制电缆	km		1325	1325
	电缆桥（支）架	t		758	758

续表

指标编号			ZFZ1-25		ZFZ1-26	
项目名称			300MW级循环流化床锅炉、淡水二次循环冷却机组		300MW级循环流化床锅炉、直接空冷机组	
建筑主要工程量	名称	单位	工程量			
	钢结构	t	11262		14608	
	混凝土结构	m³	35820		32772	
用地	名称	单位	数量			
	征地	hm²	27		27	
	租地	hm²	20		20	
用工	名称	单位	数量			
	建筑用工	工日	1658142		1551678	
	安装用工	工日	958354		938988	
相关费用	名称		万元/厂	元/kW	万元/厂	元/kW
	建设场地征用及清理费		7920	113	7920	113
	厂外补给水费用		4295	61	2976	43
	铁路费用		18837.3	269	18837.3	269
	地基处理费用		3445	49	3445	49
	竖向布置土石方费用		285	4	285	4

898

附录 B 燃气-蒸汽联合循环机组

附录 B-1 F 级机组

指标编号		ZFZ2-1		ZFZ2-2	
项目名称		F 级 "1＋1" 配置、淡水二次循环冷却、钢结构联合厂房燃气-蒸汽联合循环机组		F 级 "1＋1" 配置、淡水二次循环冷却、混凝土结构联合厂房燃气-蒸汽联合循环机组	
指标单位		万元/厂	元/kW	万元/厂	元/kW
基　价		**219105**	**2382**	**216246**	**2350**
其中	建筑工程费	30518	332	28074	305
	安装工程费	22970	250	22970	250
	设备购置费	138210	1502	138210	1502
	其他费用	27407	298	26992	293
项目概况	外部条件	取地表水，补给水管道（1 × DN600）5km		取地表水，补给水管道（1 × DN600）5km	
	工艺系统	F 级、一拖一、多轴、高位布置机组；燃气设置调压站；淡水二次循环、机力通风冷却塔；GIS 布置，220kV 出线两回；SCR 脱硝		F 级、一拖一、多轴、高位布置机组；燃气设置调压站；淡水二次循环、机力通风冷却塔；GIS 布置，220kV 出线两回；SCR 脱硝	
	主厂房结构形式	钢结构，联合布置		钢筋混凝土结构，联合布置	

续表

指标编号				ZFZ2-1	ZFZ2-2
项目名称				F级"1+1"配置、淡水二次循环冷却、钢结构联合厂房燃气-蒸汽联合循环机组	F级"1+1"配置、淡水二次循环冷却、混凝土结构联合厂房燃气-蒸汽联合循环机组
	名称	单位	综合单价（万元）	设备数量	
主要设备	余热锅炉本体（配"F"级燃机）（含除氧器、给水泵）	套	8200	2	2
	燃气启动锅炉 25t/h	套	550	1	1
	F级燃气轮机	台	31500	2	2
	150MW级蒸汽轮机 湿冷（F级一拖一或E级二拖一）	台	6500	2	2
	燃汽轮发电机 310MW（F级一拖一）	套	4740	2	2
	150MW蒸汽轮发电机（F级一拖一或E级二拖一）	台	2100	2	2
	主变压器 SF10-380MVA/220kV 242±2×2.5%/20kV	台	1030	2	2
	主变压器 SFP10-180MVA/220kV 242±2×2.5%/15.75kV	台	580	2	2
安装主要工程量	名称	单位		工程量	
	高压管道	t		206	206
	热力系统中低压管道	t		927	927

指标编号			ZFZ2-1	ZFZ2-2
项目名称			F级"1+1"配置、淡水二次循环冷却、钢结构联合厂房燃气-蒸汽联合循环机组	F级"1+1"配置、淡水二次循环冷却、混凝土结构联合厂房燃气-蒸汽联合循环机组
安装主要工程量	名称	单位	工程量	
	其他中低压管道	t	1811	1811
	保温、炉墙	m³	6773	6773
	电力电缆	km	168	168
	控制电缆	km	792	792
	电缆桥（支）架	t	460	460
建筑主要工程量	名称	单位	工程量	
	钢结构	t	9824	5639
	混凝土结构	m³	14874	15945
用地	名称	单位	数量	
	征地	hm²	13	13
	租地	hm²	4	4
用工	名称	单位	数量	
	建筑用工	工日	647511	681561
	安装用工	工日	394291	394291

续表

指标编号			ZFZ2-1		ZFZ2-2	
项目名称			*F 级 "1 + 1" 配置、淡水二次循环冷却、钢结构联合厂房燃气-蒸汽联合循环机组*		*F 级 "1 + 1" 配置、淡水二次循环冷却、混凝土结构联合厂房燃气-蒸汽联合循环机组*	
		名称	万元/厂	元/kW	万元/厂	元/kW
相关费用		建设场地征用及清理费	3712	40	3712	40
		厂外补给水费用	797	9	797	9
		地基处理费用	689	7	689	7
		竖向布置土石方费用	427	5	427	5

指标编号			ZFZ2-3		ZFZ2-4	
项目名称			F级"2+1"配置、淡水二次循环冷却、混凝土结构联合厂房燃气-蒸汽联合循环机组		F级"2+1"配置、直接空冷、钢结构联合厂房燃气-蒸汽联合循环机组	
指标单位			万元/厂	元/kW	万元/厂	元/kW
基　价			**212777**	**2314**	**218079**	**2371**
其中	建筑工程费		25382	276	26461	288
	安装工程费		23249	253	22992	250
	设备购置费		137601	1496	141686	1540
	其他费用		26545	289	26940	293
项目概况	外部条件			取地表水，补给水管道（1×DN600）5km		取地表水，补给水管道（1×DN600）5km
	工艺系统			F级、二拖一、多轴、低位布置机组；燃气设置调压站+增压站；淡水二次循环、机力通风冷却塔；GIS布置，220kV出线两回；SCR脱硝		F级、二拖一、多轴、低位布置机组；燃气设置调压站+增压站；直接空冷；GIS布置，220kV出线两回；SCR脱硝
	主厂房结构形式			钢筋混凝土结构，联合布置		钢结构，联合布置
主要设备	名称	单位	综合单价（万元）	设备数量		
	余热锅炉本体（配"F"级燃机）（含除氧器、给水泵）	套	8200	2		2
	燃气启动锅炉　25t/h	套	550	1		1
	F级燃气轮机	台	31500	2		2

指标编号				ZFZ2-3	ZFZ2-4
项目名称				F级"2+1"配置、淡水二次循环冷却、混凝土结构联合厂房燃气-蒸汽联合循环机组	F级"2+1"配置、直接空冷、钢结构联合厂房燃气-蒸汽联合循环机组
	名称	单位	综合单价（万元）	设备数量	
主要设备	300MW级蒸汽轮机 湿冷（F级二拖一）	台	10000	1	1
	300MW级蒸汽轮发电机（F级二拖一）	台	4100	1	1
	燃汽轮发电机 310MW（F级一拖一）	套	4740	2	2
	主变压器 SF10-380MVA/220kV 242±2×2.5%/20kV	台	1030	2	2
	主变压器 SFP10-180MVA/220kV 242±2×2.5%/15.75kV	台	580	2	2
	名称	单位		工程量	
安装主要工程量	高压管道	t		193	193
	热力系统中低压管道	t		927	927
	其他中低压管道	t		1833	1286
	保温、炉墙	m³		6773	6773
	电力电缆	km		168	168
	控制电缆	km		792	792
	电缆桥（支）架	t		460	460

续表

指标编号			ZFZ2-3		ZFZ2-4	
项目名称			F级"2+1"配置、淡水二次循环冷却、混凝土结构联合厂房燃气-蒸汽联合循环机组		F级"2+1"配置、直接空冷、钢结构联合厂房燃气-蒸汽联合循环机组	
建筑主要工程量	名称	单位	工程量			
	钢结构	t	5259		10025	
	混凝土结构	m³	14569		11963	
用地	名称	单位	数量			
	征地	hm²	13		13	
	租地	hm²	4		4	
用工	名称	单位	数量			
	建筑用工	工日	608190		571018	
	安装用工	工日	393832		395336	
相关费用	名称		万元/厂	元/kW	万元/厂	元/kW
	建设场地征用及清理费		3712	40	3712	40
	厂外补给水费用		797	9	797	9
	地基处理费用		723	8	723	8
	竖向布置土石方费用		427	5	427	5

指标编号			ZFZ2-5		ZFZ2-6	
项目名称			E 级"1＋1"配置、淡水二次循环冷却、混凝土结构联合厂房燃气-蒸汽联合循环机组		E 级"1＋1"配置、淡水二次循环冷却、钢结构联合厂房燃气-蒸汽联合循环机组	
指标单位			万元/厂	元/kW	万元/厂	元/kW
基　　价			**119832**	**3239**	**121542**	**3285**
其中	建筑工程费		14827	401	16277	440
	安装工程费		14566	394	14566	394
	设备购置费		74786	2021	74786	2021
	其他费用		15653	423	15913	430
项目概况	外部条件		取地表水，补给水管道（1×DN500）5km		取地表水，补给水管道（1×DN500）5km	
	工艺系统		E 级、一拖一、多轴、高位布置机组；燃气设置调压站；淡水二次循环、机力通风冷却塔；GIS 布置，220kV 出线两回		E 级、一拖一、多轴、高位布置机组；燃气设置调压站；淡水二次循环、机力通风冷却塔；GIS 布置，220kV 出线两回	
	主厂房结构形式		钢筋混凝土结构，联合布置		钢结构，联合布置	
主要设备	名称	单位	综合单价（万元）	设备数量		
	余热锅炉本体（配"E"级燃机）（含除氧器、给水泵）	套	3350	2		2

指标编号				ZFZ2-5	ZFZ2-6
项目名称				E级"1+1"配置、淡水二次循环冷却、混凝土结构联合厂房燃气-蒸汽联合循环机组	E级"1+1"配置、淡水二次循环冷却、钢结构联合厂房燃气-蒸汽联合循环机组
	名称	单位	综合单价（万元）	设备数量	
主要设备	E级燃气轮机	台	18500	2	2
	60MW级蒸汽轮机 湿冷（E级一拖一）	台	3100	2	2
	燃汽轮发电机 125MW（E级一拖一）	台	1950	2	2
	60MW级蒸汽轮发电机（E级一拖一）	台	850	2	2
	主变压器 SFP10-180MVA/220kV 242±2×2.5%/15.75kV	台	580	3	3
	名称	单位		工程量	
安装主要工程量	高压管道	t		110	110
	热力系统中低压管道	t		357	357
	其他中低压管道	t		1508	1508
	保温、炉墙	m³		2781	2781
	电力电缆	km		144	144
	控制电缆	km		478	478
	电缆桥（支）架	t		300	300

续表

指标编号			ZFZ2-5		ZFZ2-6	
项目名称			E级"1+1"配置、淡水二次循环冷却、混凝土结构联合厂房燃气-蒸汽联合循环机组		E级"1+1"配置、淡水二次循环冷却、钢结构联合厂房燃气-蒸汽联合循环机组	
建筑主要工程量	名称	单位	工程量			
	钢结构	t	2911		4925	
	混凝土结构	m³	8112		7202	
用地	名称	单位	数量			
	征地	hm²	9		9	
	租地	hm²	3		3	
用工	名称	单位	数量			
	建筑用工	工日	360080		370239	
	安装用工	工日	268342		268342	
相关费用	名称		万元/厂	元/kW	万元/厂	元/kW
	建设场地征用及清理费		2574	70	2574	70
	厂外补给水费用		648	18	648	18
	地基处理费用		479	13	479	13
	竖向布置土石方费用		394	11	394	11

本册编制单位及编制人员名单

主 编 单 位　电力工程造价与定额管理总站

编 制 人 员　褚得成　沈维春　郭　玮　田进步　孟　森　解改香　董士波

专业主编单位　东北电力设计院有限公司

编 制 人 员　陈沛伟　孙沐曦　林昊宇　杜世星　章婷玉　王轶轩　刘文宇　严　舒

　　　　　　　奚雅文　杨铁军　王志宇　杨　铭　赵秀娟　朱海岩

专业编制单位及编制人员

广东省电力设计研究院有限公司　黄智军　张晓燕　林廷康　王志会

华北电力设计院有限公司　李　雅　闫可歆　王　培

西北电力设计院有限公司　赵　新　李　钢　钟文瑾　刘　璇　黄　滢　陈文敏

西南电力设计院有限公司　陈荣辉

华东电力设计院有限公司　李　华　陈士中　楼成华

山西省电力勘测设计院有限公司　高永亮　乔　翼　戴永明

江苏省电力设计院有限公司　史纯子　朱鑫鑫

河南省电力勘测设计院　王亚奇　周彦平

内蒙古电力勘测设计院　广文俊　郭　晨　武　敏

软件编制单位　江西博微新技术有限公司

编 制 人 员　何　贺　黄　丹　洪　欣　曾福顺　都兴娜

本册审查单位及审查人员名单